インド仏教教団

正量部の研究

並川孝儀

大蔵出版

目　次

凡　例

(1)本研究で最も重要な資料であるチベット語訳『有為無為決択』の版本には、デルゲ版、北京版、ナルタン版、チョネ版があり、第二部第一章「『有為無為決択』所引の正量部説のシノプシスと和訳」の和訳に関しては、すべての版本の箇所を示すが、シノプシスなどそれ以外のところではデルゲ版と北京版の二版の箇所を示すにとどめる。
(2)パーリ語テキストは、特記のない限り、すべてPTS版である。
(3)『有為無為決択』の和訳の訳註では、デルゲ版、北京版、ナルタン版、チョネ版を比較してその異同を示すが、煩雑を避けるために明らかに訳出に関係すると考えられるものだけを挙げる。
(4)『有為無為決択』の初訳という事情や、一種類のチベット語訳のテキストからだけの和訳という事情から、和訳中において読者への配慮のためにできる限りチベット語の原語を入れている。
(5)和訳中における〔　〕は、筆者が補足した部分である。
(6)註記は原則として第一部では各章末に付し、第二部での訳註は『有為無為決択』の各章の和訳の後に付す。
(7)本文中で引用する原典の箇所は、原則、その引用文の後に示す。
(8)漢字は、原則、新字とする。

原典略語表

使用頻度の高いテキストには、以下の略語を用いる。

ADV : *Abhidharmadīpa with Vibhāṣaprabhāvṛtti*, Padmanabh S.Jaini, Abhidharmadīpa with Vibhāṣaprabhāvṛtti, Kashi Prasad ayaswal Research Institute, Patna, 1977.

AKBh : *Abhidharmakośabhāṣya*, P.Pradhan, Abhidharma kośabhāsya of Vasubandhu, K.P.Jayaswal Research Institute, Patna, 1967.

AKV : *Abhidharmakośavyākhyā*, U.Woghara, Sphuṭarthā Abhidharmakośavyākhyā, Part 1, Part 2, Sankibo Buddhist Book Store, Tokyo, 1936,（復刻版）1971.

AN : *Aṅguttaranikāya*, The Aṅguttara-Nikāya, R.Morris, Part I, 1961, II, 1976, E.Hardy, III, 1976, IV, 1958, V, 1958, PTS.

BM : Karmavibhaṅga（チベット語訳 Las rnam par 'byed pa）（大英博物館所蔵、Or.6724, Vol.59, 300A7-325A1 に収録）.

Cūla : Cūḷakammavibhaṅgasutta, *Majjhima-Nikāya*, R.Chalmers, Vol.III, 1977, PTS, pp.202-206.

DN : *Dīghanikāya*, The Dīgha Nikāya, T.W.Rhys Davids, J.E.Carpenter, Vol.I, 1975, II, 1966, J.E.Carpente, Vol.III, 1976, PTS.

Kv : *Kathāvatthu*, A.C.Taylor, Kathāvatthu, vol.I , II, PTS, 1894-1897,（復刻版）1999.

KvA : *Kathāvatthuppakaraṇa-aṭṭhakathā*, N.A.Jayawickrama, Kathāvatthuppakaraṇa-aṭṭhakathā, PTS, 1979.

KVU : *Karmavibhaṅgopadeśa*, Sylvain Lévi, Mahākarmavibhaṅga et Karmavibhaṅgopadeśa, Paris, 1932.

MKV : *Mahākarmavibhaṅga*, Sylvain Lévi, Mahākarmavibhaṅga et Karmavibhaṅgopadeśa, Paris, 1932.

MN : *Majjhimanikāya*, Majjhima-Nikāya, V.Trenckner, Vol.I ,1979, R.Chalmers, Vol.II, III, 1977, PTS.

MSK : *Mahāsaṃvartanīkathā*, Kiyoshi OKANO, *Sarvarakṣitas Mahāsaṃvartanīkathā, Ein Sanskrit-Kāvya über die Kosmologie der Sāṃmitīya-Schule des Hīnayāna-Buddhismus*, Tohoku-Indo-Tibetto-Kenkyūsho-Kankokai, Monograph Series I, Tohoku University, 1998.

PDhp : Patna Dharmapada, N.S.Shukla, *The Buddhist Hybrid Sanskrit Dharmapada*, Tibetan Sanskrit Work Series No.XIX, Patna, 1979. Gustav Roth, Particular Features of the Language of the Ārya-Mahāsāṃghika-Lokottaravādins and their Importance for Early Buddhist Tradition, *Die Sprache der ältesten buddhistischen Überlieferung*, pp.78-135, Göttingen, 1980. Margaret Cone, Patna Dharmapada I, *Journal of the Pali Text Society*, Vol.XIII, pp.101-218, Oxford, 1989.

SAV : Saṃskṛtāsaṃskṛtaviniścaya（チベット語訳 'dus byas dang 'dus ma byas rnam par nges pa）.
D：デルゲ版（東京大学文学部所蔵版）中観部（DBU MA）13, No.3897, 55-1-1（Ha 109a1）～ 159-1-7（317a7）.
（台北版）Vol.36, No.3902, 296-7-1（217-1）～ 356-3-7（633-7）.
P：北京版（TTP.）Vol.146, No.5865, 4-3-1（Ño 5b1）～ 110-3-3（270b3）.
N：ナルタン版（国立民族博物館所蔵版）Vol.128, No.4663, Mdo（Nyo）6b2 ～ 256a1.
C：チョネ版（台北市立文山特殊教育学校所蔵マイクロフィルム）Vol.29, No.3864, Mdo（Ha）109a1 ～ 314a7.

SDhp : = PDhp.

SN : *Saṃyuttanikāya*, L.Feer, Saṃyutta-Nikāya, Part I, 1973, II, 1970, III, 1975, IV, 1973, V, 1976, PTS.

Sp : *Sāratthappakāsinī*, F.L.Wooward, Sārattha-ppakāsinī Buddhaghosa's Commentary on the Saṃyutta-Nikāya, Vol.I, II, III, 1977, PTS.

Sv : *Sumaṅgalavilāsinī*, Sumaṅgala-vilāsinī, Buddhaghosa's Commentary on the Dīgha-Nikāya, T.W.Rhys Davids, J.E.Carpenter, Part I, 1968, W.Stede ,II, III, 1971, PTS.

TKD : Karmavibhaṅga-nāma-dharmagrantha（チベット語訳 Las kyi rnam par gyur ba zhes bya ba'i chos kyi gzhung）北京版（TTP）Vol.39, 126-3-3 ～ 131-1-7, No.1006.

TKV : Karmavibhaṅga（チベット語訳 Las rnam par 'byed pa）北京版（TTP）Vol.39, 117-1-5 ～ 126-3-3, No.1005.

TS : *Tattvasaṃgraha*, E.Krishnamacharya, Tattvasaṃgraha of Śāntarakṣita with Commentary of Kamalaśīla, Gaekwad's Oriental Series, Vols. 30, 31, Baroda, 1926.

Vbh : Vibhaṅga, Mrs. Rhys Davids, *The Vibhaṅga*, PTS, 1978.

Vis : *Visuddhimagga*, C.A.F.Rhys Davids, The Visuddhi-magga of Buddhaghosa, PTS, 1920, 1921,（復刻版）1975.

印仏研 :『印度学佛教学研究』（日本印度学仏教学会）

大正蔵　：大正新脩大蔵経
日仏年報：『日本佛教学会年報』（日本佛教学会西部事務所）

序　文

インドの仏教には一八或いは二〇もの多数の部派が存在していたと伝えられている。しかし、今日現存する部派に関する資料の大半が説一切有部に所属するといった文献の残存状況の偏重によって説一切有部だけが解明され、その他の大衆部や法蔵部、化地部等のような有力な部派すらその実態は十分に知られていないのが現状である。その結果、諸部派の中でもとりわけ説一切有部が極めて有力な部派として理解されるようになり、あたかもそうした状況がインドにおける部派仏教の歴史的事実を反映したものとして是認されているようでもある。実際、大衆部や法蔵部、化地部等のような部派も、それぞれ『摩訶僧祇律』、『四分律』、『五分律』といった律典を所伝する事実やその他の種々の伝承からも、それらの勢力が強大であったであろうことは当然のこととして窺い知れる。とはいいながら、これら諸部派の実態を伝える資料は限定的で、特に部派の存立の根本をなす教理面に関する資料においてはその傾向が顕著といえる。このような文献の残存状況にはさまざまな理由が想定できるが、単純に残存資料の数量の多少によって、それをそのまま歴史的事実へと投影することだけは慎重であらねばならないであろう。

これらの諸部派にもまして、正量部にはこうした傾向が強く見られる。七世紀のインド部派仏教の状況を報告する文献である玄奘の『大唐西域記』や、義浄の『南海寄帰内法伝』の記述から、その勢力が有部と並んで圧倒的に有力であったことは周知の事実である。しかし、正量部の所伝文献で現存しているものと言えば、漢訳の

『三弥底部論』三巻（失訳）と『律二十二明了論』一巻（真諦訳）の一論書、一小律に過ぎない。玄奘は一五種もの正量部所伝の経、律、論をインドから将来したと伝えられるものの、それらも残存していない。現存する二文献だけで正量部の実態を明らかにすることは困難である。『三弥底部論』によって正量部の根本教理である補特伽羅（プトガラ）論は知り得るが、これとて補特伽羅という特定の教理に限定されているので、これだけで教理全体を把握するには十分とは言えず、また『律二十二明了論』という小律では、とうてい正量部の律の実態を把握するに至らない。しかし近年、正量部に帰属させることができる、世界の生成と破滅を主題とした仏教カーヴィヤの梵語原典 Mahāsaṃvartanikathā の存在が明らかになり、正量部のこの分野の解明が急速に進んでいるのも事実である。

　これらの三文献の他にも正量部の教理を伝える資料は若干ではあるが存在する。たとえば、Kathāvatthu、Kathāvatthuppakaraṇa-aṭṭhakathā、『異部宗輪論』（異訳として『十八部論』、『部執異論』）、チベット伝承の Bhavya による Nikāyabhedavibhaṅgavyākhyāna、Vinītadeva の Samayabhedoparacanacakre nikāyabhedopadeśanasaṃgraha 等や、その他にも漢訳文献や中国撰述文献に断片的な資料を散見できるが、これら補助的資料をもってしても正量部の教理の実態を知るには不十分といわなければならない。

　また、正量部の母胎とも言われ、或いは正量部と区別なく呼称されたとも言われる犢子部に関する文献も単独の資料としては何も残っていない。しかし、この犢子部の諸説を伝える資料は多数ある。今、それらを正量部の関連資料として列挙すれば、Abhidharmakośabhāṣya（『倶舎論』）第九章、Abhidharmakośavyākhyā、Tattvasaṃgraha 第一二章、『大毘婆沙論』、『順正理論』、『成業論』、『大智度論』、『般若灯論』、『随相論』等の中に少なからず散見し得る。しかしながら、これらの文献中で紹介される正量部、犢子部の諸説は断片的かつ簡略であり、さらに内容上重複している場合が多く、教理上から見ても補特伽羅と不失壊に関する記述で大半が占められ、補特伽羅論に関しては解明は十分になされているものの、それ以外はほとんどと言ってよい程、未知の状況にある。

今日の部派仏教研究、とりわけ教理に関する研究は、ほぼ全体像を解明できる資料を残す説一切有部は別として、他の諸部派に関しては仕方ないことではあるが、『異部宗輪論』などの断片的な資料に伝えられる極めて特徴的な教理をもって部派仏教の教理全体を考察したかのように扱われていると思われる。しかし、『異部宗輪論』などに伝えられる教理は、その部派の独自性を有するものではあっても、それによって部派の思想の全体像を示すものとは言えない。たとえば正量部や犢子部でいえば、補特伽羅論も輪廻の主体に関する難題を解決するという当時の思想的要請に基づいて確立され、その主体的原理として不失法が想定されているが、それ自体、特定の視点から見た教理を伝えたものであるので、それをもって正量部や犢子部のもつすべての教理に敷衍されるものではない。これ以外の断片的で簡略な諸資料についても言うまでもないことである。また、このような特徴的な教理も各々の部派の歴史展開の中で変容していく過程があることを当然のことながら考慮に入れておく必要があろう。部派仏教研究は、本来的には複数の部派間において内容が対応し比較が可能な教理をより多く比較することによって、それぞれの部派では何が共通し何が相違するのかを明らかにすることであって、それによって諸部派の特色や部派間の共通性などが一層解明されるものとなる。そのように考えれば、今日の説一切有部偏重の現状は、部派仏教研究にとって満足すべきものではないことになる。正量部に限って言えば、特徴的な補特伽羅論や不失法以外の、互いに対応する教理に関して説一切有部と比較して、何が共通し何が異なるのかを明らかにすることが両部派の研究の基本的かつ本来的な在り方になるはずである。その意味で、部派仏教研究の現況は極めて偏った状態にあり、諸部派間が同一の次元で理解されていないことがわかる。

このように、正量部に関する研究は上述のようなさまざまな制約はあるものの、インド部派研究において正量部の占める意義は極めて大きい。中でも、正量部はインド部派仏教史において比較的後代まで大きな勢力を誇っており、その点に特に意義が認められる。というのは、正量部のようにインド仏教の衰退期に至るまで存続した部派は、その時期がインド撰述文献のチベットへの伝承時期と重なっているだけに、その時代にチベットに伝承された諸文献は当時インドに存在した部派と関連を有しているものと理解できるからである。つまり、こうした時代にインドに存在した部派は、部派帰属の問題を抱える諸文献をチベット伝承から考察することのできる価値をもつものと言わなければならない。梵語文献がほとんど残存していない現状においては、多数存在するチベット語訳文献に部派の資料を求めざるをえない状況を考えるとき、後代に存在していた部派の意義は大きい。この意味からも、インドにおいて後代まで存続した正量部の研究は一層重要視されなくてはならず、その研究成果が俟たれるのである。

このような状況の中、説一切有部の教理とほぼ対等な関係で比較研究を可能にしてくれる正量部の教理の存在が明らかになった。それは、今日まで全く知られることのなかった正量部の教理で、具体的には部派仏教の主要な教理でもある煩悩説、業論、修行論（聖諦論）を中心としたものであり、それも相当量の説示内容を伝える。それは、丁度『倶舎論』の第四章、第五章、第六章に対応する資料である。この正量部説を紹介する文献は、梵語原典及び漢訳は現存しておらず、唯一チベット語訳のみが存在する 'dus byas dang 'dus ma byas rnam par nges pa (Saṃskṛtāsaṃskṛta-viniścaya,『有為無為決択』）であるが、正量部に関してはその第一六章から第二一章と、他の章に世界の生成と破滅やブッダの過去業などの説が紹介されている。これらの内容はいずれもそれらでもって正量部の見解を理解できるに十分といえるものである。この資料は、正量部思想の相当な部分の解明を可能にするとともに、説一切有部との比較研究によって本来あるべきインド部派仏教研究を可能にしてくれる。

そこで本書では、正量部の煩悩説、業論、修行論（聖諦論）などを中心とした主要な教理を明らかにしてくれる『有為無為決択』（SAV）を解読し、正量部の説示内容を解明することを主目的とするが、さらにはその資料から導き出せた正量部の成立年代や所伝の文献の比定など正量部に関連する諸問題を明らかにする。こうした成果は、正量部それ自体の解明に止まらず、説一切有部だけに依存してきたインド部派仏教研究に新たな道を拓くことになるであろう。

これより、本書の構成とその内容の概略を記しておこう。

まず、第一部の「正量部の研究」では、正量部の歴史と思想を中心に論述するが、第一章「正量部に関する文献資料」では、正量部所伝の文献や正量部説を伝える諸文献を示し、第二章「正量部の歴史的展開」では、まず正量部という部派名の原語を探り、続いて碑文などの考古学的資料から、ついでインドの部派分裂史を伝承する諸文献から、そして『大唐西域記』と『南海寄帰内法伝』などの歴史書を通して、正量部の成立年代や活動地域などを論じ、さらに同系の部派である犢子部との関連を考察する。そして、正量部に関する相当量の思想を明らかにしてくれるSAVの内容が本当に正量部の所説であるかを検証するため、正量部所伝の『律二十二明了論』と比較し、両者間の一致を確認する。こうした考察の結果、正量部は早くて三世紀初期ころ、遅くとも四世紀初期頃までには成立し、犢子部から分派後暫くは犢子部と混在するという未区分の状態を許容し、歴史的には遅くとも七世紀初頭ごろまでに犢子部は消え正量部のみが認められ、その後はインド部派仏教史の最後まで有部・南方上座部と並び存在した部派と考えることができるものと推論する。

第三章「正量部の思想」では正量部の教理について論述するが、ここではSAVに説示される煩悩説・業論・

修行論（聖諦論）を中心に考察する。この教理は『倶舎論』の第四章「業品」、第五章「随眠品」、第六章「賢聖品」に該当する。このような主要な教理の解明は、部派仏教に共通した教理について異なった複数の部派の比較を可能にし、従来までの説一切有部のみによってきたインド部派仏教研究を修正し、部派仏教全体の教理の在り方を知る手掛かりを与えることになるであろう。

煩悩に関していえば、煩悩は随眠と非随眠とに区分され、前者は煩悩の種子といわれ、煩悩が現行していない睡れる状態で、心相応と心不相応とに分類され、後者は煩悩が覚めた状態で纏という。随眠はいわゆる十随眠で、非随眠は随煩悩に類似した内容を有する二一法であるが、この随眠と非随眠の分類は他部派には見られない正量部独自の説である。この煩悩に基づいて生起する不浄などの価値がどのような過程で起こるのかに関して、七心による識の輪という概念で説明する。諸門分別も説一切有部とは異なった基準でなされていることが判る。

業に関しては福・非福・不動業の三業をもって説かれる。この三業説は他では業の主要な分類として取り扱われておらず、その意味からこの三業説は正量部の特徴的な立場を示すものと解することができる。非福は欲界の不善で身・口・意業の一一種の業であり、福は欲界と色界の善・無覆の業で一〇種を数え、不動業は心性で色界の第四禅と無色界の四種の等至と相応し、尋・伺などの災患が生じないものと規定する。このうち、非福の身業に非摂という範疇があるが、これは殺生など身業に含まれない業を意味する正量部固有の見解である。

修行階梯に関しては、有漏道と無漏道の二道、及び無学道が説かれる。有漏道ではいわゆる順解脱分は説かれず、忍・名の想・相の想・世第一法から説き始められる。これは説一切有部で説く順決択分の四善根位である煖・頂・忍・世第一法に対応する説であるが、両部派では世第一法を除き異なった見解を示す。特に、忍に関して四諦の観察を蘊門・処門・界門・名色門から行うという正量部の見解は、説一切有部の四諦十六行相説と大きく異なる。無漏道は見道と修道とに区分され、見道では苦諦から道諦まで四諦各々が三界に分けられ、そこに生じる智慧による煩悩の断滅が論じられる。修道は三界に分けられ、各界で断たれる煩悩が述べられる。正量部は煩悩を随眠と非随眠に分類しているから、当然、所断に関しても両面から説かれる。修行階梯は構造的には説一切有部と基本的にほぼ同一であるが、法智・観察智・類智の三心（智）説、一六心（智）説、そして見道・修道の各階梯と四向四果との関係などに相違点が見られる。そして最後に、五現観説という他に見られない正量部説を眺める。

第三章の最後では、SAVに説かれるゴータマ・ブッダの過去の悪業とその果報に関する正量部説を取り上げ、それを説一切有部説など北伝伝承と比較し、その立場を考察する。

第四章「正量部所伝の文献」では、正量部に帰属すると推定できる二文献に関して考察する。一つは業報分別を説く梵語原典 *Mahākarmavibhaṅga* で、他はチベットで発見された最も新しい法句経の異本 *Dharmapada* である。前者は引用されている経・律と現存資料との比較、六道説の採用、漢訳やチベット語訳の訳出年代などから推定して、また後者はこの *Dharmapada* に見られる極めて特徴的な言語と、一一〜一二世紀頃の年代にビハール州東部から西ベンガル州北部という地域とに限定される仏教碑文中に用いられている言語との酷似に基づき、その地域と年代が『大唐西域記』の報告から正量部に関連づけられる地域である可能性が大きいことから推定して、両文献は正量部に帰属させることができると推論する。正量部が六・七世紀以後のインドにおいて説一切有部系と並び有力な部派であった事実は、諸文献の中でもとりわけチベット語に訳出された小乗仏教関係諸文献の帰属部派の問題を考える上で極めて重要な意義をもつものであり、それによって今後は正量部に帰属し得る可能性のある文献も見出せるであろう。

第二部では本書の正量部研究の基礎となるチベット語訳SAVに紹介される正量部説の和訳を試みる。第一章では、正量部説が示されるSAV第一六章から第二一章、即ち「非随眠決択」・「随眠決択」・「非福決択」・「福決択」・「不動業決択」・「聖諦決択」、及び第八章「劫決択」で紹介されている「世界の生成と破滅」(結集伝承を含む)に関する各々の伝承にシノプシスを付して和訳を行い、また第三二章「方便善巧決択」に引かれている「ゴータマ・ブッダの過去の悪業とその果報」や、断片的資料ではあるが、「釈迦牟尼が供養した先仏」と「五百の賢劫仏」の部分を和訳する。そして、第二章ではそれらに引用される原典文(偈文)を取り出し、まとめている。

以上が、本書の概要である。また巻末には、正量部に関する過去の研究成果の一覧を付しておいた。今後の研究の一助となれば幸いである。

なお、本書においてまだまだ考察しなければならない問題が数多く残されたり、また考察していても不十分な理解や表面的な解釈に終わった点がこれまた多く見受けられるのは、すべて筆者の力量不足によるものである。そのことをまず最初にお断りし、今後の課題とすることでご諒解を願う次第である。

第一部　正量部の研究

第一章　正量部に関する文献資料

本章では、正量部の思想や歴史などについて伝える諸文献を、梵語文献、パーリ語文献、チベット語訳文献、漢字文献に分類して示す。なお、膨大なチベット語訳文献に関しては未だ調査不足のため見出しえない資料も多数あるのではないかと懸念するが、それらについては今後の課題としたい。

第一節　梵語文献

梵語文献で正量部について伝えるものは少なく、以下の文献が挙げられるだけである。

(1) Mahāsaṃvartanikathā

この梵語文献（以下、MSKと略す）は、一二世紀の仏教カーヴィヤで、岡野潔氏の研究によって正量部に帰属するものと確認された。これは全六章で、それぞれの章は四節で構成される全三九〇偈の韻文作品である。第一章は、ゴータマ・ブッダがこの作品を説いた目的、ゴータマ・ブッダの伝記、外道による邪説を論破する意義などが説かれ、第二章からこの作品の主題である宇宙の生成と衰滅の全歴史が説かれている。

岡野氏は、ネパール写本からMSKのテキスト校訂と翻訳という原典研究を行い、正量部の宇宙論を解明し、そこから派生する諸問題、とりわけ正量部と犢子部の視点から『立世阿毘曇論』、『三法度論』、『七仏経』などの部派の帰属を考察し、成立年代を推定し、また後に掲げる『有為無為決択』（SAV）との対応部分を精査するなど、未知の事柄に新しい成果を提示している。

本書では、これらの点に関してはいちいち言及はせず、岡野氏の研究成果に委ねたい[1]。

(2) Abhidharmakośavyākhyā[2]

ヤショーミトラ（Yaśomitra 称友）による『倶舎論』（AKBh）の註釈書であり、有為相の無常性に関することと、犢子部と正量部の関係についての二点に言及している。

(3) Prasannapadā[3]

チャンドラキールティ（Candrakīrti 月称）による『中頌』の、唯一残る梵語の註釈書である。第七章で有為法に関して、第九章で「取る者」と「取られるもの」との時間的関係について、それぞれ正量部説を紹介している[4]。

第二節　パーリ語文献

(1) Kathāvatthu, Kathāvatthuppakaraṇa-aṭṭhakathā

パーリ語文献において正量部に関して最も多く伝えるのが、Kathāvatthu（Kv,『論事』）とその註釈書であるKathāvatthuppakaraṇa-aṭṭhakathā（KvA）である。ここには、計一三種の教理が紹介されており、その内容項目を列挙すると以下の如くである[5]。

①補特伽羅論（puggalakathā）
②阿羅漢退論（parihānikathā）
③梵行論（brahmacariyakathā）
④分断論（odhisokathā）
⑤捨離論（jahatikathā）
⑥漸現観論（anupubbābhisamayakathā）
⑦第八人論（aṭṭhamakakathā）[6]
⑧天眼論（dibbacakkhukathā）

⑨天耳論（dibbasotakathā）
⑩受用所成福論（paribhogamayapuññakathā）
⑪中有論（antarābhavakathā）
⑫色界処論（rūpadhātuyā āyatanakathā）
⑬色業論（rūpaṃ kammam ti kathā）
⑭命根論（jīvitandriyakathā）
⑮業因論（kammahetukathā）
⑯色道論（rūpaṃ maggo ti kathā）
⑰表戒論（viññati sīlan ti kathā）
⑱三亦随眠論（tisso anusayakathā）
⑲繫属論（pariyāpannakathā）
⑳業積集論（kammūpacayakathā）
㉑色善不善論（rūpaṃ kusalākusalan ti kathā）
㉒色異熟論（rūpaṃ vipāko ti kathā）
㉓禅定中間論（jhānantarikakathā）

第三節　チベット語訳文献

（1）『有為無為決択』

この文献は梵語原典および漢訳の存在は知られておらず、唯一チベット語訳のみが現存している。この題名は、

'dus byas dang 'dus ma byas rnam par nges pa

で、梵語名は本書の冒頭に示され、

Saṃskṛtāsaṃskṛta-viniścaya

とある（以下、SAV と略す）。作者はこの SAV の中で stobs bcu dpal bses gnyen（Daśabalaśrimitra）と記されるが、訳者についての記述はない。チベット大蔵経の bstan 'gyur に収められ、デルゲ版では中観部（dbu ma）に、北京版では雑部（ngo mtshar bstan bcos）に配置されている。[7]

SAVの作者および成立年代に関する研究は、今日までほとんどなされていないが、唯一P.Skillingによって見解が示されている[8]。彼は、SAVを作者ダシャバラシュリーミトラ（Daśabalaśrīmitra）がセーナ王朝時代に北インドで著述したものと論じているので、それによれば一二世紀後半から一三世紀に成立したものとみなすことができよう[9]。

SAVの構成は全三五章より成る。第一章で、まず有為、無為の分別が説かれ、第二章～第一二章では毘婆沙師（Vaibhāṣika）、第一三章～第一五章では南方上座部（Sthaviravādin）、第一六章～第二一章では正量部（Sāṃmitīya）の、声聞乗（Śrāvakayāna）の説が紹介され、そして第二二章～第三四章で菩薩乗（Bodhisattvayāna）の教説が示され、最後の第三五章では無為の決択が説かれている。SAV全体の構成とその説示内容の概略を示すと以下の如くである。なお、下の数字はデルゲ版（D）、北京版（P）、ナルタン版（N）とチョネ版（C）の箇所を順に示したものである。

	D(Ha)	P(Nyo)	N(Nyo)	C(Ha)
〔I〕				
①有為無為の分別	109a1	5b1	6b2	109a1
〔II〕毘婆沙師の説				
②因	110a2	6b6	8a1	110a2
③器世間	111a1	8a1	9a6	111a3
④有情世間	115a3	12b4	14a6	114b7

⑤色と時	119a6	17b3	19a7	118b7
⑥身体と寿量	120a2	18a8	20a5	119b2
⑦不現世界の有情	121b4	20a7	22a5	121a4
⑧劫	122b4	21b3	23b1	122a4
⑨蘊、処、界	140a5	43a6	45a4	139a6
⑩縁起	150b1	55a6	56b2	148b6
⑪聖世界	166a7	74b7	74b1	164a7
⑫四聖諦	169a2	78a4	77b1	167a2
〔Ⅲ〕南方上座部の説				
⑬蘊、処、界	179a1	90b3	88b7	176b3
⑭縁起	185a4	98b7	96a3	182b4
⑮聖諦善巧	190b2	106a4	102b3	188a1
〔Ⅳ〕聖正量部の説				
⑯非随眠	205a5	127a3	118b6	202a6
⑰随眠	212a6	137a4	126b4	209a6
⑱非福	215a1	140b8	129b7	212a1
⑲福	220a5	148a6	136b3	217a5
⑳不動業	224a3	153a3	141a5	221a2

㉑聖諦	225b2	154b8	143a3	222b2
〔V〕菩薩乗の説				
㉒波羅蜜	241a5	174b8	162b5	238a5
㉓菩薩道	249b7	185b8	174a3	246b7
㉔人	256a4	194a2	182a4	253a4
㉕道	265a5	205b1	193a7	262a5
㉖発菩提心	272b5	214b8	202a7	269b5
㉗般若波羅蜜義の修習	276a7	219b2	206b5	273a7
㉘無漏法	295a3	242b5	229a7	292a2
㉙諸経に説かれる如来の功徳	301b3	250b6	237a5	298b3
㉚仏身相と相好	302b6	252a5	238b4	299b5
㉛如来の教法	306a3	256a5	242b2	303a3
㉜方便善巧	307b6	258a8	244b3	304b6
㉝教法	312a1	263a7	249a5	309a1
㉞因、果、利他	314b5	266b8	252b2	311b5
〔VI〕				
㉟無為	316a4-317a7	269a1-270b3	254b1-256a2	313a5-314a7

この構成を見ると、配列の仕方から菩薩乗の思想的優位を示さんとする意図が窺えるが、その意図はともかく部派の教説の紹介は部派仏教を研究する上で貴重な資料を提供してくれる。それは各部派の教理内容に関しては当然のこと、部派仏教の伝承に関する諸問題を考察する上にも意味をもつ。即ち、SAV の成立年代を P.Skilling の説のように一二世紀後半頃と限定しないとしても相当後代のものと考えるなら、諸部派中より説一切有部、南方上座部、正量部の三部派のみを取り上げている点は、その時代の部派の実情を示唆しているように思える。

　毘婆沙師の記述は、主として AKBh からの引用或いはその要約で占められているが、一部それ以外と思われる文献からの引用も見出せる。南方上座部の説に関しては、種々の文献より引用されているが、特に Vimukti-mārga（Vimuttimagga）からの引用は[10]、これが漢訳の『解脱道論』としてのみ現存するだけに、別の意味で文献上有意義な資料と言える。

　さて、正量部の教理に関しては六章の構成で紹介される。その内容は随眠説、業説、聖諦説の三種に大別できるが、いずれも現存する他の文献では知ることのできない教理であり、極めて貴重な資料と言える。SAV にはこれら以外にも正量部に関する記述が五箇所で紹介されている。その内容は、「世界の生成と破滅[11]」、「結集[12]」、「釈尊によって礼拝された仏[13]」、「五百仏[14]」、「釈尊の一六の過去業[15]」に関するものである。ただ不可解なのは、正量部の代表的な教理として知られる補特伽羅説が SAV には全く説かれていないことである。SAV の主題と直接には関連しないからであるとも考えられるが、その真意は不明である。

（2）Las grub pa’i rab tu byed pa（Karmasiddhiprakaraṇa,『大乗成業論』[16]）
（3）Dbu ma rtsa ba’i ’grel pa ses pa sgron ma（Prajñāpradīpa-mūlamadhyamaka-vṛtti,『般若灯論』[17]）

(4) Dbu ma la 'jug pa'i bsad pa (Madhyamakāvatāra-bhāṣya,『入中論釈[18]』)

(5) Dbu ma'i snin po'i 'grel pa rtog ge 'bar ba (Madhyamaka-hṛdaya-vṛtti-tarkajvālā,『中観心論註思択炎[19]』)

(6) Sde pa tha dad par byed pa dang rnam par bsad pa (Nikāyabheda-vibhaṅga-vyākhyāna,『異部分派解説[20]』)

(7) Gshung tha dad pa rim par klag pa'i 'khor lo las sde pa tha dad pa bstan pa bsdus pa shes bya ba (Samaya-bhedoparacana-cakre nikāya-bhedopadeśana-saṃgraha nāma,『異宗義次第読誦輪中、異部説集と名づけるもの[21]』)

これらの文献も正量部について貴重な情報を提供してくれる。

第四節　漢字文献

第一項　漢訳文献

(1)『律二十二明了論』陳・真諦訳[22]

この論は「正量部、仏陀多羅多法師造」とされ、真諦(四九九―五六九年)によって、五六八年に広州南海郡において訳出されたとされる。これは、律の重要な内容を二二偈に整理して、それらに対して註釈を施したものであるが、実際のところは持律上重要な名目の中から六五種ほどが選び取られたものである。

(2)『三弥底部論』失訳[23]

隋の『歴代三宝紀』(五九七年)に初めて著録される。梁・僧祐撰(四四五―五一八年)の『出三蔵記集』には「三密底耶経」があり、これを『三弥底部論』と同定できるかどうか不明であるが、正量部所伝であるとすれば『出三蔵記集』の年代には正量部が存在したことになる。

この論書では、「我」の問題に関して、プトガラ（補特伽羅）と五蘊との関係、プトガラの常・無常などについて、また輪廻の主体や、生死の本源、中有の生起・存在などの問題について説かれるとともに、他部派への批判と自説の主張が織り交ぜられながら論述されている。

次の五文献は部派分裂史に関するものである。

(3)『十八部論』陳・真諦訳、『部執異論』陳・真諦訳[24]
(4)『異部宗輪論』唐・玄奘訳[25]
(5)『舎利弗問経』失訳[26]
(6)『文珠師利問経』梁・僧伽婆羅訳[27]

次の二文献は、正量部に言及しているものである。

(7)『顕識論』陳・真諦訳[28]
(8)『随相論』陳・真諦訳[29]

第二項　中国撰述文献

最後に、中国撰述の文献で正量部に言及するものを挙げておく。

(1)『出三蔵記集』梁・僧祐撰[30]
(2)『三論玄義』隋・吉蔵撰[31]
(3)『中観論疏』隋・吉蔵撰[32]
(4)『百論疏』隋・吉蔵撰[33]
(5)『大唐西域記』唐・玄奘訳、辯機撰[34]
(6)『南海寄帰内法伝』唐・義浄撰[35]
(7)『成唯識論述記』唐・窺基撰[36]
(8)『異部宗輪論述記』唐・窺基撰[37]
(9)『唯識二十論述記』唐・窺基撰[38]
(10)『成唯識論掌中枢要』唐・窺基撰[39]
(11)『瑜伽師地論略纂』唐・窺基撰[40]
(12)『大乗百法明門論解』唐・窺基撰[41]
(13)『大乗阿毘達磨雑集論述記』唐・窺基撰[42]
(14)『倶舎論記』唐・普光述[43]

(15)『倶舎論疏』唐・法宝撰(44)
(16)『倶舎論頌疏論』唐・円暉述(45)
(17)『成唯識論了義灯』唐・恵沼述(46)
(18)『成唯識論演秘』唐・智周撰(47)
(19)『瑜伽論記』唐・遁倫集撰(48)

これらに伝えられる正量部に関する内容は断片的なものが多く、ここではその箇所のみを註記する。内容に関しては個々に批判的に考察しなければならない問題が多々あると思われるが、その検討は今後の課題とする。

註

（1）Kiyoshi OKANO, *Sarvarakṣitas Mahāsaṃvartanikathā, Ein Sanskrit-Kāvya über die Kosmologie der Sāṃmitīya-Schule des Hīnayāna-Buddhismus*, Tohoku-Indo-Tibetto-Kenkyūsho-Kankokai, Monograph Series I, Tohoku University, 1998. 岡野潔「新発見の仏教カーヴィア Mahāsaṃvartanikathā—特に、Amṛtānanda 本 Buddhacarita に見られる、その借用について—」『印仏研』43—1、pp.(134)-(139)、同「新発見のインド正量部の文献」『印仏研』47—1、pp.(135)-(140)などでは、MSK の写本や内容の概要、文献の意義について紹介されている。その他の一連の研究成果は、本書の末尾の「付記　正量部に関連する研究成果の一覧」を参照願いたい。

（2）U.Wogihara ed. p.179, *l*.9, p.699, *l*.3.

（3）Louis de la Vallée Poussin, *Mūlamadhyamakakārikās* (*Madhyamikasūtras*) *de Nāgarjuna avec la Prasannapadā Commentaire de Candrakīrti*, Bibliotheca Buddhica IV, 1903, p.148, 192, 276. 山口益訳註『月称造　中論釈』二巻（清水弘文堂、一九六八年）、六九頁、七二—七三頁、本多恵『チャンドラキールティ中論註和訳』（国書刊行会、一九八八年）、一四一—一四二頁、一八三頁、二九四—二九九頁、奥住毅『中論註釈書の研究—チャンドラキールティ『プラサンナパダー』和訳』（大蔵出版、二〇〇五年）、二五六—二五七頁、三二六頁を参照。なお、本多氏は第一七章の行為論で言及されている「或る一部の部派」を正量部説と理解している。

（4）チャンドラキールティは正量部に帰属させているが、バヴィヤ（Bhavya 清弁）『般若灯論釈』では「犢子部」（大正蔵三〇、七五下）、「婆私弗多羅」（大正蔵三〇、八二中）として、犢子部に帰している。これは両者の年代、即ち六世紀と七世紀という時代の相違を反映したものであるかどうか明らかでないが、そうだとすれば犢子部という部派が六世紀まで存在していたとも考えられる。なお、『般若灯論釈』には第一七章で正量部に帰する説が紹介されている。中村元「『中論』諸註釈における解釈の相違」『佛教研究論集』（橋本博士退官記念佛教研究論集刊行会、清文堂、一九七五年）、七三―七五頁参照。

（5）池田練太郎「Kathāvatthu にみられる正量部の諸説」『駒沢大学仏教学部論集』17、pp.(18)-(31)に詳しく考察されているので、これを参照されたい。　（6）平川彰『初期大乗仏教の研究』（春秋社、一九六八年）、三九六―三九七頁参照。

（7）使用したのは、以下の版本である。

デルゲ版（D）：（東京大学文学部所蔵版）中観部（DBU MA）13, No.3897, 55-1-1(Ha 109a1)～159-1-7(317a7).

（台北版）Vol.36, No.3902, 296-7-1(217-1)～356-3-7(633-7).

北京版（P）：TTP. Vol.146, No.5865, 4-3-1(Ño 5b1)～110-3-3(270b3).

ナルタン版（N）：（国立民族博物館所蔵版）Vol.128, No.4663, Mdo(Nyo)6b2～256a1.

チョネ版（C）：（台北市立文山特殊教育学校所蔵マイクロフィルム）Vol.29, No.3864, Mdo(Ha)109a1-314a7.

（8）Peter Skilling, The Saṃskṛtāsaṃskṛta-viniścaya of Daśabalaśrīmitra, *Buddhist Studies Review*, 4-1 pp.3-23. これは SAV の成立、全体の構成、内容などに関する詳細な研究である。また、SAV 中の正量部説に関する研究には、次のものがある。宮崎啓作「Stobs-bcu dpal bśes-gñen の不動決択と名づくる第二十品」『印仏研』28―2、一四八―一四九頁、同「Stobs-bcu dpal bśes-gñen の正量部の随眠」『印仏研』29―1、一二〇―一二二頁。

（9）ちなみに、一四世紀前半期の作である Bu ston の仏教史、Bu ston の bstan 'gyur 目録には SAV に関する記載はない。

（10）パーリ原典に関しては、森祖道「新資料 Vimuttimagga」『印仏研』17―1、一三二―一三三頁、チベット語訳に関しては、佐々木現順『解脱道論―頭陀品チベット校訂本文並びに訳註―』（法蔵館、一九五八年）を参照。最近、SAV に引用される『解脱道論』に関する詳細な研究が公表された。P.Skilling, Vimuttimagga and Abhayagiri : the formaggregate according to the Saṃskṛtāsaṃskṛta-viniścaya, *Journal of the Pali Text Society*, Vol.XX, pp.171-210.

（11）D.63-3-7(126a7)～67-4-5(134b5), P.12-4-3(26a3)～16-4-8(36a8), N.28a6～38b1, C.126a1～134a3. 岡野潔氏は前註（1）でも触れたように正量部所伝の仏教カーヴィヤ MSK から宇宙の生成と破滅などに言及した論考を発表している。「新発見の仏教カーヴィヤ Mahāsaṃvartanikathā―特に、Aṃṛtānanda 本 Buddhacarita に見られる、その借用について―」〔前註（1）に既出〕、「新発見のインド正量部の文献」〔前註（1）に既出〕、「いかに世界ははじまったのか―インド小乗仏教・正量部の伝える世界起源神話―」

『文化』62―1・2、一―一九頁などであるが、他は末尾の「付記　正量部に関連する研究成果の一覧」を参照されたい。

（12）D.66-1-7（131a7）～66-2-4（131b4）, P.15-1-7（32a7）～15-2-5（32b5）, N.34a5～34b7, C.130b2～131a3. 正量部の結集に関する記述であるが、これは「世界の生成と破滅」中に説かれている。これには、P.Skilling の次の詳細な研究がある。History and Tenets of the Sāmmatīya School, *Linh-Son Publication d'études bouddhologiques*, No.19, pp.38-52. それによれば正量部には仏滅直後、仏滅後一〇〇年、後四〇〇年、後七〇〇年、後八〇〇年の計五回の結集があったと伝える。このうち、第三結集は Vātsīputra により、第四結集は Sammata により、そして第五結集は Bhutika と Buddhamitra により招集されたとする。この所伝は犢子部（Vātsīputrīya）と正量部（Sāmmatīya）の成立事情について、また両部派の密接な関係を示唆している点で興味深い資料である。この点については、本書の第二章第二節「正量部の成立と展開」で論じる。

（13）D.68-2-3～4（135b3～4）, P.17-2-1～3（37b1～3）, N.39b1～3, C.134b7～135a1.

（14）D.70-2-6～7（139b6～7）, P.19-2-5～6（42b5～6）, N.44b3, C.138b7～139a1.

（15）D.155-3-6（310a6）～156-1-1（311a1）, P.106-4-7（261a7）～107-1-4（262a4）, N.247a7～248a4, C.307a5～308a1.

（16）山口益『世親の成業論』（法蔵館、一九七五年）、七八―一一四頁、Étienne Lamotte, *Karmasiddhiprakaraṇa—The Treatise on Action by Vasubandhu*（English translation by L.M.Pruden）, 1988, pp.22-24, 55-56, 86-91 を参照。

（17）梶山雄一「バーヴァヴィヴェーカの業思想―『般若灯論』第一七章の和訳―」雲井昭善編『業思想研究』（平楽寺書店、一九七九年）、三一四―三一五頁、三二七―三三三頁、中村元前掲論文〔前註（4）〕、七三―七五頁を参照。

（18）小川一乗『空性思想の研究―入中論の解読―』（文栄堂、一九七六年）、二六二―二六四頁、二九〇―二九一頁、二九七―二九八頁、同『空性思想の研究Ⅱ―ツォンカパ造『意趣善明』第六章のテキストと和訳―』（文栄堂、一九八八年）、五一五―五一六頁、五三一―五三二頁、五三六頁を参照。

（19）野沢静證「清弁の声聞批判―インドにおける大乗仏説論―」『函館大谷女子短期大学紀要』5、二〇三―二二一頁。なお、野沢氏未訳の正量部に関する箇所（デルゲ版 No.3856, 178b2-4, 北京版（TTP.）No.5256, 193b8-194a3）は、本書の第二章第一節第二項「文献に見られる正量部名」の中で訳出し紹介しているので、そこを参照されたい。

（20）寺本婉雅・平松友嗣『蔵漢和三訳対校　異部宗輪論』（国書刊行会、一九三五年）、「西蔵所伝跋毘耶造　異部宗精釈訳註」二二―二三頁を参照。

(21) 同上、「西蔵所伝調伏天造　異部説集訳註」四五―四六頁を参照。

(22) 訳者、年代などの詳細は、西本龍山『国訳一切経・律部　十二』（大東出版社、一九三四年）、pp.(217)-(220)、平川彰『律蔵の研究』（山喜房仏書林、一九七〇年）、二六二頁、四五七―四五九頁、五八二―五八三頁を参照。『律二十二明了論』の原典の言語に関して、音写語から判断して梵語であったとは思われないとの指摘がある。西村実則「サンスクリットと部派仏教教団（中）」『三康文化研究所年報』26・27、六四―六七頁。また、真諦三蔵の仏教受学の最初は正量部系の学系であったと、真諦三蔵と正量部との関係を指摘する研究がある。春日井真也「真諦三蔵のアビダルマ学」『印仏研』3―2、二七一頁（『インド仏教文化の研究』百華苑、一九八〇年、二五六頁に再録）。

(23) 赤沼智善、西尾京雄『国訳一切経・毘曇部　六』（大東出版社、一九三四年）を参照。解読および研究は、加治洋一「『三彌底部論』の研究―我に関する章―（上）」『仏教学セミナー』42、四六―六一頁、同「『三彌底部論』解読研究　中有の存在に関する議論（上）」『大谷学報』67―2、二八―三九頁、同「『三彌底部論』の研究―我に関する章―（中）」『仏教学セミナー』46、三一―四七頁、同「『三彌底部論』の研究―我に関する章―（下）・未完」『仏教学セミナー』51、三二―五三頁がある。

なお、『三弥底部論』に説かれるプトガラに関して、「仮我を立てる立場を認めるのは、破我の論義の展開の歴史の中でかなり進展した段階にのみ見られるものであって、初期の阿毘達磨では未だ仮としての我を認める仕方は見られない」とした上で、「三弥底部論に主張するプトガラももとより仮有として立てられたものではない」との指摘がある。櫻部建「倶舎論における我論―破我品の所説」（中村元編『自我と無我―インド思想と仏教の根本問題―』平楽寺書店、一九六八年）、四六六頁。

(24) 寺本・平松、前掲書〔前註（20）〕、「漢蔵四訳対校世友造　異部宗輪論訳註」六八―六九頁を参照。

(25) 同上。　(26) 大正蔵二四、九〇〇下。　(27) 大正蔵一四、五〇一中。　(28) 大正蔵三一、八八〇下。

(29) 大正蔵三二、一六一下、一六六上。　(30) 大正蔵一三、二〇上。

(31) 三枝充悳『三論玄義』（仏典講座27、大蔵出版、一九七一年）、一七九頁、一八二頁、一八四頁、一八六頁を参照。

(32) 大正蔵四二、四四中、一一九上―一二一中。　(33) 大正蔵四二、二九一下。

(34) 水谷真成『大唐西域記』（中国古典文学大系22、平凡社、一九七一年）、四一八―四二一頁を参照。

(35) 小野玄妙『国訳一切経（和漢部）・史伝部　十六（下）』（大東出版社、一九三六年）、pp.(43)-(138)、佐々木教悟『インド・東南アジア仏教研究I―戒律と僧伽』（平楽寺書店、一九八五年）、一八五―二三九頁を参照。

(36) 大正蔵四三、二三七上、二四四下、二四七上、二六六下、二六九下―二七〇上、二七三中、二七四上、二七四中、二八六上、二八九中、二九二上、三〇九下、三一七下―三一八中、三三八上、三三八中、三五一上、四一三下、四一四下、四一七上、四三三下、五〇〇下。(37) 卍続蔵経八三冊、四四一上、四六〇上、四六七上。
(38) 大正蔵四三、九八六下―九八八中、九九七上、九九八中、九九九上―下、一〇〇〇上、一〇〇〇中。
(39) 大正蔵四三、六二五中、六四八上。
(40) 大正蔵四三、五下、三八中、六〇中、六五中、一八五中、一九三下、一九六中―一九七下。
(41) 大正蔵四四、四六下。(42) 卍続蔵経四三冊、七〇中、七八下。
(43) 大正蔵四一、二七上、六三中、一〇七上、一五一下、一五九上、一六四上、二〇一上―二〇四下、二七七下。
(44) 大正蔵四一、四五八中、四五八下、四七〇下、四七一上、四七二下、五五一上、五九七上、六二七下―六二九上、六三一上、六六六中、六七八中、六七八下。(45) 大正蔵四一、八八九下―八九〇上。
(46) 大正蔵四三、六六七中、六八三下、六八八上、六九六中、七一一上、七一九下、七三九上、七五三中。
(47) 大正蔵四三、八三七中、八五二上、八六六上。
(48) 大正蔵四二、三一六下、三一七中、三一九下、三三七中、三四八上、三五三中、三六六下、三七〇中、三七六中、五三七下、六一六中、六一六下、六二〇中、六二〇下、六三二中、六三六中、六九〇下、七〇〇上、七二四下。

第二章　正量部の歴史的展開

本章では、正量部についての歴史的・地理的な動向を可能な限り明らかにする。そこで、まず「正量部」という部派名に関して論じることからはじめる。つまり、この部派名の原語は何であり、どのような経緯を経て「正量部」という名称に定着したのかという問題を探る。

次に、正量部の成立とその歴史的展開を明らかにする。ただ、これに関する資料には限りがあるため厳密な考察は困難であるが、中国、スリランカ、チベットに伝承される部派仏教分裂史の諸文献や、第一次的資料ともいうべき碑文に見られる正量部の資料を眺め、また七世紀における正量部の動向を伝える『大唐西域記』と『南海寄帰内法伝』からその時代の動向を探る。さらに、正量部が言及される諸文献の年代、特に漢訳文献の訳出年代なども勘案しながら、正量部について歴史的・地理的な側面から考察する。

また次に、正量部が犢子部と密接な関係にあることは諸伝承からよく知られていることであるが、この両者の関係は一体どのようであったのかを考えてみたい。

最後に、本研究の中核的な資料でもある、SAV 中の正量部説とされる諸説が正量部説であるかを検証するために、正量部所伝の『律二十二明了論』の記述内容と比較し、SAV の資料的な信憑性を確認する。

第一節　「正量部」の名称

「正量部」の名称の問題については、既に先学[1]によっても論じられているが、ここで改めて現存する資料を可能な限り用いて、「正量部」あるいは「一切所貴部」という名で伝承されるようになった事情を検討しながら、その名称の原語が何であったのかを探ってみたい。

第一項　碑文に見られる正量部名

まず、一次資料である碑文に見られる例を挙げる。インドで正量部に言及する碑文は、マトゥラー出土石板銘文[2]とサールナート出土アショーカ王柱添加銘文[3]の二種類に過ぎないが、前者の石板銘文には「一切諸仏への供養のために正量部の諸師の所領として Śirivihāra において〔寄進された〕」と記され、そこに samitiyāna という語が見られる。後者には一応 sa[mmi]tiyāna と解読される語があるものの、原語を知る上で重要な箇所をはっきりと読み取ることはできない。

後者の銘文はともかくも、前者の銘文から、「正量部」が samitiya と呼ばれていたことが知られ、語根 saṃ√mā「量る」から派生した語であると想定できる。

第二項　文献に見られる正量部名

(1) **梵語文献**　次に、文献に現れる「正量部」の名称を見てみよう。まず、梵語文献ではどのように表記されているであろうか。MSK には、ブッダの涅槃の後、七〇〇年後に聖者サンミタ（Saṃmita）が結集したと伝えられ、[4]

その教えを保持した部派がサンミティーヤと呼ばれたと解せることから、「正量部」とは聖者サンミタの名に由来するものであると考えられる。つまり、その原語はSāṃmitiya であると想定でき、これも語根 saṃ√mā「量る」から派生したものといえる。

ヤショーミトラの『倶舎論』の註釈書 AKV には「他の部派に属する人々とは、聖正量部のことである（Ārya-saṃmatīyaḥ)[5]」、「犢子部の人々は聖正量部の人々のことである」（Vātsīputrīyā Āryasāṃmatīyāḥ)[6] という註釈が見られるが、そこでは、「正量部」は Āryasāṃmatīyāḥ（「聖正量部」）と表現されている。sāṃmatīyāḥ であれば、語根は saṃ√mā ではなく、saṃ√man「尊敬する」から派生した語であることが判る。

チャンドラキールティ造『中頌釈』においては、「正量部」は Sāṃmitīyāḥ と記されており[7]、その語根は saṃ√mā である。

その他に、インド後期の密教の儀軌に関する書である Kriyāsaṃgraha の第七章も正量部に言及している。そこには七つの輪の色が各部派に配当され、その中に「緑色は正量部に属する」（haritaṃ saṃvidīnāṃ)[8] と訳される箇所があるが、この saṃvidīnāṃ という語が「正量部」を表すならば、他の文献には見られない特異な用例である。その語根は、saṃ√vid「見出す」となろう。これは、「正量部」の語の基といわれる √man と √mā の二つの語根とは全く異なっている。

⑵パーリ語文献　次に、パーリ語文献に見られる名称を眺めてみる。『論事』の註釈書である KvA には、第一章で述べたように計二一種もの正量部の教理が紹介されているが、そこで「正量部」はいずれも Sammitiya-（Sammitiyā, Sammitiyānaṃ）と記されており[9]、語根 saṃ√mā より派生した語であることが判る。

また、『大史』[10] には Saṃmiti- とあり、『島史』[11] には Sammiti とあり、パーリ語文献に見られる「正量部」の名称はいずれも、その語根は saṃ√mā である。

(3)チベット語訳文献　次に、チベット語訳の部派分裂史に関する文献を見てみると、『チベット訳異部宗輪論』、Bhavya の上座部伝承 Nikāyabhedavibhaṅgavyākhyāna、Vinītadeva の Samayabhedoparacanacakre nikāyabhedopadarśanasaṃgraha では ’kun gyis bkur ba’、Bhavya の大衆部伝承 Nikāyabhedavibhaṅgavyākhyāna では mang pos bkur ba、そして Varṣāgrapṛcchāsūtra では ’phags pa mang pos bkur ba（聖なる一切所貴部）と訳され、いずれも所謂「一切所貴部」という語[12]でほぼ統一されている。

SAV には、正量部が伝承した自らの成立に関する MSK とほぼ同様の記述が見られる。「如来が般涅槃してから、七〇〇年が〔経った〕時、長老の牟尼である「多くの人々に敬われる人」（mang pos bkur ba）が、その部派の聖教を結集した。それから、〔その聖教を〕保持して、その部派〔の法から論説する人々〕を「多くの人々に敬われる人の部派」（マハーサンマティーヤ、一切所貴部）という[13]」とある。ここでは、「多くの人々に敬われる人」、即ち「マハーサンマタ」という長老が結集したので、その部派を「マハーサンマティーヤ」というと説かれている。「マハーサンマタ」は、語根 saṃ√man「尊敬する」より派生した語であると想定でき、「一切所貴部」という語に該当するものである。

ちなみに、この結集伝承は SAV では世界創世の物語の中で説かれているが、長老と同じ「マハーサンマタ」という名がこの世界に初めて出現した大王の名としても見られる[14]。

その他、たとえば Las grub pa’i bshad pa（Karmasiddhiṭīkā,『業成就の註』[15]）や Dbu ma la ’jug pa’i bsad pa（Madhyamakāvatāra-bhāṣya,『入中論釈』[16]）では、’phags pa mang pos bkur ba’i sde（聖一切所貴部）や mang pos と表現している。

また、Dbu ma'i snin po'i 'grel pa rtog ge 'bar ba（Madhyamaka-hṛdaya-vṛtti-tarkajvālā,『中観心論註思択炎』）には、正量部に関する記述として「アーナンダ長老が〔次のように〕言った。『妙なる光の色で兜率天は輝く。菩薩はここにおられたのです。〔その〕釈迦牟尼に私は礼拝します。釈迦族の童子にお生まれになった時、瓔珞によって飾られた最勝者〔であり〕、正念と正知によって〔煩悩を〕制御した、〔その〕釈迦牟尼に礼拝します。たとえ、閻浮樹の陰にいる時、日が過ぎたとしても比類なき方は陰によって消え失せない。〔その〕釈迦牟尼に礼拝します』と、聖一切所貴〔部〕（'phags pa mang pos bkur ba）のクル族の住人によって〔説かれたものから〕引用する」[17]とあり、「聖なる、多くの人々に敬われる」（聖一切所貴）という表現をもって正量部を示している。ここで「聖一切所貴〔部〕のクルクラの住人（ku ru ku la'i gnas pa mams）」の所説であるとするが、これは、おそらくクルクラ山に住む正量部を指しているのであろう。バァヴヤ（Bhavya）の第一説に見られる、正量部はクルクラ山に住むのでクルクラカと呼ばれるという記述[18]とも対応している。

このように、「正量部」の名称はチベット語訳では mang pos bkur ba, kun gyis bkur ba とほぼ一定した語が見られる。それによれば、語根は saṃ√man から派生した sāṃmatīya という原語が想定できる。つまり、チベットでは「正量部」を「多くの（一切の）人たちに敬われる人々」（一切所貴）を意味する部派名と理解していたのである。

ところで、同じ正量部所伝の情報を伝える SAV と MSK に、正量部成立の元になった長老の名に違いが見られ、SAV では「マハーサンマタ」とあり、MSK には「サンミタ」とあった。同一部派の伝承でありながら、この部派の祖ともいうべき名にどうして相違が生じたのであろうか。先にも触れたように、この伝承の前に世界創世の物語が説かれ、そこでこの世界に初めて出現した大王の名が、MSK にはサンマタ王と記され、SAV では「多くの人々に敬われる」（マハーサンマタ）という意味の国王とされる。MSKでは、長老名と王名がはっきりと区別されているのに対して、SAVでは両者が全く同じ名で表現されていることが判る。おそらく、SAVでは長老の名がこの国王の名と混同し、両者を同一名としてしまった可能性がある。とすれば、SAVの長老の名は誤りであり、これを根拠にして「正量部」の名称をmang pos bkur ba, kun gyis bkur ba（Sāṃmatīya）としてしまった経緯が推測される。つまり、チベット語訳ではこのような過程を経て「正量部」の名称を理解し、saṃ√man に基づく名として定着させてしまったのかも知れない。

⑷漢訳文献と中国撰述文献　次に、漢訳文献を眺めてみよう。漢訳において「正量部」の名称が出てくる最も古い資料は、東晋（三一七―四二〇年）の失訳とされる『舎利弗問経』であり、そこには犢子部から沙摩帝部（正量部）など四派が分出するとされる。つまり、音写語の「沙摩帝」が「正量部」のことを指している。[19]

また、三秦（三五〇―四三一年）の失訳『三弥底部論』は、この論名の「三弥底部」が「正量部」を指しており、部派名の原語が「三弥底」と音写されている。[20]

次に、梁・僧祐撰（四四五―五一八年）の『出三蔵記集』には、「正量部」は「式摩」（一本は「三摩提」）と記されている。[21]他の箇所では「三密底耶経」という経典名が挙げられ、これが『三弥底部論』に対応する文献かどうか別として、この「三密底耶」は「正量」に該当する音写語といえよう。[22]

その他、梁の僧伽婆羅訳『文殊師利問経』（五一八年）には、「一切所貴」と表記されている。[23]

このように、比較的古い漢訳においては「正量部」の名称は「沙摩帝」、「三弥底」、「式摩」、「三密底耶」と音写される他に「一切所貴」と意訳される例を見ることができた。ここから、その原語を推定すると「三弥底」と「三密底耶」からはSāṃmitīya、そして「沙摩帝」、「式摩」、意訳の「一切所貴」からはSāṃmatīyaとなるであろう。つまり、原語は、少し異なった二つの語が存在していたことを窺わせる。

ところが、真諦（四九九—五六九年）訳の年代になると、『律二十二明了論』[24]や『部執異論』[25]、『顕識論』[26]、『随相論』[27]などに初めて「正量部」という訳語が見られるようになる。それ以後、隋・吉蔵の『三論玄義』[28]や『中観論疏』[29]、『百論疏』[30]、そして玄奘訳を始めとする唐代の諸訳[31]においてはいずれも「正量部」という訳語が定着することになる。真諦が「正量部」と訳した原語は、「正しく量る」という意味をもつ Sāṃmatīya であったであろう。中国においては、この理解がそれ以後に継承されたものと考えられる。しかし、それが部派名の由来を正しく伝えているとは限らない。あくまで、「正量部」という漢訳は原語のもつ意味の一つを訳出した結果に過ぎないからである。

ところで、「正量弟子部」という名称が『三論玄義』など[32]に見られ、その由来を、偉大な正量という阿羅漢がいて、その弟子たちによって維持されたことによると伝えている。この伝承が正量部のことを言っているのであれば、MSK や SAV で伝える、サンミタ（サンマタ）長老が、その部派の聖教を結集し、それから〔その聖教を〕保持して、その部派〔の法から論説する人々〕をサンミティーヤ（サンマティーヤ）という、とする伝承と共通する。

第三項　まとめ

結局のところ、「正量部」の名称を表す原語は何であったのであろうか。それは、伝承の資料から判断して、一人の長老の名に由来すると考えてよいであろう。それ以外に根拠を見出すことができないからである。つまり、その長老名は「サンミタ」（Saṃmita）か、「サンマタ」（Saṃmata）のいずれかであったが、前者を基にして「サンミティーヤ」(Sāṃmitīya) という部派名になり、後者を基にして「サンマティーヤ」(Sāṃmatīya) という部派名になったのである。

このように、微妙に異なった二つの名称が伝承されてきたのであるが、それが資料にどのように見出せるのか、ここで確認しておきたい。まず、梵語文献であるが、そこには両方の名称が見られる。一方、パーリ語文献ではSammitiya と統一されており、前者の情報に基づいて伝承されたのであろう。

漢訳文献では、初期の資料には訳語に混乱が見られ両方の訳が併存したが、少なくとも真諦が「正量部」という訳語を用いて以後は、この部派名に統一されたものと考えられる。「正量部」という訳は原語が「サンミティーヤ」であったことを窺わせるが、真諦はその語根 saṃ√mā を「正しく量る」と解して「正量部」と翻訳したと考えられる。他方、チベット語訳では概ね「多くの人々に敬われる人」(mang pos bkur ba) という一定の理解で、「一切所貴部」という漢語に当たる訳でほぼ統一されていた。この原語は「サンマティーヤ」(Sāṃmatīya) であったと推定させる。この二つの解釈の相違が、諸文献において正量部に二つの異なった呼び名を伝える原因になったものと言えよう。

では、正量部がインドで成立したとき、Sāṃmitīya と Sāṃmatīya のどちらの原語が用いられていたのであろうか。自らの存立に関わる最も重要な部派名を当の部派自らが正しく伝えるものと考えるならば、正量部伝承のMSK の記述は信憑性があると言えるであろう。部派名の根拠となった長老の名は「サンミタ」(Saṃmita) であったと解釈するのが妥当かもしれない。確かに、碑文にもこの語形を支持する例を見ることができる。そう考えると、「正量部」の名称は元々「サンミタ」(Saṃmita) という長老によって結集され、その教えを保持した弟子たちによって形成されたことに由来する「サンミティーヤ」(Sāṃmitīya) であったものが、その伝承の中で王名と長老名との混乱によって長老名を「サンマタ」（Saṃmata）とする誤解が生じ、そこから「サンマティーヤ」（Sāṃmatīya）とも呼ばれるようになったのではないかと考えたい。

しかし、年代的に古い時代を反映している『舎利弗問経』には「沙摩帝」という音写語が存在することから、その原語は「サンマタ」（Saṃmata）ではなかったかとも考えられ、またAKVにも「サンマティーヤ」（Sāṃmatiya）の語形が見られ、にわかにどちらかに決定するには至らない。今は、これ以上の解釈は留保しておこう。

第二節　正量部の成立と展開

本節では、まず正量部の成立年代を考えてみたい。前節でも用いた資料を中心として、それらの情報を通して正量部の成立年代を考察する。また、七世紀における部派の動向を伝える『大唐西域記』と『南海寄帰内法伝』から当時の正量部の状況を眺め、そこから可能な限り正量部の歴史的・地理的な動向を探っていきたい。

第一項　文献より見る正量部の成立

部派の成立に関しては、まず部派分裂を伝える諸資料を手掛かりにしなければならない。それらの資料に基づいた研究は、既に多くの先学によってなされているので、ここではそれらの研究[33]によりながら正量部に関して整理してみる。

正量部の分派を伝える主要な資料と伝承の内容は、次の如くである。

⑴ Dīpavaṃsa, Mahāvaṃsa など南方上座部の伝承では、Theravāda（上座部）より化地部と犢子部が分派し、

犢子部から四派が生じたうちの一派を正量部とする。

(2) Nikāyabhedavibhaṅgavyākhyāna（Bhavya）の正量部伝承によれば、Sthavira（上座部）より説一切有部と犢子部が分派し、犢子部より正量部が生じたとする。正量部からは六城部（Ṣaṇṇagarika）が分出したとする説も伝える。

(3) Samayabhedoparacanacakra（『異部宗輪論』、『十八部論』、『部執異論』、及びチベット語訳）の伝承では、Sthavira（上座部）より説一切有部が分派し、そこから犢子部など四派が生じ、さらに犢子部から正量部など四派が分出したと伝える。

(4) 大衆部の伝承とされる『舎利弗問経』には、他俾羅（Sthavira）から犢子部が分派し、犢子部から沙摩帝（正量部）など四派が分出したという。

(5)『文殊師利問経』では、一切語言（説一切有部）、雪山部、犢子部、賢（賢冑部）に続いて一切所貴（正量部）が生じたと伝える。

(6)『出三蔵記集』では、薩婆多から婆蹉（犢子部）が生じ、そこから名賢（賢冑部）など三派が分出したとし、正量部は別系統の迦葉維（飲光部）から分出したと伝える。

(7) Nikāyabhedavibhaṅgavyākhyāna（Bhavya）の上座部伝承によれば、Sthavira（上座部）から説一切有部、犢子部、正量部などが分派したとのみ記す。

(8) Nikāyabhedavibhaṅgavyākhyāna（Bhavya）の大衆部伝承によれば、Sthavira（上座部）から説一切有部と犢子部が分派し、犢子部から正量部などの四派が分出したとする。

(9) Samayabhedoparacanacakre nikāyabhedopadeśanasaṃgraha（Vinītadeva）の根本説一切有部伝承によれば、大

衆部、説一切有部、上座部、正量部の系統があり、正量部から犢子部など三派が分出したと伝える。

⑽ Varṣāgrapṛcchāsūtra によれば、聖説一切有部、聖大衆部、聖正量部、聖上座部の系統があり、その聖正量部から犢子部など五派が分出したと伝える。

⑾ Tāranātha のインド仏教史の正量部伝承によれば、大衆部、説一切有部、犢子部、雪山部の四系統のうち、犢子部から正量部など四派が分出したと伝える。その他に二種の伝承を挙げるが、一つは上座部から説一切有部、犢子部、正量部などが分派したとし、他の一つは犢子部より正量部など四派が分派したと伝える。

以上のように、一一種の主要な資料を見たが、そこから分派の様相は大別すると四種に分けられるであろう。即ち、(A)犢子部から正量部が分出―⑴⑵⑶⑷⑸⑻⑾、(B)正量部から犢子部が分出―⑼⑽、(C)飲光部から正量部が分出―⑹、(D)上座部から他の部派と並び分出―⑺⑾、のようになる。

この資料の⑼⑽で示す四部派は義浄の報告する四部派と一致し、後代の部派の状況を反映したものと考えられるだけに、正量部から犢子部への分出ということも無視はできない。しかし、大半の伝承が犢子部より正量部が分出したと伝えることや、また犢子部や正量部の説を引用する諸文献の成立状況などを勘案する時、犢子部から正量部への分出と考える方が妥当であろう。

さて、これより正量部の成立の経緯と年代をより具体的に伝える文献を見てみよう。前節でも少し触れたSAV に見られる正量部の結集伝承[34]によれば、以下のように計五回の結集の経緯と年代が伝えられる。

時代、時代、時代が移り変わっていった時、クラクッチャンダといわれる仏・世尊が現れた。それから、その〔仏・世尊〕が般涅槃（入滅）した後、時代を相当へた時、カナカムニ如来が出現した。それから、彼が般涅槃した後、時代を相当へた時、カーシャパといわれる偉大な牟尼が現れた。彼が般涅槃した後、時代を相当へた時、カリ・ユガ期といわれる末世に、我らの師〔である〕シャーキャムニといわれる如来が世界に出現した。師〔である〕このシャーキャムニ世尊は、有情の罪悪〔を消滅する〕成就〔の方法〕を完全に明らかにした。その世尊は、また有情の六道輪廻の苦しみを取り除く解脱への道を開示した。その道は、限りなく優れた人々の苦しみを残らず寂滅した自性〔である〕解脱の方域を示した。そのように示された道は、最上のものとなり、天と人々に説き示された。如来は、その灯明によって、勝れた法の灯明の相続を確立してから自ら般涅槃した。如来が般涅槃してから、二ヶ月目のアーサーダ月の白分の一三日の後に、貪欲を離れた五〇〇人の比丘によって、仏の教えが七葉窟で結集された。また、如来が般涅槃してから、一〇〇年が経った時、貪欲を離れた七〇〇人の比丘によって、法が結集された。また、如来が般涅槃してから、四〇〇年が〔経った〕時、修行者の僧伽で別々の比丘集団となったものが各々の部派として住していたけれども、可住子であるパーラ・ヴァートシープトラが一つの部派の法を結集した。それから、〔その法を〕保持して、その部派の法を論説する人〔々〕をヴァートシープトラ〔の人々〕（ヴァートシープトリーヤ、犢子部）という。また、如来が般涅槃してから、七〇〇年が〔経った〕時、長老の牟尼である「多くの人々に敬われる人」（マハーサンマタ、一切所貴）が、その部派の聖教を結集した。それから、〔その聖教を〕保持して、その部派〔の法から論説する人々〕を「多くの人々に敬われる人の部派」（マハーサンマティーヤ、一切所貴部）という。また、如来が般涅槃してから、八〇〇年が〔経った〕時、長老のブティカとブッダミトラが、その部派の聖教を結集した。このことから、「多くの人々に敬われる人の部派」（一切所貴部）の法を結集すること、五度であるといわれる。（D.131a3-131b4, P.32a1-32b5）

ここには、仏の般涅槃の四〇〇年後に犢子（Vātsiputra）によってなされた第三結集において犢子部が成立し、その三〇〇年後にサンマタ（Sammata）による第四結集において正量部が成立したと伝えられていることが判る。即ち、仏滅後四百年に犢子部が成立し、それに遅れること三〇〇年で正量部が成立したということになる。

この伝承を検証するに当たって、先に挙げた伝承のリストの中から(3)の『異部宗輪論』などの諸異本の一つチベット語訳 Samayabhedoparacanacakra の伝承と、(2)の Nikāyabhedavibhaṅgavyākhyāna の正量部伝承とを取り上げて比較してみたい。

(3)の伝承によれば、世尊の滅後一〇〇年ほどして阿育王の時に分裂が起こり、滅後三〇〇年して上座部は争論により説一切有部と雪山部に分かれ、また、その頃に説一切有部より犢子部が生じ、その一〇〇年の間に犢子部より一切所貴部が生まれた、と伝える。[35] 即ち、犢子部は仏滅後三〇〇年経って起こり、正量部はその後一〇〇年の間に起こったことになる。この説は SAV の伝承と比べると、とりわけ正量部の年代に関して相違していることが判る。

次に、(2)の伝承によれば、世尊が般涅槃した後一三七年を経て、五事に関して僧伽に大争論が起こり、それによって上座部と大衆部の二部に分裂し、その後六三年間にわたり僧伽は分裂し争論し続け、それより二〇〇年を経過して後に、上座の犢子部が正しい教説によって正しく結集された、と伝える。[36] この伝承によれば、犢子部は仏滅後四〇〇年して成立した部派ということになる。(2)と SAV、そして前節でも触れた MSK[37] などの正量部が伝えた資料は、すべて共通して仏滅後四〇〇年して犢子部が成立したことを、そして(2)は明示していないが、それから三〇〇年後、即ち仏滅後七〇〇年して正量部が成立したことを伝える。ただ、(2)は犢子部成立以前の経緯に関しては SAV, MSK と異なっている。

そこで、これらの伝承に基づいて正量部の成立年代を考えてみよう。仏滅年代の設定に二説が立てられることを考慮した上で、仏滅年代を紀元前四八〇年代とする説に従えば紀元後三世紀前半に、仏滅年代を紀元前三八〇年代とする説に従えば紀元後四世紀前半になろう。ちなみに、犢子部の成立年代は前者の仏滅年代の場合、紀元前一世紀前半、そして後者の場合、紀元後一世紀前半となる。

ところで、少し視点を変えて、先に挙げた伝承リストの(4)の『舎利弗問経』からも考えてみよう。『舎利弗問経』の訳出の古さは正量部の成立年代の下限を決定する上で重要となる。「沙摩帝」という正量部を指す用語が見られる『舎利弗問経』は東晋の失訳とされているから、四世紀初頭から五世紀初頭までの間という東晋の存続期間以前に正量部は成立していたことになる。さらに言えば、その原典は三世紀後半から四世紀後半頃には存在していたであろうから、正量部はそのころには成立していたものと推定できる。

第二項　碑文より見る正量部の成立

前節でも取り上げたように、正量部の名が見出せる碑文は、以下の二種である。

(1)マトゥラー出土石板銘文(38)

bodhisatvo sahā mātā-pitihi sahā upajhāyena dharmakena
sahā ātevāsikehi sahā ātevāsinihi śiri-vihāre
ācariyāna samitiyāna parigrahe sarva-budha-pujāye

(2)サールナート出土アショーカ王柱添加銘文(39)

ā[cā]ryyanaṃ sa[mmi]tiyānaṃ parigraha vātsīputrikānāṃ

マトゥラー出土の石板は市内の Gau-Ghat well から発見されたもので、マトゥラー博物館に所蔵されている。

この銘文は三行で刻まれており、日付や当時の王に関する記述は見られない。この銘文は Daya R.Sahni によって次のように解読されている。

〔この〕菩薩〔像〕は〔名前不詳のさる人によって〕両親と、親教師のダルマカと、男の弟子と、女の弟子と共に、一切諸仏への供養のために正量部の諸師の所領としてシリ精舎において〔寄進された〕。

この銘文の内容から、静谷正雄博士は、正量部が(1)大衆部、法蔵部、説一切有部と同様に菩薩像の造立を功徳あるものと認め、(2)大衆部と同じくこの造立寄進は、一切諸仏への供養となることを認め、(3)自己の管理する仏寺をもち、男女の弟子たちとその指導者を擁していた、と解釈する[40]。この内容の分析も重要ではあるが、本項の課題はこの銘文の年代設定である。この点については、H.Lüders は、その書体からサカ時代に比定するのに対し[41]、静谷博士は、菩薩像の造立寄進の記録であることから仏像製作の年代を考慮して、古く設定することに反対し、一応、後一世紀中葉とする[42]。しかし、仏像製作の年代を考慮するとしても、最上限に設定する根拠はなく、年代をさらに下げることに何の障害もない。むしろ、正量部に関係する諸文献から考えられる年代と比較しても、いかにも突出しており、一世紀中葉とする説は早過ぎるであろう。この銘文は、正量部の成立年代を決定する上で最も貴重な資料だけに慎重に扱わなければならない。

サールナート出土アショーカ王柱添加銘文は、サールナートにあるアショーカ王碑文の基部に後に添加されたものである。J.Ph.Vogel は、次のように二通りの解読を行っている。

(1)「犢子部の〔支派である〕正量部の諸師の所領」
(2)「正量部と犢子部の諸師の所領」

この読みに対し、静谷博士と末永真海氏は前者を[43]、塚本啓祥博士と J.Ph.Vogel は後者を[44]採用している。どちらを採用するかは、正量部を犢子部から起こった支派と位置づけるのか、両者を同時に存在した部派と考えるのかという解釈の相違に基づく問題である。AKVは、犢子部は聖正量部のことである（Vātsīputrīyā Āryasāṃmatīyāḥ）[45]、と両者が極めて親密な関係にあることを註釈するに止まり、前項の伝承リストを見ても両者の前後関係に逆転も見られ、どちらが支派であるか確定しえないが、しかし、先に述べたように後代の諸文献での引用状況などを勘案すると、支派は正量部の方であったと考える方が妥当であろう。よって、この銘文の解釈は前者の方が理解し易いが、同系の部派だけに同時に存在したという解釈も捨て切れない面がある。いずれにしても、この銘文は正量部と犢子部との成立上の関係を知るための貴重な資料であると言える。

さて、その年代設定であるが、この銘文は、初期のグプタ文字に似ていることから、Vogelはその年代を四世紀とする[46]。そうであれば、サールナートはそれまで説一切有部の勢力圏であった[47]ものが正量部に取って代わられたことを意味する。玄奘もここに正量部が存在したことを記しているから、四世紀以後のサールナートは正量部の勢力下にあったことが知られる。

この二種の碑文から正量部の成立年代を考えてみると、マトゥラーの碑文は仏像製作が始まった時代以後であることは間違いないものの年代を決定するには至らず、サールナートの碑文は四世紀と設定して問題はなさそうである。つまり、現段階ではこれらの碑文は正量部の成立の上限に関しては決定的な資料とはなりえない。ただ、四世紀には成立していたとだけ言えるのである。

第三項　『大唐西域記』と『南海寄帰内法伝』より見る正量部の展開

(1)『大唐西域記』　七世紀前半のインド・西域の歴史、風俗、宗教などを生き生きと伝える玄奘の『大唐西域記』には数多くの部派仏教の動向が詳細に報告されており、当時のその様子を知る重要な手掛かりが得られる。そこには大乗、小乗あわせて百箇所もの仏教の情報が記されている。大乗仏教に関しては三〇箇所、小乗仏教は六〇箇所、大小兼学のところは一五箇所と、小乗仏教の報告のほうが多いことが判る。この小乗仏教、即ち部派仏教の内訳は、正量部が一九、説一切有部が一四、上座部が七、大衆部が三、説出世部が一、そして具体名が記されていない部派が一六の合計六〇箇所である。[48] この『大唐西域記』の報告を当時の部派仏教の実情を反映したものと見るならば、正量部の勢力が説一切有部をも凌ぐ勢いであったことが窺える。

そこで、『大唐西域記』に報告される正量部に関する記述を示し、その状況を分析してみたい。

〔中インド地方〕

窣禄勤那国

翫道篤学、多才博識。伽藍十余所、僧徒千余人、習学小乗正量部法。天祠九所、異道三百余人、事自在天塗灰之侶也。（大正蔵五一、八九二下―八九三上）

劫比他国（二箇所）

風俗淳和、人多学芸。伽藍四所、僧徒千余人、並学小乗正量部法。天祠十所、異道雑居、同共遵事大自在天。（同八九三上）

城西二十余里有大伽藍……。僧徒数百人、学正量部法。数万浄人宅居其側。（同八九三上）

阿耶穆佉国

人淳俗質、勤学好福。伽藍五所、僧徒千余人、習学小乗正量部法。天祠十余所、異道雑居。（同八九七上）

卑索伽国

気序和暢、風俗淳質、好学不倦、求福不廻。伽藍二十余所、僧衆三千余人、並学小乗正量部法。天祠五十余所、外道甚多。（同八九八下）

室羅伐悉底国

雖多荒圮、尚有居人、穀稼豊気序和、風俗淳質、篤学好福。伽藍数百、圮壊良多、僧徒寡少、学正量部。天祠百所。外道甚多。（同八九九上）

劫比羅伐窣堵国

空荒久遠、人里稀曠。……土地良沃、稼穡時播、気序無愆、風俗和暢。伽藍故基千有余所、而宮城之側有一伽藍、僧徒三千（三十）余人、習学小乗正量部教。天祠両所、異道雑居。（同九〇〇下）

婆羅痆斯国（二箇所）

多信外道、少敬仏法、気序和穀稼盛、果木扶疎茂草靃靡。伽藍三十余所、僧徒三千余人、並学小乗正量部法。[49]天祠百余所、外道万余人、並多宗事大自在天。（同九〇五中）

層軒重閣麗窮規矩。僧徒一千五百人、並学小乗正量部法。大垣中有精舎。（同九〇五中）

吠舎釐国

好福重学、邪正雑信。伽藍数百、多已圮壊、存者三五、僧徒稀少、天祠数十、異道雑居。……宮城周四五里、少有居人、宮城西北五六里至一伽藍、僧徒寡少、習学小乗正量部法。（同九〇八中）

伊爛拏鉢伐多国

気序和暢、風俗淳質。伽藍十余所、僧徒四千余人、多学小乗正量部法[50]。天祠二十余所、異道雑居。（同九二

六上）

〔東インド地方〕

羯羅拏蘇伐剌那国

気序調暢、風俗淳和、好尚学芸、邪正兼信。伽藍十余所、僧徒二千余人、習学小乗正量部法。天祠五十余所、異道寔多。別有三伽藍不食乳酪。遵提婆達多遺訓也。（同九二八上）

〔西インド地方〕

摩臘婆国

貴徳尚仁、明敏強学、而此国也、邪正雑信。伽藍数百所、僧徒二万余人、習学小乗正量部法。天祠数百、異道寔衆。多是塗灰之侶也。（同九三五下）

伐臘毘国

居人殷盛、家室富饒、積財百億者、乃有百余室矣。……伽藍百余所、僧徒六千余人、多学小乗正量部法。天祠数百、異道寔多。（同九三六中）

阿難陀補羅国

伽藍十余所、僧徒減千人、習学小乗正量部法。天祠数十、異道雑居。（同九三六下）

信度国

人性剛烈而質直、数闘諍多誹讟。学不好博、深信仏法。伽藍数百所、僧徒万余人、並学小乗正量部法。大抵

懈怠性行弊穢。其有精勤賢善之徒、独処閑寂遠迹山林、夙夜匪懈多証聖果。天祠三十余所、異道雑居。（同九三七上―中）

阿点婆翅羅国

気序微寒、風飈勁烈、宜牛羊橐駝騾畜之類、人性暴急不好習学、語言微異中印度、其俗淳質敬崇三宝。伽藍八十余所、僧徒五千余人、多学小乗正量部法。天祠十所、多是塗灰外道之所居止。（同九三七下）

臂多勢羅国

風俗獷暴、語異中印度、不好芸学、然知淳信。伽藍五十余所、僧徒三千余人、並学小乗正量部法。天祠二十余所、並塗灰外道也。（同九三八中）

阿軬荼国

気序風寒、人性獷烈、言辞朴質、不尚学業、然於三宝守心淳信。伽藍二十余所、僧徒二千余人、多学小乗正量部法。天祠五所、並塗灰外道也。（同九三八中）

以上のように、七世紀前半の正量部の状況を見ると、東はガンジス河の中流地域一帯、西はインダス河の下流地域や現在のグジャラート地方に勢力を保持していたことが判明する。具体的には、中インド地方におおよそ一万八千人程度の正量部の教えを学ぶ僧徒がおり、東インド地方に二千人程度の僧徒、そして西インド地方には四万八千人程度の僧徒がいたことが記録されている。

『大唐西域記』には正量部以外の部派として説一切有部、大衆部、説出世部、南方上座部に関して報告されているが、それらの勢力地域を概観すると、正量部と説一切有部とが当時の部派の二大勢力となっていたことが判る。正量部が東インドと西インドにほぼ集中しているのに対し、説一切有部はガンジス河周辺では他と重なりあっているものの中央アジアでは独占的な勢力を保っていたことが窺える。大衆部と説出世部は僅かながら西北インドと南インドのクリシュナ河の河口に存在していたことが知られ、南方上座部は海洋交通路の要所であったからであろうが、南インドとガンジス河の河口に存在していたことが知られる。

ところで、玄奘はインドより多数の仏典の原典を将来しているが、記録によれば総計六五七部となる。そのうち、小乗仏教関係は一九二部であり、最も多いのは説一切有部の六七部、次いで法密部（法蔵部）の四二部、弥沙塞部（化地部）の二二部、そして正量部の一五部などとなっている。[51] この数字は正量部の勢力を考えるとき意外とも思えるが、こうした文献の多い少ないは当時のインドにおける部派の勢力を直接反映したものと理解するよりも、むしろ玄奘の帰路において存在していた部派との関係で解釈すべきであろう。

(2)『南海寄帰内法伝』 七世紀前半のインドの状況

七世紀前半のインドの状況を玄奘が記録したのに対し、七世紀後半のインドの状況を義浄は『南海寄帰内法伝』において伝えている。六七一年にインドに渡った義浄は、主にナーランダー寺に留まって研究したが、その滞在中に仏教について、特に戒律を守る僧院生活の実情をつぶさに記し、当時のインドや南海諸国の仏教教団の組織を紹介している。

その巻第一の記述によると、[52] 当時の部派は四部、即ち大衆部、上座部、根本説一切有部と正量部が存在するとし、各部派は十万頌ずつの三蔵を伝持すると伝えている。マガダでは四部を通習するが、中でも有部が最も盛んであり、西インドでは他の三部も少しは兼ねるが、正量部が最も盛んであり、インドの北方はすべて有部であるが、時に大衆部の人々にも逢うと言い、そして南インドではすべて上座部で他の部は少しだけであると伝える。ナーランダーより東の諸国では四部が混在しており、スリランカはすべて上座部で、南海の諸洲には十余国あるが専ら根本有部で時に正量部も存在するとし、その南海の方にある占波[53]、即ち臨邑の国では多くが正量部で有部も少しは兼ねる、と伝える。

このように、『大唐西域記』と『南海寄帰内法伝』から見た七世紀の部派仏教の状況は、後者が四部派を相対的に眺めるのみでその数的な記録はないが、両者でほぼ一致している。この時代の正量部は、東はガンジス河流域、西はインダス河の河口とグジャラート地方に亘る地域に存在していたことが判明する[54]。

第四項　まとめ

部派分裂に関する伝承によれば、正量部は犢子部より分派したという説が有力であり、正量部伝承の文献から推定すれば、正量部が成立した年代は、仏滅年代を紀元前四八〇年代と考えた場合、紀元後三世紀前半に、仏滅年代を紀元前三八〇年代とした場合、紀元後四世紀前半に成立したことになる。

また、『舎利弗問経』の訳出年代から推定して、正量部は三世紀後半から四世紀後半頃には成立していたものと考えられる。

碑文から見れば、マトゥラーの碑文は書体から見てサカ時代、仏像製作年代から見て一世紀中葉とする見解があるが、あまり根拠はなく、正量部に関する資料を勘案しても、唐突な感が否めない。一方、サールナートの碑文は初期のグプタ文字に比定されることから四世紀のものと見られるが、これは他の文献の伝承ともほぼ整合性をもち、正量部が四世紀には存在していたことを示唆してくれる。

以上から、正量部の成立は早くて三世紀の初期ごろ、遅くとも四世紀の初期ごろと考えてよいであろう[55]。

次に、玄奘や義浄の記録によって七世紀ごろの正量部の活況が判るが、その後インドにおいて正量部は何時まで展開したかは、インドにおける部派仏教最後期の状態自体が不明であるので判断しかねるが、少なくともセーナ王朝期に北インドで著述されたといわれるSAVから知られるように、有部、南方上座部と並び部派仏教の歴史の最後まで存在したであろうことは推定できるであろう。また、チベットのゴル寺院で発見された正量部伝承と考えられる所謂『パトナ・ダルマパダ』が東インドのモンギル地方で出土されたパーラ王朝期の仏教碑文と近似することから判断して、少なくとも当時までその地方において正量部が存在したものと推定できる[56]。

第三節　犢子部と正量部の関係

前節で正量部の成立と展開について論じたが、その中で密接であるといわれる犢子部とはどのような関係であるのかについて、実は不明であることが浮き彫りにされた。そこで、両部派の歴史的な関わりを、これまでの資料をもとに少し考えてみたい。

まず、部派分裂に関する伝承を見ると、一部を除いて、ほとんどの資料は犢子部より正量部が分派したことを伝えている。成立年代について簡潔に整理すると、犢子部の成立年代は仏滅後三〇〇年または四〇〇年と伝えられ、正量部は犢子部が成立してから一〇〇年以内または三〇〇年後に分派したということになる。

では、犢子部から分派した正量部が成立した後は、両部派はどのような状況で存在したのであろうか[57]。正量部が成立してから、犢子部は正量部に併合され、消滅してしまったのであろうか、あるいは正量部が分派した後も犢子部は実態をもって存在し、両者は併存したのであろうか。さらに併存していたならば、いつ頃までそのような状態が存続していたのか、といった疑問が残る。

筆者は、正量部を早くて三世紀初期ごろ、遅くとも四世紀初期ごろまでには成立していた部派であると考えているが、実は、正量部が成立した以後の文献にも犢子部という名称で伝えられ、あたかも両部派の混在という未区分の状態を許容したかのような奇妙な事態が見られるのである。その理由を両部派が併存していたからであると考えれば問題はないが、その辺りの状況を検証するために、こうした混在した例を以下に挙げてみよう。

まず、鳩摩羅什（三四四—四一三）が成立に大きく関わったとされることから、正量部成立後の文献といえる『大智度論』には、犢子部のみが見られ、正量部には言及されていない。[58]

また、AKBh には犢子部のみが伝えられるが、その註釈文献である AKV には正量部に言及するものの犢子部説を紹介する方が多く、その中には AKBh に記された犢子部に対して「聖正量部のことである」と註釈する箇所が見られる。つまり、六、七世紀頃の人物とされる註釈者ヤショーミトラの時代には、両部派共に認知されており、同じ部派であるかのように見なされていたことが窺われる。

次に、五世紀のサンガバドラ（Saṃghabhadra 衆賢）の『順正理論』は、プトガラと随眠に関して犢子部のみに言及している。[59] さらに、同時代のグナマティ（Guṇamati 徳慧）の『随相論』にも犢子部のみが見られる。

また、チャンドラキールティの『プラサンナパダー』で、ある見解を正量部に帰するに対して、バヴィヤ（Bhavya 清弁）の『般若灯論』ではそれを犢子部に帰している。しかし、『般若灯論』には第一七章で正量部に帰する説も紹介されている。この齟齬の原因はにわかに明らかにできないが、これらの著作がなされた六世紀と七世紀という時代には両部派が併存していたことを反映したものと理解すべきなのであろうか。そうだとすれば、犢子部という部派が六世紀まで存在していたとも考えられる。ちなみに、この漢訳『般若灯論釈』では犢子部とあるところがチベット語訳では正量部となっている。[60]

次に、八世紀頃のシャーンタラクシタ（Śāntarakṣita 寂護）の Tattvasaṃgraha（TS）第一二章では、プトガラを主張した部派は犢子部として取り上げるが[61]、その内容はAKBhと同じである。また、南方伝承の註釈書では、プトガラ論者は犢子部と正量部であると、併記されている[62]。これはブッダゴーサの真作かどうか不明であるが[63]、彼のものとするならば五世紀頃の伝承となる[64]。

このように、正量部の成立以後に著された文献から犢子部あるいは正量部に言及する例を見てきた。中でも、『大智度論』、AKBh、『順正理論』、『随相論』、TSなどは犢子部のみに言及して、正量部には触れることはない。また、AKVや南方伝承の註釈書では両部派が併存しているかのように両者に言及している。しかし一方で、前節でも述べたように七世紀当時の部派に関して『大唐西域記』や『南海寄帰内法伝』には犢子部は全く触れられず、正量部だけが紹介されている。こうした事情をどのように理解すればよいのであろうか。それについて、少し私見を述べてみたい。

部派に言及するとき、(1)その文献が同時代の部派の状況を反映している場合と、(2)同時代を反映しているのではなく、過去の事実として言及したものと想定できる場合とが考えられよう。(1)の場合は、当然のこと犢子部が正量部の成立以後も実態のある部派として存在していたことを示している。

しかし、(2)の場合は、伝承する文献とその記述内容が時代を同じくするものでないので、同時代に犢子部が実際に部派として存在していた根拠にはならない。『大智度論』などに見られるような、犢子部が言及されている例はこれに該当するであろう。たとえば、プトガラ論の是非を論じる場合には犢子部が引用されているが、プトガラ論の提唱は犢子部によるから、過去のことであっても犢子部説として引用するのは当然のことなのである[65]。したがって、たとえ正量部がその立場を継承しても正量部説として引用されることは稀であったと考えるべきであろう。AKVでの「犢子部とは聖正量部のことである」という註釈も、こうした事情によるものと思われる。

一方で、七世紀のインドにおける諸部派の動向を伝える『大唐西域記』や『南海寄帰内法伝』などは、(1)に該当するものである。正量部だけが紹介されるのに対して、犢子部の記述は全く見られないのは、この時期までにインドの部派史上から犢子部はなくなり、正量部のみが存在したことを示しているのであろう。つまり、七世紀初頭頃までには既に正量部が犢子部を取り込むなどして一つとなった大きな勢力の部派となり、犢子部は実態のある単独の部派として認知されていなかったことを窺わせる。

ちなみに、後代の例として、九世紀頃のスマティシーラ（Sumatiśīla 善慧戒）の『成業論』に対する註釈には、正量部（聖一切所貴部）の名によってプトガラ論が言及されている[66]。

以上のように、正量部の成立以後、犢子部はそれほど後代まで実態として存続することはなかったが、プトガラ論を創唱した部派として言及し続けられたと考えてよいであろう。ただ、それでも犢子部が実態のある部派として歴史上に存在していたのは玄奘が見た時代より、どのくらい前であったのかは判断できない。

犢子部と正量部との関係のように、同系の他の部派間において同様の混在の状況は見られる。部派分裂に関する伝承を時系列で理解するだけではなく、どのような関係をもって互いの部派が存在していたのかなど、諸部派が具体的にどのような存在様態であったのかを考察することが、部派仏教の理解にとって必要であろう。

第四節　SAV の正量部説と『律二十二明了論』

インドで比較的後代に大きな勢力をもったと考えられる正量部は、今日までほとんどその実態は知られていない。しかし、SAV の存在は、正量部の解明に光を当て、煩悩説、業論、聖諦論などの正量部の思想について相当な部分の復元を可能にしてくれる。それだけに、SAV の資料的意義は大きいといわなければならない。

SAVの第一六章「非随眠決択」の文頭には、「聖一切所貴部（'phags pa mang pos bkur ba'i sde）の聖典には、次の如く説かれる」（D.205a5, P.127a3）と、そして第一六章〜第一八章、第二一章の文末には「聖一切所貴部の聖典の教法中の……」と記され、SAVに紹介される第一六章〜第二一章の内容が正量部説であることを示している。

しかし、この記述だけではその確証は乏しい。そこで、このSAVに正量部説として紹介されているものが間違いなく正量部説であるのかを検証するために、正量部所伝が明らかな文献である『律二十二明了論』一巻（真諦訳）の記述内容と比較して、SAVに引かれている正量部説が実際に正量部のものであるのかどうかを論じる。

両テキストにおいて比較を可能にしうる内容は、㈠随眠と非随眠説、㈡八戒と九六分別説、㈢身の非福業―非摂説―、㈣四善根位説の四点である。これより、各説について両者を比較し、その異同を検証していく。

第一項　随眠と非随眠説

『律二十二明了論』の第一偈の解釈中に

由対治上心惑、応説諸護数量。三界上心惑、有二百九十四、是彼所起、非護亦有二百九十四、為対治彼、有善及無覆無記諸護、合有五百八十八。是人与此対治護相応。復有別釈。欲界上心惑、有一百三十七、従此随一上心惑、能染汚眼根地、於第四心及初至心、此眼根不護、有一百三十七。如眼根、耳根亦爾。鼻舌身根不護、各有二十五。如眼耳根、意根不護亦爾、有一百三十七。為対治彼、応知二品護合、有九百七十二、色界上心惑、有八十六、従此随一上心惑、能染汚眼根地、所生不護、有八十六。為対治彼、二品護各有八十六、耳根意根不護二護亦爾。色界身根不護、有十四。能対治彼、二品護各有十四。無色界上心惑有七十一、従此随一上心惑、能染汚心地、所生不護有七十一。為対治此、二品護各有七十一。三界護合、有一千六百五十八、

是人与此対治護明相応。（大正蔵二四、六六五中―下）

と、正量部の煩悩説、特にその法数について比較的詳細に説かれている。ここには、三界の上心惑に二九四があり、そのうち欲界の上心惑は一三七であり、色界の上心惑は八六であり、無色界の上心惑は七一あるとし、さらに対治をも加えると一六五八もの法数が説かれている。

この説に対応する内容は、SAV には次のように記されている。

ここで総説すると、煩悩は二種である。即ち、随眠と非随眠（bag la nyal ma yin pa）である。このうち、随眠は何であるのか、非随眠は何であるのか、と言えば〔それについて〕説こう。湿った布の汗の如くに、これら随眠は三界において大変堅固に随沈し（rjes su thim）、相関すること（'brel par 'gyur ba）によって随眠と説くのである。（D.240a7-b1, P.173b6-8）

また、

非随眠は煩悩性（nyon mongs pa nyid）があり、纏（kun nas dkris pa）のみであることによって、その如くに随眠ではないのである。その故に、非随眠と言われるのである。（D.240b2, P.173b8-174a1）

と、煩悩を随眠と非随眠に分類し、それぞれが規定されている。[67]

この随眠、非随眠がいかなる法であるかについては、SAV 第一六、第一七章に説示されており、それをここに簡略に示すと以下の如くである。

随眠（一〇法）：貪、瞋、慢、無明、邪見、有身見（rang lus la lta ba）、辺見、見取、戒禁取、疑

非随眠（二一法）：不信、無慚、誑、諂、不察（ma brtags pa, gzu lums）、掉挙、放逸、惛沈、下劣（zhum pa, bying ba）、無愧、大執（ches 'dzin pa）、瞢憒（snyoms las, le lo）、睡眠、嫉、悔、覆、憍、慳、不忍（mi bzod pa）、

恨、食不調性（zas kyi rgyags pa）

これをもとに、『律二十二明了論』の記述と関連する事柄をまとめてみる。SAV第一七章によれば、一〇随眠は欲界・色界・無色界の三界と見苦所断・見集所断・見滅所断・見道所断・修所断の五部によって九八随眠に開かれ分類されている。即ち、貪と慢と無明（痴）は欲界・色界・無色界の三界それぞれに苦・集・滅・道の見所断と修所断があり、各一五種で合計四五種となり、邪見と見取と疑は三界それぞれに苦・集・滅・道の見所断があり、各一二種で合計三六種となり、戒禁取は三界それぞれに苦・道の見所断があり、六種となり、有身見と辺執見は三界それぞれに苦の見所断があり、各三種で合計六種となり、そして瞋は欲界に苦・集・滅・道の見所断と修所断があり、五種となる。界から見れば、欲界は見所断の三二と修所断の四で三六随眠に、色界と無色界はそれぞれ見所断の二八と修所断の三で三一随眠となる。

このように、SAVに説かれる九十八随眠説は説一切有部と全く同一であることが判明する。

次に、SAV第一六章には非随眠説について説かれるが、一〇随眠が界と所断によって開かれ九八種に分類されたように、二一種の非随眠も三界と見苦所断などの五種の所断によって合計一九六に分類される。その内容を眺めると、不信・無慚・誑・諂・不察・掉挙・放逸・憍の八非随眠は欲界・色界・無色界の三界それぞれにおける苦・集・滅・道の見所断と修所断の煩悩であり、各一五種で計一二〇種となり、惛沈・下劣・瞢憒・睡眠・嫉・悔・慳・不忍・恨の九非随眠は欲界における見所断と修所断の煩悩であり、各五種で計四五種となり、無愧・大執・覆は欲界・色界における見所断と修所断の煩悩であり、各一〇種で計三〇種となり、そして食不調性は欲界の修所断の煩悩であることから、合計一九六種となるのである。界から見れば、欲界に一〇一種、色界に五五種、無色界に四〇種の非随眠ということになる。

ここで、SAVと『律二十二明了論』の内容を比較してみると、煩悩の数に関し、『律二十二明了論』には、三界の上心惑に二九四、欲界の上心惑に一三七、色界の上心惑に八六、無色界の上心惑に七一があると説かれている。真諦による『律二十二明了論』の註疏を残し伝える『四分律疏飾宗義記』に「欲界の大小惑は百三十七有り……色界の大小惑は八十六有り……無色界の大小惑は七十一……」とあり、貪・瞋・痴などの根本煩悩としての大惑と忿・恨・悩などの随煩悩としての小惑との註釈が見られることから、大惑は随眠に、小惑は非随眠に対応しているようである。これから判断すると、欲界において随眠が三六、非随眠が一〇一の計一三七であり、色界においては随眠が三一、非随眠が五五の計八六であり、無色界においては随眠が三一、非随眠が四〇の計七一であり、随眠と非随眠の合計が二九四となる。これはSAVの記述と同一であり、SAVの記述は『律二十二明了論』の内容を詳述したようなものであることが判る。このように、『律二十二明了論』および『四分律疏飾宗義記』の説示によってSAVの記述が検証されたことになろう。ただし、一六五八にも及ぶ分類はSAVには見られないので比較のしようはない。[68]

第二項　八戒と九六分別説

『律二十二明了論』の第二偈の解釈中に

戒本有二種。謂身業口業。云何分別此為八。此中身業有四種。一離殺生、二離偸盜、三離邪婬、四離非摂。口業有四種。一離妄語、二離破語、三離悪語、四離非応語。此八種業由身由口由心。若自受有二十四。若教他受、亦有二十四。若見他受行、生随喜心、亦有二十四。若自行先所受、亦有二十四。此四二十四、合成九十六。（大正蔵二四、六六五下）

とある。身業の戒は離殺生、離偸盗、離邪婬、離非摂の四種で、口業の戒は離妄語、離破語、離悪語、離非応語の四種であり、そして身・口・心によって二四種に分類され、さらに①自ら受ける、②他をして受けしめる、③他の受行するを見て、随喜心を生ずる、④自ら先の所受を行ずる、という四種の在り方によって九六の戒に分別されている。

これに対応するのは、SAVでは八戒の記述であるので、それを次に示す。

> 〔非福から〕還滅する戒が八種と、それから生じたもの〔と、〕生じるものとが昼夜に転じるのである。受用（yongs su longs spyod pa）も〔転じるの〕である。〔非福から〕還滅する自性が八種であることと同様に、〔非福を〕断つ戒も八種である。即ち、次の如くである。殺生から還滅すること、偸盗から還滅すること、邪淫から還滅すること、非摂から還滅すること、妄語（誑語）（brdzun du smra ba）から還滅すること、両舌（離間語）（phra ma）から還滅すること、悪口（麁悪語）（tshig rtsub po）から還滅すること、綺語（ma ’brel ba’i brjod pa）から還滅することである。
>
> 欲〔界〕に属する心で、すべての悪（ngan pa）戒から各々に還滅されるべきであるということを受持する（yang dag par blangs pa）時、その欲〔界〕に属する〔殺生など〕八〔種〕と、色〔界〕に属する身による非摂と、口による綺語（nag gis ma ’brel ba）〔の〕業を還滅する。即ち、〔非福を〕断つことは、一〇〔種〕である。また、受持する心のすぐ後に、各々昼夜に生起することは、一刹那一刹那において生じることになるのである。〔それは、非福を〕受けること（yi dam）を断つ限りにおいて、或いは害したり（’tshe ba）、欲貪を離れることを得る限りにおいて〔生じるの〕である。〔受持すること〕と同様に、〔還滅されるべきことに〕正しく向けること（yang dag par ’jog pa）と、〔それに〕全く同意する（yang dag par rjes su gnang ba）〔時も、同じ〕

である。〔それに〕駄目を押す（lhag par spyod pa）〔時〕も、駄目を押す限りにおいて〔生じるの〕である。
（D.220a6-b4, P.148a8-b6）

ここでは、欲界における〔非福から〕還滅する八種の戒と、色界における二種の戒について説かれる。前者は、身による非福である殺生・偸盗・邪淫・非摂から還滅する四種と、口による非福である誑語（妄語）・離間語（両舌）・麁悪語（悪口）・綺語から還滅する四種の計八種であり、後者は身による非福である非摂と口による非福である綺語から還滅する二種で、計一〇種となる。

そして、非福を断つためのこれらの戒が成立するために必要な条件は四種あるとされる。即ち、⑴非福から還滅されるべきであることを受持すること、⑵それに正しく〔心を〕向けること、⑶それに同意すること、⑷それに駄目を押すこと、である。そして、これらの行為によって戒とそれから生じるものは一刹那毎に昼夜にわたり転じる、と説く。つまり、福が昼夜に増長する、と説くのである。

そこで、両者の内容を比較すると、SAV が説く色界における二種の戒については、『律二十二明了論』には説かれていないが、八戒の項目に関しては一致している。また、『律二十二明了論』が説く九六に分別するための上記①～④の四種の内容は、SAV に説く戒が成立するために必要な条件の四種⑴～⑷とは対応していない。しかし、SAV には非福業の殺生に関して、次のような四種の分類がある。即ち、⑴殺生を引き受けること（yang dag par len ba）、⑵他者が殺生することを引き受けるようにすること（yang dag par len du 'jug ba）、⑶殺生した時に喜ぶこと（rjes su yid rang ba）、⑷自からが殺生する時、駄目を押すこと（D.217b4-5, P.144b5-6）、である。これは、『律二十二明了論』の①～④と同様の分類であることが判る。筆者には④と⑷の意味が十分に理解できないためその判断は留保するが、少なくとも①～③の三種の内容とは類似している。これら四種の分類の形式は偸盗より綺語に至るまでの非福すべてに適用されるものであるから、SAVも『律二十二明了論』と同様に九六の分別を説いていることになるであろう。

第三項　身の非福業説—非摂—

『律二十二明了論』の第二偈の解釈中から、前項にも引用した一節の冒頭部分を再度掲げれば、

> 戒本有二種。謂身業口業。云何分別此為八。此中身業有四種。一離殺生、二離偸盗、三離邪婬、四離非摂。口業有四種。一離妄語、二離破語、三離悪語、四離非応語。（大正蔵二四、六六五下）

とある。ここには身業として殺生・偸盗・邪婬に加え、非摂という概念が示されている。[69] この用語はここ以外には見られない。

SAVでは非福が身の非福、口の非福、意の非福というように三業に分類され、次のように規定される。

> 身の非福は四種である。即ち、次の如くである。殺生と偸盗と邪婬と非摂（ma bsdus pa）である。口の〔非福の〕四種とは、次の如くである。妄語（brdzun du smra ba）と両舌（dbyen）と悪口（tshig rtsub）と綺語（ngag kyal pa）である。意業における三種とは、次の如くである。〔一つは〕貪心（brnab sems）であり、欲の相を欲することによって引き起こされたものと相応する時に生じる心である。〔一つは〕瞋恚の心（gnod sems）であり、瞋（zhe sdang）の相と相応することによってその時に生じる心である。〔他は〕邪見であり、痴（rmongs pa）の相と相応する時に生じる心であって、即ちこれらが意業である。（D.215b5-7, P.142a1-5）

この非福説は、四種の身の非福と、四種の口の非福と、三種の意業の計一一種を説くが、これはいわゆる十不善業道に身の非福の非摂を加えた説であり、他には見られない正量部独自の説と言える。特に、非摂を身業の非

福の一つとして数えるのは、正量部だけに見られる見解である。ここで非摂と訳したチベット語訳の ma bsdus pa は、本来 de la ma bsdus pa「〔殺生などに〕含まれないもの」という意味であるから、語義上『律二十二明了論』の非摂に該当する語と見なしてよいであろう。なお、SAV の他の一箇所（D.215b7, P.142a5）では非摂に対する語を mam 'tshe ba（害）と訳出している。

そこで、この非摂がどのような内容かを SAV の定義から見てみよう。

非摂（ma bsdus pa）とは、忿怒によってか、傲慢によって殺す想いがなく諸有情を害することである。それは多種である。即ち、次の如くである。他の有情を打つこと、投げ倒すこと、追いやること、足と手を切断すること、荷車用の木や鉄鎖などで縛ること、牢に閉じ込めること、酒を飲むこと、酒を造ること、酒を布施すること、〔酒用の〕酵母を造ること、動物を売ること、虫の殻を売ること（srin bu'i sbubs 'tshong ba）、臙脂（rgya skyegs）を売ること、区別なく胡麻と白芥子を売ること、妻に良からぬことを行うこと、踊ったり歌ったり楽器を奏で興奮して大きな声を出すこと、跳び上がること、〔ガンジス〕河中で戯れること、悪意で足枷や鎖を施すこと、淫らな想いで妻を〔他人に〕与えること、淫らな想いで自分の娘を〔他人に〕与えること、邪見を有し、また他に邪見を示す論を施したり、それを書写し、或いは講説などを〔行い、更に〕その論を重ねることである。このわずかな身の〔表業の〕転化したこと（yongs su 'gyur ba）すべてが、非摂の業である。（D.216a7-b4, P.142b7-143a6）

これから、非摂とは殺生・偸盗・邪婬に入らない身的行為すべてを言い表すものであると考えられる。『律二十二明了論』の非摂も、これに対応するに違いない。

第四項　四善根位説―忍・名の想・相の想・世第一法―

『律二十二明了論』第一偈の解釈中に

修三学者、於諸仏正法、正学有三、謂依戒学依心学依慧学、此三学生起、位在忍名相世第一見地修地中。

（大正蔵二四、六六五下）

とある。ここには、三学が生起する位を説く中で、正量部の修行体系の構造が示されている。即ち、忍・名・相・世第一と見地と修地という階梯が説かれている。これは、説一切有部で説く順決択分の四善根位、即ち煖・頂・忍・世第一法と見道と修道に対応する説である。四善根位に限って見れば、この正量部説は、『異部宗輪論』[70]とその註疏である『異部宗輪論述記』[71]に紹介される犢子部の四善根位説―忍・名・相・世第一法―と同じであるが、説一切有部の説とは世第一法を除いて、他は異なっている。[72]ただし、これらにはその内容の詳細は明らかにされていない。

これに関して、SAVにはその内容が詳しく述べられている。そこで、まず二道について

道が二種説かれることになるのである。即ち、次の如くである。有漏と無漏である。そのうち、有漏は四〔種〕である。即ち、次の如くである。忍を思択することと、名の想と、相の想と、世第一法である。無漏の道は二〔種〕で、〔即ち〕見道（mthong ba'i lam）と修道（bsgom pa'i lam）である。（D.235b7-236a1, P.168a2-4）

と規定される。この有漏道の忍・名の想・相の想・世第一法は、『律二十二明了論』で説く忍・名・相・世第一と同じである。

四善根位は聖者になるための準備段階の修習であるが、それは見道や修道のような形式的内容と比べて、現実

に修習に励む修行者の実践内容を具体的に示していると思われる。それだけに、そこに現れる内容から各部派の思想性の特色を読み取ることができるかもしれない。

他のどの資料にも、忍・名の想・相の想の内容が明らかにされていないが、SAVには、随眠が滅する原因は根（dbang po）などに依るが、その手段と方法は清浄な見と戒（戒清浄、見清浄）を具足することであり、それには四諦の領受（nye bar spyod pa）と四種の忍（bzod pa）が修習されるべきであると、まず四諦を観察する忍の修習が説かれ、それを修習するにはまず蘊門などから入るべきという規定が説かれる。

〔修行者が聖〕諦現観に入る門は四〔種〕である。即ち、次の如くである。蘊門と処門と界門と名色門である。門とは最勝（gtso bo）という意味である。（D.227b4-5, P.157b4-6）

修行者の在り方の違いによって蘊門からなど入り方も変わり、それぞれにおいて忍を修習するわけであるが、具体的にどのように四諦を観察するかについては次のように規定される。蘊門から忍を修習する修行者は、五蘊それぞれを一法から五法まで四諦に従って無常性、苦の原因、涅槃の常性、苦の滅に導く道であると個別的に合計三一通りに観察し、そしてさらに総合的にも観察するというのである。SAVでは、忍の修習について貪行者が蘊門から入る時の四諦の観察だけが説かれているが、修行者の在り方によって処門、界門、名色門からも入り、それぞれの法を観察することが忍の修習であると推測することができる[73]。

次に、名の想（ming gi 'du shes）については、次のように規定される。

そのように修習されるのは、たとえば一つの字（yi ge）によって欲界は無常性であると能取し、偈頌をよく修習する理によってである。その境に想いをなすことが名の想（ming gi 'du shes）である。（D.232b8-233a1, P.164a7-8）

これは、四諦の観察を経典の名字に基づいて行われる修習と定義するもので、これは『異部宗輪論述記発軔』に見られる犢子部説の名の定義「四諦の能詮の教法を観ず[74]」と同じ意味である。

さらに、相の想（mtshan ma'i 'du shes）については、次のように規定される。

名の想とは反対に名字を離れ（yi ge med pa）、欲界は無常性であると説く相に普く生じる想いが相の想（mtshan ma'i 'du shes）である、と説かれるのである。これは、また劣などの区別によって三〔種〕となるのである。即ち、次の如くである。劣（dman pa）の相の想と、中と勝（khyad par can）の相の想である。また、〔それらは〕各々に劣の劣などの区別によって開かれることにより、相の想は九〔種〕の区別がある。〔即ち〕劣の劣の相の想と、劣の中と、劣の勝と、中の劣と、中の中と、中の勝と、勝の劣と、勝の中と、勝の勝〔の相の想〕である。ここで、ここに住する修行者は、最初の三からと、中の三から〔は〕時として退失すること（nyams pa）もあるのである。その上の三種の想は実に不動なるもの（mi g.yo ba）である。それ故に、退失することにはならないのである。勝の勝の相の想は最上の有漏法である。（D.233a1-4, P.164a8-b5）

名の想から進んで、四諦の観察を経典の名字によって現される相に想いをなすことによって修習することと定義されている。これは『異部宗輪論述記』の犢子部説「四諦の所詮の体を観ずるを想と名づく[75]」という意味と同じである。相の想は劣の劣（下下品）から勝の勝（上上品）の九品に区分されているのに対して、説一切有部では煖・頂・忍においてそれぞれ上・中・下品の計九品に区分されており、また相の想における勝の劣より上位は退失することなく不動であるとするのに対し、説一切有部では忍より上位が不動であるとされ、この相違点も正量部独自の見解であると判る。

第五項　まとめ

『律二十二明了論』に伝えられるわずかな正量部の教理についての記述が、SAV第一六章、第一七章、第一八章、第一九章、第二一章の正量部説のほぼ全体に関連していることは、幸いであった。独自性を窺わせる教理においてほとんど一致をみたことは、SAVが引く正量部説の信憑性に疑う余地はないことを示す。そこに見られる同一性は『律二十二明了論』からSAVに至る歴史において変わることのなかった正量部の説と見なせるし、他方相違は両文献の成立時期の隔たりから生じた正量部説の展開の結果と見ることもできよう。

註

（1）高井観海『小乗仏教概論』（山喜房仏書林、一九七八年）、一一六—一一七頁。近年、岡野潔氏が、正量部自身の資料であるMSKに「聖者サンミタ（ārya-saṃmita）」という名前が見られることから、部派名はその人名からの派生語としてsāṃmitīyaでなければならないとし、従来よりしばしば用いられたsāṃmatīyaは誤りであるとしている。「犢子部と正量部の成立年代」『西日本宗教学雑誌』26、五七頁注（1）。

（2）D.R.Sahni, 'Seven Inscriptions from Mathura', *Epigraphia Indica*, Vol.XIX, pp.65-67, 静谷正雄『インド仏教碑銘目録』（平楽寺書店、一九七九年）、No.1696。塚本啓祥『インド仏教碑銘の研究Ⅰ』（平楽寺書店、一九九六年）、六六三頁。この銘文とサールナート出土の碑銘については、本章第二節で改めて詳論する。

（3）J.Ph.Vogel, 'Epigraphical Discoveries at Sarnath', *Epigraphia Indica*, Vol.VIII, p.172, 静谷正雄前掲書No.621。塚本啓祥前掲書、八九六頁。

（4）Kiyoshi OKANO; *Sarvarakṣitas Mahāsaṃvartanīkathā. Ein Sanskrit-Kāvya über die Kosmologie der Sāṃmitīya-Schule des Hīnayāna-Buddhismus*, Tohoku-Indo-Tibetto-Kenkyūsho-Kankokai Monograph Series I, Tohoku University, pp.279-280.

(5) U.Wogihara, *Abhidharmakośavyākhyā*, p.179.　(6) ibid., p.699.

(7) Louis de la Vallée Poussin, *Mūlamadhyamakakārikās*（*Madhyamikasūtras*）*de Nāgarjuna avec la Prasannapadā Commentaire de Candrakīrti*, Bibliotheca Buddhica IV, 1903, pp.148,192,276.

(8) Ryugen TANEMURA, The Four *nikāyas* Mentioned in the *Gaṇḍīlakṣaṇa* Chapter of the *Kriyāsaṃgraha*,『印仏研』41—2、pp.(40)-(41)。

(9) KvA. pp.3,9,37,41,43, etc.　(10) W.Geiger, *The Mahāvaṃsa*, PTS, 1958, p.29.

(11) *Dīpavaṃsa*, PTS, 1879（reprinted 2000）, p.37.

(12) 寺本婉雅・平松友嗣『蔵漢和三訳対校　異部宗輪論』（国書刊行会、一九三五年）、付録「西蔵所伝異部分派表」参照。

(13) D.(Ha)131b3-4, P.(No)32b3.　(14) D.(Ha)129a4, P.(No)29b5.　(15) D.(Hi)68a2-3(No.4071), P.(Ku)74b8(No.5572).

(16) 小川一乗『空性思想の研究Ⅱ—ツォンカパ造『意趣善明』第六章のテキストと和訳—』（文栄堂、一九八八年）、二六一頁、二八六頁、二九二頁を参照。

(17) デルゲ版：（東京大学文学部所蔵版）中観部（DBU MA）3, No.3856(Dsa)178b2-4, 北京版：TTP. Vol.96, No.5256(Dsa)193b8-194a3.　(18) Nikāyabhedavibhaṅgavyākhyāna, 北京版（TTP）Vol.127, 177b1.

(19) 大正蔵二四、九〇〇下。　(20) 大正蔵三二、四六二上—。　(21) 大正蔵五五、二〇上。

(22) 大正蔵五五、一三中。　(23) 大正蔵一四、五〇一中。　(24) 大正蔵二四、六六五中。

(25) 大正蔵四九、二〇中、二二上。　(26) 大正蔵三一、八八〇下。　(27) 大正蔵三二、一六一下、一六六上。

(28) 大正蔵四五、九下。　(29) 大正蔵四二、四四中、一一九上—、一二一中。　(30) 大正蔵四二、二九一下。

(31) たとえば、玄奘訳『異部宗輪論』（大正蔵四九、一五中、一六下）、窺基撰『成唯識論述記』（大正蔵四三、二三七上、二四四下、二四七上、二六六下、二六九下—二七〇上、二七三中、二七四上、二七四中、二八六上、二八九中、二九二上、三〇九下、三一七下—三一八中、三一八中、三三八上、三三八中、三五一上、四一三下、四一四下、四一七上、四三三下、五〇〇下）、同『唯識二十論述記』（大正蔵四三、九八六下—、九八八中、九九七上、九九八中、九九九上—下、一〇〇〇上、一〇〇〇中）、恵沼述『成唯識論了義灯』（大正蔵四三、六六七中、六八三下、六八八上、六九六中、七一一上、七一九下、七三九上、七五三中）、普光述『倶舎論記』（大正蔵四一、二七上、六三中、一〇七上、一五一下、一五九上、一六四上、二〇一上—二〇四下、二七七下）、義浄『南海寄帰内法伝』（大正蔵五四、二〇五中）などに見られる。

（32）大正蔵四五、九下。他にも真諦訳『部執異論』に見られる（大正蔵四九、二〇中、二二上）。

（33）塚本啓祥『初期仏教教団史の研究』（山喜房仏書林、一九八〇年）、四二三―五〇五頁が最も詳細に研究されている。

（34）正量部の結集に関しては、P.Skilling の詳細な研究がある。History and Tenets of the Sāmmatīya School, *Linh-Son Publication d'études bouddhologiques*, No.19, pp.38-52.

（35）寺本・平松、前掲書〔前註（12）〕「漢蔵四訳対校世友造　異部宗輪論訳註」一頁、一六―一八頁を参照。

（36）同書「西蔵所伝跋毘耶造　異部宗精釈」八―一〇頁、二二頁を参照。

（37）MSK に示される結集説は SAV とほぼ同じであることは、先にも触れた。前註（4）と（34）の研究を参照されたい。

（38）前註（2）に掲げた研究の後に、V.S.Agrawala は一行目の mātāpitihi を mātāpitahi に、二行目の ātevāsinihi を ātevāsinī に解読し直している。*Mathura Museum Catalogue*, Part IV, pp.146-147.　（39）前註（3）を参照。

（40）静谷正雄『小乗仏教史の研究―部派仏教の成立と変遷―』（百華苑、一九七八年）、二二一頁。

（41）H.Lüders, *Mathurā Inscriptions*, p.115.

（42）前註（40）、二二〇頁。なお、塚本啓祥博士は、紀元後七八―二〇〇年頃とする。塚本、前掲書〔前註（2）〕、六六三頁。この年代設定の根拠は不明であるが、他の資料と考え合わす時、二〇〇年頃とする設定は妥当性を有するであろう。

（43）前註（40）、四〇頁、末永真海「鹿苑育王石柱添加刻文に就て」『佛教研究』1―2、一一一頁。

（44）前註（33）、四八二頁、J.Ph.Vogel, op.cit., p.172.　（45）前註（6）を参照。

（46）前註（3）と（39）の *Epigraphia Indica*, Vol.VIII, p.172 を参照。

（47）末永真海前掲論文、一〇八―一一一頁を参照。なお、初期の説一切有部の勢力地が正量部に代わった理由として説一切有部がプトガラを認めたことによって正量部になった、とする解釈は論拠がなく理解しがたい。*The Classical Age* (The History and Culture of the Indian People, vol.III, Bharatiya Vidya Bhavan), p.382.

（48）水谷真成訳『大唐西域記』（中国古典文学大系22、平凡社、一九七一年）、四一七―四二〇頁、平川彰『初期大乗仏教の研究』（春秋社、一九六八年）、七〇四―七一七頁、Étienne Lamotte, *Histoire du Buddhisme indien*, pp.597-600 などを参照。

（49）『大唐大慈恩寺三蔵法師伝』によれば、「伽藍三十余所、僧二千余人、学小乗一切有部」（大正蔵五〇、二三五下）とあり、両者に相違が見られるが、中インドから東インドにかけての正量部の活動状況を考えて、ここでは一応『大唐西域記』の記述に従う。

（50）『大唐大慈恩寺三蔵法師伝』によれば、「多学小乗説一切有部義」（大正蔵五〇、二四〇上）とあり、両者に相違が見られる。今はどちらかには決定しがたいが、中インドから東インドにかけての正量部の活動状況を考えて、ここでは『大唐西域記』の記述に従う。　（51）　桑山正進、袴谷憲昭『玄奘』（大蔵出版、一九八一年）、二四三―二四五頁参照。

（52）　大正蔵五四、二〇五中。

（53）　龍山章真『南方仏教の様態』（弘文堂書房、一九四二年）、一八〇―一八二頁、佐々木教悟『インド・東南アジア仏教研究I―戒律と僧伽』（平楽寺書店、一九八五年）、一九六頁。ちなみに、占波（Campā）を東インド（今のバーガルプール地方）と比定する説もあるが、それは誤りであろう。塚本啓祥『初期仏教教団史の研究』〔前註（33）〕、四八三頁。

（54）　真諦三蔵の時代である六世紀頃の正量部系仏教について、春日井真也氏は西インド（摩臘婆、阿点婆翅羅、伐羅毘）、東インド（那蘭陀寺、耽摩立底）、スリランカ（師子国）、スマトラ島東海岸（室利仏逝）、カンボジア・タイ地域（扶南）に分布していたとする。春日井真也「真諦三蔵のアビダルマ学」『印仏研』3―2、二七〇―二七六頁（『インド仏教文化の研究』百華苑、一九八〇年、二五四―二六五頁に再録）。ちなみに、後代のチベット語伝承によれば、後代まで存続した代表的な四部派の地域と使用言語を伝える中で、正量部についてはŚūrasena地方でŚauraseni-Apabhraṃśaを用いていたとする。前田恵学『原始仏教聖典の成立史研究』（山喜房仏書林、一九六四年）、一七八頁など参照。

（55）　岡野潔氏は、「私の推測では、正量部の成立は後二世紀後半～三世紀初頭である。また正量部の成立年代を推測する場合には仏滅年代を紀元前三八〇年代とする北伝説は考慮に入れる必要はなく、仏滅年代を紀元前四八〇年代とする南伝説に従うべきであるというのが私の考えであり、しかも単純に南伝説に従うわけではなく、紀元後三世紀前半とする並川説よりも半世紀ほど前にずらして、後二世紀後半～三世紀初頭と考えている」と結論づける。前掲論文〔前註（1）〕、四一―六一頁参照。ここで改めて岡野説の根拠を詳細に紹介しないが、私の論考と異なる点は、MSKを用い、また南伝資料を多用して考察していることであり、そこには示唆に富む指摘が随所に見られる。

（56）　Takayoshi Namikawa, 'The Transmission of the New Material *Dharmapada* and the Sect to which it Belonged',『佛教研究』22、pp.151-166において詳細に論じている。なお、その一部については、並川孝儀「新資料ダルマパダの伝承―パーラ王朝期の碑文との関連よりみて―」『印仏研』35―2、pp.(67)-(71)にも記されている。それらをまとめたのが、本書の第四章第二節「パトナDharmapadaの伝承と帰属部派」である。

（57）　水野弘元氏は、両部派の関係について「正量部は狭い意味では、法上部、賢乗部、密林山部とともに犢子部から分出した支派であるが、後には犢子部系の諸派を総称して正量部と呼ぶようになった。この広い意味の正量部、十八部または二十部の全部派を上座部、説一切有部、正量部、大衆部の四派とする場合の正量部であって、玄奘の『大唐西域記』や義浄の『南海寄帰伝』で正量部としているのも、この広義の正量部である。この中に犢子部も含まれていることはいうまでもない」と述べる。「『舎利弗阿毘曇論』について」『金倉博士古希記念・印度学仏教学論集』（平楽寺書店、一九六六年）、一一三―一一四頁（『仏教文献研究』水野弘元著作集第一巻、春秋社、一九九六年に再録）。

（58）　加藤純章「羅什と『大智度論』」『印度哲学仏教学』11、三二―五八頁。

（59）　大正蔵二九、五五六下、五九九中。　（60）　大正蔵三〇、八二中、北京版（TTP）vol.98, 32-1-6.

（61）　シャーンタラクシタは、『中観荘厳論』（Madhyamakālaṃkāra）でも犢子部という名称を用いている。一郷正道『中観荘厳論の研究―シャーンタラクシタの思想―』（文栄堂、一九八五年）、一九一頁。　（62）　KvA, p.9.

（63）　森祖道『パーリ仏教註釈文献の研究―アッタカターの上座部的様相―』（山喜房仏書林、一九八四年）、一八〇―一八一頁。

（64）　犢子部と正量部に言及する五世紀以後の主要な文献を年代別に並べて論じたものに、西村実則「サンスクリットと部派仏教教団（中）」『三康文化研究所年報』26・27、六一―七九頁がある。

（65）　犢子部と正量部のプトガラ論の用例に関しては、三友健容「「我」を主張した部派（一）～（三）」『国訳一切経三蔵集』第三輯（大東出版社、一九七五・一九七六年）、一二五一―一五二頁に詳しく論じられているので参照されたい。なお、正量部のプトガラ論に関しては「繁栄を極めた犢子部説も、異部宗輪論を最後としてその姿を消し、今度は犢子部より分派したと言われる正量部が、犢子部説の欠点を補い、訶梨跋摩、世親によって破斥された実有論を捨て、仮有説をたてて、実我説、無我説、実我・無我不可説説等を批判して、その学説を述べるのであるが、この正量部説はそれほどたいした反響を呼ぶことなく終ってしまったらしく、大・小論書の文献には何もあらわれていないのである。このことは、清弁の中論釈（Prajñāpradīpamūla-madhyammaka-vṛtti）を漢訳した波羅頗蜜多羅（Prabhākaramitra）が故意に正量部を犢子部と訳したり、ヤショーミトラも犢子部とは正量部のことであると述べているようにほとんど注意されなかったのである」と指摘している。同一四一頁。

（66）　山口益『世親の成業論』（法蔵館、一九七五年）、七八頁。

（67）　煩悩説に関しては、本書の第三章第一節「煩悩説」で詳述する。また、その概説は並川孝儀「正量部の煩悩説―『有為無為決択』第21章「聖諦決択」より見て―」『印仏研』42―2、pp.(173)-(178)を参照されたい。

(68) 卍続蔵経六六冊、九。

(69) この殺生など非福の定義と同じ形式で説示される文献は他に『舎利弗阿毘曇論』がある。そこでは身行と口行中の余不善行を数に入れると一二種となり、このうち、余不善身行が非摂に対応するものと考えるならば、口の余不善行の項目だけが正量部説と異なる説と言える。『舎利弗阿毘曇論』に見られるこの余不善身行の意味が、非摂と同じ見解であるとするならば興味深い。大正蔵二八、六〇六下。 (70) 大正蔵四九、一六下、『十八部論』同一九下、『部執異論』同二一下―二二上。

(71) 卍続蔵経八三冊、四五九―四六〇。小山憲栄編撰『異部宗輪論述記発軔(下)』一九頁。

(72) この正量部の四善根位説が他のいかなる文献において見られるかに関して少し述べておきたい。『顕識論』(真諦訳)において熏習の四種の方便が説かれるうち、四善根位が忍・名・相・世第一法と説かれ、さらに相(相の想)が下品から上品まで説かれる(大正蔵三一、八七九上―八八〇中)。このことから九品に区分されていたと推定でき、正量部の四善根位説と構造的に一致しているようである。四諦の観察方法の内容に関しては共通点を見出すことはできないが、いずれにしても『顕識論』が説一切有部の四善根位と対応せず、正量部説と対応していることには注目する必要があろう。

(73) 詳しくは、本書の第三章第三節第二項「有漏道―四善根位」を参照されたい。

(74) 小山憲栄編撰『異部宗輪論述記発軔(下)』一九頁。

(75) 卍続蔵経八三冊、四六〇上、『異部宗輪論述記発軔(下)』では「所詮の四諦の理体を観ず」と同じ解釈をする。

第三章　正量部の思想

本章では、SAVに説かれる正量部の思想について明らかにする。既に、SAVという文献の性質や構成などに触れたが、その中で正量部説として伝えられる部分が、正量部の思想を知る上で貴重な資料であることを確認した。それらの資料から、全容とはいかないまでも、これまでほとんど知られることのなかった正量部の思想を、煩悩説・業論・修行論・ブッダの業果説といった中核ともいうべき諸説を中心として、その内容を明らかにし、他の部派などとも比較しながら正量部の特徴を考察してみたい。

第一節　煩悩説

本節では、SAV第一六章「非随眠決択」、第一七章「随眠決択」、そして第二一章「聖諦決択」の所説に基づいて正量部の煩悩説を考察する。

第一項　煩悩説の構造

正量部の煩悩説に関しては、SAVの第一六章と第一七章で各論的に詳述されているが[1]、その全体像を知るには、第二一章「聖諦決択」に説かれている記述を見ることから始めなければならない。

⑴苦の生起とその原因　第二一章「聖諦決択」の冒頭部分と末尾に煩悩についての総論的な記述が見出せる。

前者は、種々の生存のあり方とその苦がどのような次第によって生起するのか、そしてそこからどのように解脱するのかを説く。その部分の訳を示すと、次のようである。

〔また、説かれる。〕

欲貪などの過失（skyon）によって業があり、このことから後有（yang srid）があるのである。〔そして〕後有〔の〕業が生じるのである。それから老・死が生じ、それから苦悩などが〔生じ〕、また過失（nyes）が生じるであろう。それ故に、そのようにして輪廻の前際（sngon gyi mtha'）が存在しないのである。

と説かれている。

この意味は、この場合、衆生の煩悩から生じる業が福と非福と不動〔業〕であり、それによって〔後有が〕生じるということなのである。その業の異熟から自他が苦悩する業が生じ、そして冷たさや風などの界から生じる楽と苦と不楽・不苦（sdug min）〔の〕受を享受することで、無明（ma rig pa）に従って、楽による諸々の愚惑（kun tu rmongs pa）〔と〕、楽を得ようとする（phrad par）貪愛（sred pa）と、楽と離れようとしない（mi 'bral bar）貪愛とが生じるのである。同様に、苦による諸々の愚惑〔と〕、苦を離れようとする貪愛と、苦を得ようとしない貪愛とが生じるのである。同様に、不苦・不楽の受による諸々の愚惑〔と〕有（srid pa）の貪愛が生じるのである。それから、諸々の見（lta ba）と諸々の疑（the tshom）が生じるのである。それから、また業が〔生じるのである〕。それから、生存（skye ba）と〔それに伴う〕苦が生じることとなるのである。

そのように、無明の障（sgrib pa）の原因と貪愛との結合（sbyor bar byed pa）から諸々の衆生は、六つに区分された水車（zo ba drug gi 'khrul 'khor）の中に入るのであり、〔その〕輪廻とは前際がないものである。即ち、〔六種の生存とその苦は〕地獄で焼かれ、切断されることなどを受ける苦と、餓鬼における飢えと渇きの苦と、畜生における厭離（skyo ba）の苦と、阿修羅における慢の苦と、人々における尋求（tshol ba）の苦と、諸天〔における〕老と死の苦を享受することである。

どのようにして煩悩から〔地獄などの生存が〕生じるのであろうか。業から生存が〔生じるので〕ある。生存から苦が〔生じるので〕ある。それから、また煩悩から生存が生じるのである。それ故に、このように輪廻の原因の根本（gtso bo）は煩悩である。煩悩の種子（sa bon）となったものが随眠（bag la nyal）である。随眠がなくなれば、業と〔それによって得た〕生存を断ちつつ、苦から解脱するものとなるのである。（D. 225b2-226a3, P.154b8-155b3）

ここには、煩悩から生じる業によって各種の生存が生じ、それから苦が生起するという煩悩から苦に至る連鎖が説かれ、そして、煩悩こそが輪廻の原因の根本となるもので、さらにその煩悩の種子が随眠であるので、輪廻の根本となる随眠がなくなれば業とそれによって得た生存も断たれ、苦から解脱することになる、と述べている。この記述の趣旨は、『倶舎論』の第五章「随眠品」の冒頭に

世の〔在り方の〕多様性（loka-vaicitrya）は業から生じる、と〔既に〕説かれた。それらの業は随眠によって成長する（upacayam gacchanti）。また随眠がなければ、〔それらの業は〕生存（bhava）を生じることができない。それ故に、――随眠は生存の根本である――と知られるべきである。（AKBh, p.277, *ll*.3-4）

とあるのとほぼ同様である。しかし、正量部説で、特に注意すべき点は「随眠は煩悩の種子である」と規定されていることである。この種子という考え方はもともと経量部説であり、従来の資料からは正量部説でそれに対応

する概念は不失法であると見られていただけに、このSAVの記述は正量部の思想の展開などの問題を新たに提起するものとして注目すべきであろう。

この随眠については、さらに同章の末尾に詳述されているので、次にそれを示しておこう。

⑵随眠・非随眠と心相応・心不相応　そこには、正量部の煩悩についての主たる見解が示されており、極めて重要な記述である。その部分の訳を示すと、次のとおりである。

ここで総説すると、煩悩は二種である。即ち、随眠と非随眠（bag la nyal ma yin pa）である。このうち、随眠は何であるのか、非随眠は何であるのか、と言えば〔それについて〕説こう。湿った布の汗の如くに、これら随眠は三界において大変堅固に随沈し（rjes su thim）、相関すること（'brel par 'gyur ba）によって随眠と説くのである。

また〔説かれる。〕

三界において随眠し、相関する故に随眠と説くのである。

と説かれている。

非随眠は煩悩性（nyon mongs pa nyid）があり、纏（kun nas dkris pa）のみであることによって、その如くに随眠ではないのである。その故に、非随眠と言われるのである。随眠は何の故に〔随眠であるのか、と言えば〕その如くに随い眠りつつ、有漏法が生起し（skye ba）、住し（gnas pa）、増長する（'phel ba）因である故である。

そこで、その〔随眠〕は二種である。即ち、次の如くである。心相応と心不相応である。

また〔説かれる。〕

その〔随眠〕は心相応と〔心〕不相応であると知られるべきである。

と説かれている。

それでは、心相応〔と心不相応〕の意味は何であるのか、と言えば〔それについて〕説こう。即ち、例えば蟻塚の住処の地面は、堅固であり、取り除きにくく、蟻自らの住処の高い塚の基礎である。そのように、有情の不相応の随眠は、堅固であり、取り除きにくく、過失（nyes pa）を生じる種子となったものである。そのことによって、染汚（nyon mongs pa can）を断たない心も、悶絶（brgyal ba）と深く眠り（gnyid）込むことも、無心なる睡眠によって沈むことも、無想等至（'du shes med pa'i snyoms pa）に入ることも、無想天（'du shes med pa'i sems can）〔に入ること〕も、滅受想定（'du shes dang tshor ba 'gog pa'i snyoms pa）に入ることも、これらは〔心〕不相応の随眠と伴なるものである、と説かれるのである。

〔また一方で、〕例えば蟻塚の高い部分は、堅固ではなく、取り除き易く、自らの住処〔の地面〕から作り上げたものである。その如くに〔心〕相応する随眠、或いは他の煩悩、或いは随煩悩（nye ba'i nyon mongs pa）などは、堅固でないものの上に〔順次に〕積み重ね上げられているだけで、取り除き易く、自らの拠りどころと理解される種子となったものと知られるべきである。

また〔説かれる〕。

〔心〕不相応であることが〔上部を〕取り除いた地面を意味することは、〔あたかも〕蟻塚の基部の如くである、と認める。

と説かれている。

〔また〕同様に〔説かれる。〕

〔心〕相応するものは、現行するもの（kun tu spyod pa）のみで、〔それは、あたかも〕住処となす蟻塚全体の如くである。

と〔説かれている〕。

もし、そのように〔心〕不相応の随眠が常に存在するものならば、どうして纏は常に生じないのか、と言えば〔それについて〕説こう。即ち、煩悩の因は三〔種〕である。即ち、次の如くである。境（yul）と有境（yul can）が合すること、〔心〕不相応の随眠を断っていないこと、非理なるもの（tshul bzhin ma yin pa）が意において作用すること（非理作意）である。この理由で、この三〔種〕が煩悩の因のすべてである。〔これら〕諸因の群が暫時であることによって、纏は常に生じることはないのである。

また〔説かれる。〕

境は有境によって得られることと、不相応の随眠を保持することと、非理なるものが意において作用すること、〔この〕三〔種〕が煩悩の因である。

と説かれている。

もし、聖道（'phags pa'i lam）、或いは外道（phyi rol gyi lam）が、どのようにして〔心〕相応〔の随眠〕を断ち、〔心〕不相応〔の随眠〕を断つのか、と言えば〔それについて〕説こう。即ち、不相応を断つことは、〔心不相応の随眠が心〕相応の〔随眠の〕種子の住処であることと、成就し難いことの故に、そして大変堅固なる故にである。それらを断つことから〔心〕相応性（mtshungs par ldan pa nyid）を断つのである。〔それは、あたかも〕種子が滅することから芽〔が出る〕如くである。（D.240a7-241a4, P.173b6-174b6）

この記述から、煩悩は随眠と非随眠の二種に分けられ、そのうち随眠は心相応と心不相応に区分されることが知られる。

随眠は「三界において大変堅固に随沈し（rjes su thim）、相関すること（'brel par 'gyur ba）」により随眠であると語義解釈[2]がなされ、さらに「有漏法の生起（skye ba）と住すること（gnas pa）と増長（'phel ba）の因」であるので随眠であると規定される。非随眠は「煩悩性（nyon mongs pa nyid）があり、纏（kun nas dkris pa）のみである」と定義される。なお、随眠、非随眠がいかなる法であるかについては、SAV第一六、第一七章に示されるが、それについては前章第四節にまとめているのでそこを参照されたい。

随眠が心相応と心不相応に分類されるに際して、蟻塚の譬えによって説明される。即ち、不相応の随眠は蟻塚の地面の如く、「堅固であり、取り除きにくく、過失を生じる種子となったもの」と規定され、一方、相応の随眠は蟻塚の地上に出た部分の如く、「堅固でないものの上に〔順次に〕積み重ね上げられているだけで、取り除き易く、自らの拠りどころと理解される種子となったもの」、また「現行するもののみ」と規定される。そして、不相応の随眠が常に存在するのに対して、纏がどうして常に生じないのかについて、境と有境が合すること、不相応の随眠を断っていないこと、非理なるものが意において作用すること（非理作意）という三種の因が暫時にだけ起こるので、纏はあらゆる時に生じることはない、と説明するのである。

以上がSAV第二一章に見られる正量部の煩悩説であるが、ここで説一切有部、犢子部などの他部派の説と少し比較して、注意すべき点を以下にまとめてみたい[3]。
(1)正量部の「随眠は煩悩の種子」という規定によると、説一切有部が煩悩と随眠を同一視するのに対して、それを区別しており、また正量部は非随眠を纏とすることから随眠と纏とを区別している。この規定を、随眠を纏とする毘婆沙師説、得（prāpti）とする犢子部説、そして種子とする経量部説[4]と比較すると、同系の部派である犢子部とは異なり、むしろ経量部説と一致する面があるように見える。しかし、犢子部にも「随眠は煩悩の種子という意味を有するもの」という趣旨の資料[5]もあり、その点からは正量部説と一致する。

(2)煩悩は随眠と非随眠に分けられ[6]、「非随眠は煩悩性があり、纏のみで、随眠しない」と規定されることから、随眠とは煩悩が現行していない睡れる状態を言い、非随眠とは纏であり煩悩が現行している覚めた状態であることを示唆しているかのようである。

(3)『倶舎論』第五章「随眠品」の冒頭に、欲貪随眠（kāmarāgānuśaya）は持業釈か依主釈かの解釈に関連して、随眠は心相応か、心不相応かをめぐり議論があり、説一切有部は心相応のみとし、経量部は心相応でも心不相応でもないとし、犢子部は心不相応説を執るとする[7]。犢子部は、心を染悩するもののすべてが随眠ではなく、煩悩、即ち纏によってなされるものと考え、そしてその纏は常に現前しているものではない、という見解であるとされる[8]。犢子部は、心相応を認めていたかどうか不明であるが、非随眠という術語も使用していない点などから、正量部説と少し相違があるようである。しかし、随眠の心不相応を認める点から基本的には同じ見解に立つものと言える。

(4)随眠の心不相応は「染汚を断たない心、悶絶と深く眠り込むこと、無心なる睡眠によって沈むこと、無想定に入ること、無想天に入ること、滅受想定に入ることを伴なう」と規定される。この悶絶以下の規定は、『唯識三十頌』に意識は他の五識が機能する時、常に伴い生じるものであるが、例外として伴い生じない場合がある、として説かれる内容[9]と一致する。

以上、SAV 第二一章に説かれる正量部の煩悩についての総論を概観し、若干の考察を加えた。

第二項　随眠

次に、正量部の随眠説についてSAV第一七章「随眠決択」の記述内容を中心として考察する。

(1)随眠の定義　随眠に関しては前項でも見てきたが、第一七章の末尾には次のような一般的な規定が記されている。

煩悩の悪魔の軍衆〔である随眠〕こそは、すべての境界（'gro ba）の雑染の原因である。（D.214b4, P.140b6）

随眠がすべての境界の雑染の原因であるという説が見られ、さらに第二一章の

それ故に、このように輪廻の原因の根本（gtso bo）は煩悩である。煩悩の種子（sa bon）となったものが随眠（bag la nyal）である。随眠がなくなれば、業と〔それによって得た〕生存を断ちつつ、苦から解脱するものとなるのである。（D.226a2-3, P.155b2-3）

という規定がある。前項でも触れたように輪廻の原因の根本を煩悩とし、その煩悩の種子を随眠と規定しているのである。この規定は説一切有部[10]や大衆部[11]などの諸部派の説と異なり、経量部[12]の立場と軌を一にするものであることも、先に述べたとおりであり、さらに加えて、第二一章の末尾にもその規定が展開されている。

(2)十随眠の定義　さて、SAV第一七章の冒頭は、法と相と界の区別と、所断の区別という四種に基づいて随眠が規定される。そのうち、法の規定によって随眠は一〇種が説かれる。法の規定とともに相の規定の内容が詳しく説かれる。それらをここに整理して挙げてみる。

(1)欲貪

欲貪は染著する（zhen pa）相である。

(2)瞋

瞋は瞋恚（zhe sdang ba）の相である。

(3)慢

慢は高〔慢〕（mthon po）の相である。

(4)無明

無明は愚惑（kun tu rmongs pa）の相である。

(5)邪見

邪見は二種である。即ち、次の如くである。「布施はない」ということなどの相〔のように〕存在をないものとする（'jig par byed pa）邪見と、「色は無常である」ということなどを顚倒して（phyin ci log tu）思惟する（rtogs pa）邪見である。

(6)有身見

法と人（sems dpa'）を我と理解すること（brtags pa）が有身見である。

(7)辺執見

人を〔死後に〕常〔である〕と〔か〕、常でない〔とか、という〕ように理解することが辺執見である。

(8)見取

有漏の法を最勝とただ理解することが見取である。

(9)戒禁取

有漏の法を清浄（dag pa）と理解することが戒禁取である。

⑽疑

疑は二種で、諦を謗ること（skur pa smra ba）と、清浄（rnam par byang ba）を謗ることである。このうち、諦を誹謗すること（skur pa 'debs pa）は四種である。即ち、次の如くである。苦〔諦〕を謗ることと、集〔諦〕を謗ることと、滅〔諦〕を謗ることと、道〔諦〕を謗ることである。清浄を謗ることは三種である。即ち、次の如くである。仏を謗ることと、法を謗ることと、僧伽を謗ることである。このうち、仏と僧伽に疑いが生ずることは苦〔諦の〕障（gegs nyid）である。法に疑いが生ずることは滅〔諦の〕障である。諦を謗ることは、また各々に四種である。即ち、次の如くである。苦〔諦の〕障と、集〔諦の〕障と、滅〔諦の〕障と、道〔諦の〕障である。

正量部のこの一〇種の随眠の名目は、説一切有部説と変わるものではない。しかし、順序やそれぞれの随眠の定義に一部相違が見られる。そこで、その点について述べておきたい。

まず、十随眠を列挙する順序は、説一切有部の論書では、貪・瞋・慢・無明（痴）・有身見・辺執見・邪見・見取・戒禁見・疑と配列されるが、SAV の正量部説では邪見が五見の最初に置かれている。

次に、それぞれの随眠の定義に関しては、SAV では、欲貪・瞋・慢・無明（痴）・有身見・辺執見・見取・戒禁見については簡略な規定に過ぎないが、それらは説一切有部の論書の定義と基本的に同一であるとみなしてもよい。しかし、邪見と疑については少し説明を必要とする。邪見は「「布施はない」ということなどの相〔のように〕存在をないものとする邪見と、「色は無常である」ということなどを顚倒して思惟する邪見である」と定義される。これは説一切有部の論書が因果の道理を無視する見解というのと同じ意味ではあるが、表現上異なった定義をしている。ただ、前半部分の表現は阿含経典[13]や、『雑阿毘曇心論』[14]などにも見られ、後半部分は『正法念処経』[15]の定義と同一である。疑は二種、即ち四諦を誇ることと、清浄なるもの（仏・法・僧の三宝）を誇ることと規定されている。これは説一切有部の論書の『集異門足論』[16]などと同じであるが、『界身足論』[17]などでは四諦に対する疑惑のみで三宝についての説明は見られない。『大毘婆沙論』[18]では三宝を誇ることは邪見の定義として示されている。

(3) 九十八随眠説　次に、十随眠は界の区別である三界と、所断による区別の五部から九八種に分類される。ここで、所断の規定を示す。

所断の区別によれば、随眠は五部となる。〔即ち、〕見苦所断（sdug bsngal mthong bas spang bar bya ba）と、見集所断と、見滅所断と、見道所断と、修所断である。このうち、欲界における欲貪は五部である。即ち、次の如くである。苦、集、滅、道〔の見所断〕と、修所断である。同様に、色界に〔も〕五部ある。同様に、無色界に〔も〕五部ある。五〔部〕が三〔界あること〕で、一五の欲貪となる。同様に、一五の慢と一五の痴（rmongs pa）とで一五が三〔法〕で、〔合計〕四五となる。邪見は欲界に四部ある。即ち、次の如くである。苦、集、滅、道の見所断である。同様に、色界に〔も〕四部あり、無色界にも四部ある。これは、四部の邪見の三〔界分〕であり、〔即ち、合計〕一二である。同様に、見取も一二である。一二種の疑と〔合わせて、〕一二が三〔法〕で、〔合計〕三六である。戒禁取は欲界に二部ある。即ち、次の如くである。苦と道の見所断であり、同様に色界にも二部、そして無色界にも二部ある。これが、二〔部〕の戒禁取の三〔界分〕であり、即ち〔合計〕六である。このうち、無色界には戒（tshul khrims）はないのであるから、禁（brtul zhugs）のみである、と知られるべきである。有身見は三界における〔我が〕身を最もすぐれたものと見る（dam par lta ba）〔ことで、〕三〔であるが、それ〕は見苦所断のみである。同様に、辺執見も三である。この両者は、また三界において〔計〕六となる。瞋は欲界に五部ある。即ち、次の如くである。苦、集、滅、道〔の見所断〕と、修所断である。このように、これら随眠は界と所断の区別により開くと九八となるであろう。

(D.212b7-213a7, P.138a1-b4)

この記述によれば、十随眠は、欲界・色界・無色界の三界と、見苦所断・見集所断・見滅所断・見道所断・修所断の五部によって九八随眠に開かれ分類されている。即ち、欲貪と慢と無明〔痴〕は、欲界・色界・無色界の三界にそれぞれ苦・集・滅・道の見所断と修所断があり、各一五種で合計四五種となり、邪見と見取と疑は三界

			欲貪	瞋	慢	痴	邪見	有身見	辺執見	見取	禁戒取	疑
見所断(88)	欲界(32)	苦	○	○	○	○	○	○	○	○	○	○
		集	○	○	○	○	○			○		○
		滅	○	○	○	○	○			○		○
		道	○	○	○	○	○			○	○	○
	色界(28)	苦	○		○	○	○	○	○	○	○	○
		集	○		○	○	○			○		○
		滅	○		○	○	○			○		○
		道	○		○	○	○			○	○	○
	無色界(28)	苦	○		○	○	○	○	○	○	○	○
		集	○		○	○	○			○		○
		滅	○		○	○	○			○		○
		道	○		○	○	○			○	○	○
修所断(10)	欲界		○	○	○	○						
	色界		○		○	○						
	無色界		○		○	○						

にそれぞれ苦・集・滅・道の見所断があり、各一二種で合計三六種となり、戒禁取は三界にそれぞれ苦、道の見所断があり、六種となり、有身見と辺執見は三界にそれぞれ苦の見所断があり、各三種で合計六種となり、そして瞋は欲界に苦・集・滅・道の見所断と修所断があり、五種となる。

界から見れば、欲界は見所断の三二と修所断の四で三六に、色界と無色界はそれぞれ見所断の二八と修所断の三で三一となる。

これらの記述を図示すれば、前頁のとおりである。

このように、SAVに説かれる正量部の九十八随眠説は、説一切有部と全く同一であることが判明する。

第三項　非随眠

⑴非随眠の定義　非随眠に関しては、第一六章で詳述されているが、その定義は第一項で見たように第二一章に、

非随眠は煩悩性（nyon mongs pa nyid）があり、纏（kun nas dkris pa）のみであることによって、その如くに随眠ではないのである。その故に、非随眠と言われるのである。（D.240b2, P.173b8-174a1）

とあり、非随眠は煩悩性であり、纏のみであると規定される。そして、これと同様の規定が第一七章にも見られる。即ち、非随眠の諸門分別を論じる中で、

諸々の非随眠（bag la nyal ma yin pa）は、大性が三〔種〕である。即ち、次の如くである。大所縁性と大因性と大具足性である。何の故に、ここでそれが随眠しないのか〔と言えば、それは〕纏のみであるが故に〔大随眠性が存在しないの〕である。（D.214b4-5, P.140b2-3）

と説かれ、ここでも非随眠は随眠しないことから纏であると規定されている。この定義から、非随眠は眠った状態の煩悩である随眠に対して、現行している煩悩を指し示すものと理解できる。

これより、非随眠とはどのような煩悩であるのかを具体的に考察していきたい。まず、法の規定によって二一種に分類される非随眠を以下に列挙する。

(1)不信（ma dad pa）
(2)無慚（ngo tsha ba med pa）
(3)誑（sgyu）
(4)諂（g·yo）
(5)不察（ma brtags pa, gzu lums）
(6)掉挙（rgod pa）
(7)放逸（bag med pa）
(8)惛沈（rmugs pa）
(9)下劣（zhum pa, bying ba）[19]
(10)無愧（khrel med pa）
(11)大執（ches ’dzin pa）
(12)瞢憒（snyoms las）
(13)睡眠（gnyid）
(14)嫉（phrag dog）
(15)悪作（悔）（’gyod pa）
(16)覆（’chab pa, mi ston pa）
(17)憍（dregs pa）
(18)慳（ser sna）
(19)不忍（mi bzod pa）
(20)恨（khon du ’dzin pa）
(21)食不調性（zas kyi rgyags pa, kha zas kyi rgyags pa）

この非随眠は他の部派には見られない、正量部独自の概念であるだけに、それがどのようなものであるのかを考察する必要がある。まず、構成面から見て相似している分類法と比較すると、最も相似しているのは、説一切有部の随煩悩説である。煩悩を分類する際に、根本煩悩に対して、それから従い生じるとされるのが随煩悩といわれるが、『倶舎論』[20]によれば、随煩悩（upakleśa）は、十纏（paryavasthāna）と六垢（mala）としてまとめられる一六種の煩悩である。即ち、

〔十纏〕無慚、無愧、嫉、慳、掉挙、悪作、惛沈、睡眠、忿、覆

〔六垢〕誑、諂、憍、悩、恨、害

である。このうち、十纏の中の忿以外の九種と、六垢の中の恨・諂・誑・憍の四種の、合計一三の煩悩が、正量部の非随眠と対応関係にあることが判る。即ち、忿・悩・害を除いて、一三の煩悩が対応することから、随煩悩と非随眠は構成上から見て近似していると理解できる。[21]しかし、真諦による『律二十二明了論』の註疏を残し伝える『四分律疏飾宗義記』では、貪などの根本煩悩である大惑に対して、小惑を忿・恨・悩などの随煩悩のことであると註釈している。前章第四節でも取り上げたように、大惑はSAVの随眠に当たり、小惑は非随眠に当たる。ここには、SAVで非随眠に入れていない忿や悩が小惑に含まれているなど、若干の齟齬が見られるものの、この註釈に従うならば、非随眠は小惑や説一切有部の随煩悩とほぼ同一の概念と考えられる。つまり、構成上から正量部の非随眠は説一切有部の随煩悩に対応する概念と解釈できよう。

しかし、正量部が随煩悩と非随眠とを同一視していたかというと、必ずしもそうとは言えない。なぜなら、既に述べたようにSAV第二章では、心相応の随眠は蟻塚の如く堅固でないものと規定している中で、随煩悩もその一つとして挙げ、随煩悩を随眠に含まれる概念と見ていたのであるから、正量部は随煩悩と非随眠とを異なったものと理解していたのであろう。

また、説一切有部がいう纏は、経量部でいうような現行して覚めた状態を意味している訳ではなく、垢と同様に単に煩悩の一異名に過ぎないのである。それに対して、正量部は随眠に非ざる煩悩として纏が定義されている

点は、明らかに経量部の纏の見解と同一線上で理解されなければならない。そう考えれば、正量部の非随眠と説一切有部説の随煩悩には相違があり、単に分類上において近似性があるものと理解するに止めるべきであろう。

最後に、以上の考察から正量部の非随眠についてまとめてみると、次のようになるであろう。

説一切有部は、煩悩と随眠を区別せず、それを同義語として扱い、主要な根本煩悩としての一〇煩悩と、それに従って生起する枝末煩悩としての随煩悩を区別しているに過ぎない。それに対して、経量部は煩悩と随眠を明確に区別し、前者を現行の状態、後者を眠っている状態と規定する。[22] 正量部はこのような煩悩論の中で、あたかも両者の折衷案のような見解を示しているように解釈できる。即ち、正量部のいう随眠とは、説一切有部の〔根本〕煩悩である一〇煩悩という考え方に経量部の随眠の考え方を取り入れ、一方、非随眠とは説一切有部の随煩悩に経量部の現行の煩悩の考え方を加味したものと解釈できるであろう。そう考えれば、正量部の非随眠は、説一切有部のいう従って生起する随煩悩と、経量部の現行という見解を継承して、正量部独自の「随眠に非ざるもの」という考え方に基づいて生まれた概念と言えよう。

(2)二一非随眠の定義　SAV第一六章では、相の規定によって二一種の非随眠が定義づけられている。ここで、それらを列挙して、さらに他の部派の所説と比較しながら、正量部の立場を明らかにしたい。

(1)不信（ma dad pa）

真実を十分に勝解しないこと（mos pa med pa）が不信である。また、真実でないものに対して勝解が著しく生じることも、それが劣っている故に不信と知るべきである。君主でない者の如くである。〔即ち、〕善き行いが生じる時には無力であったり、或いは染汚の行いが生じる時には自在である〔が如くである〕。

(2)無慚（ngo tsha ba med pa）

自己に対し恥じないことが無慚である。無慚を知らなければ、煩悩は生じないのである。

(3)誑（sgyu）

誑とは欺くことであり、自他に著しく転じるものである。これは、また自他の心を欺くのである。欺かなければ、煩悩による余地を得ることはないのである。

(4)諂（g·yo）

諂とは心が曲がっていることで、これは自己を歪めつつ、他をも歪めようとすることである。正真（drang po）による有情の相続には煩悩は生じないのである。

(5)不察（ma brtags pa, gzu lums）

不察とは正しく観察しないことである。遍く観察することによって生じる相続には煩悩は生じないのである。

(6)掉挙（rgod pa）

静寂（nye bar zhi ba）でない心が掉挙である。静寂の心に煩悩が生じることはないのである。

(7)放逸（bag med pa）

放逸とは染汚の法に随うものである。不放逸の心には煩悩の生起はないのである。

そして、(3)誑から(7)放逸までの五法に関しては、さらに次のように説明される。

これらのうち、諂など五〔法〕は、〔染汚と〕相応するものと、全く相応しないものがある。そのうち、相応するものが纏（kun nas dkris pa）であり、全く相応しないものが表〔業〕（rnam par rig byed）の自性と無表〔業〕（rnam par rig byed ma yin pa）の自性である。五〔法〕は何であるのかと言えば、即ち次の如くである。誑と諂と不察（gzu lums）と掉挙と放逸である。すべての纏の心には、それら〔五法〕すべてが存在するのである。そして、〔たとえば〕他の者を欺く時には、誑から非随眠である〔染汚と〕相応するものすべても誑と類（rjes）とに次々に繫がっていくことから、これら両者は纒になるのである。また、その時〔染汚と〕全く相応しない身と口の表〔業〕も、また誑と言われるのである。それら〔身と口〕の表〔業〕は、表〔業〕の自性のことである。〔身と口の〕表〔業〕は、それらの類と共に他を欺くことにより、それらの類は無表〔業〕の自性のことである。同様に、諂などの四〔法〕に対して〔も、そのように〕説かれる。

この説明のうち、rjes（類、随）という概念が見られ、無表〔業〕の自性とされているが、これが正量部特有の概念であるのか、説一切有部でいう何に対応する概念であるのか、あるいは単に「随行する」という意味を表しているのかについては、全く不明である。

続いて、惛沈以下の定義が説かれる。

(8)惛沈（rmugs pa）

身と心の劣なるもの（zhan pa）が惛沈である。〔それは〕麁重（gnas ngan len）という意味である。そこで、心の劣なるものは二種で、〔即ち〕染汚と不染汚である。その〔二種の〕中で、染汚のほうが纒である。不染汚のほうが身の無表〔業〕の自性そのものである。

(9)下劣（zhum pa, bying ba）[23]

下劣は劣ったものの相、即ち心が収縮する自相である。この劣ったものは、事物に執着することが衰弱することから大抵生じるのである。

(10)無愧（khrel med pa）

無愧は世人の社会道徳（chos lugs）などを顧慮せず、恥じないことで、即ち悪い行い（sdig pa spyod pa）などを知った上でのことである。

⑾大執（ches 'dzin pa）

大執は〔悪〕見（lta ba）を捨てないこと、即ち諸々の〔悪〕見などが正しいものでないとの見解（'dzin pa）を捨てないことである。

⑿瞢憒（snyoms las）

瞢憒は鈍重な行為（las lci ba）、即ち生起することが鈍重なことという意味である。それはまた二種ある。即ち、次の如くである。心の行為が鈍重であるもので、それはまさしく纏である。劣った身の表〔業〕の方は表〔業〕の自性である。

⒀睡眠（gnyid）

睡眠とは、心を昧略させること（sdud pa）である。それには二〔種〕があり、次の如くである。心に相応するものと、心に相応しないものとである。この心に相応する睡眠には二種がある。即ち、次の如くである。染汚と不染汚である。そのうち、睡眠の安楽を求めることによって眠りに入る心、それが染汚であり、それが纏である。個々〔の対象〕を観察する念を止めて、身と心を不動にしようとすること、それは煩悩ではないのである。心に相応しない睡眠、それはすべての行相（rnam pa）に心と心所を昧略させるのである。それはまた二種で、即ち次の如くである。煩悩から生じたものと、煩悩から生じたものではないものである。そのうち、煩悩から生じたものは、染汚の心が滅せられるや否や直ちに生じてきたものである。〔それ以外の〕残りが煩悩から生じていないものである。

⒁嫉（phrag dog）

嫉は他人の繁栄を耐え忍ばないことである。

⒂悪作（悔）（'gyod pa）

悪作には二種があり、〔それは〕次の如くである。善いことをしたとか、私は善くないことをしたと後悔することと、悪い行いをなさなかったとか、私は善くないことをしたということをこれらのことはなさなかったと後悔することである。この後者には二種があり、即ち次の如くである。染汚と不染汚である。このうち、為さざるべきことを為したことと、為すべきことを為したことを後悔しつつ心を散乱したこと（bcags pa）が染汚であり、纏である。為さざるべきことを為したことと、為すべきことを為さなかったことを後悔し、心を散乱したことが不染汚であり、非纏である。

悪作は二種に規定されるが、前者は行った行為を後悔することであり、後者は行わなかったことに対し後悔することである。

続いて、覆以下の定義を見ていく。

⒃覆（'chab pa, mi ston pa）

悪いことをすべて隠すことが覆である。

⒄憍（dregs pa）

無病などという理由で、おごり高ぶることが憍であり、即ち纏である。また、酒などによって心が狂喜する相[24]が憍であって、それは二種である。即ち、次の如くである。染汚と不染汚である。このうち、染汚は纏と相応するものである。不染汚は三種あり、〔即ち〕次の如くである。善と不善と無記である。従って、憍は〔染汚と〕相応するもの〔が纏〕である。〔染汚と〕全く相応しない憍とはおごれるものの表〔業〕の自性と無表〔業〕の自性である。

⒅慳（ser sna）

慳は財物をすべてに施そうとしないことである。

⒆不忍（mi bzod pa）

不忍は苦しみなどを耐え忍ばないことである。それはまた二種ある。即ち、次の如くである。冷たいことなどの苦痛に耐え忍ばないことと、他者が〔自分に〕害を与えることに耐え忍ばないことである。この両者のうち、他者が害を与えることに耐え忍ばないことが纏である。他は〔纏では〕ないのである。

⒇恨（khon du 'dzin pa）

恨は、他者が〔自分に〕害を与えたことを心に思い続けることである。

㉑食不調性（zas kyi rgyags pa, kha zas kyi rgyags pa）

食物を過度に摂取することによって迷悶することが食不調性である。それは二種である。即ち、次の如くである。身の表〔業〕の自性と、心から生じる時の纏とである。

以上がSAVに説かれる二一種の非随眠であるが、不察・下劣・大執・瞢憒・不忍・食不調性の六は『倶舎論』に説かれる随煩悩にも対応せず、見慣れない名目ばかりである。しかし、瞢憒・不忍・食不調性の三については、『法蘊足論』雑事品の雑事の中に見られるので、それらの定義を掲げて、SAVの記述と対比する。

まず、瞢憒は

云何瞢憒。謂身重性、心重性、身無堪任性、心無堪任性、……総名瞢憒。（大正蔵二六、四九七中）

とある。SAVにおけるsnyoms lasという訳語に「瞢憒」という語を比定したのは、この『法蘊足論』の定義と比較して、その内容がほぼ同じであるからである。しかし、SAV 第二一章では、これに当たるべき箇所で le lo と訳されているので[25]、そこでは一応その語に対する一般的な漢訳の「懈怠（kauśīdya）」としておきたい。両者は意味上から差異はほとんどなく、SAV には懈怠という概念が随眠にも非随眠にも見られないことから、正量部では懈怠と瞢憒は区別されていなかったのではないかと推測できる。

この点について他の文献を参照してみると、『倶舎論』では、不定心所が「睡眠、尋、伺等」とあるところ、ヤショーミトラは「等」を註釈して、食不調性などと共に瞢憒（tandrī）を挙げている[26]。『アビダルマディーパ』（ADV）でも「覆、無愧、惛沈、睡眠など」の中に「不作意と無関心と悪語と倦怠（tandrī）と食不調性がある[27]」としている。また、ADV には「身の不活動性が惛沈であり、倦怠（tandrī）と同義語である[28]」とあり、惛沈と倦怠とは同義とされている。このように、瞢憒・懈怠・倦怠・惛沈などの語は共通性のあるものとして理解されているが、SAV では惛沈は非随眠として別立されていることから、正量部では瞢憒（あるいは懈怠）と惛沈は明らかに区別されている。説一切有部では、懈怠は大煩悩地法の一法とされるから、この議論の範疇とは別に扱うべきであろう。

結局、瞢憒と懈怠が同一概念であるかどうかに関しては、不可解な点もあるので、ここではチベット語の訳語の相違も考慮に入れて、瞢憒と懈怠とを訳し分けて、『法蘊足論』で用いられている「瞢憒」を採用しておく。

不忍は『法蘊足論』に

云何不忍。謂有一類、不能堪忍寒熱飢渇風雨蚊虻蛇蝎悪触及余苦事。復有一類、於他暴悪能発自身猛利剛獷切心奪命辛楚苦受凶勃穢言、不能堪忍。即此及前総名不忍。（大正蔵二六、四九七上）

という。SAV では、mi bzod pa と訳しているが、その定義と内容が一致するので、これを「不忍」と比定して問題はなさそうである。

食不調性については、

云何食不調性。謂以不食、或食過量、或食匪宜、而生苦受、総名食不調性。（大正蔵二六、四九七中）[29]

とある。SAV は zas kyi rgyags pa と訳しているが、定義の内容から判断して、それを「食不調性」と考えてよいであろう。

これら瞢憒、不忍、食不調性の三非随眠は、説一切有部においては最初期の論書である『法蘊足論』に定義を付して取り上げられた煩悩であったが、『倶舎論』に至っては雑事に説かれる[30]とだけ記して改めて規定されることもなく、煩悩の主要な分類から削除されたものと考えられる。なお、ADV では十纏、六垢以外の随煩悩を具体的に列挙する中に見られる[31]が、いずれにしても、正量部は説一切有部が重要視しなかったこれら三煩悩を正量部固有の非随眠という主要な範疇に取り入れたものであると知ることができる[32]。

このように、二一種の非随眠の中で、不察・下劣・大執の三だけが他の文献にも見出されない煩悩であることが判る。おそらく、それらは正量部が独自に非随眠の中に設定した煩悩であろうと思われる。そういう訳で、不察・下劣・大執という訳語は筆者が便宜的に施したものであることを、ここで断っておきたい。

以上から、SAV の非随眠、即ち正量部の非随眠は『倶舎論』における随煩悩に対応する無慚など一三煩悩に、不信と放逸という重要な二煩悩[33]、『法蘊足論』や ADV などでさほど重要視されなかった三煩悩、そしてそこに不察・下劣・大執という正量部独自の三煩悩が加えられ、合計二一煩悩より構成されていることが判明する。

			不信	無慚	誑	諂	不察	掉挙	放逸	惛沈	下劣	無愧	大執	瞢憒	睡眠	嫉	悪作	覆	憍	慳	不忍	恨	食不調性
見所断（156）	欲界（80）	苦	○	○	○	○	○	○	○	○	○	○	○	○	○	○	○	○	○	○	○	○	
		集	○	○	○	○	○	○	○	○	○	○	○	○	○	○	○	○	○	○	○	○	
		滅	○	○	○	○	○	○	○	○	○	○	○	○	○	○	○	○	○	○	○	○	
		道	○	○	○	○	○	○	○	○	○	○	○	○	○	○	○	○	○	○	○	○	
	色界（44）	苦	○	○	○	○	○	○	○			○	○					○	○				
		集	○	○	○	○	○	○	○			○	○					○	○				
		滅	○	○	○	○	○	○	○			○	○					○	○				
		道	○	○	○	○	○	○	○			○	○					○	○				
	無色界（32）	苦	○	○	○	○	○	○	○										○				
		集	○	○	○	○	○	○	○										○				
		滅	○	○	○	○	○	○	○										○				
		道	○	○	○	○	○	○	○										○				
修所断（40）	欲界		○	○	○	○	○	○	○	○	○	○	○	○	○	○	○	○	○	○	○	○	○
	色界		○	○	○	○	○	○	○			○	○					○	○				
	無色界		○	○	○	○	○	○	○										○				

(3)一九六非随眠説　一〇随眠が界と所断によって開かれ九八種に分類されたように、二一種の非随眠も三界と見苦所断などの五種の所断によって合計一九六種に分類される。非随眠の設定自体が正量部独自のものだけに、この分類も当然、正量部だけに見られる見解である[34]。

前章第四節でも触れたが、改めてその内容を要約すると、不信・無慚・誑・諂・不察・掉挙・放逸・憍の八非随眠は、欲界・色界・無色界の三界それぞれにおける苦・集・滅・道の見所断と修所断の煩悩であり、各一五種で計一二〇種となり、惛沈・下劣・瞢憒・睡眠・嫉・悪作・慳・不忍・恨の九非随眠は、欲界における見所断と修所断の煩悩であり、各五種で計四五種となり、無愧・大執・覆は、欲界・色界における見所断と修所断の煩悩であり、各一〇種で計三〇種となり、そして食不調性は、欲界の修所断の煩悩であることから、合計一九六種となるのである。界から見れば、欲界においては一〇一種、色界においては五五種、無色界においては四〇種の非随眠ということになる。

それを図示すると、前頁のとおりである。

第四項　諸門分別

(1)随眠の諸門分別　SAV第一七章では、一〇種の随眠が種々の分類基準によって整理される。随眠は三種の基準によって分類される。それらを示すと、

(イ)大遍行・小遍行・小地

(ロ)大遍行・大遍行相似・小遍行・小遍行相似・小地

(ハ)大境・大境相似・小境・小境相似・小

となる。そのうち、(イ)(ロ)に関しては、次のように定義されている。

(イ)**大遍行**（thams cad du 'gro ba chen po）

大遍行（kun tu 'gro ba chen po）とは痴（gti mug）のことである。即ち、各界における所断は各々に五部ある。

小遍行（thams cad du 'gro ba chung ngu）

小遍行（kun tu 'gro ba chung ngu）は六〔法〕である。即ち、次の如くである。邪見と有身見と辺執見と見取と戒禁取と疑である。

小地（sa chung ngu pa）

小地は三〔法〕である。即ち、次の如くである。欲貪と瞋と慢である。

(ロ)**大遍行**

三界の苦障と集障〔の〕随眠であるものが大遍行そのものである。

大遍行相似（thams cad du 'gro ba chen po dang mtshungs pa）

その随眠が〔三界の〕滅障と道障〔であるもの〕が大遍行相似である。

小遍行

五見と疑が苦障と集障〔であるもの〕が小遍行であり、

小遍行相似（thams cad du 'gro chung ngu lta bu）

その〔五見と疑〕が滅障と道障である可能性（srid pa）のあるものが小遍行相似である。ここで、可能性の意味は何か、と言えば〔それについて〕説こう。即ち、有身見と辺執見と戒禁取という三見は遍在（thams cad du yod pa）しているのではないから、〔可能性のあるものであり、結果それが小〕遍行相似と言われる理由なのである。

小地

三界の修所断である無明と、欲界における欲貪と瞋と慢は〔各々〕苦と集と滅と道〔の見所断〕と修所断で五部である。色界における欲貪と慢の両者はそれと同様に五部である。〔色界と〕同様に無色界において〔も〕五部である。これらが小地である。

(ハ)**大境**（yul chen po）

大境相似（yul chen po dang 'dra ba）

小境（yul chung ngu）

小境相似（yul chung ngu dang 'dra ba）

小（chung ngu pa）

このうち、(イ)は名目による区別であり、(ロ)は諦障による区別と所断による区別という点から、境（viṣaya）の大小によって分類されている。しかし(ハ)に関しては具体的な規定は何もなされていないので詳細は不明である。次に、これらの遍行がいかなる相を有しているのかについて記す。その相とは四種の大性（chen po nyid）であるが、その四種の名目と規定は以下のとおりである。

大所縁性（dmigs pa chen po nyid）

すべての所知を所縁となすことから大所縁性である。

大因性（rgyu chen po nyid）

同界と同劫の因となっていることから大因性である。

大随眠性（bag la nyal chen po nyid）

すべてに随眠することから大随眠性である。

大具足性（kun tu ldan pa chen po nyid）

すべての同劫と遍く合することから大具足性である。

各遍行は、この四種のいずれかの相を有するが、大遍行は大所縁性・大因性・大随眠性・大具足性のすべてを、小遍行は大所縁性・大因性・大随眠性を、大遍行相似と小遍行相似は大因性・大随眠性を、そして小地は大因性をそれぞれ相とするというのである。

このように、正量部は、随眠に関して三種の諸門分別を設け、またその相を四種類に分けて説明している。ところで、説一切有部にも同様な説が見られる。説一切有部では九十八随眠の諸門分別の一つとして遍行・非遍行が設けられ、その遍行の定義として所縁、随眠、因の三種の相が説かれている[35]。即ち、遍く縁じ、随眠し、因となって染法を生ずる、というのである。これらはそれぞれ大所縁性・大随眠性・大因性に相応するのではないかと推測し得る。つまり、正量部の諸門分別は、説一切有部の遍行、非遍行という分類とは異なるものの、遍行の相に関しては四種中三種までが対応し、共通した考え方が窺える。

⑵**非随眠の諸門分別**　SAV 第一六章では、一二種の非随眠が随眠の場合と同様に、二種の分類基準によって整理される。即ち、

(イ)大遍行、小遍行、小地

(ロ)大遍行、大遍行相似、小遍行、小遍行相似、小地

という分類である。そして、次のように規定されている。

(イ)**大遍行**（thams cad du 'gro ba chen po）

大遍行は七〔法〕であり、即ち次の如くである。不信と無慚と誑と諂と不察と掉挙と放逸である。

小遍行（thams cad du 'gro ba chung ngu）

小遍行は六〔法〕であり、即ち次の如くである。睡眠と下劣と瞢憒と大執と惛沈と無愧である。

小地（sa chung ngu pa）

小地は八〔法〕であり、即ち次の如くである。不忍と恨と嫉と悪作と憍と慳と覆（mi ston pa）と食不調性である。

(ロ)**大遍行**

大遍行は七〔法〕に〔所断が各々〕六ある。即ち、次の如くである。不信〔から〕放逸に至るまでの諸法は、欲界における見苦所断が七〔法〕と、見集所断が七〔法〕と、色界における見苦所断が七〔法〕と、見集所断が七〔法〕と、無色界における見苦所断が七〔法〕と、見集所断が七〔法〕で、即ち〔これが〕大遍行である。

大遍行相似

それらは〔また〕三界の滅障と道障が七〔法〕に〔各々〕六あり、即ち〔それが〕大遍行相似である。

小遍行

睡眠などの六〔法〕に、苦障と集障が〔あり、これが〕小遍行である。

小遍行相似

その〔六法において〕滅障と道障であるものが小遍行相似である。

小地

修所断は不忍など八〔法〕と、修所断は不信など七〔法〕と睡眠など六〔法〕で、〔それが〕小地である。

(ロ)の分類は、随眠の(ロ)の場合と同じく、諦障による区別と所断による区別によって整理されたものである。

さて、大所縁性などの遍行の相に関して、非随眠については第一七章で次のように規定される。「非随眠は大性は三種である。即ち、次の如くである。大所縁性と大因性と大具足性である。何の故に、ここで随眠しないのかと言えば、それは纏のみであるが故に〔大随眠性は存在しないの〕である」(D.214b4-5, P.140b2-3)と。

また、非随眠と諦障との関係についても第一六章で説かれる。即ち、「非随眠のうち、大遍行である諸法はそれ自体で、〔そして〕小遍行である諸法は欲貪などの他のものによって、障の十門から〔四〕諦の障をなすのである」(D.207b6-7, P.130b5-7)と説かれる。その諦障は苦障が四種、集障が四種、滅障が一種、そして道障が一種の合計一〇種の門で構成されている。その諦障の十門を示すと、

苦障の門―(1)無常を謗る門、(2)無我を謗る門、(3)所知性(zhes par bya ba nyid)を謗る門、(4)無記性を謗る門

集障の門―(5)因を謗る門、(6)自業を謗る門、(7)雑染を謗る門、(8)清浄を謗る門

滅障の門―(9)常性を謗る門

道障の門―(10)出離を謗る門

であるが、こうした説は他の文献には見られず、正量部独自の見解のようである。

第五項　不浄、浄の生起と識の輪

SAV第一六章では、非随眠によって生じる不善・不浄などの倫理的価値がどのような過程によって生起する

のかを感覚と意識との関係で説明している。まず、不善や不浄、染汚などが生じる過程に関して次のように説かれる。

眼識などの浄（dag pa）或いは不浄は、〔識〕の輪の集まり（'khor lo'i tshogs pa）によって大なる第六〔識〕（drug pa chen po）から生じるのであって、〔それは〕何の故にかと言えば、この大なる第六〔識〕が地（sa gzhi）となっているが故である。この故に、眼識などの諸々の有色（gzugs can）も大なる第六〔識〕の視点から見て、蔵されるもの（sbas pa）、或いは蔵されないものとなるのである。〔識〕の輪の集まりも、また〔蔵されるもの、或いは蔵されないものと〕なるその如くに説かれるのである。

そのように、欲貪によって執着して欲ある人が眼で色を見る時に、先ず現前にあるすべての事物から生じる眼識は、〔先ず〕自性（rang bzhin）が無記となるのである。このような人の眼識は、すぐに「随い作用する」（rjes su spyod pa）という識が生じるのである。〔この識は、〕これは何であるのか、或いは如何なるものであるのか、というように所縁（dmigs）によって把握する〔作用〕であって、自性は無記性である。〔その〕すぐ〔後〕に、「個々に作用する」（so sor spyod pa）という識が生じるのであって、〔この識は、〕これは、と言われることや、このようなものである、というように決定する〔作用〕（nges pa）であって、自性は無記性である。この「個々に作用する」〔識〕によってその色を決定する故に、すぐに大なる第六〔識〕、別名を意識と言われる愛すべきもの（sdug pa）の相（mtshan ma）を執する識が生じるのである。この人はその大なる第六〔識〕によってこの色に執着したのであって、煩悩の欲貪と言われるそのものと共に眼根は、〔大なる第六識に〕蔵されることとなく、相応しないで生じるものとなるのである。大なる第六〔識〕は、〔それ自体〕蔵されないもので、相応するものと全く相応しないものがある。この人の大なる第六〔識〕が、すぐにそれからこの色そのものを見たり、それと同類のもの（'dra ba）を見ることから大なる第六〔識〕の地、〔即ち〕支配者（bdag po）が汚れを生じる（sun phyung ba）故に眼識が染汚となるのである。〔それは〕不律儀（sdom pa ma yin pa）と相応するのである。それからすぐに、「随い作用する」〔識〕は生じないのである。即ち、色を決定する故である。「個々に作用する」〔識〕が生じる時、この色は、これである、という念（dran pa）のみが覚醒する（sad par byed）のである。〔これは〕不染汚で、不律儀と相応するのである。この人のそれからすぐに〔生じる〕染汚で、不律儀の諸々の大なる第六〔識〕は、前述のようにそれらはすべて長い間何度も何度も識の輪を生み、輪が壊れるまでそのまま（ma zhig gi bar du）なのである。（D.208a4-b4, P.131a5-132a1）

ここには、欲貪をもって執着する人が対象を認識する場合の例が示されているが、それによれば現前の対象から眼識が生じ、続いて対象を把握する「随い作用する」（rjes su spyod pa）という識が生じ、そして対象を決定する「個々に作用する」（so sor spyod pa）という識が生じ、この段階ではこれらの識は無記であるが、すぐに「大なる第六〔識〕」（drug pa chen po）といわれる意識が生じて、ここにおいて対象に執着を起こし、不善や不浄などの価値が生起する。この意識に続き生じる眼識は意識に引かれて染汚で不律儀と相応するものとされ、「個々に作用する識」が続いて生じ、そして再び染汚で不律儀の「大なる第六〔識〕」が生じるとされる。

これを図示すると、次頁のとおりになろう。

それに続いて、欲貪をもって執着して欲ある人が色を見る場合とは対照的に、輪廻への執着から退転しようと欲する人が眼で色を見る時は、構造的には同じであるが、「大なる第六識」が対象に執着を起こさなければ、欲貪を離れ、続いて生じる眼識は不染汚で浄となり、律儀と相応し、「個々に作用する識」も不染汚で律儀と相応

〔欲貪により執着して欲ある人が色を見る場合〕

現前にある集まりから
← 眼　識　・・・自性は無記
← 随い作用する識　・・・対象を把握。自性は無記。
← 個々に作用する識　・・・対象を決定。自性は無記。
← 大なる第六識（＝意識）・・・ここで対象に執着を起こす。善、不善、浄、不浄の価値が生じる。
← 眼　識　・・・染汚で不律儀と相応。
← 個々に作用する識　・・・不染汚で不律儀と相応。
← 大なる第六識　・・・染汚で不律儀。これ以後この過程を繰り返す。

し、そして「大なる第六識」は不染汚で律儀となる、と説かれる。

このように、不善・不浄や善・浄などが成立する過程は、さらに七種の心によって説明され、そして同一の価値はこの七心の輪が巡り続けることから生じ、倫理的価値の転換はその第七番目の心の破壊によってなされるという。そのことは、次の規定から知ることができる。

すべての〔識の〕輪を速やかに破壊する（'jig pa）のは、第七番目の心においてである。次の如くである。

即ち、先ず〔現前にある集まりと〕相応して生じる眼識と、それから〔生じる〕「随い作用する」〔識〕、そしてそれから〔生じる〕「個々に作用する」〔識〕、そしてそれから〔生じる〕大なる第六〔識〕と、そしてそれからまた眼識と、それから〔生じる〕「個々に作用する」〔識〕と、それから〔生じる〕大なる第六〔識〕である。この大なる第六〔識〕の時に、輪が破壊するのである。(D.209b5-6, P.133b1-3)

ところで、このような正量部の七心説と同じ趣旨の説として『瑜伽師地論』の五心説や南方上座部の一四心説などが知られる。

まず、『瑜伽師地論』に

由眼識生三心可得。如其次第、謂率爾心、尋求心、決定心。初是眼識、二在意識、決定心後、方有染浄。此後乃有等流眼識、善不善転、而彼不由自分別力乃至此意不趣余境。経爾所時、眼意二識、或善或染相続而転。如眼識生、乃至身識、応知亦爾。(大正蔵三〇、二八〇上)

ここには五心が説かれるが、それを示せば以下のようである。

(1)卒爾心 (aupanipātika, nye bar gnas pa las byung ba)
(2)尋求心 (paryeṣaka, tshol ba)
(3)決定心 (niścita, nges pa)
(4)染浄心 (saṃkleśo vyavadāna, kun nas nyon mongs pa dang rnam par byang bar 'gyur ba)
(5)等流心 (naiṣyandika, rgyu mthun pa)

ここでは、順次にまず眼識が生じるとき、忽然として対象を認識し、そして意識が起こり、対象が何であるのかを尋求し、それを決定して、そこに染浄が生じ、それ以後、相続(等流)して善・不善が転じる、と説いているのである。[36]

ここで、両者を機能面から比較すれば、SAVの「随い作用する識」が『瑜伽師地論』の尋求心に、「個々に作用する識」が決定心に、そして「大なる第六識」が染浄心に、それぞれ対応しているようであり、さらに第五心以降の内容は『瑜伽師地論』に説かれる等流心の内容と対比し得るようである。認識論的には根本的に相違があるはずの両者に、善・不善などの価値がどのように生じるのかという見解に類似性のあることが知られる。

次に、南方上座部の一四心説についても見ておこう。これは意識の相続を一四の心に分類し、その過程を示した説であるが、その一四心を列挙すると次のようになる。[37]

(1)結生(paṭisandhi)
(2)有分(bhavaṅga)
(3)転向(āvajjana)
(4)~(8)眼識などによる五官作用
(dassana, savana, ghāyana, sāyana, phusana)
(9)領受(sampaṭicchana)
(10)推度(santīraṇa)
(11)確定(voṭṭhapana)
(12)速行(javana)
(13)彼所縁(tadārammaṇa)
(14)死(cuti)

この心作用の中で、正量部説と対応するのは(4)~(8)の心作用である。即ち、五官作用によって対象を眺め、そしてその対象に対して感覚的に領受し(領受心)、それを分別(推度心)したり決定する(確定心)心作用が生じ、続いて対象に対する善・不善などの価値が生じ(速行心)、この速行心の善・不善の業の後に異熟を伴って心(彼所縁心)が起こる、という心作用の過程である。この説も機能面より見れば正量部説と対応するものと言えよう。

以上のように、『瑜伽師地論』の五心説や南方上座部の一四心説と比較すると、そこには共通点のあることが判る。しかし、いずれも三者ともに独自の立場から説かれたものであり、心の数にも相違があることを考慮すれば、正量部の七心説は他に見られない固有の説であると考えられる。

第二節　業論

SAV の第一八章「非福決択」、第一九章「福決択」、第二〇章「不動業決択」には、非福・福・不動業という三種の分類によって業が説かれている。これは、阿含・ニカーヤにも見出せるが、論の時代に入ると、北伝では『法蘊足論』[38]、『舎利弗阿毘曇論』[39]、『倶舎論』[40]、『順正理論』[41] など、南伝では『分別論』[42]、Visuddhimagga（『清浄道論』[43]）や註釈文献[44] などの多くの文献でも言及されている。しかし、これらの諸文献では、この分類は他の業の分類方法と比較して、それほど主要な意義をもっていたようには思われない。その意味で、SAV が業を福・非福・不動業の三種の分類によって紹介するのは、むしろ異例のことのように思われる。つまり、正量部においては、業を論じる場合、この三種の業分類が重要な分類としてその位置を占めていたのではないかと推測できるのである[45]。

さて、この正量部の福・非福に関しては、従来『論事』によってのみ知られていた。それは「受用所成と名づくる福がある」（paribhogamayaṃ nāma puññaṃ atthi）、「受用所成の福は長養する」（paribhogamayaṃ puññaṃ vaddhati）と言われるような、いわゆる受用所成福論[46]（paribhogamayapuññakathā）であるが、この見解は SAV 第一九章にも説かれており、結局のところ正量部における福・非福・不動業に関しては、SAV にそのすべてを依拠することになろう。

まず、SAV 第一八章の最初の部分に一括して三種の定義が概説されている。それをここで示しておこう。

煩悩の因である業には三種がある。即ち、次の如くである。福と非福と不動〔業〕である。このうち、非福には欲〔界〕に属する染汚が三種ある。即ち、次の如くである。身〔業〕と口〔業〕と心（sems）〔業〕である。これが非福の業の在り方を略説したものである。そこで、非福とは不浄（mi gtsang ba）と不清浄（ma dag pa）と不善である。福は四種である。即ち、次の如くである。欲界と色界である。欲〔界〕に属する業の二種は、次の如くである。善業と無覆（sgrib pa ma yin pa）の業である。色〔界〕に属する〔業〕も二種である。即ち、次の如くである。善〔業〕と無覆〔業〕である。この二種は、また修習の自性であり、気息の出入があるところに存在するのである。これが福〔業〕の在り方を略説したものである。福は、浄と清浄と善である。修習の自性の業であり、気息の出入なきものとなるのが不動業である。これが不動業の在り方を略説したものである。作用（spyod pa）がないことによって不動業なのである。（D.215a6-b3, P.141a7-b5）

さらに、この定義の少し後には、

非福と福の両者の因は、六識すべてである。即ち、次の如くである。眼識から意識までである。不動〔業〕の因は意識のみである。（D.215b4-5, P.141b8-142a1）

と福・非福・不動業の因が規定されている。

それでは、以下においてそれぞれの業について、順次その記述を詳しく見てみたい。

第一項　福業

⑴福の定義　いま見たように、SAV 第一八章で福業の分類や在り方、そしてその因について規定されているが、第一九章の冒頭には、

非福から還滅する（rnam par ldog pa）のは、八種の不作律儀（mi byed pa'i sdom pa）である。それが煩悩でないもの、〔即ち〕福と知られるべきである。（D.220a5-6, P.148a6-7）

と規定される。この定義を他部派のそれと比較すると、『倶舎論』では、

欲界善業、説名為福。招可愛果、益有情故。（大正蔵二九、八一上）(47)

と説かれ、また南方上座部のVisでは、

福行は、布施と戒などによって起こる八種の欲界の善思と修習の力によって起こる五種の色界の善思との一三種の思（cetanā）である。（p.530, *ll*.22-24）(48)

とある。正量部の福業は、後述するように欲界の八種と色界の二種の合計一〇種であるから、Visとは法数の相違があるものの、基本的にはほぼ同一の内容を有していることが判る。また、『倶舎論』における欲界の善業を福とするという規定とは明らかに相違することが知られる。

(2)八種と一〇種の福　SAVでは、このように福とは非福から還滅することであるとし、非福が八種であるから福も八種であり、さらに色界の二種を加えて一〇種の福になると説かれる。

〔非福から〕還滅する戒が八種と、それから生じたもの〔と、〕生じるものとが昼夜に転じるのである。受用（yongs su longs spyod pa）も〔転じるの〕である。〔非福から〕還滅する自性が八種であることと同様に、〔非福を〕断つ戒も八種である。即ち、次の如くである。殺生から還滅すること、偸盗から還滅すること、邪婬から還滅すること、非摂から還滅すること、妄語（誑語）（brdzun du smra ba）から還滅すること、両舌（離間語）（phra ma）から還滅すること、悪口（麁悪語）（tshig rtsub po）から還滅すること、綺語（ma 'brel ba'i brjod pa）から還滅することである。

欲〔界〕に属する心で、すべての悪（ngan pa）戒から各々に還滅されるべきであるということを受持する時、その欲〔界〕に属する〔殺生など〕八〔種〕と、色〔界〕に属する身による非摂と、口による綺語（nag gis ma 'brel ba）〔の〕業を還滅する。即ち、〔非福を〕断つことは、一〇〔種〕である。また、受持する心のすぐ後に、各々昼夜に生起すること（nye bar skye ba）は、一刹那一刹那において生じることになるのである。〔それは、非福を〕受けること（yi dam）を断つ限りにおいて、或いは害したり（'tshe ba）、欲貪を離れることを得る限りにおいて〔生じるの〕である。〔受持すること〕と同様に、〔還滅されるべきことに〕正しく向けること（yang dag par 'jog pa）と、〔それに〕全く同意する（yang dag par rjes su gnang ba）〔時も、同じ〕である。〔それに〕駄目を押す（lhag par spyod pa）〔時〕も、駄目を押す限りにおいて〔生じるの〕である。（D.220a6-b4, P.148a8-b6）

ここで、欲界における〔非福から〕還滅する八種の戒と、色界における二種の戒について説かれる。前者は、身による非福である殺生・偸盗・邪婬・非摂から還滅する四種と、口による非福である誑語（妄語）・離間語（両舌）・麁悪語（悪口）・綺語から還滅する四種の計八種であり、後者は身による非福である非摂と口による非福である綺語から還滅する二種で、欲界における非福から還滅する八種と色界の二種とで計一〇種となる。

非福を断つためのこれらの戒が成立するために必要な条件は四種あるとされる。即ち、⑴非福から還滅されるべきであることを受持すること、⑵それに正しく〔心を〕向けること、⑶それに同意すること、⑷それに駄目を押すこと、である。そして、これらの行為によって生じるものは一刹那毎に昼夜にわたり転じると説かれている。即ち、福が昼夜に増長するというのである。

⑶殺生からの還滅　SAVでは、これら福のうち、殺生からの還滅について詳述されるが、それを要約すると次のようである。

殺生から還滅することには三種がある。即ち、⑴殺生から還滅しようと想うことと、⑵殺生から還滅しようと教えを身に付けることと、⑶殺生から還滅しようと随住すること（rjes su gnas pa）である。さらに、殺生から還滅しようと想うことには三種がある。⑴求めることと、⑵行為させようと（byed du 'jug pa）求めることと、⑶他者が為したことを喜ぶことである。殺生から還滅しようと教えを身に付けることにも三種がある。⑴引きつけられて入ること（drangs te 'dzug pa）と、⑵実行することと、⑶同意することである。殺生から還滅しようと随住することにも三種がある。⑴身による随行（rjes su sgrub pa）と、⑵口による随行と、⑶意による随行である。殺生からの還滅と同様にして、妄語などに関してもこのように説かれる。

また、別相によれば、殺生から還滅することには四種がある。⑴殺生から還滅すべきであるということを受持することと、⑵殺生から還滅することに他者を正しく向けることと、⑶他者が殺生から還滅することに同意するようになることと、⑷自ら河に身を投げることなど生命を断つことを回避しつつ、有情（srog chags）の生命を奪うものから保護すること（skyob pa）である。殺生以外の偸盗などから還滅する場合も、同様にして、受持することと、他者を正しく向けることと、同意することと、駄目を押すことをもってなされる、と説くのである。

このような戒である律儀からすぐに生起するものは、昼夜に増長するのであり、非福の還滅を受持することなどを断たない限りにおいて昼夜に増長するのである、と言われる。そして、それらの律儀は、善心によって受持する時、善となり、それは昼夜において増長する。無覆心（sgrib min gyi sems）によって受する（blangs pa）ことで無覆となり、それは昼夜において増長すると規定されている。

⑷布施　ここで、律儀は善心によって受持する時に、善となり、無覆心によって受する時に無覆となるとされるが、次にこの律儀の在り方の一つとして布施が取り上げられ、次のように規定される。

さて、布施の律儀は、どのようなものであるのか、と言うならば［それについて］説こう。即ち、善心によって布施を施したことから、身の律儀が生じるのである。布施を行う（yongs su gtong bar byed pa）時〔に生じる〕随行（rjes su 'gro ba）は、福でありつつ善である。〔それは〕善の律儀から一刹那〔一刹那〕毎に増長するのである。それらは、また身の戒が非摂（ma bsdus pa）から還滅することによって得られたもの（bsdus pa nyid）である。……

ここで、布施には三種がある。即ち、次の如くである。財物の布施と、無畏（mi 'jigs pa）の布施と、法の布施である。このうち、財物の布施は、食物と飲物などの布施である。無畏の布施は、畏れによって苦悩することから救護することと、畏れの原因を取り除くことである。法の布施は、他者の利益を求めようと善心によって、昇天（mngon par mtho ba）と最上の道（nges par legs pa）の法を人に示現することである。このうち、無畏の布施と法の布施は、善になるか、或いは無覆無記になるのである。それが善であることによって、律儀と〔それから〕昼夜に生じるものが善なのである。〔それが〕無覆無記であることによって、律儀と〔それから〕昼夜に生じるものが無覆無記なのである。財物の布施も律儀を伴うことでもっぱら善である。それから〔生じる〕受用も福と善性を増長するのである、と言われる。（D.221a5-b3, P.149b2-150a2）

ここでは、善心によって布施を施したことから、身の律儀が生じるとし、さらに増長するのはこの身の戒が非摂から還滅することによって得られたものと説く。つまり、次項で詳しく述べるが、正量部独自の概念ともいうべき非摂という身の非福を断つことで、善の増長があると規定している。

(1) 財物の布施

布施を行う時、それから生じた随行は福であり、善であり、一刹那毎に増長する。この布施が三種に分類されているが、それをまとめると、食物と飲物などの布施である。

⑵無畏の布施

畏れによって苦悩することとから救護することと、畏れの原因を取り除くことである。

⑶法の布施

他者の利益を求めようと善心によって昇天と最上の道の法を人に示現することである。

となる。この三種の布施は『大智度論』[49]や『瑜伽師地論』[50]などにも見られるものであるが、特に無畏施は菩薩が必ずしなければならない行為とされ、大乗仏教経典に一般的に見受けられる布施の一種である。アビダルマ論書では『雑阿毘曇心論』[51]に法施と並び無畏施が説かれているが、そこでは三種の分類はなされていない。その点では、正量部説は部派仏教よりも大乗仏教と関係が深いのかも知れない。

さて、次に布施の福の増長に関連して、それが増長しない場合の例を挙げている。即ち、一二の原因によって生じる随行の福は増長しないものとなるのであるが、一二の原因とは、即ち次のとおりである。

⑴受用する者に布施すること
⑵結（bcings pa）などから解脱するために布施すること
⑶時によって律儀が生じないこと
⑷自らに受用すること
⑸邪に受用すること
⑹許可なく受用すること
⑺受用しないこと
⑻他人のものを受用すること
⑼奪取すること
⑽善根が断たれたこと
⑾離欲に至ったこと
⑿死んだこと

これら一二種の原因以外であれば随行の福は増長するものとなるのである。

(5)三種の戒―道の戒・対治の戒・律儀の戒　SAVでは、以上の業が有漏業であるとし、次に無漏業について説かれるのであるが、それは三種であるとする。即ち、

(1)道の戒（lam gyi tshul khrims）
(2)対治の戒（gnyen po'i tshul khrims）
(3)律儀の戒（sdom pa'i tshul khrims）

である。

説一切有部では、無漏戒は無漏律儀や道共戒ともいわれ、聖道における聖者の戒のことを意味するが、このように三種に分類することはない。説一切有部以外でもこのような分類は見られず、おそらく正量部独自な考え方であろう。

さて、この三種のうち、道の戒は、

現前にある行われるべきことを行うこと（mngon du byed pa'i spyad bya spyod pa dag）が生じるようになることであり、欲界、或いは色界に生起するすべての覚支の心（byang chub yan lag gi sems）である。即ち、苦〔諦〕における法智は、一〇随眠と、〔食不調性を除く〕二〇の非随眠、即ち〔計〕三〇の煩悩を断つのである。

(D.221b5-6, P.150a6-7)

と規定され、対治の戒は、

同一の界〔と〕同一の劫（skal pa）のすべての煩悩を断つそのところで結生（nying mtshams）し、行われるべきことを行うこと（spyad bya spyod pa）が生じるようになるのである。また、煩悩を滅する（'jig byed）智は、

苦〔諦における〕法智などと修習の地という、道の戒のように、理に応じて知られるのである。（D.222a5-6, P.150b7-151a1）

と規定され、そして律儀の戒は、

すべて無漏であって、阿羅漢の〔戒〕である。即ち、次の如くである。阿羅漢は、すべての悪行から還滅するべきである、というように心が生じる時、その心と共に八〔種〕の無漏の戒〔である〕律儀が生じるのである。そこには、昼夜に生じ〔、増長する〕ものは〔何も〕ないのである。それと同様に、ここで身〔と〕口の表〔業〕（mam par rig byed）によって〔それに〕正しく向けることと、正しく同意することと、駄目を押すこと〔の〕すべては、無漏なのである。欲〔界〕において欲貪を離れて不還者（phyir mi 'ong ba）〔となること〕によって、すべての過失を犯すことから還滅する故に、欲〔界〕に属する〔八種の〕過失を犯すことの対治と、〔そして〕色〔界〕に属する身による非摂と、口による綺語の対治は、無漏なのである。〔欲界、色界〕二つの界において貪（chags）〔を〕離れた不還者は、阿羅漢そのもののよう（ji bzhin）である。類（rjes）の身〔と〕口の表〔業〕すべても無漏性である。（D.222a6-b2, P.151a1-6）

と規定される。

⑹性罪と遮罪　次に、性罪と遮罪が説かれ、両者の規定、および遮罪から還滅する戒としての学処の設定を知ることができる。それに関する記述は以下のとおりである。

ともあれ（de srid）、〔以上〕は性罪（rang bzhin gyi kha na ma tho ba）から還滅する八〔種〕の戒が明示されたのである。

遮罪（bcas pa'i kha na ma tho ba）から還滅する戒は、比丘と比丘尼と勤策（沙弥）〔と〕勤策女（沙弥尼）と駆烏人（bya rog skrod byed）と近事（優婆塞）と近事女（優婆夷）などが、仏と共なる学処（bslab pa'i gzhi）を受持し、そして能持することから生じるのである。そのうち、比丘のすべての学処は、律に説かれる四二〇である。それら学処の大半は、遮罪から還滅する戒である。すべての律儀から受持する心のすぐ後に〔昼夜に律儀が〕生じることは、〔受持することなどを〕断たない限りにおいて〔増長するの〕である、と広説されるのである。それと同様にして、比丘尼〔の学処の場合〕も理に応じて〔説かれるの〕である。勤策の男女の学処は、九〔戒〕と、駆烏人の八〔戒〕と、それと同様に近住（bsnyen gnas）の〔八戒〕である。近事と近事女の両者の学処は、畢竟五〔戒〕である。また、これらを受持する心によって、そのすぐ後に〔昼夜に〕生じることは、心の一刹那という時間によって増長することであって、〔それは、受持することを〕断たない限りにおいて〔増長するの〕である、と言われるのである。（D.222b6-223a3, P.151b3-152a1）

まず、「性罪から還滅する八種の戒が明示された」とされるが、これは先にも述べたように殺生・偸盗・邪婬・非摂・誑語・離間語・麁悪語・綺語から還滅する戒のことであるから、性罪とはこれら八種の非福のことを指すものとみなすことができる。このうち、非摂には、酒を飲むこと、酒を造ること、酒を布施することなど飲酒に関係する事柄も含まれる。つまり、飲酒は性罪であると規定されていることが判る。一般的に飲酒は遮罪とされる場合が多い[52]だけに、この正量部の考え方は興味深い。

続いて遮罪であるが、これは性罪に比較して本質的な罪悪行為ではなく、極めて軽い罪を指すのであるが、ここにはこの遮罪から還滅する戒は学処を受持し、能持することから生じると記され、その学処の数が具体的に示されている。即ち、比丘のすべての学処は、律に説かれる四二〇であり、勤策の男女の学処は九戒、駆烏人は八戒、近住も八戒、そして近事と近事女の学処は五戒である。このうち、勤策の学処は一〇種とするのが一般的であり、ここでは何が削除されているのか不明であるが、九種とされていることは正量部の一つの特色とみなせるかもしれない。[53]

⑺不染汚の戒が生じる原因　次に、戒の染汚と不染汚について説かれるが、特に不染汚（nyon mongs pa can ma yin pa）の戒が生起する時の一二の原因が明示されている。それは、次のとおりである。

⑴〔悪行から還滅することを〕受持すること
⑵〔それに〕正しく向けること
⑶〔それに〕正しく同意すること
⑷〔それに〕駄目を押すこと
⑸律儀の根本を断たないこと
⑹善根を生じること
⑺過失を犯す原因を断つこと
⑻諦に随順する力
⑼修習の力
⑽以前に断った力
⑾事物を遍知すること
⑿〔教えを〕信受すること

以上のように、一二の原因から不染汚の戒が生じるのである。

また、染汚から不染汚への移行に関して、総括するように、すべての過失を犯すことから還滅すべきであるということ、或いはすべての戒を受けること、或いは仏と共なる学処に住すべきであるということが、すべて〔の過失を犯すことを〕断つことなのである。或いはまた、すべての有為は無常である、すべての有為は苦の原因である、ということも悪戒を断つのである。（D.223b2-4, P.152b2-4）

と説かれている。

⑻意の福業　以上のように身・口の福業が説かれたが、次にSAVは意の福業について説く。

世尊は、思業（sems pa’i las）と思已業（sems pas bslang ba’i las）がある、と説いている。そのうち、思已業は身〔業〕と口〔業〕である、と説いている。相応心（mtshungs par ldan pa’i sems）から生じるものの中で、唯一の思〔業〕は意の福業（yid kyi las bsod nams）である。その思〔業〕は二種である。即ち、次の如くである。善と無覆無記である。欲〔界〕に属する善と無覆無記である。色〔界〕に属する思〔業〕は、〔初禅から第三禅までの〕三つの静慮（bsam gtan）である。また、三静慮と力が等しい等至と相応する思〔業〕は、福と認められる（mngon par ’dod pa）のである。静慮と力が等しい等至は何であるのか、と言えば〔それについて〕説こう。即ち、慈（byams pa）と悲（snying rje）と喜（dga’ ba）と捨（btang snyoms）〔の四無量心〕と数息観（dbugs phyi nang du rgyu ba rjes su dran pa）と八つの不浄観（mi sdug pa）などである。（D.223b5-224a1, P.152b5-153a2)

即ち、思は意の福業とされ、その思は善と無覆無記の二種であるとされる。それは欲界の善と無覆無記と、色界の初禅から第三禅までの三つの静慮であり、この三静慮と力が等しい等至と相応する思が福とされる。等至とは、慈・悲・喜・捨の四無量心と数息観と八種の不浄観とされる。このうち、八種の不浄観がどのようなものであるのか不明であるが、他の文献からは知りえない法数であり、正量部独自の説である可能性がある。

第二項　非福業

(1)**非福の定義**　本節の最初で引用したとおり、SAV第一八章の冒頭に非福に関する規定があったが、ここでもその部分を示しておこう。

非福には欲〔界〕に属する染汚が三種ある。即ち、次の如くである。身〔業〕と口〔業〕と心（sems）〔業〕

である。これが非福の業の在り方を略説したものである。そこで、非福とは不浄（mi gtsang ba）と不清浄（ma dag pa）と不善である。……非福と福の両者の因は、六識すべてである。即ち、次の如くである。眼識から意識までである。

この定義を他の部派と比較すると、『倶舎論』では、

〔欲界〕諸不善業、説名非福。招非愛果、損有情故。（大正蔵二九、八一上）[54]

と説かれ、また南方上座部の Vis では、

非福行は、殺生などによって起こる一二種の〔欲界の〕不善思（akusalacetanā）である。（p.530, *ll*.24-26）[55]

とある。正量部の非福が次に見るように一一種であるから、Vis とは法数に相違はあるが、基本的にはほぼ同じ内容を有していることが判る。

⑵ 一一種の非福　次に、非福は身の非福・口の非福・意の非福というように三業によって分類され規定される。

身の非福は四種である。即ち、次の如くである。殺生と偸盗と邪婬と非摂（ma bsdus pa）である。口の〔非福の〕四種とは、次の如くである。妄語（brdzun du smra ba）と両舌（dbyen）と悪口（tshig rtsub）と綺語（ngag kyal pa）である。意業における三種とは、次の如くである。〔一つは〕貪心（brnab sems）であり、欲の相を欲することによって引き起こされたものと相応する時に生じる心である。〔一つは〕瞋恚の心（gnod sems）であり、瞋（zhe sdang）の相と相応することによってその時に生じる心である。〔他は〕邪見であり、痴（rmongs pa）の相と相応する時に生じる心であって、即ちこれらが意業である。（D.215b5-7, P.142a1-5）

このように、正量部は、身と口が四種と、意業が三種の計一一種の非福を説くが、これはいわゆる十不善業道[56]に身の非福の非摂が加えられたもので、他には見られない独自の説である。ところが、これと似た形式の説示が

『舎利弗阿毘曇論』に見られる。

云何非福行。不善身行、不善口行、不善意行。云何不善身行。若人無慧無明不断、行殺盗婬、及余不善身行、是名不善身行。云何不善口行。若人無慧無明未断、行妄語両舌悪口綺語、及余不善口行、是名不善口行。云何不善意行。若人無慧無明未断、起貪欲瞋恚邪見、是名不善意行。此身口意不善行、名非福行無明縁現世行。（大正蔵二八、六〇六下）

この身行と口行中の余不善行を数に入れると一二種となり、このうち、身の余不善行が非摂に対応するものとすれば、口の余不善行だけが正量部説と異なることになる。

(3)身の非福　SAV には、身の非福である殺生・偸盗・邪婬・非摂の四種が規定されているが、まず殺生に関して見てみたい。

身の表〔業〕が殺生する〔場合〕は、五つの相と相応するのである。即ち、次の如くである。自己から他者であること、有情であり非有情でないこと、有情に想いをなすこと、殺すために〔生命を〕断つこと、死んだことである。殺生とは、殺す者の身の表〔業〕である。（D.216a1-3, P.142a7-b1）

これは殺生の犯相に関して五種に分類し規定するものであるが、たとえば『摩訶僧祇律』では、

有五事具足殺人犯波羅夷。何等五。一者人、二者人想、三者興方便、四者殺心、五者断命、是名五事。（大正蔵二二、二五七下）

とあり、『成実論』では、

以四因縁得殺生罪。一有衆生、二知是衆生、三有欲殺心、四断其命。是人備此四因、云何無罪。（大正蔵三二、三〇四下）[57]

と説かれる。これらを比較してみると、『摩訶僧祇律』と『成実論』とでは犯相の数に相違があるが、前者の第三項目を除いて一致している。それに対して、SAV に説かれる、特に第五項目の「死んだこと」は明確に死んだという行為の完遂をもって殺生と規定している点に、他に比べて異質性が窺える。

また、他の箇所では、殺生に関して三種と四種に分類されている。三種とは、(1)殺生の想い、(2)殺生するために他に命じること、(3)殺生を引き受けること（D.217a3-4, P.143b8-144a1）であり、四種とは、(1)殺生を引き受けること、(2)他者に殺生を引き受けさせること、(3)他者が殺生した時に随喜すること、(4)自らが殺生する時に駄目を押すこと（D.217b4-5, P.144b5-6）である。これらの分類項目のそれぞれはさらに分類され詳細に規定されるが、それと同様の分類方法が偸盗より綺語までのすべてにも適用されるものとする。

次に、偸盗の犯相に関する定義は、

身の表〔業〕が偸盗する〔場合〕は、五つの相と〔相応するのである〕。即ち、次の如くである。他者の財物であること、他者の財物に想いをなすこと、盗む心が生じること、〔もと〕あるところより動かすこと、我がものとなすことである。（D.216a3-4, P.142b1-3）

とある。これに対し、『四分律』の

有五種。若他物、若他物想、若重物、盗心、挙離本処。（大正蔵二二、五七三下）[58]

という記述や、その他の諸文献[59]の所説と比較しても、SAV とほぼ同様の内容を有しているようであるが、第五項目の「我がものとなすこと」は他の文献には全く見られない規定である。偸盗も殺生と同様にその行為の完遂をもって犯相としているところが、正量部の特色であり、このことは業論の視点から眺めても興味深い問題である。

続いて、邪婬の犯相についてその定義を見る。

邪婬における三種とは、次の如くである。妻でない者と性交する邪婬と、妻でない者を妻であるのか妻でないのかと疑いながら、どちらであってもよいと〔思い、〕妻でない者と性交する邪婬である。他の女人と男子と不男（ma ning）、そして自分の妻であっても身体から〔子を〕生じるところ（陰門）以外の、〔本来の〕部分でないところに邪に行う、〔即ち〕肛門などに交わる邪婬である。（D.216a4-6, P.142b3-6）

邪婬の犯相をこのように三種に分類する正量部説は、他の文献には見られない独自のものである。特に、第二項目の内容は、『順正理論』において邪婬の業と業道の成就に関して説かれる中で、「若し他婦に於いて是を己が妻と謂い、或いは己が妻に於いて謂いて他婦と為し、道と非道等にただ誤心有れば、所行有ると雖も而も業道に非ず」（大正蔵二九、五七八下）という記述に対比しうるものであるが、そこではこのような邪婬は実行に及んだとしても業道でないと規定されている。それに対して、正量部は非福に加えていることからすれば、この規定も正量部独自の業道の見解に基づいているように思える。

身の非福の四番目の非摂については、

非摂（ma bsdus pa）とは、忿怒によってか、傲慢によって殺す想いがなく諸有情を害することである。それは多種である。即ち、次の如くである。他の有情を打つこと、投げ倒すこと、追いやること、足と手を切断すること、荷車用の木や鉄鎖などで縛ること、牢に閉じ込めること、酒を飲むこと、酒を造ること、酒を布施すること、〔酒用の〕酵母を造ること、動物を売ること、虫の殻を売ること（srin bu'i sbubs 'tshong ba）、臙脂（rgya skyegs）を売ること、区別なく胡麻と白芥子を売ること、妻に良からぬことを行うこと、踊ったり歌ったり楽器を奏で興奮して大きな声を出すこと、跳び上がること、〔ガンジス〕河中で戯れること、悪意で足枷や鎖を施すこと、淫らな想いで妻を〔他人に〕与えること、淫らな想いで自分の娘を〔他人に〕与えること、邪見を有し、また他に邪見を示す論を施したり、それを書写し、或いは講説などを〔行い、更に〕その論を重ねることである。このわずかな身の〔表業の〕転化したこと（yongs su 'gyur ba）すべてが、非摂の業である。（D.216a7-b4, P.142b7-143a6）

この非摂は正量部独自の術語であるが、非摂のチベット訳 ma bsdus pa は、本来 de la ma bsdus pa「〔殺生などに〕含まれないもの」との意味であるので、正量部では、他の三つの身の非福に含まれないものを非摂として設定したことが判る。なお、SAV の他の一箇所（D.215b7, P.142a5）では非摂に対応するであろう語が rnam 'tshe ba（害）と訳出されている。先に述べた『舎利弗阿毘曇論』に見られる余不善身行の意味が、非摂と同じであるとするならば興味深い。

ところで、この非摂の中に飲酒に関連する規定が見られたが、その点について少し述べておきたい。不飲酒は、五戒の一つとして、出家や在家のいかんを問わず、仏教者の遵守すべき行為とされ、悟りへの第一歩として初期仏教の時代から説かれてきたものである。しかし、この規定は殺生・偸盗・邪婬と違って十善（不善）業道に取り入れられることなく、業や業道の観点から除かれている。それについては十分に論議されておらず、不明であるが、それが教団運営上の理由であったにしても、思想上の理由であったにしても、そのこと自体が問題となるべき事柄であろう。いずれにしても、正量部が飲酒を身の非福の一つである非摂の中に取り込んだことは、不飲酒という戒の問題を規定し直そうとした姿勢の表れであると解釈できるかも知れない。

以上が身の非福に関する正量部の説である。

⑷口の非福　口の非福は妄語・両舌・悪口・綺語の四種であるが、まず妄語について、

妄語（brdzun smra ba）の根本の四種は、次の如くである。目で見ること、耳で聞くこと、鼻舌身で嗅ぎ味わい触れること、意で識ることである。（D.216b4, P.143a6-7）

と規定され、それに続いて、妄語を二四種に区分し、さらにそれぞれにここに記した四種の別があるとして、計九六種の妄語を立てる。

次に、両舌（破語）は、

両舌（離間語）（dbyen）は、友人同志が実際に仲たがいをおこす（'byed pa nye bar bsgrub pa）語である。（D.217a2, P.143b6）

とあり、悪口（悪語）に関しては、

弱点（gnad）を破する語が、悪口である。（D.217a2, P.143b6-7）

とし、綺語（非応語）については、

これら三つの語とは異なる染汚の語が、綺語（非応語）（ngag kyal pa）である。（D.217a2-3, P.143b7）

と規定される。

なお、『律二十二明了論』では、四種の口業を順次、妄語・破語・悪語・非応語と訳出されている。両舌が破語に、綺語が非応語に対応するかどうかを確定することは資料的に限界があるので判断しかねる。また、両舌はSAV 第一九章で phra ma と、第一八章で dbyen と訳され、また綺語は第一九章で ma 'brel ba'i brjod pa、第一八章で ngag kyal pa と訳され、チベット語の訳語にも相違が見られる。

(5) 意の非福　次に、意の非福に関しては、

貪心は、他人の財産を貪り欲することである。有情を殺す想いがなく、ただ瞋（zhe sdang）によって苦悩と

有情とを何時でも結び付けるものとなることが、瞋恚の心（gnod sems）である。存在の相を無であると思惟することが邪見である。貪心などのこれら三〔種そのもの〕は、悪趣の業と道ではないのである。これら三〔種〕と相応する思（sems pa）が、悪趣の因と道であると知られるべきである。しからば、これら三種のみの思が意業であるのかと言えば、そうではないのであって、他の煩悩と相応する思もまた〔意業の〕非福なのである。（D.219b1-4, P.147a5-b1）

とあり、この業道の名義に関する説示は、『倶舎論』では次のように説かれる。

実に、貪欲など三は業の道であるが故に業道である。それらと相応する思（cetanā）が、それらが起ることによって起こり、それらが行くことによって行くからである。それらの力によってそのように造作するからである。一方、殺生などの七は身、語の業であるが故に業であって、また業の道であるから業道でもある。それらを等起せしめる思が、それらを拠り所として起こるからである。業道であるから、そして業であって、また業道でもあるから業道である。（AKBh, p.248, *ll*.1-6）(60)

『倶舎論』が、貪・瞋・邪見の三意業を業の道であるとするのに対して、正量部はこの貪心などの三種それ自体は悪趣の業と道なのではなく、それらと相応する思が業であり、貪・瞋・邪見の三種に限らず、それ以外の煩悩と相応する思も非福であると規定する。

(6)非福と悪趣　最後に、非福とそれによって生じる悪趣について見てみよう。

身と口と意の業は、煩悩から生じるのである。それ故に、煩悩と業から四〔種〕の悪趣が生じるのである。即ち、次の如くである。地獄趣と餓鬼趣と畜生趣と阿修羅趣である。そのうち、瞋（zhe sdang）を積み重ねる（yongs su goms pa）非福によって地獄の住処とそこに住する有情が生じるのである。貪（chags pa）を積み重ねる〔非福〕によって餓鬼の住処と餓鬼が〔生じるので〕ある。痴（gti mug）をなす〔非福〕によって畜生の住処と畜生が〔生じるので〕ある。慢（nga rgyal）をなす〔非福〕によって阿修羅の住処と阿修羅が〔生じるので〕ある。（D.219b5-7, P.147b2-6）

瞋・貪・痴・慢の非福によってそれぞれ地獄・餓鬼・畜生・阿修羅の四悪趣に生じると説く。即ち、いわゆる三毒によって三悪趣に落ち、それに加えて、慢によって阿修羅に落ちると考えられている。五道説か六道説かで問題となるのは、阿修羅の有無であるが、ここには慢によって生じる阿修羅が説かれていることから、正量部は犢子部と同様に六道説を採用していることが判る。[61]

瞋の積み重ねによって生じるという地獄に関しては三種あると説く。即ち、大地獄と閻魔の世界（gshin rdze’i ’jig rten）と孤地獄（nyi tshe ba’i dmyal ba）である。このうち、大地獄は一〇種の寒地獄と九種の熱地獄の二種類であり、閻魔の世界は大地獄と名称が同じ九種の地獄で、その周辺にある〔増〕地獄は一六種であると説く。大地獄である寒地獄の一〇種は、

(1) arubuda　(2) nir-arbuda　(3) aṭaṭa　(4) hahava　(5) huhuva
(6) utpala　(7) kumuda　(8) saugandhika　(9) puṇḍarīka　(10) padma

であるが、この一〇種の寒地獄説は『スッタニパータ』（Suttanipāta）[62]に説かれ、『大楼炭経』[63]、『立世阿毘曇論』[64]に伝承されているが、『倶舎論』[65]などに見られる八寒地獄説とは異なる。[66]熱地獄の九種は、

(1)等活　(2)黒縄　(3)衆合　(4)号叫　(5)大叫
(6)炎熱　(7)極熱　(8)無間　(9)大無間

の各地獄であり、この内容は『倶舎論』[67]の八大熱地獄に大無間（mahāvīci）地獄が加えられた正量部独自の地獄

説である。[68]閻魔の世界も大地獄と同じ九種を説くが、これは『立世阿毘曇論』の記述と対応するようである。[69]周辺の〔増〕地獄が一六種と説かれることは他の文献に共通している。孤地獄については、

孤地獄は、また南贍部洲の山と河と溝（ngam grog）と稠林（dgon pa）など〔の〕限られた場所に住する故に、孤（nyi tshe ba）と言われるのである。（D.220a3-4, P.148a4-5）

と記されている。これは『倶舎論』に説かれる孤地獄（pratyeka-naraka）の記述[70]に当たり、両者には一致した内容が見られる。

以上がSAVに紹介される正量部の非福説の概要である。

第三項　不動業

⑴不動業の定義　不動業の定義は、先に引いたようにSAV第一八章「非福決択」の最初の部分に福と非福と共に一括して示され、

煩悩の因である業には三種がある。即ち、次の如くである。福と非福と不動〔業〕である。……修習の自性の業であり、気息の出入なきものとなるのが不動業である。これが不動業の在り方を略説したものである。作用（spyod pa）がないことによって不動業なのである。……非福と福の両者の因は、六識すべてである。……不動〔業〕の因は意識のみである。（D.215a6-b5, P.141a7-142a1）

と定義されている。

さらに、第二〇章「不動業決択」の冒頭には、詳細に規定されている。

不動業は心性（sems pa nyid）である。それは、また〔色界〕第四禅と相応するものであり、有漏の無色

〔界〕の四つの等至（snyoms par 'jug pa）（四無色定）と相応するものであり、第四禅と無色〔界〕の等至と力（stobs）が相似する等至と相応するものである。即ち、それが不動業であると知られるべきである。そこでは、尋（rnam par rtog pa）などが生じることがないことによって、また不動〔業〕なのである。

また、動（g·yo ba）ということをなすのは、定（ting nge 'dzin）の災患（skyon）であり、それは七種[71]である。即ち、次の如くである。尋と伺（rnam par spyod pa）と喜（dga' ba）と楽（bde ba）と入〔息〕（'jug pa）と出〔息〕（byung ba）である。〔色界〕第四禅と無色〔界〕は、それら〔七種の災患〕が生じることがないことによって、不動〔業〕なのである。（D.224a3-5, P.153a3-7）

この二つの記述から、正量部の不動業説[72]をまとめると、

(1)不動業の因は意識のみであり、即ち心性である。

(2)尋、伺などの災患が生じることはなく、作用がない。

(3)色界第四禅と無色界の四つの等至と相応する。

の三点によって規定されていることが判る。

そこで、この正量部の不動業説がいかなる立場にあるのかを考察するために、他の文献に見られる不動業説と比較してみよう。

まず、『法蘊足論』に、

云何不動行。謂四無色定、諸有漏善、是名不動行。（大正蔵二六、五〇六上）

と、不動行とは四無色界定の有漏の善であるとして、さらに、

於空無辺処天、繫心悕求、彼作是念、願我当生空無辺処天衆同分中。因此悕（欣）求、勤修加行、超諸色想、

滅有対想、不思惟種種想、入無辺空、空無辺処具足住。於此定中、諸思等思現前、等思已思当思、思性思類
造心意業、名不動行。（大正蔵二六、五〇六下、五〇七中）

とある。不動業は、十二因縁を解説する中で、無明を縁としてどのように不動行を造るのか、また不動行によって、どのような不動行に随う識があるのかという点で論じられている。ここでは、加行を勤修して色想を超え、有対想を滅し、種々なる想を思惟せず、無辺の空に入り、この空無辺処天の定における心意業が不動行であると定義される。この後半の定義は福行などには見られないものである。

『倶舎論』では、福などの三業を論じるところで、次のように説かれる。

欲界における善業が福であり、〔不善業が非福であり、〕それより上界において生じた〔業〕が不動〔業〕である。（AKBh, p.227, *l*.13）[73]

このカーリカー（kārikā）の定義を、長行釈では「色・無色界に属する善業」と述べるが、これに関しては「色界第三禅までは有動である」と聖教に説かれているではないかとの疑問を挙げ、その一方では、色・無色界に属するあらゆるすべての善業は不動であると説く教証として「不動に順じて導く道行である」[75]という『不動経』[76]の教えを挙げている。この点について、『倶舎論』第三章では、三災を説く中で「有動の災患に関して色界初禅では尋、伺が、第二禅では喜が、そして第三禅では入息、出息が災患となるが、第四禅では不動なるが故に災患を離れるのである」と解釈しているから[77]、世親は結局のところ色界第三禅までは有動であり、第四禅が不動であるとの立場であるように思われる。このことから、「色界・無色界に属する善業」という長行釈は、厳密に言えば「色界第四禅と無色界に属する善業」と考えているようである。また、『倶舎論』第八章のカーリカーにおいて「第四禅を不動と名付けるが、それは八種の災患を離れるが故であり、その八種とは尋・伺・四受・入息・出息

である[78]」と、説かれていることから、説一切有部も色界第四禅からを不動業と考えていたことが判る。ちなみに、有動の災患に関して正量部は七種（実際には六種しか挙げられていない?）とするのに対して、説一切有部は八種を挙げており相違している。

また、『倶舎論』では、不動業に関して、有動の業が無動の異熟を導くかどうかという視点より、

色〔界〕、無色界に属する業が、或る地に属するものならば〔それと異なった〕他の地において異熟することは全くあり得ない。それ故に、異熟が確定していることから不動である、と言われるのである。（AKBh, p.441, *ll*.12-17）[79]

と説き、また他の箇所では、不動業に関して、

自ら楽のために或いは不苦〔不楽〕のために、身などによって三種の業を起こす。即ち、やって来る楽のために福を、楽と不苦不楽のためには不動を、〔そして〕現世の楽のためには非福を起こす。（AKBh, p.227, *l*.22-p.228 *l*.1）[80]

と規定するが、この記述に関して、ヤショーミトラは「第三禅までは楽のために色界に属する善〔業〕を、であって、それより上は不苦不楽のためにである[81]」と註釈している。これらも、正量部の不動業の規定に対比し得るものであろう。

次に、説一切有部系以外の論書である『舎利弗阿毘曇論』における不動業の記述を見る。どのように無明を縁として不動行を現世に行ずるのかという点から論じられるが、それを示すと、

云何不動行。若人無慧無明未断、離一切色想、滅瞋恚想、不思惟若干想、成就無辺空処行、彼身業無教戒法入摂意識所知、口業無教戒法入摂意識所知、意業由意生受想思触思惟、如是身口意善行、是名不動行無明縁

現世行。（大正蔵二八、六〇七上）

とあり、上記の『法蘊足論』とほぼ同様に不動業は無色界の四つの定における身口意の善業であると説かれる。

次に、南方上座部の所伝であるVisには、

不動行は、修習の力によって起こる四種の無色界の善思である。（p.530, *ll*.26-27）[82]

と、不動行は修習によって起こる無色界の四種の善思と規定される。

以上、不動業に関して諸説を眺めたが、ここでSAVに説かれる正量部の不動業説を他と比較して、その特色についてまとめてみたい。正量部の規定⑴不動業の因は意識のみで、心性である、という説に対応する説は『法蘊足論』に見られるが、それ以外の文献には不動業のみが心性であるという記述は見られない。⑵不動業は尋、伺などの有動の災患が生じない、という説に関し、『法蘊足論』、『舎利弗阿毘曇論』は不動業を四無色界定と規定しているから、当然同じ説となり、また『倶舎論』にも同一の説が見られる。⑶不動業は色界第四禅と無色界定と相応する、という説に対し、四無色界定とのみ相応すると説く『法蘊足論』、『舎利弗阿毘曇論』およびVisとは異なっているが、『倶舎論』とは対応しているものであると理解できよう。

⑵欲界の十処と色界天　SAV第二〇章では、続いて福業の修習によって生じる欲界の四洲に関して説示される。なお、これについては福業のところで扱うべきものであるが、不動業が相応する色界第四禅に至るまでの一連の内容であるため、ここでまとめて考察したい。最初に、

ここで、不染汚（nyon mongs pa can ma yin pa）の業などが説かれるのである。福の業の故に、四洲に住する人々が生じるのである。次の如くである。即ち、無貪を修習する福〔の業〕の故に、北倶盧洲（byang gi sgra mi snyan）の人〔々が生じるの〕である。それによって、それ〔らの人々〕は貪著（yongs su 'dzin pa）がなく、

そしてすべての受用に満足するのである。無瞋を修習する〔福の業の〕故に、東勝身洲（shar gyi lus 'phags pa）〔の人々が生じるの〕である。それによって、それら〔の人々〕は諸々の生き物を殺さないのである、と言われるのである。無慢を修習する福〔の業〕の故に、西牛貨洲（nub kyi ba lang spyod pa）〔の人々が生じるの〕である。それによって、そこには同一性（rigs gcig nyid）がある。それら〔の人々〕は等しい量と形を具足するのである。無痴（ma rmongs pa）を修習する福〔の業〕の故に、南贍部洲（'dzam bu gling）〔の人々が生じるの〕である。それによって、それら〔の人々〕は念（dran pa）と慧（blo）を得て、心を具足するのである。（D.224a6-b2, P.153a8-b4）

とあり、いわゆる三善根と無慢の修習と、それによって生じる欲界の善趣である四洲との関係を示している。ちなみに、第一八章「非福決択」[83]では、瞋によって地獄に、貪によって餓鬼に、痴によって畜生に、そして慢によって阿修羅に生じる、と三不善根と慢とによって四悪趣に生じることが説かれており、四洲や四悪趣に生じる因として三善（不善）根と無慢（慢）を説くことは、他に見られない正量部特有の説のようである。

次に、SAVは六欲天を略説し、さらに福業によって色界天に生じるという記述が続く。それを要約すると、まず、六欲天に関して「欲界天は六〔種〕である。即ち、次の如くである。〔四〕天王衆から他化自在天まで〔であり〕」（D.224b2, P.153b4）と記されるのみであるが、第八章「劫決択」における正量部説の「世界の生成と破滅」に関する記述箇所で「それから、〔また〕一劫の後に欲〔界〕に住するものの頂上に他化自在天〔が生じた〕。それから、一劫の後に楽変化天〔が生じた〕。〔そして〕一劫の後に覩史多天（兜率天）〔が生じた〕。それから、一劫の後に夜摩天〔が生じた〕。……須弥山の頂上に帝釈天の帝釈の天宮が現れていた。……持双山などの山脈にも〔四〕天王の天衆が住み、持国〔天〕など四天王によって内部が装飾された四つの建物が現れた」

（D.126b4-127b1, P.26b2-27b1）と六欲天の成り立ちが詳述されている。これらによれば、正量部の六欲天に関しては、他と共通した見解であるとみてよいであろう。

続いて、色界初禅には「劣と中と勝の福を修習する故に、初禅の劣と中と勝の三地がある」と説き、初禅では梵輔天・梵衆天・〔大〕梵天が、第二禅では少光天・無量光天・極光浄天が、そして第三禅では少浄天・無量浄天・遍浄天が生じると説かれる。ここで、初禅の三天は、梵輔天（tshangs pa'i mdun na 'don gyi lha, brahmapurohita）・梵衆天（tshangs ris kyi lha, brahmakāyika）・〔大〕梵天（tshangs 'khor gyi lha, brahmapāriṣadya）と記されるが、「世界の生成と破滅」を説く箇所では、「〔大〕梵〔天〕の眷属の天人も〔この世界に〕一劫の間、住したのである。その直後の一劫の間、梵衆天の天衆が生じた。それから、一劫の後に梵輔天〔が生じた〕」（D.126b3-4, P.26b1）と、梵輔天（tshangs pa'i mdun na 'don gyi lha, brahmapurohita）・梵衆天（tshangs ris kyi lha, brahmakāyika）・〔大〕梵〔天〕の眷属天（tshangs 'khor gyi lha, brahmapāriṣadya）の三天を説く。最上位の天は tshangs 'khor gyi lha と記されるが、第二章では「大梵〔天〕」（tshangs pa chen po）（D.239b4, P.172b7）の語が見られ、これが第三天のことであろうから、両者は同じ天を指していると解してよいと思うが、いずれにしても、色界初禅の正量部の三天説は、下位より梵輔天・梵衆天・大梵天（大梵天の眷属天）となり、『倶舎論』に説かれる梵衆天（brahmakāyika）・梵輔天（brahmapurohita）・大梵天（mahābrahmāṇa）の三天説[84]とは、第一天と第二天の順序に相違が認められ[85]、これは正量部特有の説と言えよう。

そして、色界第三禅天に続いて、いよいよ不動業が相応する色界第四禅が説かれる。その記述を示すと次のとおりである。

不動業は、また〔色界〕第四禅と各々に相応する劣と中と勝〔の福を修習する故に、三地〕から〔言えば、無雲天と福生天と〕広果天（’bras bu che ba’i lha）〔が生じるの〕である。〔更に、〕不動業は、第四禅と相応するものと、覚支を修習することと、〔それに〕伴うこと（’khor）を信じる根（信根）の故に、善現天（gya nom snang gi lha）〔が生じるの〕である。その〔第四禅と相応し、覚支を修習すること〕と〔それに〕伴うことに精進する根（精進根）の故に、善見天（shin tu mthong ba’i lha）〔が生じるの〕である。その〔第四禅と相応し、覚支を修習すること〕と〔それに〕付随することを念ずる根（念根）の故に、無煩天（mi che ba’i lha）〔が生じるの〕である。その〔第四禅と相応し、覚支を修習すること〕と禅定する根（定根）（ting nge ’dzin gyi dbang po）に伴う故に、無熱天（mi gdung ba’i lha）〔が生じるの〕である。その〔第四禅と相応し、覚支を修習すること〕と〔それに〕伴うことを智る根（慧根）の故に、色究竟天（’og min gyi lha）〔が生じるの〕である。各々の衆人は、第四禅と相応する不動業の故に、無想有情（’du shes med pa’i sems can）が生じるのである。（D.224b5-7, P.153b8-154a4）

ここには、覚支の修習と、信・精進・念・定・慧のいわゆる五根によってそれぞれ善現天・善見天・無煩天・無熱天と色究竟天に生じる、と規定されている。そして、これらの天に生じる人々は、第四禅と相応する不動業によって無想有情（’du shes med pa’i sems can）に生じるとされる。この無想有情が住する天は無想天であろうが、たとえば説一切有部のように無想天を広果天の高勝処にあるとし、中間静慮として位置付けられ[86]、それを広果天の一部と見なす説も見られるが、正量部説ではどこに位置付けているのか、この記述からははっきりしない[87]。

このように、SAVでは、第四禅を最下位から順に〔無雲天〕・〔福生天〕・広果天・善現天・善見天・無煩天・無熱天・色究竟天と説くが、説一切有部では、〔無雲天〕・〔福生天〕・広果天・無煩天・無熱天・善現天・善見天・色究竟天[88]とし、両者に相違が見られる。

また、覚文と五根を条件に諸天に生まれるという説は、筆者の知る限り、正量部特有の見解ではないかと思われる。

ここで、正量部が説く一七種（ただし、無想天を第四禅に入れれば、一八種となる）の色界天をまとめてみよう。最下位より並べてみると、

〔初　禅〕梵輔天・梵衆天・〔大〕梵天

〔第二禅〕少光天・無量光天・極光浄天

〔第三禅〕少浄天・無量浄天・遍浄天

〔第四禅〕〔無雲天〕・〔福生天〕・広果天・善現天・善見天・無煩天・無熱天・色究竟天〔・無想天〕

となる。

⑶三業と後有の因　SAVでは続いて、上述の業はすべての生を起こすのではなく、欲貪を伴う福・非福・不動の三業が後有を生じる因となると説く。その記述を示すと次のとおりである。

それでは、〔上で〕説かれたように、それらの業はすべての生存（skye ba）を生起させるものであるのかと言えば、そうではないのである。即ち、欲貪を伴う業である福、非福、不動〔業〕は、後有（yang srid）を生じる因となるのである。欲貪を離れた〔業〕は、同一界（khams mthun pa）において〔生存を生起させるの〕である。即ち、次の如くである。欲〔界〕に属する業は、欲〔界〕に関する生存〔を生起させるもの〕である。同様に、色〔界〕に属する〔業〕は、色〔界〕に関する生存〔を生起させるもの〕である。無色〔界〕に属する〔業〕は、無色〔界〕に関する生存〔を生起させるもの〕である。〔未来に〕到ること（bgrod pa）を増長する業は、後有を生起させるのである。その障（gegs）となる業は、〔後有を生起させ〕ないので

ある。（D.225a2-4, P.154a6-b1）

ここに示される欲貪を伴う三業が後有の因となるという点などに関して、『順正理論』（『顕宗論』も同じ）に同様の記述が見られる。これは『倶舎論』における三業の説明を、さらに増補したところに見られる。その増補の部分を示すと、

応知此中由於因果相属愚故造非福業。以非福業純染汚故、要依麁重相続無明。由此無明現在前位、不能解信因果相属、是故発起諸非福行。由真実義愚故造福及不動業。真実義者、謂四聖諦。若於彼愚諸異生類、於善心位亦得間起。由此勢力令於三界、不如実知其性皆苦。起福不動行為後有因。若已見諦者則無是事。乗先行力漸離染時、如次得生欲色無色。（大正蔵二九、五六八上―中）[89]

である。これに依れば、福および不動業を起こして後有の因となるのであり、そして先の行の力に乗じて染を離れるとき、欲・色・無色の三界に生じるという。これは、正量部が非福をも後有の因とするのとは異なる見解である。

最後に、後有が生じるか、生じないかに関して、〔未来に〕到ることを増長する業は後有を起こし、その障礙となる業は後有を起こさないというような二種の業が述べられ、さらにこの二業はそれぞれ八種に分類される。前者の八種は、欲界に属する善と無覆と不善と有覆、色界に属する善と無覆、そして無色界に属する善と無覆であり、後者の八種は、夢の中の業・中有の業・嬰児の間になした〔業〕・遍知が生じた〔業〕・無漏〔業〕・自性が無記である〔業〕・貪を離れることによって積集した〔業〕、そして色界と無色界の修習の自性がない業である。この二業説は、他の文献に見られず、正量部特有の見解であるように思われる。

以上で、不動業説の考察を終わる。

第三節　修行論（聖諦論）

SAVの第二一章「聖諦決択」は、導入部と末尾に煩悩に関して記述しており、特に末尾の部分は正量部の煩悩説のまとめとなっていることは、本章で既に見てきたが、それ以外の大半の内容は、『倶舎論』第六章「賢聖品」における修行論と共通するものである。ここで、その概略を述べておくと、まず有漏道の忍から説き始められ、忍の修習と四諦の関係が詳述され、名の想・相の想・世第一法に及ぶ、説一切有部でいう四善根位に対応する説が説かれ、続いて無漏道の説明に入る。そのうち、見道においては四諦の苦諦における三心、即ち苦法智・観察智・苦類智とその所断の煩悩について説かれ、そして順次、集諦・滅諦・道諦における三心とその所断の煩悩に関して説かれる。修道においては三界における各々の所断の煩悩が述べられ、見道における一二心と修道における第一三心・第一四心・第一五心と四果との関係が規定される。続いて、無学道について説かれ、阿羅漢、金剛喩定と如来、涅槃などについて説明がなされる。

このように、正量部の修行論が詳細に示されてることはSAV以外には見られず、これまでには、Kv（『論事』）に紹介される「禅定中間論」[90]（jhānantarika-kathā）、「捨離論」[91]（jahati-kathā）、「分断論」[92]（odhiso-kathā）、「阿羅漢退論」[93]（parihāni-kathā）、「漸現観論」[94]（anupubbābhisamaya-kathā）などによって断片的に知られるのみであった。また、北伝資料では前章第四節でも触れたように『律二十二明了論』に若干の記述があり、『異部宗輪論』[95]とその註疏である『異部宗輪論述記』[96]に、同系の部派である犢子部の有漏道、即ち説一切有部でいう四善根位や見道・修道に関する所説が知られるのみである。[97]

本節では、SAV第二一章の記述に基づいて順次に修行論を考察していく。

第一項　修行階梯の構造

まず最初に、修行階梯の構造について考察する。これまでは、『律二十二明了論』に説かれる忍・名・相・世第一と見地、修地という記述[98]だけが手掛かりであったが、SAVは比較にならないほどの多くの資料を提供する。まず、二道が説かれる。

道が二種説かれることになるのである。即ち、次の如くである。有漏と無漏である。そのうち、有漏は四〔種〕である。即ち、次の如くである。忍を思択すること（bzod pa dpyad pa）と、名の想（ming gi 'du shes）と、相の想（mtshan ma'i 'du shes）と、世第一法である。無漏の道は二〔種〕で、〔即ち〕見道と修道である。

（D.235b7-236a1, P.168a2-4）

正量部の言う有漏道の忍・名の想・相の想・世第一法とは、説一切有部が説く順決択分の四善根位、即ち煖・頂・忍・世第一法に対応する説であるが、両部派は世第一法を除いて異なった見解を示している。なお、この内容の詳細は次項で論じる。

無漏道が見道と修道とに区分され、そのうち見道については苦諦から道諦までの四諦それぞれが三界に分けられ、そこに生じる智慧による煩悩の所断が論じられる。修道については三界に分けられ、そこで断たれる煩悩が述べられる。そして、見道と修道の各層と四向四果との関係が説かれる。このような構造は、説一切有部のそれと基本的に同一である。

見道において四諦の各々に生じる智慧に関して、SAVは、

苦〔諦〕において〔先ず生じる〕法智（chos shes pa）に続いて、類智（rjes su shes pa）が生じるために苦〔諦〕

などに観察智（rtog pa'i shes pa）(99)が生じるのである。……それは、また〔煩悩の〕滅尽において観察することによって煩悩を滅することはないのである。観察智に連続して苦〔諦〕に類智が生じるのである。（D.234a1-3, P.165b4-6）

というように、法智・観察智・類智の三智（心）を説く。法智は欲界に、類智は色界・無色界に生じる智であるとするが、観察智は法智に続いて類智が生じるために必要な智で煩悩を断つことのないものと規定されている。この正量部の三智（心）説は、説一切有部における欲界の苦法智忍・苦法智、色界・無色界の苦類智忍・苦類智という考え方と全く異なっていることが判る。

この三智（心）は苦諦から道諦まで同様に存在するので、見道においては一二智（心）となる。正量部の一二智（心）説に対して、説一切有部は、苦法智忍より道類智までの一六智（心）説を採用している。正量部も一六智（心）を説くが、第一三智（心）は修道において欲界に生じる智であり、第一四智（心）は色界、第一五智（心）は無色界に生じる智である。そして、第一六智（心）は、

無学果（mi slob pa 'bras bu）の分位であり、通達のすべての区別を得て、阿羅漢性を獲得する心である。そのことを完全に成就することによって無上正覚になるということである。（D.238b6, P.171b5-6）

と規定される。このように、同じ一六心説でも、説一切有部は見所断における一六心であるのに対し、正量部は見道の苦法智から無学道に至る過程で一六心を説いている点が大きく相違している。

次に、見道・修道・無学道と四果との関係について説かれ、まず修道において欲界に生じる智を第一三心とし、この心を預流果・一来果・不還果と規定して、無学道の第一六心を阿羅漢果と規定する。四向については全く述べられないが、当然、見道の心が預流向、修道における色界・無色界の心が阿羅漢向であると想定できる。説一

切有部の場合、預流果は修道であり見所断の道類智の心とされるのに対して、正量部は修所断の心とする。この相違は、説一切有部が道類智を見所断としながらも修道と規定するのに対し、正量部が道類智を見所断であり見道とすることから生じる。

さらに、所断の煩悩に関して述べられる。まず、見所断から眺めると、苦法智は一〇随眠と二〇非随眠を断じ、色界における苦類智は九随眠と一一非随眠を断じ、無色界における苦類智は九随眠と八非随眠を断ずるとする。集法智は七随眠と二〇非随眠を、色界における集類智は六随眠と一一非随眠を、そして無色界における集類智は六随眠と八非随眠を断じる。滅諦の場合は集諦と同じである。道法智は八随眠と二〇非随眠を、色界における道類智は七随眠と一一非随眠を、そして無色界における道類智は七随眠と八非随眠を断じるとされる。次に、修所断について見れば、欲界では四随眠と二一非随眠を断じ、色界では三随眠と一一非随眠を、そして無色界では三随眠と八非随眠を断じると規定される。[100] 以上をまとめると、見苦所断は二八随眠と三九非随眠、見集所断は一九随眠と三九非随眠、見滅所断は同じく一九随眠と三九非随眠、見道所断は二二随眠と三九非随眠であり、合計すれば、見所断は八八随眠と一五六非随眠となり、修所断は一〇随眠と四〇非随眠であり、結局、正量部の説く煩悩の所断は随眠が九八種で、非随眠が一九六種となる。正量部の煩悩は随眠と非随眠の二種に区分されるので、当然、煩悩の所断も両面より論じられ、この点から見れば、それは正量部独自の説であるが、随眠に関しては、説一切有部と同様に九十八随眠説を採っている。

ここで、上記の随眠・非随眠について、それぞれ法数でまとめるとき、それが何を指すかを示しておきたい。

〔随眠〕

一〇随眠＝欲貪・瞋・慢・無明・邪見・有身見・辺見・見取・戒禁取・疑。

九随眠＝一〇随眠より瞋を除く。

八随眠＝一〇随眠より有身見・辺見を除く。

七随眠＝一〇随眠より有身見・辺見・戒禁取を除く。

六随眠＝一〇随眠より有身見・辺見・戒禁取・瞋を除く。

四随眠＝欲貪・瞋・慢・無明。

三随眠＝欲貪・慢・無明。

〔非随眠〕

二一非随眠＝不信・無慚・誑・諂・不察（ma brtags pa or gzu lums）・掉挙・放逸・惛沈・下劣（zhum pa, bying ba）・無愧・大執（ches 'dzin pa）・瞢憒（snyoms las or le lo）・睡眠・嫉・悪作・覆・憍・慳・不忍（mi bzod pa）・恨・食不調性。

二〇非随眠＝食不調性を除く。

一一非随眠＝不信・無慚・誑・諂・不察・掉挙・放逸・憍・無愧・大執・覆。

八非随眠＝不信・無慚・誑・諂・不察・掉挙・放逸・憍。


ここで述べた所断の煩悩の分類の仕方については、本章第一節の第二項と第三項でまとめているので参照されたい。

以上、正量部の修行階梯の構造について、その概略を述べたが、その内容を図式化してまとめると、次頁のようになる。なお、（　）は筆者の補足である。

このように、修行階梯の構造について見てくると、説一切有部と細部にわたり異同があることが理解できる。

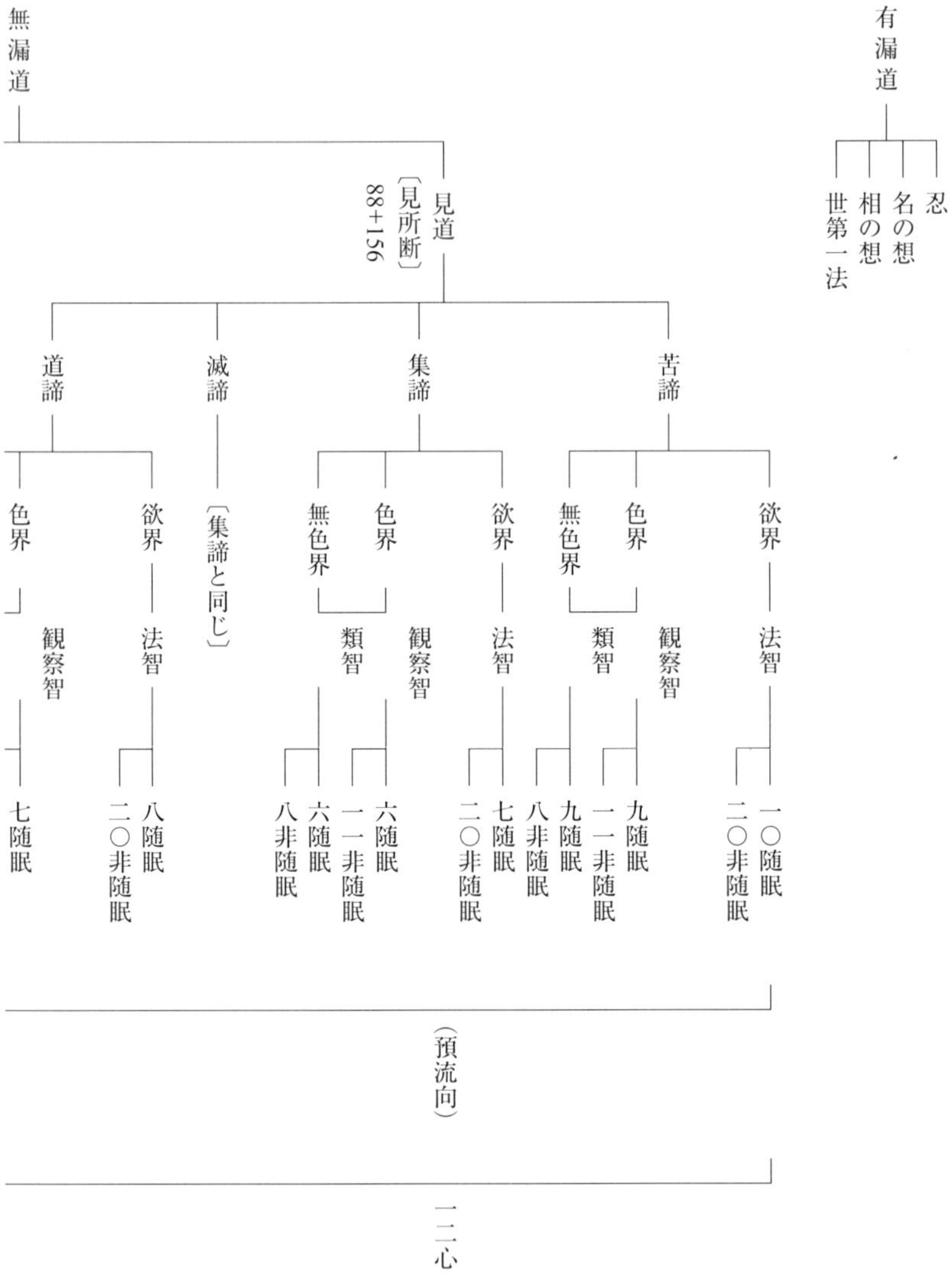
有漏道
忍
名の想
相の想
世第一法
無漏道
見道〔見所断〕88+156
苦諦
集諦
滅諦
道諦
欲界
色界
無色界
法智
観察智
類智
一〇随眠
二〇非随眠
九随眠
一一非随眠
九随眠
八非随眠
七随眠
二〇非随眠
六随眠
一一非随眠
六随眠
八非随眠
〔集諦と同じ〕
八随眠
二〇非随眠
七随眠
（預流向）
一二心

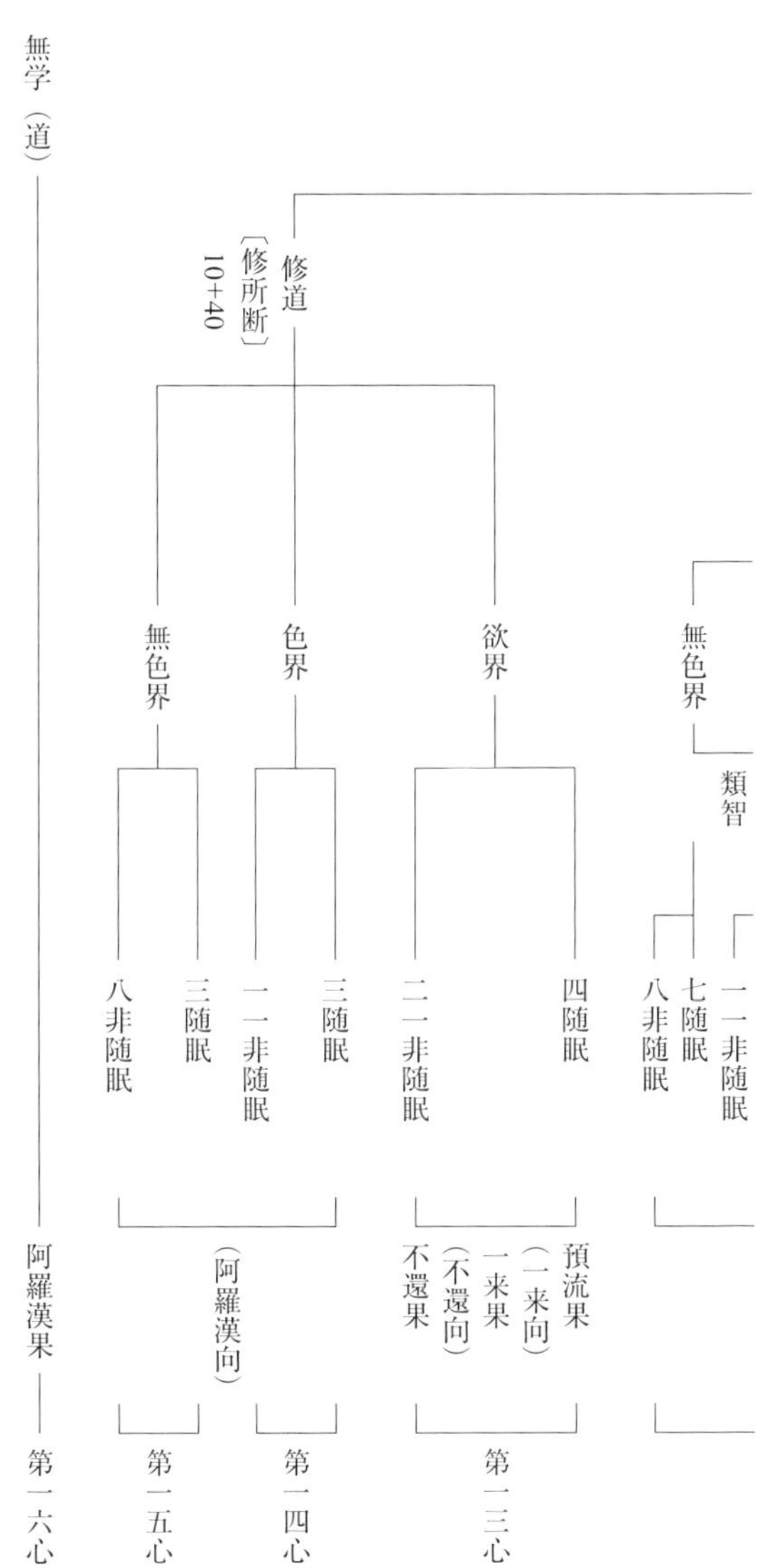

従来は部派仏教における修行階梯について説一切有部説のみによって論じられてきたが、新たに正量部の修行階梯が明らかになったことは、部派仏教の修行論の解明に向けて有意義なことであると確信する。

第二項　有漏道—四善根位（忍・名の想・相の想・世第一法）

本項では、特に無漏道に入る前の四善根位に関して、SAVの正量部説について考察する。

⑴ 四諦の観察と忍　SAV 第二章の冒頭部分には、福・非福・不動業の三業と苦楽の生起について、そして、その原因である煩悩と随眠に関する記述があり、それに続いて随眠の滅尽が説かれる。随眠が滅尽する原因は根（dbang po）などに依るが、その手段と方法は清浄な見と戒（戒清浄・見清浄）を具足することであり、それには四諦の領受（nye bar spyod pa）と四種の忍（bzod pa）が修習されるべきであるとして、まず四諦を観察する忍の修習が説かれ、それを修習するには蘊門などから入るべきことを次のように述べる。

〔修行者が聖〕諦現観に入る門は四〔種〕である。即ち、次の如くである。蘊門と処門と界門と名色門である。門とは最勝（gtso bo）という意味である。（D.227b4-5, P.157b4-6）

ここでいう、「蘊」とは、五蘊であり、それは五根と五境の色蘊と、楽と苦と不苦不楽の受の受蘊と、差別（khyad par）の行相（rnam pa）を個々に能取する（'dzin pa）自性をもつ法（bdag nyid can chos）の想蘊と、思（sems pa）などの法の行蘊と、眼識などの識蘊である。「処」とは、六根と六境の十二処である。「界」とは、六根と六境と六識の十八界である。「名色」とは、「名」が識や受などの一七九法で、「色」が有見（bstan du yod pa）と無見（bstan du med pa）である、と規定され、その上で、どのような場合に蘊門などの諸門から諦現観に入るのかについて、次のように説かれる。

欲貪の行為者は、大抵の場合、苦の怖畏によって蘊門から入るのである。瞋の行為者は、大抵の場合、雑染による怖畏によって処門から入るのである。これによって先ず、雑染〔による怖畏をもった〕者は処門から忍が修習されるのである。〔欲貪と瞋の〕等分（cha mnyam pa）の行為者は、大抵の場合、苦と雑染についての怖畏によって界門から入るのである。この故に、それによって先ず、苦と雑染〔の怖畏をもった〕者は界門から忍が修習されるのである。痴（gti mug）の行為者は、名色門から〔入り、〕先ず忍を修習するのである。

痴の行為者は、愚かし（rmongs pa）く、少しの増上心〔をもち、〕鈍根なるものである。そ〔の名色門から入り、忍を修習すること〕は、およそ名色と言われるもの〔すべて〕を捨離することと、驚怖がなくなり、愚かでなくなることである。広大な心と根が最後身の菩薩は、極めて甚深なるを保持しつつ、遠離（'bral bar 'byung ba）門から入り、忍〔の〕行を修習〔するの〕である。（D.228a4-b1, P.158a7-b4）

このように、修行者の在り方の違いによって蘊門などの入るべき門も変わり、それぞれにおいて忍を修習するわけであるが、具体的にどのように四諦を観察するかについては、次のように規定される。

　蘊門から忍を修習する修行者は、苦・集・滅諦において各々に三一に配されるのである。どのように配されるのか、と言えば〔それについて〕説こう。二種によって忍が修習されるのである。即ち、次の如くである。広（rgyas pa）と略（bsdus pa）である。そのうち、各々は、先ずともあれ、修行者は、生滅の法を具えているが故に、そして因の力によって安住する（rnam par gnas pa）故に、そして未生（ma byung ba）が生じることによってと、已生（byung ba）が失われることによってと、微塵（rdul phran）が積集することによってと、多くの支分を含むことによってと、生処（skye ba gnas pa）は無常に随行するが故に、色は無常であると決定（nges pa）して想うべきである。受もまた未生が生じることによってと、〔苦・楽・不苦不楽の〕三種を受けることと（nye bar dmigs pa）によってと、一つを所受すること（nyams su myong ba）によってと、色など各種と境界である所縁（dmigs pa）を分別すること（rnam par rtog pa）によって、生滅の法を具えているが故に、〔修行者は受も〕無常であるということを行ずるべきである。想は観察が困難なものなので（nye bar mtshon pa dka' bas）あり、受の因の所縁の行相によって差別を能取するのは、〔受が〕観察するが故であり、そして受と成り立ちが（grub pa）同一であることによってである。〔想が〕受と生滅に随って相関する（'brel pa）故に、

〔修行者は想も〕無常であると修習すべきである。それから、行（'du byed）は心行（sems kyi 'du byed）と互いに相関することによって、心行と生滅に随って相関することから、そして心行が受と想以外と相応する諸行は〔受と想の〕両者と互いに相関する故に、〔修行者は行を〕受と想と同じく無常であるということを容易に行ずるべきである。それから、識は受と想と行に先行して意（yid）が働く故に、意が転じることから、それら〔受、想、行〕が〔働くの〕である。識は、常に無常である受などを損なわないものである。それ故に、この識もまた受などと同じく無常であるということが自然に生じるのである。〔そして〕次に、〔修行者は〕識が無常であるということを想うべきである。

このように、これらに一つ一つ無常性であるという喜び（dga' ba）が生じる時、また〔修行者は〕二つずつも無常であるということも修習するのである。即ち、次の如くである。色・受と色・想と色・行と色・識と受・想と受・行と受・識と想・行と想・識と行・識とを無常性であると想うのである。

また、三つずつも無常と想うのである。即ち、次の如くである。色・受・想と色・受・行と色・受・識と色・想・行と色・想・識と色・行・識と受・想・行と受・想・識と受・行・識と想・行・識〔とを無常性であると想うの〕である。

また、四つずつも無常性と想うのである。即ち次の如くである。色・受・想・行と色・受・想・識と色・受・行・識と色・想・行・識と受・想・行・識〔とを無常性であると想うの〕である。

また、五つも無常性と想うのである。〔即ち〕色・受・想・行・識を無常性と想うのである。〔以上、蘊門から忍を修習する修行者は、苦諦において無常性を想うことが三一に配されるのである。〕

このように、その修行者は無常の意味に喜びが生じる時に、個別的〔にも〕総合的にも忍ということを説くのである。五蘊の部分に含まれるものが無常であるということに喜びが生じる時、総合から（spyi nas）〔もそれを〕苦諦における所縁の忍であると知るべきである。個別の忍から総合的な忍に移る時、偽りの貝と、盗人の一片の食物と、虫の穴と、黒い舌の譬喩が説かれるべきである。

このように、苦〔諦〕は無常であると決定する時、続いてこの苦は何から生じるのかということが熟慮（mam par dpyad pa）されるべきである。それによって、五蘊から苦が生じるのであるという決定を得てから、集〔諦〕における個別と総合から忍が修習されるべきである。これについても、三一に配されるのである。

（以下、省略）（D.228b1-229a7, P.158b4-160a1）

このように、蘊門から入る修行者は、五蘊それぞれが無常であると想うことを修習するのであるが、まず色が無常と観察されるのは、修行者が生滅の具法者である理由から、因の力によって安住する理由から、そして未生が生じることによって、生が失われることによって、微塵が積集することによって、多くの支分を含むことによって、生処が無常に随従する理由からである。受が無常と観察されるのは、未生が生じることによって、〔苦・楽・不苦不楽の〕三種を知覚することによって、一つを所受することによって、色など各種と境界である所縁を分別することによって生滅の具法であるとの理由からである。また、想は観察が困難であるので、受の因の所縁の行相によって差別を能取するのは、観察の理由からと受と同一性である理由によってであり、想は受と生滅に随って結合する理由から無常と修習される。行は、心行とそれぞれに結合することによってと、心行と生滅に随って結合することによってと、心行が受と想以外と相応する諸行は両者とそれぞれに結合する理由から、受と想と同様に修習される。識は受と想と行に先行して意が働くことによって意となるものであるから、受などが働くのである。識は常に無常である受などと合わないが、それから識は受などと同様に無常であるということが自然に生じ、次に無常であるということを観察する。このようにして、五蘊それぞれが一法から五法まで個別的に合計三一通りに観察され、そして総合的にも観察される。

苦諦と同様に、集諦・滅諦・道諦においても忍の修習が行われる。即ち、集諦では五蘊それぞれが苦の原因であると、一法から五法まで個別的に合計三一通りに観察し、そして総合的にも観察する。滅諦でも五蘊それぞれの滅が涅槃の常性であると、同様に観察する。道諦の場合は、色が不出離であり無漏でもない理由から、道は四蘊の性となるとき、四蘊各々が苦の滅に導く道であると、個別的に一五通りの観察を行い、そして総合的にも観察される。また、五蘊それぞれの滅が苦の滅に導く〔出離の〕道であると、個別的に三一通りの観察を行い、そしてさらに総合的に観察するのである。

SAVでは、忍の修習について以上のように、貪行者が蘊門から入るときの四諦の観察しか説かれていないが、そこから推測すると、修行者の在り方によっては処門・界門・名色門からも入り、それぞれの法を観察することが忍の修習であると考えられる。

ところで、SAVには、説一切有部でいう四善根位（順決択分）の前段階の順解脱分に対応する記述が見られず、随眠の滅尽に関して、すぐさま忍の修習という四善根位から入ることから判断すれば、両部派には四善根位以前の有漏道の修行階梯にも相違があったのではないかと推定できる。これに関連してさらに言えば、説一切有部における順解脱分の別相念住・総相念住の観察法が、正量部における四善根の忍位の四諦の観察法と類似しており、蘊門などからどのような修行者が入るのかという正量部の見解が、説一切有部における順解脱分の不浄観を修習する貪行者、数息観の尋行者という考え方と類似している点も認められる。こう考えると、有漏道は四善根であるとする正量部説は、説一切有部のように順解脱分・順決択分といった形態の有漏道とは構造的に異なった考え方であり、四善根のみをもって見道に入る準備段階の修習と考えたものと推測できる。

⑵名の想（ming gi 'du shes, nāma-saṃjñā）　次に、名の想の修習は、

そのように修習されるのは、たとえば一つの字（yi ge）によって欲界は無常性であると能取し、偈頌をよく修習する理によってである。その境に想いをなすことが名の想（ming gi 'du shes）である。（D.232b8-233a1, P.164a7-8）

と定義される。これは四諦の観察を経典の名字に基づいて行われる修習とするもので、『異部宗輪論述記発軔』に見られる犢子部説の名の定義「四諦の能詮の教法を観ず」[101]と同じ意味であることは、前章第四節で指摘しておいた。

⑶相の想（mtshan ma'i 'du shes, nimitta-saṃjñā）　また、相の想の修習は、

名の想とは反対に、名字を離れ、欲界は無常性であると説く相（mtshan ma）に普く生じる想いが相の想（mtshan ma'i 'du shes）である、と説かれるのである。これは、また劣などの区別によって三〔種〕となるのである。即ち、次の如くである。劣（dman pa）の相の想と、中と、勝（khyad par can）の相の想である。また、〔それらは〕各々に劣の劣などの区別によって開かれることにより、相の想は九〔種〕の区別がある。……ここで、ここに住する修行者は、最初の三からと、中の三から〔は〕時として退失することもあるのである。その上の三種の想は実に不動なるもの（mi g.yo ba）である。それ故に、退失することにはならないのである。勝の勝の相の想は最上の有漏法である。（D.233a1-4, P.164a8-b5）

とされ、これは名の想と反対に、四諦の観察を経典の名字によってあらわされる相に想いをなすことによって修習することで、『異部宗輪論述記』の犢子部説「四諦の所詮の体を観ずるを想と名づく」[102]という意味と同じであ

る。説一切有部説とは、想の区分について相違があることは、前章第四節で述べたので、そちらを参照されたい。

(4)世第一法（chos mchog, agradharma）　最後に、世第一法については、

その世第一法（chos mchog）に随行する（rjes su 'gro ba）のは、修習の自性と相応することと相応しないことである。それと相応することは、善根などである。それでは、何の故にここで世第一法であるのかということを説くならば、〔それについて〕説こう。即ち、すべての有漏の中においてこれが核（snying po）となるのであり、〔あたかも〕醍醐の如くである。それによって、その故に世第一法と説くのである。……その〔世第一法〕から上方において何が生起するのか、と言えば〔それについて〕説こう。即ち、その世第一法から連続して修行者が諸諦に随入することから、欲界に属する苦〔諦〕において無漏の法智（chos shes pa）が生じるのである。（D.233a5-b3, P.164b5-165a5）

と定義される。「世第一法が有漏の中の核である」というように、この法は最勝であり、これに連続して無漏の見道に入ると規定される。ただ、SAV の文脈を見ると、勝の勝（上上品）の相の想が最上の有漏法とされ、そして「その世第一法に」と続くのであるから、勝の勝（上上品）の相の想が世第一法であると読むこともできる。つまり、正量部では、世第一法は相の想と別の善根ではなく、最上の相の想を世第一法と呼称したものとも推測できる。そうであれば、「上品の忍の無間に世第一法を生ず。上品の忍の如く欲の苦諦を縁じて一行相を修すること唯一刹那である」[103]とする説一切有部説とは異なるようである。

(5)まとめ　以上のように、SAV に説かれる正量部の四善根位説を考察してきたが、それを説一切有部の四善根位説[104]などと比較してみると、次のようにまとめられるであろう。

(1)忍・名・相・世第一法という正量部説と、煖・頂・忍・世第一法を説く説一切有部説と比較すると、世第一

法を除いて名目や区分の仕方に相違があることは明白であるが、忍や世第一法という同じ名目についても規定に相違が見られる。

このように、正量部と犢子部の四善根位説が同じであろうことは述べてきたが、唯識文献の『顕識論』（真諦訳）[105]にも、正量部説と同じような説を見ることができる。即ち、熏習の四種の方便を説くに当たり、忍・名・相・世第一法という四善根位が取り上げられ、さらには相（相の想）が下品から上品というように言及されていることから[106]、相が九品に区分されていたと推定できるのである。確かに、四諦の観察方法に関しては、共通点を見出すことはできないが、『顕識論』の所説が説一切有部の四善根位ではなく、正量部説に対応していることには注目する必要があろう[107]。

(2)説一切有部の四善根位説では、煖・頂・忍・世第一法が順次に上位へと進むものと、その修行階梯を捉えているのに対し、正量部説では、四諦を観察する忍がまず名の想によって修習され、続いて九品の相の想によって上位へと次第に修習され、そしてその最終段階（勝勝）を世第一法というように、構造上からも機能上からも相違が認められる。

また、説一切有部では煖・頂・忍それぞれが下・中・上品に区分されるが、正量部では相の想だけ九品に区分される。九品の区分の方法に相違は見られるが、四諦を観察する修習を九段階に分けている点は同じである。

さらに、説一切有部では煖・頂までは退失し、忍・世第一法は不動であると規定するのに対し、正量部は相の想の勝の劣（上下品）より上位を不動と規定する。

(3)修行者の在り方の違いによって、蘊門・処門・界門・名色門という四種の門から入り、四諦を観察するというのが正量部説である。これは、説一切有部にも対応する考え方は見られず、おそらく独自の方法であろう。しかし、説一切有部にも四諦十六行相（苦諦―非常・苦・空・非我、集諦―因・集・生・縁、滅諦―滅・静・妙・離、道諦―道・如・行・出の観察）という説があり、これが正量部でいう、蘊門などから入り、苦諦―無常、集諦―因、滅諦―涅槃の常性、道諦―出離と観察するという考え方に該当するのではないかと考えられる[108]。

第三項　無漏道（見道、修道）と無学道

正量部の有漏道について述べてきたが、ここでは無漏道（見道・修道）と無学道に関して考察する。無漏道とは修行階梯の中の見道と修道を指すものであるが、無漏という概念から見れば、阿羅漢果を得た位も無漏であるから、この範疇に入れるべきであろう。その点は、次の記述からも窺える。

律儀の戒は、すべて無漏であって、阿羅漢の〔戒〕である。即ち、次の如くである。阿羅漢は、すべての悪行から還滅するべきである、というように心が生じる時、その心と共に八〔種〕の無漏の戒〔である〕律儀が生じるのである。（D.222a6-7, P.151a1-2）

しかし、後に見るように、無間道が滅した最後の果である阿羅漢性を獲得することが無学道であるとも説かれており、本項では、そのような問題点を考慮しながら、見道と修道、ならびに無学道に関する正量部説を見ていくことにしよう。

⑴見道説　SAV 第二一章に、

その〔世第一法〕から上方において何が生起するのか、と言えば〔それについて〕説こう。即ち、その世第一法から連続して修行者が諸諦に随入することから、欲界に属する苦〔諦〕において無漏の法智が生じるのである。（D.233b2-3, P.165a4-5）

とあるように、有漏道の最上の法である世第一法から苦法智が生起することを見道のはじまりとする。この苦法智に続いて観察智と類智が生じるのである。法智とは欲界繫の苦諦に属する煩悩を断つ智であり、類智とは色界・無色界繫の苦諦に属する煩悩を断つ智であり、そして観察智は類智が法智に続いて生じるための前提として生じるのであって、煩悩を能解することはないと規定される。この正量部の三心（智）説は、説一切有部における苦法智忍・苦法智、苦類智忍・苦類智という四心（智）説と構造的に相違する。即ち、正量部には観察智という説一切有部にはない概念が見られ、逆に智忍と智という区別をしない点が判る。

苦諦における構造は、集諦・滅諦・道諦についても同様であることから、見道における智は次のようにまとめられる。

〔智は〕苦〔諦〕における法智に始まり、枚挙すると道〔諦〕における類智〔までの〕一二である。〔即ち、〕苦〔諦〕における法智と、苦〔諦〕における観察智と、苦〔諦〕における類智、そして集〔諦〕における法智と、集〔諦〕における観察智と、集〔諦〕における類智、そして滅〔諦〕における法智と、滅〔諦〕における観察智と、滅〔諦〕における類智、そして道〔諦〕における法智と、道〔諦〕における観察智と、道〔諦〕における類智である。（D.234b4-6, P.166b2-5）

つまり、四諦それぞれに三心が生じることから、計一二心の生起を見道における智と考えるのである。これに対して、説一切有部は、四諦それぞれに四心が生じることから、計一六心が生じるとし、その中で第一六心は修道とするから、見道においては一五心が生起するとしている。このように、両部派の見道の構造にも顕著な相違が見られる。

ところで、正量部独自の概念と見られる観察智に関して若干の問題がある。『異部宗輪論』には、犢子部説としてここに挙げた三心説が紹介されているが[109]、そこでは苦法智・苦法忍・苦類智となっている。観察智は、この法忍に対応するものと考えられよう。『異部宗輪論述記発軔』で「これ智の後に在り、欲界苦下の惑の已断を観ず。この所以は猶上界苦下の惑の当に断ずべきこと有るを以ての故に、重ねて欲惑の断・未断を審観して、以て已断を忍許す[110]」と解釈することからも、両者は対応するものと見てよい。しかし、用語の上では、両者は同一の原語に基づくかどうかは疑わしい。法忍は dharma-kṣānti と想定できるが、観察智のチベット語の訳語は rtogs pa'i shes pa であることから、原語が同じであるとは考えにくい。ここでは、これを犢子部と正量部の相違を示唆するものと理解しておきたい。

ところで、観察智は、法智・類智と異なり、煩悩を断つ智ではないと規定されていたが、それと矛盾する記述も見られる。SAV 第一九章「福決択」において戒が生じることに関する記述では、

苦〔諦〕における法智は、〔三〇の煩悩を〕断つ故に、そして〔諦に〕随順する（rjes su mthun pa）力がある故に、戒が生じるのである。それは、また一刹那性であることによって滅することになるのである。〔苦諦における〕観察智も、ともあれその如くに生じるのである。即ち、先ず断つ力の故に、そして〔諦に〕随順する力の故に、〔戒が生じるの〕である。（D.222b3-4, P.151a7-b1）

とあり、観察智も法智と同じく煩悩を断つ力と諦に随順する力があるので戒が生じる、と規定されている。ここでは、煩悩を断つものと説かれているようであるが、『異部宗輪論述記発軔』の解釈などから判断して、観察智は煩悩を断つ智ではないと考えるべきであろう。

(2) **修道説**　見道において道類智が生じた瞬間、修道に入る。では、なぜ修道に入るのであろうか。それは、次のように説かれる。

〔これより〕修道が説かれるべきである。もし、〔見道に〕従って修行者が〔四〕諦〔現〕観を獲得することによって、そのようにして見所断（spang bar bya ba）の随眠など輪廻の因を伴う欲貪（'dun pa chags pa）を断滅することと、遍知〔の〕断滅との根本がないならば、〔そこで続いて〕何をなすのか、と言えば〔それについて〕説こう。有（srid）において輪廻を廻ることは、有において苦を廻ることなのである、と知られるべきなのである。即ち、〔修道とは、〕修所断〔の煩悩〕も輪廻の因であることによって随眠など〔輪廻〕の因を伴うものを断つ故に、〔そして〕見（mthong ba）の真実（de kho na nyid）を幾度となく勤（rtsol ba）の相（mtshan nyid）によって修道を行うために着手するの（rtsom pa）である。（D.236a2-4, P.168a4-8）

ここには、見道において四諦を観察することによって煩悩を断っても、まだ輪廻の原因となる煩悩が残るので、さらに幾度も幾度も繰り返し修習に努めて、残った煩悩を断つところに修道の意義があると説かれている。これは説一切有部の考え方と同様である。

それでは、修道に関する規定を見てみよう。

ここで、修道は何であるのか、と言えば〔それについて〕説こう。そこで、欲〔界〕に属する諸法を遍知すること（yongs su shes pa）、その品が無漏なること、〔そして〕無常などの行相によって作意する（yid la byed pa）時に、欲〔界〕に属する修所断の煩悩を断つことである。色〔界〕に属する諸法を遍知すること、その品が無漏で、〔そして〕無常などの行相によって作意することにより、欲〔界〕と色〔界〕に属する修所断の煩悩を断つことである。無色〔界〕に属する諸法を遍知しつつ、同様にして思うこと（bsam pa）により、修所断の三界の煩悩を断つことである。（D.237a3-5, P.169b2-6）

つまり、欲界から色界・無色界に至り、それぞれに諸法を遍知し、その支が無漏で、無常などの相によって作意することによって、各界に属する煩悩およびその下界の煩悩を断つという働きを説いているのである。

修道の構造に関して眺めると、主に四向四果と階位とに関連するために設定されている、三界それぞれにおける階位に応じた区分に正量部独自の説が見られる。説一切有部説は、三界それぞれが九種、いわゆる上上品から下下品までの九品に区分され、階位と四向四果などが関連づけられ修行階梯が構成されている。それに対し、正量部説は三界を九種ではなく一〇種（品）に区分し、四向四果などと関連づけ構成されており、ここに正量部の修道説の特色の一つが見られる。これは、上上品から下下品までの九品という定型的な形式を採用しないだけに、階位と四向四果の関係について独自の考え方を正量部は持っていたものと推測できる。この両者の関係については、修行階梯と四果の項で述べる。

(3)無学道説　最後に、修行道の究極の境地である無学道について、

三界の煩悩を断つことによって無間道（bar chad med pa'i lam）が生じるのである。ここで、無間道に住する修行者は、三界において欲貪を離れた者である。阿羅漢（dgra bcom pa）は〔無間道に住する者では〕ないのである。無間道が滅する時、最後の果である阿羅漢性を獲得するのである。三界から欲貪を離れた者が阿羅漢である。（D.237a5-7, P.169b6-7）

とある。修道における三界の煩悩を断滅することで無間道が生起し、直ちにこの無間道が滅して修行階梯の最上位である阿羅漢果が生じる、とされる。これを説一切有部は、無間道の後に解脱道に入り、そこで阿羅漢性を獲得する、というのであるが、無間道の意味は説一切有部と同じであろう。

このような阿羅漢性を獲得することが無学道であるというが、次のようにも説かれている。

第一五心において無色〔界〕繋の修所断の煩悩を断つことにより、無色界における貪を離れてから、第一六

心は求め努力する（btsal bya yin pa）ことによって〔得た〕道である。〔それは〕無学（mi slob pa）果の分位（gnas skabs）であり、通達（rtogs pa）のすべての区別を得て、阿羅漢性を獲得する心である。そのことを完全に成就することによって無上正覚になるということである。（D.238b5-6, P.171b4-6）

即ち、第一六心こそが阿羅漢性を得る心であり、その道が無学の状態であり、その状態を完全に成就することを無上正覚というのである。ここでは、無学道という表現は見られないが、文脈から判断して正量部も修行階梯の最上位を無学道と捉えていたと考えることに問題はないであろう。なお、阿羅漢に関しては後述する。

第四項　修行階梯と四果

⑴預流果・一来果と不還果説　本項では修行階梯と預流果など四向四果との関係、並びに一六心と四向四果との関係を中心に考察したい。

まず、修道の階梯と四向四果との関係から、SAV の所説を見る。

そこで、欲〔界〕に属する欲貪と瞋と慢と無明の相（mtshan nyid）と二〇の非随眠の相の煩悩のまとまった集まりを、道の力で一〇品（cha）に区別する品〔のうち〕、最初に三を断つと、後生（srid pa tha ma）が七度となるのである。第四品を獲得する者は家々（rigs nas rigs）である。第四と第五を断ちつつ、断った者が家々である。第六品を獲得する者は、一来（lan cig phyir 'ong ba）である。その時、預流果は滅するのである。第七品もまたこのものである。後の品の三を断つ者は、一種子（sa bon gcig pa）である。欲〔界〕に属する結を余すことなく断つ者が上流（gong du 'pho ba）であり、欲界において欲貪を離れる不還である。

色〔界〕に属する欲貪と慢と無明の随眠相と、不信、無慚、誑、諂、不察、掉挙、放逸、惛、食不調性の非随眠相を一まとめにして、色〔界〕に属する結は、先述の如く一〇種〔に区別する〕のである。そこでの品は、最初に三を断つ者が上流〔般涅槃〕なのである。他の二品を断つ者は、有行般〔涅槃〕('du byed dang bcas nas yongs su mya ngan las 'da' ba)となるのである。他の二品を断つ者は、無行般〔涅槃〕('du byed med par yongs su mya ngan las 'da' ba)である。他のまた二品を断つ者は、生般涅槃(skyes nas yongs su mya ngan las 'da' ba)となるのである。第一〇品を獲得する者は、中般涅槃(bar ma dor yongs su mya ngan las 'da' ba)である。第一〇品を完全に断つ者は、二界において貪を離れる不還である。

無色〔界において〕もまた欲貪と慢と無明の随眠相と、不信など七と憍を伴う〔非随眠〕相の結は、上述の如く一〇種〔に区別する〕のである。〔不還における〕プトガラはまた四〔種〕である。即ち、〔上述の五種から〕中般涅槃を除いた者である。〔何故なら、〕無色〔界〕において貪を離れれば、中般涅槃がなく、或いはない者となって、そのように無色界において色を離れる故に、〔そして〕至るべき(bgrod bya)境(yul)がない故に、中有がない者となる。したがって、中般涅槃がない者〔となる〕のである。(D.236b1-237a2, P.168b5-169a8)

欲界などの三界はそれぞれ一〇品に区分され、その基準で四果との関係が説かれる。欲界では第一~第三品までの煩悩を断つことで預流果となり、第四・五品の煩悩を断って家々となり、同様に第六・七品は一来果となり、第八~一〇品は一種子となり、そしてそこで欲界の煩悩をすべて断つと不還果となる。ここで、家々とは一来向のことで、一種子とは別名一間とも言い不還向を指す。預流向に関しては何も記されていないが、見道において煩悩を断つ位とすることは差し支えないであろう。このような正量部説に対し、説一切有部は三界をそれぞれ九品に区分する。即ち、苦法智忍~道類智忍までを預流向、道類智を預流果とし、欲界の上上品~中中品を一来向、中下品を一来果、下上品〜下中品を不還向、下下品を不還果とするので、正量部と相違が見られる。

ところで、家々とは一来向のことで、一種子とは別名一間とも言い不還向を指すと述べたが、説一切有部では、前者は一来向の中で前三品・四品を断った聖者をいい、後者は不還向の中で第七・八品を断っているが、一・二品の残余がある聖者をいう。いずれも両向の特定の聖者を指すのであるが、正量部ではそれを向自体とみなしているようにも思える。SAV の正量部説では、四向を直接示す表現は見られないが、

苦〔諦〕における法智は正智（yang dag par rdzogs）で、〔そこに〕住する修行者は異生性（so so skye bo nyid）を滅しつつ、それを滅してから聖者の因である八〔輩〕の最初〔の者〕となることによって、〔聖者の因を数えて〕八〔輩である〕ということが説かれるのである。即ち、〔修行者は〕預流果〔を得る〕ために〔その流れに〕入るのである。（D.233b4-5, P.165a7-8）

と規定していることから判断して、当然、正量部も四向という考え方を持っていたとみなして問題はないであろう。

さて、各果の中の預流果に関しては次のように説かれる。

ここで、第一三による果〔の〕心に住する修行者は、後生の預流が七度である。〔それは〕始終のない輪廻の大海から〔見て〕、有（srid pa）の獲得は七が四である、という意味である。ここで、七が四とは、即ち次の如くである。人の七有（srid pa bdun）と、人中（mi'i bar）の七有と、天の七有と、天中（lha'i bar ma）の七有である。ここで、預流果の心において〔その〕果に含まれる静慮の道（bsam gtan gyi lam）が無漏を獲得しつつ〔も〕、その第一三の果の心から後に、欲〔界〕に属する纏が生じる時には、それ故に無漏の静慮の道を獲得することは滅するのである。（D.235b4-7, P.167b5-168a1）

預流果にあっては、今後七返の生を経なければ涅槃の果を獲得できないとするのである。この七有は、人・人中・天・天中の四種に分類されているが、これは人と天を生有と中有との二有に分けて、計二八有としたものである。

また、欲界において貪を離れない修行者の心である預流果の階位は、纏が生じたときは無漏の静慮の道を得ることができず、修道から退転すると説くのである。

そして、一来果とは欲界における貪りを離れること半ばの修行者の心と規定される。この貪りを離れること半ばとは、いわゆる「薄貪瞋痴(一一)」のことを指しているのであろう。

さらに、不還果に関しては、欲界と色界において貪を離れる修行者の心と規定され、それには五種の区別があるとされる。即ち、(1)上流、(2)有行般涅槃、(3)無行般涅槃、(4)生般涅槃、(5)中般涅槃の五種である。その内容について何も説かれていないので詳細は判らないが、煩悩を断った段階に対応させて説明している。それによれば、欲界において余すことなく煩悩を断った者、および色界の最初の三支の煩悩を断った者を上流といい、色界の次の二支の煩悩を断った者を有行般涅槃、さらに二支を断った者を無行般涅槃、他の二支を断った者を生般涅槃、そして最後の第一〇支を断った者を中般涅槃という。この段階を欲界と色界の二界の貪りを離れた不還果とするのである。また、無色界における不還果は、貪りと色がないことによって中有がない者となり、中般涅槃が除かれ、四種となる。即ち、欲界を離れ色界に行く五種の不還果の修行者と無色界に行く四種の不還果の修行者が説かれる。この五種の不還果説を説一切有部説と比較すると、欲界から色界の中有において般涅槃する中般涅槃、色界に生じて間もなく般涅槃する生般涅槃、色界に生じて長い間加行して般涅槃する有行般涅槃、色界に生じて長い間いても加行せず般涅槃する無行般涅槃、そして色界に生じて後さらに上天において般涅槃する上流と説明

[112]するだけで、正量部のように一〇支の段階に区分して説明はされていない。したがって、両部派を厳密には比較することができない。

次に、SAVは、四果と一六心、特に第一三心との関係についても記している。

〔道類智〕に続いて、第一三は果の心であり、煩悩を滅することはないのである。それによって、欲〔界〕において欲貪を離れない修行者を、決定して預流果（rgyun du zhugs pa 'bras bu）の心と規定するのである。その果の心性が世間道（'jig rten pa'i lam）の欲界において貪を離れること半ば（phyed pa）〔の修行者〕を、決定して一来果（lan cig phyir 'ong ba'i 'bras bu）〔の〕心と規定するのである。その第一三の心性は、世間道の欲〔界〕において欲貪を離れる修行者を、決定して不還果（phyir mi 'ong ba'i 'bras bu）の心と規定するのである。同様に、欲〔界〕と色〔界〕において貪を離れることが決定した修行者の第一三の果の心は、不還果の心と規定されるのである。（D.234b6-235a2, P.166b5-167a1）

修道における欲界には預流果・一来果、そして不還果の階位が説かれるが、そのいずれもが一六心の中の第一三心とされる。したがって、預流向は前一二心に対応し、預流果・一来果、そして不還果が第一三心に、色界繋の修所断の煩悩を断じる智が第一四心、無色界繋の修所断の煩悩を断じる智が第一五心、そして無学道における阿羅漢果が第一六心ということになる。第一四心・第一五心は阿羅漢向に該当するであろうが、ここでは明示されていない。このような四果と一六心との関連づけは説一切有部説と大きく異なる。

(2)阿羅漢果説　阿羅漢の定義は、無学道で三界の煩悩を断じることによって生じる無間道が滅するときに、最後の果である阿羅漢性を獲得するものであり、三界から貪を離れたもの、とされることは、すでに見てきた。

その阿羅漢は六種に区分される。六種の阿羅漢とその規定は次のとおりである。

(1)退転の有法者（yongs su nyams pa'i chos can）

退転の有法者は、〔阿羅漢〕果を退転する可能性を有する者（skal ba can）である。

(2)死を思念する有法者（'chi bar sems pa'i chos can）

死を思念する有法者は、〔退転をおそれ〕自害を欲する可能性を有する者である。

(3)護持の有法者（rjes su srung ba'i chos can）

護持の有法者は、〔阿羅漢〕果を護持する能力を有する者である。

(4)住処に安住する者（gnas pa mi skyod pa）

住処に安住する者とは、〔そこに〕住する能力を有する者で、退転することもなく、〔また不動が〕現起することもない者である。

(5)現起の可能性を有する者（mngon du byed pa'i skal ba can）

現起の可能性を有する者は、不動が現起する可能性を有する者である。

(6)不動の有法者（mi g.yo ba'i chos can）

不動〔の有法〕者は、それによって無生智（mi skye ba'i ye shes）が生じる者である。

さらに、(6)の不動の有法者は三種に分類される。その三種の不動は、次のとおりである。

声聞覚

煩悩を無生（mi skye ba）と知ることが不動であるのが、声聞の〔不動〕である。

独覚

雑染（kun nas nyon mongs pa）と疑い（the tshom）を無生と知ることが不動であるのが、独覚の〔不動〕である。

無上正覚仏

雑染〔と〕疑いを無生と知ることがその不動である、そのことが世尊仏〔の不動〕である。

この正量部の六種阿羅漢説と、説一切有部のそれを対比してみると、AKBhには、次のように六種阿羅漢が説かれる。[113]

(1)退法

退する者で、思等を法としない者

(2)思法

自害しようとする者

(3)護法

退することがないように護る者

(4)安住法

退する強い縁がなければ、護らなくても退することがない者、また勝れた加行をしなければ、増進しないで止まる者

(5)堪達法

不動に達する者

(6)不動法

退することが全くない者

このように、六種の阿羅漢の内容は、不動法を除きほぼ一致したものとなっている。

正量部説は、不動の有法者である阿羅漢を無生智が生じた者として、それを声聞覚と独覚と無上正覚仏の三種に区分し、前者を煩悩の無生智が生じた者とし、後者二つを雑染と疑いの無生智が生じた者と規定する。SAVには、独覚と無上正覚仏に全く同じ規定がなされているが、両者を同一の境地と見ていたのか、記述に誤りがあるのかは判断できない。

次に、阿羅漢の退転・不退転について、正量部はどのように考えたのかを眺めてみたい。SAVには、

> それら〔六種の阿羅漢〕のうち、退転する有法者は果から退転する者であるけれども、他の〔五種の〕阿羅漢は〔退転し〕ないのである。それは、通達（rtogs pa）の区別によるのであって、〔もし〕等至（snyoms bar 'jug pa）の区別によるということを説くならば、その〔果〕から〔その他の阿羅漢も〕退転するのである。〔しかし〕正覚仏は、それからも退転しないのである。即ち、〔それは〕全く失念のない（kun nas bsnyel ba med pa）有法者であるが故である。（D.237b4-5, P.170a6-8）

とある。ここには、二つの立場から阿羅漢の退転・不退転が説かれている。即ち、通達の区別からは、退転する有法者（退法）だけが退転し、他は不退転である、とする。等至の区別から見れば、六種の阿羅漢すべてが退転するが、唯一不動の有法者（不動法）の中の無上正覚仏だけが不退転とされる。このような考え方は、説一切有部が果（phala）と種性（gotra）から退・不退[13]を論じているのとも相違しているようである。

第五項　五現観説

次に、正量部の聖諦現観説について、SAVに詳述されているので、それを見ておきたい。まず、現観の意味を次のように規定する。

現観（mngon par rtogs pa）の意味は何であるのか、と言えば〔それについて〕説こう。世第一法（'jig rten pa'i chos mchog）と、第一三の果の心と、一二の智（shes pa）と、聖諦の所知（shes bya）を修行者が現前に観察することである。（D.235a4-5, P.167a4-5）

即ち、四善根位の最高の法である世第一法と、見道における一二の智と、第一三果の心である修道における欲界の智を、主として現観智と規定しているが、ここで有漏道である世第一法をも現観智としている点は、見道に入り無漏智によって四諦の理を観察するという説一切有部の説と異なり、正量部独自の説であると言えるであろう。

この現観は、次のような五種に分類される。

(1)見（mthong ba）の現観
(2)断（spangs pa）の現観
(3)証（mngon du byed pa）の現観
(4)遍知（yongs su shes pa）の現観
(5)修習（sgom pa）の現観

これら五種の現観は、さらに見の現観が四種に、断の現観が四種に、証の現観が二種に、遍知の現観が九種に、そして修習の現観が四種に分類されている。

これらを図式化してまとめると、次のようになる。

(1)見の現観
- (1)所縁（dmigs）を能取する見
- (2)現前を能取する見
- (3)事（don）の観察の見
- (4)相（mtshan nyid）の見

- (2) 断の現観
  - (1) 散漫（rnam par rengs pa）の断
  - (2) 欲貪の断
  - (3) 滅（'grib pa）の断
  - (4) 滅（'gog pa）の断
- (3) 証の現観
  - (1) 身証（lus kyi mngon du byed pa）を獲得すること
  - (2) 智慧による簡択（so sor rtogs pa）
- (4) 遍知の現観
  - (1) 集〔諦〕における法智の遍知
  - (2) 集〔諦〕における類智の遍知
  - (3) 滅〔諦〕における法智の遍知
  - (4) 滅〔諦〕における類智の遍知
  - (5) 道〔諦〕における法智の遍知
  - (6) 道〔諦〕における類智の遍知
  - (7) 修道における欲〔界〕の貪を離れることの遍知
  - (8) 修道における色〔界〕の貪を離れることの遍知
  - (9) 修道における無色〔界〕の貪を離れることの遍知
- (5) 修習の現観
  - (1) 生（skye ba）の修習
  - (2) 修（kun tu brten pa）の修習
  - (3) 防護（sbas pa）の修習
  - (4) 遠離（rnam par ldog pa）の修習

このように、五種に分類する正量部の現観説を、説一切有部の現観説と比較すると興味深い異同のあることが判る。説一切有部の現観説は、見現観と縁現観と事現観という三現観説[115]であり、このうち、事現観の事は、〔苦の〕遍知と〔集の〕永断と〔滅の〕作証と〔道の〕修習の四種に分類されている[116]。三現観説という構成自体は、正量部説と大きく異なるものであるが、しかし事現観の四種を比較すると、それが正量部の五現観の中の見現観を除いた四項目と一致していることに気づく。四種の詳細な内容が判らないため充分な比較はできないが、少なくとも字句からは一致点を見出せる。即ち、説一切有部の三現観のうち、縁現観を除いた見現観と事現観を四種に開いた計五種の現観が正量部の五現観に対応していることになる。ただ、判る範囲でその内容を比較すると、見現観は『倶舎論』に「無漏の慧が諸の諦境に於いて現見すること分明なる[117]」と規定されるに過ぎず、細部にわたる比較は無理であり、また証に関しても見証と得証の二種が説かれる[118]が、一致しているとも思えない。いずれにしても、正量部の五現観説は少なくとも字句の上からは説一切有部の三現観説とは異なるものの、それを組み換えたような説と解釈できるかも知れない[119]。

第四節　ゴータマ・ブッダの過去の悪業とその果報

SAV 第三二章「方便善巧決択」の中に、正量部の「ゴータマ・ブッダの過去の悪業とその果報」に関する説が示されている。本節では、その正量部説を取り上げ、それと北伝文献に見られるブッダの過去の悪業とその果報に関する資料を比較しつつ、併せてこの伝承の意義を考えてみたい。

第一項　SAVにおける正量部説

まず、SAVに示されるブッダの過去の悪業とその果報に関する正量部説を眺めてみたい。そこでは、如来の三種の神通について説かれた後、如来が自らなした善と不善の業に対して、愛と非愛の果を自ら受けることがあるとして、一二種の因果の話が示され、続いてそれに関する正量部説が紹介されている。まず、一二種の因果の話の部分[120]を示すと、次のとおりである。なお、訳中の番号は筆者が付けたものである。

如来がまた自らなした善と不善の業の愛と非愛の果を自ら受けることは、〔以下の〕一六[121]業の転化（slu）の如くで、〔そこで〕示されるべきことは業の果報を示すことなのである。業の転化は一六である。即ち次の如くである。(1)世尊がムリナーラ（mṛṇāla）という名の不正な者であった時、ガンダチャール（dri mdzes）独覚を誹ったことによって、スンダリー（Sundarī）が世尊を誹ったのである。(2)サルヴァービブータ（Sarvābhibhūta）如来の声聞であるナンダ（Nanda）という者を誹ったことによって、女のバラモン、チンチャー（Ciñcā）という者が世尊を誹ったのである。(3)世尊がバラモンであった時、バヤンカーラ（Bhayaṃkāra）という五神通を具足した仙人を誹ったことによって、別のスンダリーが誹ったのである。(4)腹違いの弟を石で殺したことによって、デーヴァダッタの投げた石の塊が世尊の足の偉大なる甲に当たったのである。(5)世尊が子供であった時、独覚を石や小石で打ちつけたことによって、世尊は刺ある木（spa ma）の刺の上に臥したのであり、そして(6)世尊が象の御者であった時、独覚の道を象が妨害したことによって、ダナパーラ象が怒って如来の方に向かって走ったのである。(7)世尊が王であった時、兵器で人を攻撃したことによって、世尊は足に傷がついたのである。(8)世尊が漁師の子供であった時、他の漁師の子供が魚を殺したことに心が満足した〔喜んだ〕ことによって、釈迦族が討伐された日に、世尊は頭に傷がついたのである。⑼如来がブサ（bu sa）の声聞に馬麦を食べろ、小豆を食べろ、などと言ったことによって、世尊はヴァイランジャー（Vairañjā）で三ヶ月の間、馬麦を乞うたのである。⑽力を発揮した時、他の力ある力士の関節を折ったことによって、世尊は背中に傷が生じたのである。⑾世尊が医者であった時、誤った治療を行ったことによって、世尊に下痢が生じたのである。⑿世尊がジョーティパーラ（Jotipāla）であった時、髪を剃ったカーシャパ仏に、菩提はどこにあるのか、その菩提は得難いものであると暴言を吐いたことによって、世尊は六年も行をなし難かったのである。

と説かれる。

これに続いて、正量部説の「釈迦牟尼のなした一六の過去の悪業とその果報」が引用されている。それを以下に示す。

聖一切所貴部の教義によれば、〔過去の業により〕世尊に〔果報が〕転じたのは一六〔種〕である。即ち、次の如くである。⑴髪を剃ったカーシャパ仏に対し、菩提はどこにあるのか、その菩提は得難いものである、と暴言を吐いたことによって〔その〕業の果報〔によって〕菩薩は〔行が〕なし難かったのである。⑵師の教えを逸脱して目的を達成したことにより、〔その〕業をなしたことによって五比丘たちに仏〔天師〕は見捨てられたのである。⑶独覚に悪口を言ったことにより、〔その〕業をなしたことによってバーラドゥヴァージャ（Bhāradvāja）バラモンが世尊に悪口を言ったのである。⑷仙人が女の孫弟子の集まりを分かったことにより、〔その〕業をなしたことによってコーシャーパ（Kośāpa）城にあるサンガに分裂が生じたのである。⑸世尊が大医王になった時、敵（'gron zla）の王〔国〕を分割させたことにより、〔その〕業をなしたことによってデーヴァダッタがサンガを分裂したのである。(6)独覚に恐怖をおこそうと欲して、狂った象を放ったことにより、〔その〕業をなしたことによってダナパーラ象が世尊の正面に走り来たのである。(7)財産の目的で仲間（grogs）と一緒に腹違いの弟を殺したことにより、〔その〕業をなしたことによって王舎城でデーヴァダッタが世尊〔の足の〕甲に石を投げたのである。(8)射た矢で人を殺したことにより、〔その〕業をなしたことによって世尊の足から血が出たのである。(9)怒って如来を従わせて、これは馬麦を食すのにふさわしい者である、と言ったことにより、なしたその業によってヴァイランジャ村で雨期の三ヶ月の間、世尊は馬麦の食物を乞うたのである。(10)ナンダという独覚を謗ったことにより、〔その〕業をなしたことによって女のバラモン、チンチャーは嘘をついて世尊を謗ったのである。(11)娼婦を殺してから、その装飾品を勝者の住まいにある溝に隠したことにより、〔その〕業をなしたことによって世尊をスンダリーが謗ったのである。(12)乞食して遊行する独覚の鉢を隠したことにより、〔その〕業をなしたことによってサーラー（Salā）村で世尊は乞食を得られないで鉢が空となったのである。(13)世尊が力のある力士になって力を発揮した時、力のある他の力士〔の背の〕関節を折ったことにより、〔その〕業をなしたことによって世尊は背〔中〕に苦痛が生じたのである。(14)世尊が医者になった時、怒って病人に薬を誤って与えたことで〔病人の体調が〕乱れたことにより、〔その〕業をなしたことによって世尊にはふさぎ込み（欝）（bying ba can）の病が生じたのである。(15)〔世尊が医者になった時、怒って病人に薬を誤って与えたことで病人の体調が乱れた〕そのことにより、世尊に著しく下痢が生じたのである。(16)世尊が人の王となった時、魚の群れを殺戮する許可を人々に出したことにより、〔その〕業をなしたことによって釈迦族が討伐されたその日、世尊は頭に激しい痛みが生じたのである。

この業果が苦であるのは、悪趣に大半を〔報いとして〕受けることなのであり、〔そして〕業と後に相随する果は、〔その〕報いの残余である、と知られるべきである。と、〔説かれている〕。(D.310a6-311a1, P.261a7-262a4)

この後、SAVでは二種の身体の変化に関して詳細に論じられて、その三二章は終わる。この前半の一二種の話は、菩薩道に関する説示内容であることから判断して、当時の大乗仏教に伝承されていたものと考えられる。なお、南方上座部の伝承にも『アパダーナ』(Apadāna)に一二種の因果の話などがまとめて説かれているが、それらについては他の研究[122]に委ねたい。

第二項　北伝文献に見られるブッダの悪業とその果報

次に、このSAVの正量部説がどのような意義を有するのかを、他の北伝資料と比較しながら考えてみたい。ブッダの悪業とその果報を主題にして、まとめて示すものに『興起行経』、『根本説一切有部毘奈耶薬事』(『薬事』)、『仏五百弟子自説本起経』(『仏五百弟子』)、『大智度論』などがある。ブッダの悪業とその果報に関しては、種々の文献に部分的に散見しうるが、ここではそのような資料は扱わず、主題としてまとめられた上記の文献に限定して考察する。

まず、『興起行経』[123]が示す話を順番に悪業と苦果とに分けてまとめてみる。

(1)仏説孫陀利宿縁経

〔悪業〕—博戯人である浄眼であった時、婬女の鹿相を殺して埋め、それを偽って辟支仏の楽無為がしたように仕向けた。

〔苦果〕―孫陀利（Sundarī）に誹られた。（鹿相は、今の孫陀利）

(2)仏説奢弥跋宿縁経

〔悪業〕―バラモンであった時、或るバラモンの妻と辟支仏の愛学とに不義密通があると誹った。

〔苦果〕―憂塡王の妃である奢弥跋（Śyāmāvatī）との関係を誹られた。

(3)仏説頭痛宿縁経

〔悪業〕―子供の時、魚の頭を枝で打った。

〔苦果〕―釈迦族が討伐された時、頭痛がした。

(4)仏説骨節煩疼因縁経

〔悪業〕―治療費をもらえなかったことで、不適切な薬を与え、患者を死に至らしめた。

〔苦果〕―骨の関節の痛みを患う。

(5)仏説背痛宿縁経

〔悪業〕―力士であった時、他の力士の背骨を折って殺した。

〔苦果〕―背中の痛みを患う。

(6)仏説木槍刺脚因縁経

〔悪業〕―鉾で脚を刺して殺した。（刺されたのは地婆達兜）

〔苦果〕―槍が仏の脚に刺さった。

(7)仏説地婆達兜擲石縁経

〔悪業〕―須摩提であった時、遺産をめぐり異母弟を石で殺した。

〔苦果〕―地婆達兜が投げた石が足の指に当たって血が出た。

(8)仏説婆羅門女栴沙謗仏縁経

〔悪業〕―常歓比丘であった時、嫉妬心から無勝比丘が長者の妻と不義であると誹った。

〔苦果〕―バラモンの女、栴沙（Ciñcā）に誹られた。

(9)仏説食馬麦宿縁経

〔悪業〕―因提耆利というバラモンであった時、毘婆葉如来に馬麦を食べるにふさわしいと誹った。

〔苦果〕―毘蘭邑（Vairañjā）で馬麦を九〇日間食べた。

(10)仏説苦行宿縁経

〔悪業〕―火鬘童子（Jyotipāla）であった時、迦葉如来を誹った。

〔苦果〕―六年間も苦行を行った。

このように、『興起行経』では、過去の悪業とその苦果という因果関係が主たる目的として説かれており、過去と現在との結び付きが明示されている。

続いて、『薬事』(124)の内容を同じようにしてまとめてみる。

(1)〔悪業〕―財産を目当てに異母弟を石で殺した。

〔苦果〕―足の指を傷つけた。

(2)〔悪業〕―財産を目当てに仲間の商人の船に穴をあけ、槍で刺し殺した。

〔苦果〕―木槍で足を刺して傷をつけた。

(3)〔悪業〕―施食を受けた独覚に嫉妬し、その鉢を打ち落として食べられなくした。

〔苦果〕―乞食しても得られず、空鉢で帰った。

(4)〔悪業〕―毘鉢尸如来の下の弟（Bhāradvāja）が兄に嫉妬心を抱き、偽って中傷した。

〔苦果〕―婬女媚容（Sundarī）に誹られた。

(5)〔悪業〕―嫉妬心を抱き、童子を使って、仙人を偽って中傷した。

〔苦果〕―女のバラモン鴦端に誹られた。

(6)〔悪業〕―後に事実を告白したが、無実の独覚を自分の殺人の身代わりとした。

〔苦果〕―他の者に誹られる。（女のバラモン鴦端に誹られた）

(7)ここで、舎利弗、目蓮は白業と白報として説かれている。

〔悪業〕―毘鉢尸如来の弟子たちに嫉妬し、施すのは粗悪な大麦でよい、などと暴言を吐いた。

〔苦果〕―馬麦を食べた。

(8)ジョーティパーラとして業をなした。

〔悪業〕―迦摂波仏に苦行を行っても未だ智を証していないと言った。

〔苦果〕―六年間苦行しても悟りを得られなかった。

(9)〔悪業〕―治療費をもらえなかったことで、不適切な薬を与え、患者を逆に苦しめた。

〔苦果〕―身体に痛みなどの病を患った。

(10)〔悪業〕―子供の頃、魚が殺される様を見て喜んだ。

〔苦果〕―頭痛を患った。

(11)〔悪業〕―約束が破られたのに怒り、相手力士を投げて、背骨を折って殺した。

〔苦果〕―背中に痛みを感じた。

これらのすべての苦果は、「残った業の報いの故に正覚を成就した後であっても」受けなければならなかったと説いている[125]。

そして、これら業報の因縁談の最後に、「汝らは、黒雑業を捨てて、常に白業を修すべきである」と説き、このように世尊であろうとも残った業の報いによって苦果を受けるのであるから、弟子たちも白業を修して、黒報や雑報を受けるべきではないと説く。ここには、業はその果を受けることによって消滅するという、いわゆる業滅論とは違い、業に関する倫理的要請を目的として説かれているようである。

次に、『大智度論』[126]に引かれる業果の話について眺めてみたい。

そこでは、難陀や舎利弗、摩訶迦葉などの聖人は漏を滅尽しても、なお煩悩のなごり〈習〉が残るが、しかし仏にはそのなごりも尽きて、全く残余がないという、仏の一切智の偉大性を示すための文脈の中で、一二種の話が引かれており、過去業とその果報が主題とはなっていない。ここには、悪業の因縁談は説かれず、苦しみの果報を受けた話としては、バラモンが大衆の面前で仏に悪口を言って誹った話、女のバラモン〈外道〉チンチャーが器を腹に入れて妄語によって仏を誹った話、〔外道の女〕孫陀利に誹謗される話、刺のある植物の茂る中に坐臥した話、馬麦の食物を乞うた話、乞食が得られないで鉢が空となった話、提婆達多が石を落として仏を殺そうとした話、仏を害そうと狂った象が放たれた話が示されている。その他は、すべてが苦しみの果報について説かれたものではなく、その逆の白報の話も見られる。これらの話に共通するのは、どのような状況に置かれても決してそれによって喜びもせず、また悲しむこともなく、ただ不動の境地である仏の偉大さを示そうとする内容である。このように、『大智度論』で引用された話は、業滅の問題として取り上げられたものではなかったことが判る。

また、『大智度論』の他の箇所[127]では、どういう理由で世尊と言うのかという説明の中で、女のバラモン（外道）チンチャーと馬麦の食物の話が引かれているが、ここでも同様に動じることのない仏の境地を示そうとする目的で説かれている。

これらには、因縁談が業滅の問題として取り扱われてはいないが、しかしその伝承を前提とした上で、それとは逆に仏の讃歎のために用いられたものであると解釈するのが妥当であろう。

その他に、『大智度論』[128]には仏の九種の罪報が紹介され、さらにその理由が記されている。まず、仏はその神力が無量で、あらゆる存在の中で最も威徳があるのに、どうして、罪報を受けるのか、と問うて九種の罪報（苦果）が列挙される。これと、上で示した『大智度論』の話とは若干異同が見られる。

(1)孫陀利は仏を誹り、また五〇〇の阿羅漢も誹られる。
(2)旃遮は、木の器を腹に入れて、それで仏を誹った。
(3)提婆達が仏の足を傷つけた。
(4)飛び出している木で脚を刺した。
(5)毘楼璃王（Viḍūḍabha）が釈迦族を討伐した時、仏は頭痛した。
(6)阿耆達多（Agnidatta）バラモンの招待を受けて、馬麦を食した。
(7)冷風が吹くと、背が痛んだ。
(8)六年間苦行した。
(9)バラモンの村で食を乞うても得られず、空鉢で帰った。

次いで、罪報を受けた事情が三点にわたり述べられる。

１仏の神力は不可思議で、その法に寒熱などの患いがあるはずはなく、罪報を受けてそれらに苦しめられることはない。

2仏に法性身と生身の二種がある故に、諸々の罪を受けても、咎があることはない。

3仏は一切の不善法を断じ尽くし、善法を皆成就したのであるから、不善法の報いを受けることはない。ただ、未来世の衆生を慈しみ憐れむことから、方便によってこれらの罪を受けたのである。以下に、この方便による理由を空鉢と熱病の事例から具体的に説明し、各々は実の罪を受けているのではなく、方便に過ぎないと説く。そして、すべての因縁もこれらと同様であるとする。

これらの事情を述べて、最後に仏の徳は特に尊く、光明、色像、威徳は巍巍である、と説かれる。

ここでも、仏の偉大さを示す目的で、これらの罪報（苦果）の事例が取り上げられているが、その原因となる悪業については述べられていない。

次に、『仏五百弟子自説本起経』[129]には「世尊品」に一〇種のブッダの悪業とその果報の話が説かれている。ここでは、その内容の説明は省略し、次頁の対照表に挙げるにとどめたい。

第三項　諸伝承の比較対照

上で取り上げられた文献の話を正量部説を基準にして、対照表にまとめると次頁のようになる。各文献の番号は本書で引用した際の見出しの数字を示しており、SAVとは、SAV所収の大乗のものと考えられる伝承話を指し、〇付き数字は正量部説と内容がほぼ一致しているものである。

それぞれを比較すると、悪業の話と苦果の話との関係に混乱が見られる。特に、苦果の話はほぼ共通しているが、悪業の因縁談には、多くの相違が見られ混乱がある。

正量部	SAV	興起行経	仏五百弟子	薬事	大智度論
(1)	12	⑩	10	⑧	8
(2)					
(3)					
(4)					
(5)					
(6)	6				
(7)	4	⑦	④	①	3
(8)		⑥	⑤	②	4
(9)	9	⑨	⑦	⑦	6
(10)	2	⑧	3		2
(11)	1 or 3	1	2	4	1
(12)				③	9
(13)	10	⑤	⑨	⑪	7
(14)		4	8	9	
(15)	11		⑧		
(16)	8	③	⑥	⑩	5

悪業の因縁談は、伝承の過程で差異は生じ易いと考えられるが、苦果の話はブッダの生涯における一つの事実として位置づけられるものであるから差異は少ないのであろう。この苦果の話は、おおよそ二〇種の伝承を見出すことができる。

正量部説の(2)~(5)の伝承は、他の文献には見られないものである。(11)に関しては、他の文献と同一の伝承か疑わしいほど異なっているが、登場人物が共通している点で、一応、対照させておいた。『興起行経』と『薬事』とは七話で、『仏五百弟子』とは六話で一致するが、『大智度論』とSAV所収の伝承とは対応しないか、あるいは対応してもすべてに相違が見られる。総じて見ると、『興起行経』、『仏五百弟子』、『薬事』とも、半数程度が一致していない点を考慮に入れると、正量部説はこれらの伝承とは異なった系統にあるものと言える。いずれにしても、有部系のみならず正量部もブッダの悪業とその果報に関して詳細に論じていたことが判る。

このように、ブッダの悪業とその果報が主題となった伝承が部分的ではなく、まとめて取り上げられている点は注意してよいであろう。その理由が何であるかは、次に考えてみたい。

第四項　ブッダの悪業とその果報が説かれた理由

仏弟子ならばともかくも、ブッダにこのような過去の悪業と苦果というテーマを設定した目的は何であったのであろうか。ここで、この問題について少し考えてみたい[130]。

これらの伝承は、二種の涅槃説、即ち有余涅槃と無余涅槃の教理と関連させて考えるべきであろう。即ち、一切の煩悩が滅尽し肉体も無くなった無余涅槃こそがブッダの涅槃と理解し、それによってブッダを偉大化・絶対化しようとしたのであろうが、他方で、歴史的存在としてのブッダの涅槃は、他の者が持ち合わせている要素を有しているとして不完全なものと考えられたのであろう。その結果、ブッダも苦楽を受けることは必然であり、業報の因果の対象となったのである。苦果を受ければ、当然その悪業が問われる。決して、ブッダも例外ではなかった。つまり、むしろ滅後のブッダこそを理想的存在と考え、それを強調するために、逆に生きて亡くなったブッダを不完全なものと位置づけ、両者の意義を峻別しようとした結果でもあった。だから、歴史的ブッダは、たとえブッダであっても、生存する限り業の報いは受けなくてはならないのであり、一方、その報いをすべて受けて後、亡くなったブッダは過去の一切の業からも解放され、完全な悟りを得たと理解されるようになったと見るべきであろう。このために、ブッダにとっても苦果を受けることが必然なのであると考えられたのである。

このように考える前提としてあるものは、後の仏教徒にとってブッダは、歴史的ブッダなのではなく、理想化された真理の体現者として、或いは真理そのものとしてのブッダであると考えられていたことなのである。

とは言うものの、仏弟子の悪業とその果報の理解とブッダのそれは、また異なったものでもある。仏弟子は、阿羅漢にはなってもブッダにはなれない存在と認識されているから、業の果報を受けることによって業滅が完全になされる必要は必ずしもない。場合によっては、完全に消滅しない方が都合がよいのかもしれない。なぜなら、ブッダの偉大化・絶対化のためには、仏弟子のそれはより一層不完全であった方がよいからである。

このようなアビダルマ仏教の見方に対して、大乗仏教の立場を示す『大智度論』では、ブッダの偉大化・絶対化の解釈がさらに進み、歴史的ブッダの存在も讃歎の対象と見られると、悪業とその果報に関しても歴史的存在の必然とは捉えないで、衆生救済の方便などとして解釈されるのである。

このように見ると、ブッダの種々の悪業とその果報の伝承は、ある意味ではブッダ観の推移の過程を反映していると捉えることができよう。

註

(1) SAV に記された正量部の随眠説に最初に取り組んだ論考としては、宮崎啓作「Stobs-bcu dpal bśes-gñen の正量部の随眠」『印仏研』29—1、一二〇—一二一頁がある。ただし、見直されるべき点もある。並川孝儀「正量部の随眠説—Saṃskṛtāsaṃskṛta-

viniścaya 第17章―」『佛教大学研究紀要』71、一―一八頁、同「正量部の非随眠説―Saṃskṛtāsaṃskṛta-viniścaya 第16章―」『佛教大学研究紀要』74、一―二六頁を参照。なお、拙稿は本書の本章第一節第二項と第三項に修正の上、再録されている。

（2）随眠の語義に関しては、三友健容「Anuśaya の語義とその解釈」『印仏研』23―2、pp.(110)-(115)など参照。

（3）この問題に関して様々な角度から考察した論考に、佐々木現順編著『煩悩の研究』（清水弘文堂、一九七五年）、九二―一二三頁がある。　（4）AKV, p.442, *ll*.28-29.　（5）AKBh, p.278, *l*.22-p.279, *l*.1, AKV, p.444, *l*.15.

（6）『大毘婆沙論』に、犢子部説として補特伽羅が説かれる中に、有随眠、無随眠という語が見られるが、ここに言う随眠、非随眠とは関係はない。大正蔵二七、一一〇中。　（7）AKBh, p.277, *l*.15-p.279, *l*.4, AKV, p.444, *l*.15.

（8）AKBh, p.278, *ll*.16-17, AKV, p.444, *ll*.3-6. これに関連する内容は『順正理論』（大正蔵二九、五九九中―下）にも見られる。

（9）S.Lévi, *Vijñaptimātratāsiddhi-viṃśatikā et triṃśikā*, p.34, *l*.11-p.3, *l*.4.『唯識三十論頌』（大正蔵三一、六〇下）。

（10）AKBh, p.278, *ll*.5-6, AKV, p.442, *ll*.28-29.『倶舎論』（大正蔵二九、九八下）、『順正理論』（同五九九中）。

（11）Kv, pp.499-501.『異部宗輪論』（大正蔵四九、一五下―一六上）など。

（12）AKBh, p.278, *ll*.17-19.『倶舎論』（大正蔵二九、九九上）。

（13）『長阿含経』（大正蔵一、・〇八中）、『中阿含経』（同四四六下）、『雑阿含経』（同二、二七一下）、『増一阿含経』（同六三六中）などに見られる。

（14）大正蔵二八、九〇〇中。その他、『大毘婆沙論』（同二七、二五六上）、『阿毘曇心論』（同二八、八一五下）、『舎利弗阿毘曇論』（同二八、六四八上）。

（15）大正蔵一七、一九二中。なお、これは『阿毘曇甘露味論』（同二八、九七〇中）、『雑阿毘曇心論』（同八八一中）に説かれる邪解脱の定義と同一である。　（16）大正蔵二六、四一六中。その他、『法蘊足論』（同四八三上）。

（17）大正蔵二六、六一五中。その他、『品類足論』（同七〇〇中）、『入阿毘達磨論』（同二八、九八三中）などに見られる。

（18）大正蔵二七、二五六上。　（19）SAV 第二一章では bying ba と訳されている（D.233b7, P.165b3）。

（20）大正蔵二九、一〇九中―下、AKBh, p.312, *l*.9-314, *l*.2.

（21）説一切有部の随煩悩等に関しては、水野弘元『パーリ仏教を中心とした仏教の心識論』（山喜房仏書林、一九六四年）、二八四―三一七頁、西村実則「『アビダルマディーパ』第五章の考察」『印仏研』36―1、三六―四一頁など参照。

（22） 佐々木現順前掲書〔前註（3）〕、一一九―一二三頁、三友健容前掲論文〔前註（2）〕、pp.(110)-(115)など参照。

（23） bying ba については、小谷信千代「沈み込み（bying ba）と昂ぶり（rgod pa）」『仏教学セミナー』50、三〇―三七頁、同 'Semantic Observations on the Term bying ba (Depression) in the lam rim chen mo', *TIBETAN HISTORY AND LANGUAGE*, Wien 1991, pp.387-397.

（24） 憍が酒などによって心が狂喜する相と定義されるのは、他に『倶舎論』に紹介される有余師の説に見られる。大正蔵二九、二一下、AKBh, p.61, *l*.17.　（25） SAV, D.233b7, P.165b3.　（26） AKV, p.132, *l*.14.

（27） 三友健容『アビダルマディーパの研究』（平楽寺書店、二〇〇七年）、六四九頁。　（28） 同六四六頁。

（29） この語は『成実論』にも見出せる。大正蔵三二、三一九下。その他、この語は『倶舎論』においては五蓋の惛眠蓋の五食を釈するところにも出ており、またヤショーミトラにおいては不定法の一法として説かれている。大正蔵二九、一一〇下、AKBh, p.318, *l*.18, AKV, p.497, *l*.14, AKV, p.132, *l*.15.　（30） 大正蔵二九、一〇九中、AKBh, p.312, *ll*.4-8. AKV, p.493, *l*.26-p.494, *l*.1.

（31） P.S.Jaini, *Abhidharmadīpa with Vibhāṣaprabhāvṛtti*, Kashi Prasad Jayaswal Research Institute, p.309, *ll*.7-12.

（32） ちなみに、『成実論』では二一種の随煩悩が説かれているが、それとSAVの二一種の非随眠と比較すると、対応するのは半数以下で相当数異なっており、両者にはかなりの開きが見られる。水野弘元前掲書〔前註（21）〕、三三六―三四〇頁、池田練太郎「『成実論』における煩悩論の構造」『曹洞宗研究員研究生・研究紀要』16、六八―八二頁参照。

（33） ちなみに、不信と放逸の二法は、説一切有部では大煩悩地法に分類されている。

（34） ちなみに、説一切有部では十纏・六垢の随煩悩の断はそれ自身が随従する随眠の断に伴うのみである、と説かれる。櫻部建「有部」『インド仏教史1』（岩波講座・東洋思想）、二二八頁参照。

（35） 『倶舎論』（大正蔵二九、一〇一下）、『順正理論』（同六一一上）。ただし、AKBh の対応箇所にはこの記述は明示されていない。

（36） 横山紘一『唯識とは何か―『法相二巻抄』を読む―』（春秋社、一九八六年）、一〇七―一〇八頁、竹村牧男『唯識の探究―『唯識三十頌』を読む―』（春秋社、一九九二年）、一二四―一二五頁などを参照。

（37） Vis, p.457, *l*.19-p.460, *l*.20, 水野弘元前掲書〔前註（21）〕、八四九―九五一頁、佐々木現順『阿毘達磨思想研究』（清水弘文堂、一九七二年）、一〇八―一一〇頁、二〇九―二二一頁参照。

（38） 大正蔵二六、五〇六上―五〇七上。　（39） 大正蔵二八、六〇六中―六〇七上。

（40） 大正蔵二九、八一上、AKBh, p.227, *l*.9-p.228, *l*.3.　（41） 大正蔵二九、五六八上—中。

（42） Vibhaṅga, p.135.　（43） Vis, p.526, pp.530-531.　（44） Sāratthappakāsinī II, p.78, Sumaṅgalavilāsinī III, pp.997-998.

（45） 正量部の業思想について、表業、不失壊、業の体・相続・招果などの点から、漢訳文献を中心に論じた著作が最近公刊された。詳細は、これを参照されたい。本多至成『正量部の業思想』（永田文昌堂、二〇一〇年）。

（46） Kv, pp.343-347, KvA, pp.97-98.　（47） cf. AKBh, p.227, *l*.13.

（48） 福行・非福行・不動行に関して考察する論文に、村上真完「諸行考（Ⅱ）—原始仏教の身心観—」『佛教研究』17、五二—五四頁、「同（Ⅲ）」同18、四八—五〇頁、「同（Ⅳ）」同19、八四—九四頁がある。

（49） 大正蔵二五、一六二中。　（50） 大正蔵三〇、七三一中、他に『摂大乗論釈』（大正蔵三一、四二一下）など。

（51） 大正蔵二八、九三三上。

（52） AKBh, p.218, *l*.14-p.219, *l*.9,『倶舎論』（大正蔵二九、七七中—下）、『順正理論』（同五六〇中—五六一中）。

（53） 佐藤密雄『原始仏教教団の研究』（山喜房仏書林、一九六三年）、二三二—二四二頁、平川彰『原始仏教の研究』（春秋社、一九六四年）、四三七—四五〇頁（『原始仏教の教団組織Ⅱ』平川彰著作集第12巻、春秋社、二〇〇〇年、一六〇—一七七頁に再録）など参照。　（54） AKBh, p.228, *l*.1. 他に『順正理論』（大正蔵二九、五六八上）。

（55） 他に Vibhaṅga, p.135 に見られる。

（56） 十不善業道に関しては、佐々木現順『業論の研究』（法蔵館、一九九〇年）、八九—一六四頁に詳しい。

（57） 他に『倶舎論』（大正蔵二九、八六中—下）、AKBh, p.243, *ll*.12-16 にも見られる。

（58） 同じ説として『善見律毘婆沙』（大正蔵二四、七四〇中）がある。『四分律』には、この他にも五相に関して四種の別を挙げる。

（59） 『摩訶僧祇律』（大正蔵二二、二五三中）、『成実論』（大正蔵三二、三〇五上）、『倶舎論』（大正蔵二九、八七上）、AKBh, p.244, *ll*.6-8.

（60） 大正蔵二九、八八下。なお、この業道に関しては、平川彰『原始仏教とアビダルマ仏教』平川彰著作集第2巻（春秋社、一九九一年）、二八六—二八七頁、佐々木現順前掲書〔前註（55）〕、三三八—三八三頁に詳しい。

（61） 『三弥底部論』（大正蔵三二、四六六中）に阿修羅道が説かれていることからも確認できる。

（62） 「abbuda, nirabbuda, ababa, ahaha, aṭaṭa, kumuda, sogandhika, uppalaka, puṇḍarīka, paduma」（PTS 版 p.126）

（63）「阿浮、尼羅浮、阿呵不、阿波浮、阿羅留、優鉢、修揵、蓮花、拘文、分陀利」（大正蔵一、二八六下）の一〇種。

（64）「頞浮陀、涅浮陀、阿波波、阿吒吒、嘔吼吼、鬱波縷、拘物頭、蘇健陀固、分陀利固、波頭摩」（大正蔵三二、一七三下）の一〇種。

（65）大正蔵二九、五八下―五九上、AKBh, p.164, *ll*.22-23.

（66）牧達玄「八寒大地獄をめぐる諸問題―aṣṭau-śītanarakāḥ―」『京都文教短期大学研究紀要』20、八―二〇頁参照。

（67）大正蔵二九、五八中。

（68）岡野潔氏は、この「大無間（mnar med chen po, mahāvīci）」は誤伝誤訳で、『立世阿毘曇論』の「大巷地獄」（mahāvīthi）に該当し、『三法度論』や *Lokapaññatti* とも一致し、したがって、SAV に説かれる正量部の九熱地獄説はこれらの文献と同じであると指摘する。「犢子部の三法度論と正量部の現存資料の関係―立世論の部派所属の追加証明の試み―」『印仏研』50―1、pp.（141）-（142）。

（69）閻摩の世界も大地獄と同様に九種が存在することに関して、岡野氏は『立世阿毘曇論』の記述と合致すると指摘する。岡野潔前掲論文 pp.（142）-（143）。

（70）大正蔵二九、五九上、AKBh, p.165, *ll*.4-6.

（71）テキストには七種となっているが、実際には六種しか挙げられておらず、おそらく七種は誤りであろう。

（72）SAV に紹介される正量部の不動業説について最初に取り組んだ論考は、宮崎啓作「Stobs-bcu dpal bśes-gñen の不動決択と名づくる第二十品」『印仏研』28―2、一四八―一四九頁である。

（73）大正蔵二九、八一上。他に『順正理論』（同五六八上）。

（74）『中阿含経』（一九二）「加楼烏陀夷経」（大正蔵一、七四三上―中）、Laṭukikopamasutta, MN,Vol.I, pp.454-455.

（75）AKV, p.389, *l*.3-p.390, *l*.2.

（76）『中阿含経』（七五）「浄不動道経」（大正蔵一、五四二中―下）、Āṇañjasappāyasutta, MN, Vol.II, pp.261-263.

（77）AKBh, p.190, *ll*.16-23, AKV, p.344, *ll*.1-3.『倶舎論』（大正蔵二九、六六下―六七上）、『順正理論』（同五二七上）。

（78）『倶舎論』（大正蔵二九、一四七下）、『順正理論』（同七六二下）。

（79）『倶舎論』（大正蔵二九、八七五上）、『順正理論』（同五六八上）を参照。

（80）AKBh, p.139, *l*.24-p.140, *l*.1,『倶舎論』（大正蔵二九、五一上）を参照。　（81）AKV, p.299, *ll*.12-17.

（82）他に Vbh, p.135, Sp, Vol.II, p.78, Sv, Vol.III, pp.997-998.

(83) D.219b5-7, P.147b2-6. 本書の前項（6）「非福と悪趣」を参照されたい。

(84)『倶舎論』（大正蔵二九、四一上）、AKBh, p.111, *l*.22, AKV, p.254, *l*.35-p.255, *l*.1.

(85) 岡野潔氏は、犢子部・正量部の初禅天の内容を検証し、梵天界を⑴ brahmapurohitāḥ, ⑵ brahmakāyikāḥ, ⑶ mahābrahmāṇaḥ = brahmapāriṣadyāḥ であるとし、それによって『立世阿毘曇論』や『三法度論』、『四阿含暮抄解』、また『七仏経』に関して部派の帰属を論じている。「インド正量部のコスモロジー文献、立世阿毘曇論」『中央学術研究所紀要』27、七七―七八頁、「犢子部の三法度論と正量部の現存資料の関係―立世論の部派所属の追加証明の試み」〔前註（67）〕、pp.(139)-(140)、「正量部の伝承研究⑵：第九劫の問題と『七佛経』の部派所属」『インド学諸思想とその周延』（佛教文化学会十周年・北條賢三博士古稀記念論文集、山喜房仏書林、二〇〇四年）、pp.(172)-(175)。

(86)『倶舎論』（大正蔵二九、二四中）、AKBh, p.68, *l*.19,『大毘婆沙論』（大正蔵二七、七〇八中）、『順正理論』（同二九、四五六下）。

(87) 四禅天のまとめの段階で、無想天を見落としていることを岡野氏より指摘された。岡野潔前掲論文「インド正量部のコスモロジー文献、立世阿毘曇論」八八頁。　(88)『倶舎論』（大正蔵二九、四一上）、AKBh, p.111, *ll*. 23-24.

(89) 他に『顕宗論』（大正蔵二九、八七五上）。　(90) Kv, pp.569-572, KvA. pp.175-176.

(91) Kv, pp.109-115, KvA. p.43.　(92) Kv, pp.103-109, KvA. pp.42-43.　(93) Kv, pp.69-93, KvA. pp.36-37.

(94) Kv, pp.212-220, KvA. p.59.　(95) 大正蔵四九、一六下、『十八部論』（同一九中）、『部執異論』（同二一下―二二上）。

(96) 卍続蔵経八三冊、四五九―四六〇。小山憲栄編撰『異部宗輪論述記発軔（下）』二九―三一頁。

(97) 諸部派の修行論を概説したものに、森章司「部派仏教の修行道論」『日仏年報』45、一九―三七頁がある。

(98) 大正蔵二四、六六五下。

(99)『異部宗輪論』では、この術語に対応するであろう語が「法忍」と訳されており、その原語は dharma-kṣānti と想定できる。ここでの rtog pa'i shes pa がこれと同じとは考えられないので、一応「観察智」と訳しておく。

(100) 修所断（非随眠）に関して SAV 第二一章では欲界（二〇非随眠）、色界（一〇非随眠）、無色界（一〇非随眠）とするが、欲界の所断煩悩が二〇種では食不調性が結局いずれにおいても断じられることがなくなり、それでは不合理と考え、第一六章「非随眠決択」の記述（D.206b7-207a6, P.129b1-130a2）に従った。　(101)『異部宗輪論述記発軔（下）』、二九頁。

(102) 卍続蔵経八三冊、四六〇上。『異部宗輪論述記発軔（下）』では「所詮の四諦の理体を観ず」と同じ解釈をする。

(103)『倶舎論』（大正蔵二九、一一九下）、AKBh. p.345, *ll.*4-5.

(104) 櫻部建・上山春平『存在の分析〈アビダルマ〉』（仏教思想2、角川書店、一九六九年）、一二六―一四一頁、加藤純章「阿羅漢への道―説一切有部の解脱―」『仏教思想8・解脱』（平楽寺書店、一九八二年）、一五一―一九二頁、森章司「有部阿毘達磨仏教における四諦説（一）、（二）、（三）」『国訳一切経印度撰述部月報・三蔵集』第三輯、二二九―二五四頁、兵藤一夫「四善根について―有部に於けるもの―」『印仏研』38―2、pp.(73)-(81)等参照。

(105)『顕識論』に関しては、宇井伯寿『印度哲学研究・第六』（岩波書店、一九六五年）、三五九―四〇三頁、高崎直道「眞諦三蔵の訳経」『森三樹三郎博士頌寿記念・東洋学論集』（朋友書店、一九七九年）、一一〇九―一一二五頁を参照。

(106) 大正蔵三一、八七九上―八八〇中。

(107)『顕識論』の成立に関しては未だ確定的な説はないが、そこに正量部説の四善根位が見られる理由を、すでに述べたように真諦が『律二十二明了論』の訳出やその註釈を行ったことと関係づけられるかも知れない。いずれにしても、真諦は正量部について相当精通していたものと考えられる。

(108) なお、パーリ上座部では、修行道の段階を戒清浄・心清浄・見清浄など七清浄として説くが、見清浄以後の慧の修習に入る時、五蘊の無常・苦・無我、十二処、十八界、二十二根、四諦などを観察すると説く。一見して正量部説と類似しているようであるが、その内容は大きく異なっている。Vis, p.587ff. この修習法に関しては、佐藤密雄「パーリ仏教の入定初修習法―清浄道論より―」『藤原弘道先生古稀記念史学仏教学論集　坤』、（古稀記念会、一九七三年）、九三五―九四九頁参照。

(109) 卍続蔵経八三冊、四六〇。　(110)『異部宗輪論述記発軔（下）』、二九頁。

(111)『倶舎論』（大正蔵二九、一二四上）、AKBh. p.358, *l.*2.

(112)『倶舎論』（大正蔵二九、一二四中―下）、AKBh. p.358, *l.*21-p.360, *l.*9.

(113)『倶舎論』（大正蔵二九、一二九上―中）、AKBh. p.373, *l.*17-p.374, *l.*2. cf. AKV, p.582, *ll.*30-34.

(114)『倶舎論』（大正蔵二九、一二九下）、AKBh. p.374, *ll.*9-22.

(115)『倶舎論』（大正蔵二九、一二一下）、AKBh. p.351, *ll.*13-14,『順正理論』（大正蔵二九、六八七中）。

(116)『倶舎論記』（大正蔵四一、三五一下）。

(117)『倶舎論』（大正蔵二九、一二一下）、AKBh. p.351, *l.*13,『順正理論』（大正蔵二九、六八七中）。

(118)『倶舎論記』（大正蔵四一、三五二上）。

(119) SAV には他にも注意しなければならない教理が説示されているので、その点についてここで少しだけ触れておきたい。修道に関する説明の中に「すべてが劣なる道による時、三心が和合することにより結（kun tu sbyor ba）を断つのである。即ち、次の如くである。劣なる修道は生じる支（cha）と住の支（gnas pa'i cha）と滅の支（'gag pa'i cha）が結び付いて結を断つのである。明勝な（gsal ba）修道は生じる支によって欲〔界〕に属する修道の断じられるべき結をすべて断つのである」（D. 236a6-7, P.168b2-4）とあるが、このうち、生じる支と住の支と滅の支の三支は、正量部の有為相説を示唆したものではないかと考えられる。そうであれば、正量部は三有為相説を採用していたことになろう。しかし、それは従来の資料から得られた内容とは異なるようである。平川彰「有刹那と刹那滅」『金倉博士古稀記念・印度学仏教学論集』（平楽寺書店、一九六六年）、一五九―一七七頁参照。ちなみに、チャンドラキールティの中論の註釈書は、正量部の有為相説に言及している。山口益訳註『月称造　中論釈』二巻（清水弘文堂、一九六八年）、六九頁、本多恵『チャンドラキールティ中論註和訳』（国書刊行会、一九八八年）、一四一―一四二頁、奥住毅『中論註釈書の研究―チャンドラキールティ『プラサンナパダー』和訳』（大蔵出版、二〇〇五年）、二五六―二五七頁を参照。

(120) デルゲ版（東京大学文学部所蔵版）中観部 13, 309b5-310a6, 北京版（TTP）Vol.146, 260b5-261a7.

(121) 一六種と説きながら、実際に記されているのは一二種である。これに続いて説かれる正量部説の一六と混乱した結果なのであろうか。

(122) ここでは論じなかった南方上座部に伝承されるブッダの悪業とその苦果についての考察は、次の論考に見られる。Jonathan S. Walters, 'The Buddha's Bad Karma : A Problem in the History of Theravāda Buddhism' *Numen*, Vol.XXXVII, Fasc. 1, pp.70-95. なお、この資料を教示していただいた榎本文雄氏に感謝したい。また、岡野潔氏は、ブッダの過去業の伝承の展開を、北方と南方伝承から見て、八話から一六話へと形成される過程、そして韻文と散文伝承の形成に関して考察している。「Anavataptagāthā の釈尊の業の残滓を説く因縁話の形成」『印度学宗教学会論集』33、pp.(73)-(93)。

(123) 大正蔵四、一六四中―一七四中。『興起行経』を、後漢の康孟詳の訳とすることに疑問は残るが、二世紀ごろとされる（干潟龍祥『本生経類の思想史的研究』改訂増補、山喜房仏書林、一一二―一一三頁）ことから、この種の伝承では最も古いものと言えよう。　(124) 大正蔵二四、九四上―九七上。

(125) 業滅に関する論考には、榎本文雄「初期仏教における業の消滅」『日仏年報』54、pp.(1)-(13)、平岡聡「ディヴィヤ・アヴァダーナに見られる業の消滅」『佛教研究』21、一一三―一三二頁などがある。

(126) 大正蔵二五、二六〇下―二六一上。 (127) 大正蔵二五、七一中。 (128) 大正蔵二五、一二一下―一二二中。

(129) この経は、定かではないが、大衆部の所伝ではないかとも指摘されている。赤沼智善『国訳一切経・印度撰述部　本縁部六』(大東出版社、一九三五年)、p.(55)。

(130) 干潟龍祥氏は「その思想は業力を重んじ、釈尊も未だ有余依涅槃にあることを示したもので、小乗的な、恐らくは有部的な考えを表わしたものである」(干潟前掲書、一一三頁)と、また平岡聡氏は「これも「業の不可避性」を説いたもので、有部では、仏陀といえども過去においてなした業の果報を免れ得ないと考えていたようである」(平岡前掲論文、一二二頁)と述べている。

第四章　正量部所伝の文献

正量部に帰属し得る諸文献の研究は、正量部自体を知る手掛かりとなる資料の限界によって興味の対象とならなかったからであろうか、今日までほとんどなされず、その成果も見られなかった[1]。しかし、正量部が六・七世紀以後のインドにおいて有部系部派と並び極めて有力な部派であった事実を考慮すれば、文献をどの部派に帰属させるかという問題を考えるとき、正量部を軽視すべきではなく、むしろ積極的に対するべきである。その際に先ず問題とすべきは、現存している梵文写本の多くが六・七世紀以後のものであるだけに、それによってすぐにその文献の原成立を問うのではなく、その時代にどの教団に伝承されているかという点でなければならないであろう。また、チベット語訳文献も多くは八・九世紀以後にインドから将来されたものであるだけに、それらの文献をインドにおける原成立へと直接結びつけるのではなく、チベットに将来された当時のインドの教団との関連の中で先ず問うべきである。このような視点は、部派の帰属問題を論究する場合には、特に不可欠である。部派が存続した時代を考慮に入れると、正量部はこうした研究の対象として極めて有意義な部派であると言える。

そこで、本章では、上記の視点を踏まえ、具体的に二種の文献を取り上げ、それらが正量部に帰属し得るのかどうかを考察する。一つは業報分別を説く梵文 Mahākarmavibhaṅga（MKV）で、他の一つはチベットで発見された新資料であり、法句経の異本パトナ Dharmapada（PDhp）である。

第一節　鸚鵡経類の展開と Mahākarmavibhaṅga の帰属部派

第一項　鸚鵡経類とは

ここでいう鸚鵡経類とは、Cūḷakammavibhaṅgasutta、「鸚鵡経」（『中阿含』一七〇）、『仏説鸚鵡経』、『仏説兜調経』、『仏説浄意優婆塞所問経』、梵語 Mahākarmavibhaṅga[2]、チベット語訳 Karmavibhaṅga、チベット語訳 Karmavibhaṅga nāma dharmagrantha、チベット語訳大英博物館所蔵 Karmavibhaṅga、『仏為首迦長者説業報差別経』、『分別善悪報応経』の計一一経をいう。

なお、他の現存文献中に見られる、上記経典と同一名、あるいは類似名を有する「鸚鵡経」（『中阿含』一五二）、subhasutta（MN.99）、「分別大業経」（『中阿含』一七一）、Mahākammavibhaṅgasutta（MN.136）、subhasutta（DN.10）、そして二種のチベット語訳 Karmavibhaṅga（東北目録 No.3959, 3984）は、これらとは内容が全く相違しており、異系とみなし得る経典であるので、ここでの考察から除外する。

ここに掲げた一一種の鸚鵡経類は、成立史の上で大きく二種に分類できる。二分類した根拠は第四項で述べるとして、以下にその類別を示す。

〔I類〕

Cūḷakammavibhaṅgasutta〔以下 Cūḷa と略す〕（PTS. MN.III, pp.202-206）

「鸚鵡経」（『中阿含』一七〇）〔「鸚鵡経」〕（大正蔵一、七〇三下—七〇六中）

『仏説鸚鵡経』〔『仏説鸚鵡経』〕（大正蔵一、八八八中―八九一上）
『仏説兜調経』〔『兜調経』〕（大正蔵一、八八七中―八八八中）
『仏説浄意優婆塞所問経』〔『浄意経』〕（大正蔵一七、五八八下―五九〇中）

〔Ⅱ類〕

『仏為首迦長者説業報差別経』〔『首迦経』〕（大正蔵一、八九一上―八九五中）
『分別善悪報応経』〔『分別経』〕（大正一、八九五中―九〇一中）
Karmavibhaṅga（Las rnam par 'byed pa）[TKV]（TTP. Vol.39, 117-1-5 ~ 126-3-3, No.1005）
Karmavibhaṅga nāma dharmagrantha（Las kyi rnam par gyur ba zhes bya ba'i chos kyi gzhung）[TKD]（TTP. Vol.39, 126-3-3 ~ 131-1-7, No.1006）
大英博物館所蔵 Karmavibhaṅga（Las rnam par 'byed pa）[BM][(3)]
Mahākarmavibhaṅga [MKV][(4)]

鸚鵡経類はこのように多数に及び、その伝承言語も梵・蔵・巴・漢は勿論のこと、クッチャ語、ソグド語等の広範囲に亘っている[(5)]。このことはいかに本経類が多くの地域に流布し伝承されていたかを端的に物語るものである。さらに、漢訳とチベット語訳に限って見ても多種の訳が存在し、その内容にも差異が多く見られることは、成立及び伝承・展開に関する研究にとっても恰好の資料となることを示している。

この鸚鵡経類に関する従来の研究は、残念ながら数少なく、Sylvain Lévi と山田龍城博士[(6)]などの業績を見るに止まる。そこで本小節では、このような意義を有する鸚鵡経類の展開と伝承の一端をこれまでの研究には見られなかった視点も加味して考察してみたい。

第二項　Ⅰ類の構造と展開

これら一連の経典群は、業報分別を主題として、一般在俗者を対象にして倫理的意義を説示するものである。その前半は導入部としての因縁談を語り、後半は何種類にも亘る業報分別の項目を列挙するといった形式で説かれている。このような共通性は認められるものの、Ⅰ類とⅡ類との間には形式的な相違が見られ、内容についても相当の差異がある。

これよりⅠ類について眺めてみたい。まず、導入部ともいうべき因縁談の大意を略説すれば、次のとおりである。

ある時、乞食中の世尊をある家に飼われている白狗が見て、吠えた時、世尊は狗に向かって、「お前は今吠えているが、もとはそうではなかっただろう」と言うと狗は大いに怒った。その家の主人が帰宅後、なぜ、狗が怒っているかを尋ね、その理由を聞くと、主人も怒り、謗ろうと世尊を訪ねる。世尊はその理由を話した後、主人が、「では白狗の前世は一体何であったか」と尋ねると、世尊の「それは汝の父であった」という答えを聞いてさらに怒り、「父は在世時、よく布施を行い、死後梵天に生まれている筈で、どうして下賤な狗に生まれようか」と反問する。世尊は「増上慢によってである」と諭し、「信じないなら帰宅後、狗に種々試してみるとよい」と教える。そこで、「前世父であったなら金銀等の蔵処を示せ」と試問すると、狗がその蔵処を示し、主人はその財宝を得て大変歓喜する。主人は世尊の教えは真実であると称賛し、世尊のもとに往詣すると、世尊は「汝は死後善処に至り天中に生まれる」と告げられる。

この因縁談に続いて、どのような因縁によって人間存在の優劣が決定されるかに関する具体例一四項目が劣と優を一対にして列挙される。即ち、短命・長命、多病・少病、醜陋・容麗、無権勢・権勢、卑賤・尊貴、貧窮・財富、悪智慧・善智慧である。この後、これら一四項目の各論でその因縁が説かれ、最後にまとめて各項目が反復され、帰依文で終わる。鸚鵡経類は概ねこのような構成で成り立っており、ここでは便宜上、その構成を(A)因縁談、(B)各論項目、(C)各論、(D)まとめ、の四つに分け、以後はこの記号で示すことにする。

I類に属する五経のうち、(A)(B)(C)(D)のすべての要素を具えているのは「鸚鵡経」、『仏説鸚鵡経』、『兜調経』であり、それに対して、Cūḷaと『浄意経』は(A)段が欠落し、(B)(C)(D)だけで構成されている。

このように、構成の違いによってI類経典は二系統に分けられるが、さらにこの系統分けは、次の二点からも可能である。

第一点は主人公名に関してである。「鸚鵡経」では「鸚鵡摩納都堤子」、『仏説鸚鵡経』では「鸚鵡摩牢兜羅子」、『兜調経』では「一婆羅門名曰兜調、有子名曰谷」となっているのに対し、Cūḷaでは「subho māṇavo Todeyyaputto」、『浄意経』では「兜泥耶子名曰浄意」と記されている。前者のうち、「鸚鵡」の原語がsukaであることは、II類に属するMKV, TKV, TKDによっても判明する。『兜調経』の「谷」の原語は不明であるが、「鸚鵡経」、『仏説鸚鵡経』と同じものであると見てまず間違いはなかろう。一方、後者の『浄意経』の「浄意」の原語がsubhaであろうことはCūḷaによって推測できる。このように主人公名からもI類経典は二分されることになる。

次に、このことは(C)段で示される各論の一四項目の順序からも同じ結果が得られる。「鸚鵡経」、『仏説鸚鵡経』、『兜調経』の順序、(9)卑賤(10)尊貴(11)貧窮(12)財富に対して、Cūḷaでは、(9) appabhoga (10) mahābhoga (11) nīcākulīna (12) uccākulīna と配列され、(9)(10)と(11)(12)の順序が入れ替わっている点である。ところで、『浄意経』での順序は「鸚鵡経」等と同じであるが、このことに関しては後に改めて論じたい。

このように、構成、主人公名、項目の順序より眺めると、I類は「鸚鵡経」、『仏説鸚鵡経』、『兜調経』系とCūḷa、『浄意経』系の二系統となる。前者は北方伝承の経典であり、後者は南方伝承（『浄意経』に関しては多くの問題点は残るが）であるので、こうした相違は各々の伝承の違いを示しているものと言える。そして、両系に共通するのは(B)(C)(D)であり、この部分が鸚鵡経の原初の形態であることを示唆してくれる。北方伝承に見られる(A)段の因縁談は、(B)(C)(D)との関係において必然性を有しているとは言えず、おそらく後に付加されたものとみなすべきであろう。主人公名の suka と subha という両語の違いは、subha の語の変遷を眺めれば解消される。アルダマーガディー語の sua が suva-suba-subha と変換されると考えるなら[7]、subha は「清浄の」の意味の外に、「鸚鵡」を意味するパーリ語特有形であると解せる。Cūḷa での主人公名 subha もこの意味で用いられたと考えれば、両系とも主人公名は「鸚鵡」を意味する名称であったことが窺い知れる。要するに、suka が梵語系伝承として、そして subha がパーリ語系伝承として各々の文献中に現れたと理解できよう。ただ、鸚鵡経の原初形態における主人公名の語形が何であったのかは判らない。

さて次に、北方伝承の「鸚鵡経」、『仏説鸚鵡経』、『兜調経』の三経がどのような関係にあるのかについて論じてみたい。三経を詳細に比較した結果、「鸚鵡経」と『仏説鸚鵡経』は全くといってよいほど一致している。強いて相違を挙げるならば、(A)段で『仏説鸚鵡経』が狗の名を「具」と記述している箇所が「鸚鵡経」には存在しないことぐらいで、両経の原写本の酷似性を想起させる。それに対して、『兜調経』は他の二経とほとんどの点で一致しているが、細かな点で違いがある。例を挙げると、(A)段に他の二経では偈文が付されているのに対し、

『兜調経』にはそれが見出せない。そして、「鸚鵡経」にはなく『仏説鸚鵡経』に見られる狗の名が、ここでは「騾」として記され、さらに(C)段では一四項目の各論の記述が他の二経に比較して簡略である点等が認められる。ただし、これらの相違は訳出上の理由によるものとも考えられよう。総じて、これらの三経のうち、「鸚鵡経」と『仏説鸚鵡経』は『兜調経』に比べて、若干ではあるが増広されており、『兜調経』の原写本の伝承がより初期的な形態を示しているように見える。

続いて、Cūḷaと同系の『浄意経』に関して少し述べてみたい。[8]『浄意経』は漢訳経典であるにも拘らず、北方伝承の三経典より南方伝承のCūḷaに類似している点で大変興味深い経典である。Cūḷaとは構成の面で一致することはすでに述べた。主人公名に関して言えば、『浄意経』はその名を「浄意」と訳しているが、このことは先述したとおりCūḷaとの関連においてその原名がsubhaであったことを想起させる。さらに、Cūḷaのsubhaが本来「鸚鵡」の意味をもつものと解することができるのに対し、この経では「清浄な」という意味に解し訳出されたのではないかとも推測させる。しかし、ここで一つの重要な問題が残る。即ち、『浄意経』の訳者で、西北インド出身の僧である施護は、果たしてどのような写本を見たのかという問題である。これに関しては何の手掛かりも持たないが、『浄意経』の伝承を考える上で重要な点であることは言うまでもなかろう。

さて、ここでCūḷaとの類似性を根拠として『浄意経』を南方伝承と解するなら、subhaを「浄意」と訳した理由は、相当後代まで伝承された過程で、この経典での本来の意味が失われ、「清浄な」という一般的意味に解されるようになったからであると解釈し得るであろう。ところで、『浄意経』はCūḷaと構成が類似するといっても全同ではなく、差異も見られる。その点を示すと、(B)段において一四項目が列挙される際、Cūḷaがappāyuka, dīghāyuka, bavhābādha, appābādha, dubbaṇṇa, vaṇṇavanta, appesakkha, mahesakkha, appabhoga, mahābhoga, nīcākulīna, uccākulīnaという順序であるのに対し、『浄意経』では「長寿、短寿、多病、少病、端正、醜陋、如意、不如意、下族、上族、富貴、貧窮」とあるように、順序に相当の差異が見られる。しかし奇妙なことに、(C)段での各論中の項目の順序ではCūḷaとは異なり、北方伝承の三経と同一となっている。また、(D)段の各論を反復する箇所では、『浄意経』は増広された内容を有する点が見受けられる。これらのうち、(B)段の順列の相違は、単なる項目列挙の箇所でもあり、同一伝承中における改変か、あるいは訳出上の理由として解消されるかも知れない。(D)段の相違も同一伝承過程における増広として解消される。しかし、(C)段での北方伝承の三経との一致は、『浄意経』の伝承問題と関連しているようでもあり、簡単には解決できない。このような問題はあるものの、構成と内容が、Cūḷaと酷似していることは他の三経に比べて顕著なので、ここでは南方伝承として、Cūḷaとの相違を伝承過程において生じた増広・改変であると理解しておきたい。しかし、今後とも種々の視点より考察すべき課題を残している。

以上のように、I類経典を考察したが、まとめればおおよそ次のことが言い得るであろう。I類の鸚鵡経類でより原初的な形態を残しているのがCūḷaであると思われる。その後、北方に伝承される過程で導入部として因縁談が付加された。その中で、より古層形を留めているのが『兜調経』であり、それが「鸚鵡経」、『仏説鸚鵡経』へと展開した。一方、南方伝承ではCūḷaから『浄意経』へと増広され改変されていったのではないかと推定し得る。なお、両系それぞれの伝承を論じるとき、そこに現れる差異を成立史的に解釈するだけではなく、伝承した部派を想定することも必要ではあるが、このI類の資料から探ることは困難であると断っておかなければならない。

第三項　Ⅱ類の構造と展開

これより、Ⅱ類に属する経典について論じる。まず、主人公名に関して、『首迦経』は「忉提耶子首迦長者」、『分別経』は「兜儞野子輪迦長者」、TKD は 'Toudeyaputraśuko manava'、TKV は 'bram ze'i 'bye'u śuka'、そして MKV は 'śukasya māṇavasya Taudeyputra' となっており、すべてⅠ類の北方伝承の経典と同様 śuka という名で一定している。構成に関しては、『首迦経』は(B)(C)(D)、『分別経』は(A)(B)(C)(D)、TKD は(B)(C)(D)、TKV は(C)(D)、そして MKV は(A)(B)(C)というようにそれぞれに相当の相違が見受けられる。Ⅰ類の北方伝承の三経と比較して、同じ構成を有しているのは『分別経』だけで、それ以外は構成に変化が生じていることが判る。Ⅰ類における北方伝承のみに見られた(A)段の因縁談は『分別経』と MKV にだけ見られたり、TKV のように各論とまとめの(C)(D)段のみで構成される経典もある。また、Ⅱ類での(D)はⅠ類のように(C)の各項目の反復部分は見られず、帰依文のみである。

概ね、Ⅱ類では(C)段の業報分別の各論が強調され、経典の最主要部を形成しているが、そのことは業報分別の分類項目数がⅠ類に比べて飛躍的に増加している点からもよく判る。つまり、Ⅱ類経典群がこの業報分別の各論を説くことを主目的としていたことが窺えるのである。

そこで、各経の業報分別の項目数を示すと、『首迦経』は七五、『分別経』は一〇一、TKD は八四、TKV は一〇一、BM は八〇、そして MKV は八〇の項目を挙げている。少ないものでも『首迦経』の七五項目、多いもので『分別経』、TKV の一〇一項目と、数に幅はあるものの、Ⅰ類が一四項目であったことと比較して、これらは歴然と区別されるほどに発展した一経典群とみなし得る。そして、これらはすべて最初の一四項目までの内容には明らかに増広・改変が認められるものの、I類の一四項目をそのまま継承しており、一五項目から新しい項目が増広されているのは明らかである。ただ、『分別経』のみは、七・八番目と九・一〇番目の項目の順序が逆になっている。なお、一五番目以降の項目については、それぞれに相違が見られ、どの経典間にも一致するものはない。その相違については、S.LéviとW.Simonの対照表[9]を参照されたい。ここでは、これら経典間に見られる分類項目の異同について、MKVを中心として顕著な点のみを掲げることにする。

まず、MKVとTKVとは、項目の順序から見ると、六一項目まで全く一致しているが、六二項目からはそれぞれ異なってくる。その原因は、TKVの六二項目から、MKVにはない、十善業道の各論に入ることによるためであるが、それ以降も、TKVには仏塔供養に関する項目が多くなることにより、全く一致しなくなる。しかし、MKVの八〇項目すべてがTKVに含まれていることを考えれば、両経の関係が大変密接であることだけは確かである。

次に、MKVとTKDとの関係であるが、一二項目までと三三項目から三九項目までが一致する以外は、順序に混乱が見られる。しかし、MKVのすべての項目はTKDに含まれており、MKVになくTKDのみに存在するのは、MKVの項目が二分された一項目と、仏塔供養に関する三項目だけである。概ね、MKVとTKDは、業報分別の項目から見て、よく一致していることが判る。

次に、MKVとBMとの関係であるが、MKVの第一八項目の阿修羅道に生まれる業に関する項目がBMに欠落していることから始まって、以降、最後の四項目を除いて、その順序が大幅に相違している。BMには十不善業道に関する項目に重複が見られ、また他経と異なり、十善業道・十不善業道をそれぞれ一項目でまとめている。この両経は項目数が八〇と一致しているにも拘らず、項目に異同が認められる。

続いて、MKVと『首迦経』とについてであるが、第二三項目以降に不一致が生じている。MKVにあり『首迦経』に存在しないものは、ほとんどが仏塔供養に関する項目であり、その逆は四項目であるが、ここで特記しなければならないような項目ではない。

『分別経』との相違は、BMと同様、MKVの第一八項目が欠落している他は、『分別経』に十善業道の各論が存在し、その他にも若干の項目が多い点が認められ、順序にも不一致が見られる。しかし、(A)段に関しては、筋立てといい、挿入される偈文の一致といい大変類似している。

このように、MKVを中心として他の経典との主要な相違点を述べたが、項目数が八〇前後の『首迦経』、TKD、BM、MKVと一〇一項目のTKV、『分別経』とに分けて、その項目数の差異を眺めると、ほぼ十善業道を各論として項を設けているか否かの差であり、さらには、仏塔供養に関する項目の多少による差であると言える。したがって、このような項目数やその順序の違いだけで、Ⅱ類に属する経典の関係を成立史的に理解することは無理である。

そこで、いま少し視点を変えて眺めてみよう。これらの経典は大半を業報分別の各論に費やしている訳であるが、その説示の形式には相当の差異がある。『首迦経』、『分別経』、TKDは各項目すべてにおいてⅠ類と同様に、その業報の因縁を述べるに止まっている。ところが、TKVとMKVはそれに止まらず、一段と説示の仕方に展開の跡が窺える。即ち、各項目において業報の因縁を論じた後、それに関連する説話や因縁談が挿入され、さらに他の経典や律、または本生談等が引用される形式で説かれている。特に、TKVに比べてMKVはその度合いが大きい。このことから、前者の三経に比較して後者のTKV, MKVがより発展・展開されたものと位置付けることは可能であろう。(10) こうして見ると、先に述べた経典の構成面から考えても、『首迦経』、『分別経』、TKDが依然としてⅠ類における阿含経典の構成を継承している段階であるのに対し、TKVは(C)(D)だけで構成され、(A)(B)といった前半部分が欠落しており、またMKVの構成は(A)(B)(C)からなり、経末の帰依文(D)が欠落している。こうした変容は、より一層展開した結果を示しているので、阿含とは別の伝承の文献として受け止められるのかも知れない。

なお、南方伝承にはⅡ類に該当するような文献は見られないことから、北方伝承特有の展開と考えられるが、ジャワのボロブドゥール仏塔に見られる浮彫にはMKVに相当する場面が幾種も見られることからすると[11]、必ずしもそうとは言えないかも知れない。

第四項　鸚鵡経類を二分する根拠

さて、ここで鸚鵡経類をⅠ類とⅡ類とに類別した根拠について考察する。業報分別の項目数に関して、Ⅰ類の経典がその順序に若干の差異はあるものの、すべて同一の一四項目であるのに対して、Ⅱ類の経典群は七五項目から一〇一項目というように項目数を大幅に増やしている。これが類別する一つの根拠である。

さらに、Ⅰ類とⅡ類とに共通する一四項目に関しても、因縁を論じている説示の内容を比較すると、歴然とした差異が存在している。このことは、Ⅰ類が阿含・ニカーヤ伝承であるのに対して、Ⅱ類はそれとは異なった伝承として位置付けられるものと考えねばならない。このことも二つに類別する根拠である。

Ⅱ類がⅠ類の阿含・ニカーヤとは異なった伝承であることの裏付けとなる資料は、MKVとその註釈書であるKarmavibhaṅgopadeśa（KVU）[12]において見られる。それを示すと、MKVには、

yathā ṃahiśāsakā gotrāntariyā Vinaye 'rthotpattiṃ dhārayanti.（Lévi, p.60, *ll*.8-9)

と記され、KVUには

tasmād api Mahākarmavibhaṅgaḥ gotrāntarīyāṇām Abhidharmasaṃyukteṣu.（Lévi, p.167, *ll*.12-13）

とある。この二つの文章に見られるgotrāntarīyaは「異なった部派」と訳せるが、その意味するところは、MKVとKVUを伝える教団が特定の部派に所属していることを表明していることに他ならず、ここに帰属部派を特定すべきことが要請されるのである。さらに、注目すべきはKVUの用例である。この文は「こういう理由でMahākarmavibhaṅgaである。〔これは〕諸々の他部派ではAbhidharmasaṃyukta〔に蔵される〕」とでも訳せようか[13]。これによれば、Mahākarmavibhaṅgaという文献は他の部派でも保持し伝承されていたことが窺い知れ、そして、それがⅡ類に属するような諸経類を指すものではないかと推察することは容易である。gotrāntarīyāṇāmが複数形であることからは、三つ以上の部派がそのような経典を有していたことも判明する。

次に、Abhidharmasaṃyuktaに関しては、今のところどのように理解すべきか、確証はないが、差し当たり「論に付随する」、「論に相応する」等と訳せるであろう。いずれにしても、これがLocative case（於格）であることから、おそらくMahākarmavibhaṅgaが組み入れられている蔵のような何かを意味しているのではないかと考えられる[14]。とすると、これらⅡ類の経典群は、阿含を所依としつつも、それを展開した部派の所産の経典ではないかとの推定ができ、阿含とは全く別の伝承として把握しなければならないことになる。要するに、Ⅱ類の経典群は聖教としての阿含伝承とは別に、部派が独自に阿含を増広・改変して経典を作り、それを阿含と区別して保持していた一例ではないかと考えられるのである。

このように、Ⅰ類とⅡ類を区分する根拠を述べたが、これらの経典群にはまだまだ解決しなければならない課題が多く残されていることも事実である。

第五項　Mahākarmavibhaṅga の帰属部派

⑴帰属部派を究明する前提　第三項で既述したようにⅡ類の経典群を成立史的に位置づけることは困難である。しかし、あえてそれらの経典の成立の順序を推測すれば次のようになろう。

経典構成、業報分別の項目数、説示内容等を眺めるとき、『首迦経』、『分別経』、TKD、BM の中で、成立が最も早いのは『首迦経』ではないかと思われるが、これ以外の三経の早い遅いについての根拠は見出せない。[15] Ⅱ類の中でも発展した形態を有するとみなせる TKV と MKV に関しては、業報分別の各論で引かれる説話や因縁談、引用された経・律等から考察するとき、明らかに MKV が最も増広・改変を受けているので、Ⅱ類経典群の中でも最も発展した形態を残しているものと考えて差しつかえなかろう。つまり、『首迦経』と TKV と MKV の成立順序が辛うじて浮かび上がってくるのである。

では、これらの経典群はいかなる時代に成立したのであろうか。この問題を解く一つの有力な手掛かりは、「仏像」に関する記述であろう。成立が最も早いと考えられる『首迦経』には「毀仏形像」（大正蔵一、八九二中）との記述が見られ、この「仏形像」とは仏像のことに他ならないからである。仏像の起源に関しては様々な学説[16]はあるものの、ほぼ二世紀に成立したと考えられる。とすると、その『首迦経』の成立の上限は二世紀ということになる。ところが、『首迦経』は六世紀後半に隋の法智によって訳出されているため、「仏像」の記述が増広・改変や訳出上の結果であるとするならば、必ずしもこれが成立を考える上での論拠とはなり得ないかも知れない。実際、他の経はその対応すべき箇所に仏像に関する記述はないからである。[17] 最も成立が早いと見られる『首迦経』に存在し、それ以後の成立と考えられる諸経に存在しないということは矛盾した現象であり、『首迦経』の

「仏形像」は訳語上の問題として処理することが妥当かも知れない。ちなみに、『分別経』とMKVには他の箇所[18]で「仏像」の記述が見られるが、『分別経』も宋の天息災訳であり、MKVも最も遅い成立であることを考えるとき、これらも後代の付加の可能性があるため、成立を考察する根拠にはなり得ない。このように、『首迦経』の「仏形像」の訳語をもって成立の上限を論じることには消極的にならざるを得ない。

さらに、この他に成立を考察する資料として、Ⅱ類の経典すべてに仏塔供養を主として仏塔に関する記述が見られる点が挙げられる。このことは初期大乗仏教との関連を示唆しているので[19]、それを根拠として成立時期を推定できるのではないかと考えられる。しかし、これも成立の上限を決めるほどの的確な資料となり得ない。

いずれにしても、筆者が知る限り、これ以外の明確な決定資料は存在せず、Ⅱ類経典の成立年代を設定することは困難である。こうした状況においては、先に述べたMKVやKVUのような記述に基づいて、それらの経典の部派の帰属を考察する試みが有効となるであろう。それによって、部派伝承における成立史の問題も論じられることになるのではないか。

そこで、Ⅱ類の経典中、最も多くの説話や因縁談を記し、経典、律、本生談等を引用しているMKVは、他の経典に比較して部派の帰属を論じ易いので、ここではMKVを伝承した部派について考察することから始める。最初に、先行研究の成果を紹介すると、MKVの帰属部派に関してはS.Lévi によって初めて論じられたが、博士は、その決定は困難であると断りつつも、根本説一切有部の可能性を否定している[20]。また、C.B.Tripāṭhī もKVUの帰属部派に関して、消極的結論と断って説一切有部との関係を否定している[21]。筆者も以前の考察ではMKVが引用する経・律から判断して、とりあえず説一切有部系と化地部の伝承とはみなせないという結論[22]を示した。このように、MKVの帰属部派の解明に当たっては、未だ決定的結論が得られていない状況である。その理由は、言うまでもなく部派を確定する決定的資料が不足しているからに他ならない。しかし、資料に限度があるといえども、その中に部派を確定する資料が存在するかも知れず、ここで改めて吟味したい。

(2)所引の経・律と現存資料との比較　MKVには二〇種にのぼる経典、本生談等と若干の律が引用されている[23]。これらのうち、原文が引用される経典と対比できる現存資料とを比較すると、次のような結論が得られる。即ち、『中阿含』とは全くと言ってよいほど対応関係が見られない。『長阿含』とは、その比較対象が二経ということで若干論拠が稀薄であるが、それらと対応しない。『雑阿含』、『増一阿含』とも対応しないが、これは比較対象が各々一経のみである点を考慮して結果を保留する。いずれにしても、MKVが引用する経典はすべて現存資料と伝承を異にしていることが判明した。この結果を部派伝承の視点から言えば、MKVの帰属部派が説一切有部系[24]という可能性は完全に否定され、法蔵部所伝[25]との隔たりも大きいという結論が得られる[26]。

引用される律は三例見られ、その一例は「異なった部派である化地部の人々は律に」(mahīśāsakā gotrāntarīyā Vinaye)と記されていることより、MKVの帰属部派が化地部であることは否定される。他の二例(Lévi, p.59, *l*.18, p.71, *l*.10)は出典名の明記がない。これが他の部派の律を指すものであるなら、先の例のようにそれを明記するであろうから、この二例はMKVが帰属する部派の律ではないかと推察し得る。この前提に立ち、二例を現存律と比較すると、その一例では大衆部系『摩訶僧祇律』と『根本有部毘奈耶』に対応箇所が見出せない。この二例の内容は広律を想定させるが、広律を備えていた部派と言えば、現存の律の他に、飲光部と正量部が知られる。正量部所伝の『律二十二明了論』の中に、「律中に説く」(大正蔵二四、六六六中・下など)とあり、『律二十二明了論』以前に正量部は広律を保持していたのではないかと推定できるのである[27]。現存していないので比定のしようもないが、飲光部や正量部所伝の律もこの二例の出処として止めておかなくてはならない。

(3) 五道説と六道説　それぞれの部派は、自己の部派の存在意義を主張するために独自の教義を有している。その中で、ここでは五道説を採用するのか、六道説であるのかという点に注目したい。両説の相違は阿修羅を認めるか否かによって生じたものであるが、この両説の系列を伝える資料は北方伝承にも南方伝承にも見られるものの、さほど多くはない。KvA（pp.360-361）によると、六道説を唱える部派は安達派（Andhaka）、北道派（Uttarāpathaka）とされ、『大智度論』（大正蔵二五、一三五下）では、その部派は「婆蹉弗妬路部」（犢子部）と紹介されている。そして、『大毘婆沙論』（大正蔵二七、八六八中）には特定の部派を指示しないが、「阿素洛」（阿修羅）を立てる他の部派の存在が示されている。しかし、この問題は重要視されていなかった訳でもないようで、阿修羅を立てるか否か、その是非をめぐる議論が交わされている。即ち、『正法念処経』（大正蔵一七、一〇七上）、『大智度論』（大正蔵二五、二八〇上）、『雑阿毘曇心論』（大正蔵二九、九三六中）等には、阿修羅を立てる道理や、五道説の論拠としての餓鬼所摂説、畜生所摂説等が論ぜられている。[28] こうした論議があるのも、阿修羅の存否が部派の立場を主張する教義の一つであるからと考えられる。

六道説を唱えたとされる部派としては、犢子部の他に同系の正量部も、その所伝である『三弥底部論』（大正蔵三二、四六六中）に阿修羅道が立てられていることから確認できるし、また正量部所伝と考えられるSAVにも六道が説かれ、「阿修羅」（D.226a1, P.155a8）が記されている。[29] このことから、犢子部・正量部系の部派は六道説を採用していたことが判る。ところで、アーンドラ地方の大衆部である安達派はKvAの記述以外、他で追証し得ないし、[30] 北道派に至ってはその実体も定かではない。

さて、第三項でも阿修羅道に生まれるとの業報説に関して触れたが、MKVに六道が説示されている点は注目してよい。そこには六道という名辞は存在しない（原文はgati, Lévi, p.42, *l*.11, p.55, *l*.9）が、六道それぞれの名目である地獄・畜生・餓鬼・阿修羅・人・天が(B)、(C)段の二箇所（Lévi, p.30, p.47）で列挙されている。したがって、MKVは六道説を唱える部派に帰属するということになる。Ⅱ類の経典群を見ると、MKV以外では『首迦経』とTKD, TKVには阿修羅が説かれているのに対し、『分別経』とBMの二経には、その対応箇所に阿修羅が記されず、地獄・畜生・餓鬼・人・天の五道だけが説示されている。こうした論点によって、少なくとも正量部系とそれ以外の部派とに分けることができよう。

(4) **svargeṣūpapadyate. kṣipraṃ ca parinirvāti.**　MKVの業報分別の六三―七六項目は主として仏塔供養を中心として、その業果を説示する箇所であるが、そのすべての項目に「svargeṣūpapadyate. kṣipraṃ ca parinirvāti.」（Lévi, p.84, *ll.*5-6. etc.）という定型句が記述されている。これは、法蔵部所伝の『四分律』に説かれる「能く髪、爪を供養する者は必ず無上道に成ず」（大正蔵二二、七八五下）にだけ関連付けられるものである。一般的に、仏塔供養は生天の業であると説く部派の中にあって、法蔵部だけがこの見解を示していることから、MKVも法蔵部所伝ではないかという可能性も生じる。しかし、この定型句はⅡ類経典群すべてに見出せることでもあり[31]、ここはむしろ後代における大乗の影響を受けた部派の実情を反映する記述と捉える方が妥当であろう。また、MKVには他にも仏塔供養や仏塔建立等の記述（Lévi, p.31, *l.*15ff., p.34, *ll.*4-5, p.38, *ll.*1-3, *ll.*6-9, p.82, *l.*1ff. etc.）が多数見られる。Ⅱ類の他の経典群も多少の差はあるもののほぼ同様であるから、これらの記述について部派と仏塔との関係を知り得る資料から考察しても、特定の部派は決定し得ない。しかし、後代において安達派が仏塔の供養には小果しか望めないとする風潮は[32]、MKVの記述には馴染まない。

(5) 訳出年代から　Ⅱ類の経典の訳出年代を見ると、最も早い訳出が隋の法智訳『首迦経』の六世紀後半で、そして『分別経』は宋の天息災訳で一〇世紀後半であり、チベット語訳は当然のこと後代であるが、この場合は九世紀前半である。MKVの梵文の書写年代も九世紀頃と考えられている。[33] このことより、これらの経典群の訳出年代は総じて後代であることが判る。このことは、必ずしもこれらの経典の成立とは直接関係しないが、一方で、これほどまでに一群をなして後代に訳出されている事実も無視できない。少なくとも、六・七世紀以後においても、これらの経典群が現に流伝されていたことだけは確実である。つまり、MKVは勿論のこと、他の経典も六・七世紀以後の時代に存在していた部派によって伝承されていたことになる。当時、最も後代に至るまで小乗部派としての体裁を保持していたと見られる部派は、本書第二章でも述べたように、玄奘の『大唐西域記』や義浄の『南海寄帰内法伝』等によって、〔根本〕説一切有部と正量部系であることが知れるのである。

(6)まとめ　以上、MKVの部派帰属を考察するために四つの視点から論じてきた。これと、S.Lévi や C.B.Tripāṭhī の見解を考え合わすと、排除されずに可能性を残す部派は正量部系ではないかという推測が可能となる。もとより、帰属部派を決定する際には、パラレルな文例や明確な資料に基づく直接的な証拠が必要とされる。しかし、比較し得る現存資料に限界がある場合には、このような状況証拠による間接的な論証にならざるを得ないであろう。

このように、MKVの帰属部派を一応、正量部系と位置づけた訳であるが、ここで論を元に戻して、II類の他の経典との関連を考えてみたい。

まず、TKVであるが、これは内容といい、引用文[34]といい、MKVと全く同じと言ってよいほど類似しており、MKVとTKVとが同系の経典を依拠としていたことが窺い知れる。このことから明らかにTKVとMKVは同一部派の所伝であるとみなしてよい。先にも触れたように、TKVに比べてMKVの方がより発展した経典と考えられるので、TKVが項目数や構成面から整理されて、MKVへと展開したものと推察し得る。

Ⅱ類の他の経典に関しては、ほとんどが不確定要素であることを断っておかなければならないが、先に考察したように、『首迦経』とTKDとが六道説で、『分別経』とBMとが五道説であることを根拠とすれば、前者の二経がMKVやTKVと同系と考えられ、後者の二経と分けられる。そう考えれば、一応『首迦経』→TKD→TKV→MKVという一連の展開が考えられるであろう。しかし、これは全くの憶測であり、他に何の根拠もない。一方、Ⅰ類の経典の「鸚鵡経」と『仏説鸚鵡経』は、説一切有部所伝とみなせることから、有部系も、当然のことながらⅡ類のような経典を保持していたことは容易に推測できる。また、後代まで存続していた部派であるだけに、正量部と同様に有部系の部派についても、『分別経』やBMがその所伝と考えられ得るであろう。このような憶測をあえて論じたのは、帰属部派を明確にした上で、成立史的問題が論じられるべきとの立場を具体化するためである。[35]

第六項　提言

阿含経に依りながら部派によって作成されたであろうMKVをはじめとするⅡ類の経典は、部派研究において論や律を中心とした従来の資料とは異なった新しい意義を有する一資料と位置づけられるであろう。つまり、それらに説かれている内容は、今までにはない部派の実情を知り得る貴重な資料となるであろう。

その具体的な事例を示しておこう。Ⅰ類に含まれる阿含経は、在家者に対して世俗的な倫理を、業報を主題として説くものであったが、これがⅡ類の経典に継承し展開されるとき、その主題は明らかに部派仏教（教団）が在家信者をいかに見ていたか、あるいは在家信者と係わっていたかという問題に変換されている。本来、部派仏教は出家者中心主義で[36]、出家者側から見れば、在家者は教団や教理の面で軽視される立場にあった。たとえば、解脱涅槃に到り得るのは出家者だけであり、在家者は生天を願うだけの存在者と規定されている。[37]ところが、このMKVには、前項でも述べたように在家者は生天だけを願うのではなく、解脱涅槃することもできるというように説かれているのである。この注目すべき点は、大乗仏教の成立以後、次第に在家仏教が台頭するにつれ、それが部派教団の在家者との係わり方に大きな影響を及ぼした一つの結果と解することができよう。

さらに、業報分別の項目中に、「出家すれば功徳がある」という記述があるが、これは成立が最も早いと見られる『首迦経』を除いたすべての経典に説かれている。[38]しかも、この項目が他の「食物の施与」や「香料の供養」等の項目と共に並列的に列挙されているにすぎない。これは、一見厳しい出家主義を説く部派仏教の立場に反した記述であるように思える。おそらく、この意味するところは、在家者が出家しなければならないという必然性が失われ、在家者のままでも涅槃し得るといった、部派仏教における出家主義の崩壊を示唆しているのかも知れない。

いずれにしても、MKV等の文献は、部派仏教研究の一資料として位置付けられ、部派仏教の新しい側面を提示してくれるであろう。

第二節　パトナ Dharmapada の伝承と帰属部派

ここにいうパトナ Dharmapada（PDhp）とは、一九三四年に Rāhula Saṃkṛtyāyana によってチベットのゴル（Ngor）寺院で発見され、写真に撮影された後に持ち帰られ、現在パトナの the Bihar Research Society に保管されている写本をいう。この写本は、一九七九年に N.S.Shukla（S ed.）[39]によって、一九八〇年に G.Roth（R ed.）[40]によって、それぞれ全く別々に相次いで校訂出版され、そして、一九八九年には M.Cone（C ed.）[41]が両者のテキストを参照しつつ新たな校訂本を公表した。

S ed. と R ed. が刊行されて以来、PDhp に関する詳細な研究が種々なされてきたが[42]、それらの研究は、主に両版に対する文献学上の批判的考察や、そこに見られる文法や語形等の言語学的な特質の視点から、それと他の諸文献中に見られる言語とを比較して、それを前提として成立地や成立年代の設定を試み、さらには帰属部派を比定しようとするものであった。これらの研究は、文献学および言語学の立場から部分的には有益な成果をもたらしたが、いずれも未だ十分と言える結果を導いてはいないように思える。

そこで、本節[43]では、PDhp が有する諸問題を解決するための一つの方法として、特定の地域と年代に比定することのできる数点の碑文との関連性から、PDhp が伝承された地域や時代、そして所属部派を考察する。すでに、M.Gone も、碑文に着目したものの、両者の言語上の関連性が乏しいために有益な結果をもたらしているとはいえない。ところで、以下に提示する数点の碑文が PDhp のそれと比較して言語的に他に比類しえないほど酷似しているので、筆者はそれを手掛かりとして、PDhp の伝播した地域と年代という確実な伝承過程を捉え、そこから帰属部派の問題を解明していきたい。

第一項　パーラ王朝期の仏教碑文

PDhp の言語と極めて親近性を有し、その諸問題解明の糸口になると思える碑文とは、いずれもビハール州北東部と西ベンガル州北部にかけての、限定された範囲の四地点より出土した合計六点である。それらは、宝蔵神（Jambhala）像や観音像の台座に刻まれた仏教に関する碑銘である。

それらの碑銘を紹介している D.C.Sircar は、それらを次のように解読している。ここでは、それらを出土地別に区別して提示することにする。

［A］ A Buddhist Inscription from Ghoshikundi（the Indian Museum, Calcutta）[44]

Siddham

bhagavā āvuso paṭiccasamu[pp]ā[da] dhaṃmaṃ deśita[/]

paṭiccasamu[ppa]nnānāṃ ca dhaṃmānāṃ ca yo nirodho //

ye dhaṃmā hetuprabhavā tesāṃ hetuṃ tathāgato avaca[/]

tesāṃ ca yo nirodho evaṃ-vādī mahāśśamaṇo //

śrī-saṃyyasatu(suta)-mahā[r]āja-śrī-pūrṇṇadi(vi)krama-kṣā(kṣmā)dhipati[ḥ] // śrī-siṃhanāgāsāṃ(yāṃ)bhadanta-jayasenasya deya-dharmmo=yaṃ // kārttika-māsaṃ gauḍa-rāja-a[pū]rviṇam samatna(tta)70-maṃ thaitaṃ

［B］ A Buddhist Inscription from Kajra[45]

....ti

pa[ṭicca]samuppannānaṃ ca [dhaṃ]mā[ṇaṃ] yo nirodho[//]

....

....................yo niro[dho e]va[ṃ]vādī mahaśśamaṇo //

［C］ Three Buddhist Inscriptions form Uren[46]

（1） bhagavā āvuso ppa(pa)ṭiccasamuppādaṃ dhaṃmaṃ deśeti /

ppaṭiccasamuppannānaṃ ca dhaṃmāṇāṃ yo nirodho //

ye dhammā hetuprabhavā tesāṃ hetuṃ tathāgato avaca[/]

tesaṃ ca yo nirodho evaṃ-vādī mahaśśamaṇo [//]

śrī-pratinava-śrāda (vi) tapālasya //

(2) [Siddham //]

bhagavā āvuso paṭiccasamuppādaṃ dha [mmaṃ] deśeti [/]

paṭiccasamuppannāna [ṃ] ca dha [mmānaṃ yo niro] dho /

ye dhammā hetu [prabha]vā tesāṃ hetuṃ tathā [gato] avaca /

[tesāṃ ca yo nirodho evaṃ]-vādī mahaśśramaṇo //

(3) bhagavā āvuso paṭiccasamuppāda [ṃ] dhamma [ṃ] deśeti [/]

paṭiccasamuppa [nnā] na [ṃ] ca dhaṃmāṇa [ṃ] yo nirodho /

ye dhammā hetuprabhavā [tesāṃ hetuṃ] tathāgato avaca

tesāṃ ca yo nirodho eva [ṃ]-vādī mahaśśamaṇo //

[D] A Buddhist Inscription from Maldah Museum (47)

(Part I)

śrī-bhakokkā-sāṃghīya-āc [ā] ryya-bhadanta-buddhapālitasya deya-dhaṃmo=yaṃ /

(Part II)

ye dhaṃmā hetuprabhavā tesāṃ [h] etuṃ tathāgato avaca /

tesāṃ ca yo n [i] rodho evaṃ-vādī mahaś [r] amaṇo //

これらの碑文の説明は、D.C.Sircar の詳細な研究に依りながら、本節に関連する主要な点のみを要約して、以下に記述する。

［A］～［D］の碑文すべては、「ウッダンダプラ（Uddandapura）―ビハール州のパトナ地方にある今のビハールシャリフ―に特に見られるが、中世の初め頃、北インドの東部にある仏教教団の間でよく使用されていた[48]」と言われるバイクシュキ文字で書かれている。

出土地に関しては、［A］は不明であるが、碑文中の siṃhanāga が Ghoshikundi の初期の名称であったことから Ghoshikundi が出土地であった可能性も考えられる。［B］はその Ghoshikundi 近くの Kajra より出土したもので、［C］はその Kajra 近くの Uren より出土したものであるが、これらはいずれもビハール州東部のモンギル（Monghyr）地方に属する。このモンギル地方はパトナの東南東約一三〇キロに位置している。［D］の出土地はマルダ（Maldah）地方のある村ではないかと推定されるが定かではない。マルダ地方とは、モンギル地方より東南東約一八〇キロの西ベンガル州北部に位置している。

次に、年代に関しては、D.C.Sircar は、［A］をガウダ（Gauda）王などの年代を考慮して、「この碑文には七〇年と刻まれているが、これはおそらく紀元後一二四九年に帰することのできるものであろう[49]」とし、［C］に関しては「この地域の他の記録の古文書学によって言えば、この碑文はベンガル州とビハール州のパーラ王朝期に属し、おおよそ九世紀から一二世紀に帰することができようが、あえて言わせてもらえばその後半期であろう[50]」と述べる。［D］に関しては、G.Bhattacharya が「これは一二世紀のものと考えるべきである[51]」との見解を示している。［B］については不明であるので判断しかねるが、これらはほぼ一一世紀から一三世紀頃に比定することができるであろう。

つまり、これらの碑銘は、地域的にはビハール州北東部より西ベンガル州北部の範囲に特定できる地域のものであり、そして年代的には一一世紀から一三世紀中頃のパーラ王朝期からセーナ王朝期に作成されたものと推定することができる。

第二項　パーラ王朝期の仏教碑文中に見られる偈文の言語の特殊性

これらの碑文で注目すべきは、その中に刻まれている偈文であり、［A］、［B］、［C］には同一の二種の偈文が、そして［D］にはその後半の偈文のみが見られる。それぞれ偈文には一部異同はあるが、いずれも同じ言語的特徴を備えた偈文とみなして差し支えない。この二種の偈文は、縁起の法を説いたものであるが、後半の偈はしばしば仏典の冒頭や末尾に書かれるもので、塔の基や内部に、また仏像の体内に納められたりする、法身偈（縁起法頌）と一般に呼ばれているものである。

ここで、この偈文の言語の特色を考察するために、その後半の偈文とパラレルであるパーリ語（P）と梵語（Skt）の例文を示しておく。

（P）　ye dhammā hetuppabhavā　tesaṃ hetuṃ tathāgato āha,
tesañ ca yo nirodho　evaṃvādī mahāsamaṇo.[52]

（Skt）　ye dharmā hetuprabhavā　hetun=teṣāṃ tathā[ga]to hy=avadat=
teṣāñ=ca yo nirodha　eva[ṃ] vādī mahā[ś] ramaṇaḥ.[53]

この両者と碑銘中の偈文とを比較すると、碑銘の偈文はパーリ語でも梵語でもない特異な語形を呈していることが判明する。この言語を D.C.Sircar は、［A］について「梵語に影響されたプラークリット語[54]」と、［C］については「梵語に著しく影響されたパーリ語[55]」と、そして［D］については、「梵語とパーリ語の混淆[56]」と説明しているように、碑銘ごとに微妙に表現を変えている。
それはともかくとして、[A]、[C](1)、[D]の碑文に見られるように、偈文以外の文は梵語である。同時代、同地域の他の碑文では、梵語が使用されていることを考えれば、[A]~[D]に見られるような偈文の言語は、この時代、この地域において、仏教教団の伝承にのみ使用されていたのではなかったかという仮説が提起されるのである。このことから、この偈文が言語学的に極めて興味深い資料であると言えるにとどまらず、当時のこの地域に存在した仏教教団によって保持されていた文献は、この偈文と同じ言語によって伝承されていたのではないかという推定も可能にしてくれる。

そこで、この碑銘中の偈文の言語が、この時代、この地域に限定されていたかどうかを考察するためには、それとほぼ対応する時代と地域より出土した法身偈と比較する必要がある。そこで、法身偈の内容が一部でも報告されている碑銘を、以下に示す。

パトナより南約九〇キロ、モンギルより西南西約一三〇キロに位置する、Kurkihar より出土した物の中に次のような法身偈が見られる。(57)

(No.2) ye dharmmā(hetu)-prabhavā　　hetun=teṣān=tathāgato hy=avadat=
　　teṣāñ=ca yo nirodha　　evamvādī mahāśramaṇaḥ //

(No.3) ye dharmmā hetu-prabhavā　　hetun=teṣān tathāgato hy=avadat=
　　teṣāñ=ca yo nirodha　　evamvā//-dī mahāśramaṇaḥ //

これらは、いずれも書体から見て、九世紀から一一世紀と推定されている。

また、ヴァラナシの南約四〇キロに位置する Chunar より出土した物の中の六点と、サールナートからの一点の法身偈が報告されている。[58] 以下に、それらから法身偈の部分のみを取り出して、報告の分類に従って列挙する。

B(d)30 — ye dharmmā he .....

D(b)10 — ..... evaṃvā ..... mahāśrama a .....

D(k)66 — ..... teṣāṃ tathā ..... ñca yo .....

D(k)85 — ye dharmā he ..... śravaṇa .....

D(l)5 — ye dharmmā he .....

D(l)6 — ..... rodha evaṃvādī mahāśramaṇaḥ

F(d)1 — ye dharmā

これらの年代に関しては、書体から判断して、F(d)1はグプタ時代、D(k)66は中世、D(b)10とD(l)5は八世紀か九世紀、B(d)30とD(k)85およびD(l)6は一一世紀頃のものと報告されている。

さて、これらの法身偈は、いずれも梵語で刻まれており、先に掲げた［A］～［D］に刻まれたモンギル地方やマルダ地方の法身偈とは言語的に異なっている。したがって、［A］～［D］中の特異な言語で刻まれた碑文は、特定の時代と地域とに限定できる資料と言えよう。

第三項　偈文の言語とPDhpの言語との比較

こうした特定の地域と時代に位置づけられ、言語的にも特異な語形を有している六点の碑銘の偈文は、ある特定の部派による伝承を示唆しているのではないかという仮説をすでに示した。そこで、それを前提として本節の主題に入りたい。

何よりも注目すべきは、PDhp の偈文の言語が、碑銘中の偈文の言語と極めてよく一致しているということである。そこで、ここでは碑銘中の偈文の語と比較可能な PDhp の語を取り上げ、語形上より両者の関連性を考察する。なお、三種の校訂本には三者三様の解読も見られ、いずれも確定的なものとは言い難い。したがって、ここで使用する PDhp の用例は、原則として S ed., R ed., C ed. すべてに共通している校訂を比較の対象とする。先に碑銘の偈文の語を挙げ、それに対応する PDhp の偈文番号を示すが、その番号は S ed. と C ed. に従う。

(1) pra-［A］,［C］(1)(2)(3),［D］: praduṣṭena (1c), prabhāseti (20c), pramādo (157d), praśaṃsati (300a), prasanna-(337c) etc.

PDhp には接頭辞 pa- は存在せず、すべて pra- が用いられている。

(2) paṭicca［A］,［C］(1)(2)(3): 84c

(3) dhammā［C］(1)(2)(3): 1a, 2a, 112a, 226d

dhaṃmā［A］,［D］: 113b, 374a (S ed., C ed. のみ)

dhammam［C］(2)［磨滅部分］,［C］(3): 12b, 13b, 35a, 134b, 191c, 226c, etc.

dhaṃmam［C］(1): 297a, 396d, 412b

他に、dhamma-(28c, 32a, 32e, 131c, 132c, 196b, 224c, 314b, etc.), dhaṃma-(226a, 262b, 275c, 316b, 331a, 396b, etc.) の用例も多数見られる。PDhp には、碑銘の偈文と同様 dharma ではなく dhamma, dhaṃma が用いられていることが判る。dhamma と dhaṃma は単なる書き癖による相違であろうが、PDhp でも概して前半部に dhamma が、後半部に dhaṃma が多く見受けられる。

(4) dhaṃmāṇāṃ［C］(1): 385c, 389c

dhaṃmānām([A]), dhammānam（[C](2)[磨滅部分]), dhaṃmāṇam（[B][磨滅部分], [C](3)）: 用例はない[59]。

dhaṃmāṇām は、梵語の dharmāṇām とパーリ語の dhammānam との混合形のような特異な語形であるが、PDhp とは一例で一致する。dhaṃmāṇaṃ, dhammānam は PDhp には存在しないが、それらは碑文の磨滅した箇所でもあり、厳密には比較できない。PDhp には plural, genitive の語尾として比較的 -ānām が多く、それは碑文（-uppannānām [A]）と対応するものの、-ānam, -āṇam が存在しない点は碑銘の偈文と異なる。

(5) tathāgato, nirodho([A], [B], [C](1)(2)(3), [D]) : brāhmaṇo（41b), rukkho（156b), dhammo（227a, 227b), naro（290b), māggo（359a) etc.

-o は masculine, singular, nominative の格語尾で、PDhp の用法と一致する。

(6) mahaśśamaṇa([B], [C](1)(3)) : śamaṇa(235d, 236c, 236d, 239d)

mahāśśamaṇa([A]) : śśamaṇa（用例はない）

mahaśśramaṇa([C](2)), mahaś[r]amaṇa（[D]) : śramaṇa（196d. S ed. のみ）

mahaśśamaṇa は maha ＋ śamaṇa と分解される。śamaṇa は梵語の śramaṇa とパーリ語の samaṇa とも異なる語形を呈しているが、PDhp の用例とは一致する。mahāśśamaṇa の場合、mahā ＋ śśamaṇa と分解すれば śśamaṇa が得られるが、この語形は PDhp には存在しない。śramaṇa は PDhp には S ed. にのみ一例見られる。マガダ語形の特色と言われる palatal sibilant への同化語形を示す -śś- は、PDhp に bahuśśuta（71a), niśśitā（237d), iśśukī（288d), aśśa-(322d, 323b), vaśśa-(390a) 等のように随所に見られる。

(7) tesām([A], [C](1)(2)(3), [D]) : 87d, 124a

tesam([C](1)) : 5d, 74c, 244c, 266d, 270f etc.

PDhp では tesām に比べ tesaṃ の用例が多いが、梵語の teṣām とパーリ語の tesaṃ の混合形のような特異な tesām は二例が一致を見る。碑銘での tesām と tesaṃ の二語の併用は、PDhp と同じである。

(8) deśeti ([C] (1) (2) (3)) : 54c

deśita ([A]) : 363d

梵語の deśayati とパーリ語の deseti の混合形のような特異な語 deśeti と梵語の deśita の用例は一致する。

以上の比較の結果、碑銘中の偈文と PDhp は言語上ほぼ完全に一致し、今日まで知られている他のいかなる文献や碑文と比べても極めて酷似した関係にあることが判明する。

ところで、PDhp の本文（S ed., C ed.1-414, R ed.1-415）の言語は、このように碑銘中の偈文と対応したが、PDhp の最初の帰敬偈と奥書はそれとは異なり、梵語で書かれている。このような PDhp における言語の使い分けは、碑文[A]、[C](1)と[D]で見られる言語の使い分けと形態上同一であり、この点からもこれらの碑文群と PDhp との近似性が窺い知れるのである。

第四項　PDhp の帰属部派

PDhp の本文と碑文の偈文との言語的一致は、PDhp を伝承した部派を知る上で一つの大きな手掛かりを与えることになる。即ち、この言語（ただし、言語というものは地域と年代を限定する十分条件を満たすものではないが）は、少なくともモンギルやマルダというビハール州北部から西ベンガル州北部にかけてという限定された地域で、一一世紀から一三世紀中頃に用いられていたことから、PDhp もその伝承過程においてこの地域と年代を経過していたであろうと推定できる。そして、この考えは、PDhp が一一世紀頃と言われる proto-Bengali 文字で書写されている[60]ことを考え合わすとき、より一層その感を強くし、PDhp の地理的、年代的な伝承としては極めて自然な想定と言えるであろう。この視点に基づいて、PDhp はこの地域と年代に存在した、ある特定の仏教教団に伝承されていたのではないかと推定できる。

法句経類は、周知のように、いくつかの部派にそれぞれが保持されていた点を考慮すれば、PDhp もある特定の部派が保持し伝承していたと考えることは妥当である。当時の部派の実情は定かではないが、インドで後期まで存続した部派と言えば、有部・上座部・大衆部・正量部の四部と言われ、東インドにもこれらの四部派が存在していたと伝えられるから[61]、おそらく PDhp はこれらのいずれかの部派に帰属されることになろう。このうち、上座部は『ダンマパダ』（Dhammapada）を有し、有部も『ウダーナヴァルガ』（Udānavarga）を伝承していた。そして、大衆部では、その一部派である説出世部（Lokottaravādin）が伝えた『マハーヴァストゥ』（Mahāvastu）の中に sahasravarga に相当する偈文が引用されているが、それは PDhp と一致しない[62]。このことから判断すると、PDhp をそれらの部派に帰属させることには無理があろう。このように消去法で考えると、残るのは正量部ということになるが、従来の研究ではそれを確定することは困難であった。碑文［A］の śri-siṃhanāgāyāṃ bhadanta-jayasenasya[63]、［D］の śri-bhakokkā-sāṃghiya-āc[ā]rya-bhadanta-buddhapālitasya[64] という記述も、現段階ではこの問題解決の助けにはならない。しかし、正量部は東インド地方においてセーナ王朝期には完全に消滅したと言われ[65]、最も末期まで存続した部派と考えらえるだけに、PDhp の帰属部派を考えるとき、地理と年代の条件から見て、他の部派に比べて関連の可能性が最も高いであろう。

ところで、これまでの PDhp の研究の中で、明確に帰属部派を論じた成果に水野弘元博士の研究がある[66]。水野弘元氏は、PDhp の言語と正量部所伝の小律『律二十二明了論』の音写語とを詳細に比較検討し、その結論として、「数例の音訳語から見るかぎり、明了論の原本の言語は一般に仏教梵語とも違い、Pali に似た点もあるが違っている場合もあることが知られる。それは SDhp（＝PDhp）の偈の言語が仏教梵語や Pali に異同しているのと類似している。もちろん僅かの例で推測するのは厳密ではないが、これらの数例によれば、明了論の言語は SDhp の偈の言語に類同したものではなかったかと考えられる。この点で SDhp は明了論と同じく正量部所属ではないかと推測される」と述べておられる。

筆者も PDhp の帰属部派の問題を考察するに当たって、本節で挙げた碑文群が出土した地域と同じ地域を訪れた玄奘の『大唐西域記』の記述を援用することによって、そこから得られる見解を提示したい。

玄奘はビハール州東部の伊爛拏鉢伐多国を訪れ、当地の仏教の状況を次のように報告している。

伊爛拏鉢伐多国、周三千余里、国大都城、北臨殑伽河。周二十余里、稼穡滋植、花菓具繁、気序和暢、風俗淳質。伽藍十余所、僧徒四千余人、多学小乗正量部法。天祠二十余所、異道雑居。近有隣王廢其国君、以大都城持施衆僧、於此城中建二伽藍。各減千僧、並学小乗教説一切有部。（大正蔵五一、九二六上）[67]

この記述にある「大都城」は、現在のモンギルに比定されていることから、この地には、七世紀前半の段階で正量部と説一切有部が併存していたことが判る。モンギル地方から出土した碑文は［A］、［B］、［C］であった。そのうち、［A］の年代は一二四九年と推定され、［C］の年代は九～一二世紀頃とされているから、玄奘の時代とほぼ二～五世紀の隔たりがある。したがって、『大唐西域記』と碑銘を直接的に結びつけることには問題がある。しかし、玄奘はモンギルにおいて七世紀に正量部が存在していたことを報告しており、場合によっては、それ以降も当地に存在し続けていた可能性を残しており、その意味からモンギル地方から出土した碑銘と正量部の関係を無視することはできないであろう。

玄奘が訪れた地と碑文とが関連することを思わせる報告を、さらに一例挙げておこう。それは羯羅拏蘇伐剌那国についてであるが、玄奘は、そこを次のように報告している。

羯羅拏蘇伐剌那国、周四千四五百里、国大都城、周二十余里。居人殷盛、家室富饒、土地下湿、稼穡時播、衆花滋茂、珍菓繁殖、気序調暢、風俗淳和、好尚学芸、邪正兼信。伽藍十余所、僧徒二千余人、習学小乗正量部法。天祠五十余所、異道寔多。別有三伽藍、不食乳酪、遵提婆達多遺訓也。(大正蔵五一、九二八上)(68)

この地は、現在の西ベンガル州北部のマルダ地方に位置するラーンガーマーティ(Rāṅgāmāṭi, Skt. Raktamṛttikā)に比定される。玄奘は、七世紀前半、この地に正量部が存在していたことを伝える。このラーンガーマーティ地域にある溜池とレンガや粘土の山の一つRājbāḍi-ḍāṅgāから出土した粘土状の刻印の中に、法身偈が見られる。この法身偈は、六世紀から八世紀に比定され、次のように、その最初の一部分のみが公表されている。(69)

ye dhamma hetuppabhava etc.

この法身偈が正確に解読されたものかどうかは不明であり、現在その点を調査している途中なので、厳密には言えないが、もしマルダ地方より出土した碑文[D]と対応するものであれば、玄奘の時代とこの法身偈の年代とが一致することから、この法身偈は正量部のものと見なすことができるであろう。いずれにしても、七世紀前半、この地に正量部が存在していたことは事実であり、たとえ一二世紀に比定される碑文[D]と年代上より隔たりをもつものであっても、Hiranyaparvataの場合と同様、玄奘の報告はこの地と正量部との密接な関係を示す例であると理解しても問題はないであろう。

以上のように、碑文[A]~[D]が出土したモンギル地方とマルダ地方における七世紀の状況を玄奘の報告から眺め、それに基づいて、パーラ王朝期の同地域に存在した部派を想定しようとする試みを行った。この試みには、それ自体、年代に隔たりがあることによって無理もあるが、それを前提とした部派の想定は他のどの部派に比べても十分あり得るものと言えるであろう。そのように考えると、碑銘の偈文の言語と一致するPDhpの帰属部派は正量部であったという可能性が濃厚となるのである。(70)

註

（1）今まで正量部系の所属と考えられてきた文献に『舎利弗阿毘曇論』がある（水野弘元『パーリ仏教を中心とした仏教の心識論』山喜房仏書林、一九六四年、一二三頁、三五頁、二六九頁参照）。しかし、今日ではその説は否定され、法蔵部所伝と考えられている。同「『舎利弗阿毘曇論』について」『金倉博士古希記念・印度学仏教学論集』（平楽寺書店、一九六六年）、一〇九―一三四頁。

（2）Sylvain Lévi, *Mahākarmavibhaṅga et Karmavibhaṅgopadeśa*, Paris, 1932.

（3）BM は Or.6724, Vol.59, 300A7-325A1 に収録されている。E.D.Grinstead はこれを大谷目録 No.1005, 東北目録 No.338, TTP. Vol.39, 117-1-5 ～ 126-3-3 に比定しているが、W.Simon の研究によれば、BM は上記のチベット語訳ナルタン版（他の諸版も同様）とは伝承を異にすることを明らかにしている。なお、本節で BM に関しては、後に掲げる W.Simon 論文に依拠する。

また、Or.6724, Vol.60, 144-151 に収められるチベット語訳 Karmavibhaṅga nāma dharmaparyāya（Las kyi rnam par 'gyur ba）なる文献の存在を、L.D.Barnett が報告している（E.D.Grinstead は収録箇所を Vol.60, 136b4 としており、両者の報告に混乱が見られる）が、E.D.Grinstead はそれを大谷目録 No.1006, 東北目録 No.339, TTP. Vol.39,126-3-3 に比定しており、TKD の対応経典とみなしている。そうであれば、このチベット語訳 Karmavibhaṅga nāma dharmaparyāya もⅡ類に入れるべきであろうが、これに関する詳細な研究はなく、筆者も未見であるので、ここでは、その存在を紹介するに止める。おそらく、BM の場合と同様に、伝承内容に差異があるものと推定できよう。E.D.Grinstead : The Manuscript Kanjur in the British Museum, *Asia Major*, New edition Vol.XIII, part 1-2, 1967, p.58, W.Simon, 'A Note on the Tibetan Version of the Karmavibhaṅga Preserved in the Ms Kanjur of the British Museum', *Bulletin of the School of Oriental and African Studies*, XXXIII, part 1, 1970, pp.161-166, L.D.Barnett, 'Index der Abteilung mDo des Handschriftlichen Kanjur im Britischen Museum（Or.6724）', *Asia Major*, Vol.7, 1931/32, p.169.

（4） S.Lévi, op.cit. pp.21-106. 仏訳は pp.107-151. 邦訳・註に関しては岩本裕『初期経典』（仏教聖典選第1巻、読売新聞、一九七四年）、二五七―三三五頁、三八九―四〇六頁。なお、この訳には欠落箇所（Lévi 本 p.85, *l*.8-p.87, *l*.9, p.98, *ll*.3-10）や疑問点も若干見られる。

近年、ネパールで発見された梵語写本断簡 Karmavibhaṅga の紹介と研究に、吹田隆道 'Sanskrit Fragments of Karmavibhaṅga Corresponding to the Canonical Tibetan and Chinese Translations'『佛教大学仏教文化研究所年報』7・8、一―二三頁がある。その後、工藤順之氏は S.Lévi が使用した二種のネパール写本を解読し直し、さらにカトマンドゥに保存されていた二種の断簡の解読を行い、テキストの校訂とそれに基づく一連の研究を行っている。工藤氏は、Lévi 校訂本が写本の手書きコピーを用いたのに対して、写真版によって校訂作業を行い、Lévi 校訂本の問題点をさまざまに修正している。新たなテキストについては、本書の巻末に掲げた「付記　正量部に関連する研究成果の一覧」に掲げる研究を参照されたい。

（5） 関連資料として他に東トルキスタン出土梵文断片 Śukasūtra・クッチャ語断片 Karmavibhaṅga・ソグド語断片等が挙げられる。Sylvain Lévi, op.cit., pp.235-236, 240-241, 243-257. Otto Rosenberg, Izvestia de l'Aeademe de Russie, 1920（後者は未見）。なお、未比定ではあるが、関連するとされる資料として、コータン語断片が見られる。H.W.Bailey, *Khotanese Texts*.V.（62, 638, 647-660), R.E.Emmerick, *A Guide to the Literature of Khotan*, p.22.

（6） 山田龍城「鸚鵡経」『文化』2・3、三三九―三四九頁、同『梵語仏典の諸文献』（平楽寺書店、一九五九年）、三九―四一頁。

（7） S.Lévi, op.cit. pp.21-22 footnote (3).　（8） 山田龍城前掲論文三四七頁、前掲書四〇頁。

（9） S.Lévi は MKV・TKV・TKD・『首迦経』・『分別経』・Śukasūtra 等の対照表を掲載している。op.cit. pp.14-19. W.Simon は BM・TKV・MKV の対照表を掲載している。op.cit. pp.163-165. なお、S.Lévi の表中、上記の『分別経』の項目部分に誤りが見られる。p.15。　（10） W.Simon は BM が MKV よりも初期形態を有する梵本を反映しているとする。op.cit. p.161.

（11） S.Lévi, op.cit. 巻頭に写真を掲げている。Le Karmavibhaṅga sur les Basreliefs du Boro-Boudour, a Java. 対照表にも比定し記載されている。pp.14-19. 千原大五郎『仏跡ボロブドール』（原書房、一九六九年）、一〇三頁。

（12） S.Lévi, op.cit. pp.153-167. なお、仏訳は pp.169-181.

（13） S.Lévi はこの文を「D'autres ecoles (le placent) dans les Abhidharmasaṃyuktas.」と訳している。op.cit. p.181.

（14） この Abhidharmasaṃyukta は部派の編纂事情を示唆しているものと思われるが、このような例は筆者の知る限り他の北伝資料に見出せない。この理由としては現存の部派資料に比較して、MKV・KVU の成立が遅いことによるものと推察し得るかも知れない。この詳細は以下の論文で考察している。並川孝儀「『アビダルマ経』考—abhidharme cakravartisūtre の用例を中心として—」『佛教大学大学院研究紀要』13、一—一六頁。ただ、南方上座部の『ミリンダ・パンハー』には二例の用例（abhidharmasaṃyuttāya kathāya）が見られるが、その意味を「アビダンマに要約されている論議によって」と解釈すれば、両者の意味は相違することになる。Milindapañho（PTS）, P.45,56, 中村元・早島鏡正訳『ミリンダ王の問い1』（東洋文庫7）、一二二頁、一五三頁。

（15）W.Simon は BM と TKV とに関して、TKV は BM が改変されたものという説を立てる。op.cit. p.165.

（16）高田修『仏像の起源』（岩波書店、一九六七年）、二二四頁、二二九頁以下など、平川彰「大乗の仏陀観と仏像の出現」（勝又俊教博士古稀記念論集『大乗仏教から密教へ』、春秋社、一九八一年）、二五—三六頁、山本智教「ガンダーラ美術派の年代略説」『印仏研』6—1、一二—二三頁など。

（17）『分別経』では「壊仏光明」（大正蔵一、八九七上）、TKD では 'mchod rten la 'od gcod pa'（TTP.Vol.39, 127-3-1）、TKV では 'mchod rten dang sku gzugs kyi mar me bsad pa'（TTP.Vol.39, 117-4-8）、そして MKV では 'stūpānāṃ pratimānāṃ ca dīpavyucchedaḥ'（S.Lévi, p.38, *ll*.1-2）とあり、『首迦経』のように、この箇所に仏像と明記されるものはない。

（18）『分別経』には「荘厳仏像」（大正蔵一、八九七上）、MKV には 'buddhapratimāyāḥ'（S.Lévi, p.99, *l*.19）という記述が見られる。

（19）平川彰『初期大乗仏教の研究』（春秋社、一九六八年）、六〇三頁以下。

（20）S.Lévi, op.cit. pp.11-12. S.Lévi は根本説一切有部を否定する論拠として、śatavarga Āgama の用例と Maitrāyajña の人物名に関する用例を挙げている。前者の用例は MKV に二例（S.Lévi, p.46, *l*.11, p.70, *l*.7）と KVU に一例（S.Lévi, p.157, *l*.13）見られ、後者は MKV の業報分別の三二項目（S.Lévi, p.50, *l*.14-p.55, *l*.16）に説示される因縁談の主人公名である。筆者も両者について論じた〔後註（22）参照〕が、特に後者に関して以下の資料も考察しなければならないので、ここに追記しておく。Divyāvadāna No.38, Avadānaśataka No.36, Avadānakalpalatā No.92 など。K.Klaus, *Das Maitrakanyakāvadāna*, Indica et Tibetica 2. J.Brough, 'Some notes on Maitrakanyaka : Divyavadana XXXVIII', *Bulletin of the School of Oriental and African Studies*. Vol.20, 1057, pp.111-132. これに関して資料を教示下さった松村恒氏に謝意を表す。

（21）Karmavibhaṅgopadeśa und Berliner Texte, *Winer Zeitschrift für die Kunde Süd- und Ostasiens*, 10, pp.208-219.

（22）並川孝儀「Mahākarmavibhaṅga 所引の経・律について」『佛教大学研究紀要』68、五三—七六頁。

（23）MKVには、名が記された経典としてKālikasūtra, Nandikasūtra, Śrāmaṇyaphalasūtra, Devatāsūtra, Cakravartisūtraなど一三経が、ジャータカはSiṃhajātaka, Śyāmajātakaなどが、その他ではSaptasūryopadeśaが引用される。また、「化地部の律に」（Mahīśāsakā vinaye）として引用されるものもある。並川前掲論文参照。
　なお、この件に関して、工藤順之氏の詳細な論考が発表されている。末尾の「付記　正量部に関連する研究成果の一覧」に挙げる一連の論文を参照願いたいが、その集大成は工藤氏の学位請求論文『梵文『カルマ・ヴィバンガ』の研究』（平成一六年九月）によってなされている。八〇節より成る『カルマ・ヴィバンガ』がどのような過程を経て形成されたのかを、四句分別という観点より節をグループ化して増広される過程を考察するとともに、「鸚鵡経類」諸文献の成立過程と系統別について詳しく論じている。さらに、引用される文献と現存する平行資料との極めて精緻な比較研究を行い、それを踏まえて帰属部派を検討し、また十不善業道による果報に関する諸節の内容からも帰属部派を論じている。

（24）赤沼智善『佛教経典史論』復刻版、法蔵館、一九八一年、四一頁以下。榎本文雄「阿含経典の成立」『東洋学術研究』23—1、九七—九八頁など。

（25）前田恵学『原始佛教聖典の成立史研究』（山喜房仏書林、一九六四年）、六三五頁註（3）に諸説がまとめられている。なお、C.B.Tripāṭhīは、法蔵部との関連を示唆しているが、具体的な論証は見られない。それは氏も告白しているように漢文資料に対する理解の不足によるものであろう。op.cit. p.219.

（26）MKVに引用されるCakravartisūtravibhaṅgaに七宝の一つである珠宝（maṇiratna）が見られるが、SAVに説かれる七宝には珠宝はなく、それに代わって男宝（skyes bu rin po che）が挙げられている。この不一致は、MKVを正量部所属とする考え方に否定的な資料となる。しかし、その不一致は時代や地域の差異によって生じた可能性も捨てきれない。並川孝儀「Cakravartisūtraについて」『印仏研』32—2、pp.(55)-(58). また、同様の事例としては、MKV所引の法句経の三偈（重複も含めると四偈）が、次節で論じるように、正量部所伝と考えられる『パトナ・ダルマパダ』の対応偈（一偈、二偈、一八五偈）と伝承に相違があると思われることが挙げられる。おそらく、正量部はインド各地に長期間にわたり展開した部派だけに、同一部派内に複数の伝承があったと想定することも十分に可能性のあることである。並川孝儀「Mahākarmavibhaṅgaの所属部派について」『印仏研』33—2、p.(101)、註（17）参照。

（27）平川彰『律蔵の研究』（山喜房仏書林、一九六〇年）、一一五頁以下、五八二—五八三頁、赤沼智善前掲書四二四頁以下。なお、

境野黄洋氏は、現存していないが正量部の広律として『僧弥多（sammitiya）律』の可能性を指摘している。『国訳一切経　律部一』（一九二九年）三頁。

(28) 壬生台舜「六道説に関する二、三の問題について」（中川善教先生頌徳記念論集『仏教と文化』、同朋舎出版、一九八三年）、五四一—五四三頁。　(29) U.Wogihara : *Abhidharmakośa-vyākhyā*, p.699, *l*.3. 'Vātsiputriyā Ārya-sāmmatīyāḥ' から知られる。

(30) 塚本啓祥「部派の成立」『東洋学術研究』23—1、三七頁、藤田宏達「在家阿羅漢論」（結城教授頌寿記念『佛教思想史論集』、大蔵出版、一九六四年）五三頁、七〇—七一頁。

(31) 『首迦経』は「命終生天、速証涅槃」（大正蔵一、八九四下など）、『分別経』は「命終生天、速証円寂」（大正蔵一、八九九下など）、TKDは 'mtho ris su skye bar 'gyur myur du mya ngan las 'das bar 'gyur ro'（TTP.Vol.39, 130-3-2 ~ 3 etc.）、TKVは 'mtho ris su skye bar 'gyur ba dang myur du yongs su mya ngan las 'da 'ba'（TTP.Vol.39, 125-4-3 etc.）である。

(32) 佐々木教悟「竜樹時代におけるアーンドラの社会と仏教」『大谷学報』45—3、一一—一二頁、静谷正雄『小乗仏教史の研究』（百華苑、一九七八年）、一〇五頁以下。

(33) 山田龍城博士は「梵文の年代は訳経史より観察して九世紀頃に行われたものと考える」と述べている。前掲論文〔前註（6）〕三四六頁。　(34) 並川前掲論文〔前註（22）〕、五八—六一頁を参照。

(35) 岡野潔氏は、MKVを正量部に帰属させるべき文献とする有力な見解を述べている。「正量部の伝承研究（1）：胡麻・砂糖黍・乳製品の劣化に見る人間の歴史」『櫻部建博士喜寿記念論集　初期仏教からアビダルマへ』（平楽寺書店、二〇〇二年）、二一七—二三一頁。その根拠として⑴他のパラレルの文献では塩や蜜を含んだ五種の美味が列挙されるのに対して、MSKや文献X（SAVのこと）の伝承は塩と蜜を記さず、胡麻油と砂糖黍とギーの三つの出現に問題を絞っている点に特徴があるが、それはMKVの伝承と一致すること、⑵MKVが胡麻→胡麻油、砂糖黍→砂糖黍汁、乳や凝乳→ギーという二つの段階における第二段階の消失を問題にしているのも、MSKや文献X（SAVのこと）と問題意識が共通すること、などを挙げている。この指摘は、正量部の唯一の梵語原典MSKとの比較に基づいたものであり、MKV正量部説の一つの有力な根拠を提示したことになるであろう。

(36) 舟橋一哉「出家道と在家道とにおける真理観の相異」宮本正尊編『仏教の根本真理』（三省堂、一九五六年）、一七五—一九六頁、平川彰「華厳経に見られる初期大乗教徒の宗教生活」中村元編『華厳思想』（法蔵館、一九六〇年）、一五三—一五四頁。

(37) 藤田宏達前掲論文五一—七三頁に詳しい。

（38）『分別経』（大正蔵一、九〇一上）、TKD（TTP.Vol.39, 130-5-1 ～ 3）, TKV（TTP.Vol.39, 126-1-4 ～ 7）, MKV（S.Lévi, p.104, *ll*.1-6）に記述されている。

（39） N.S.Shukla, *The Buddhist Hybrid Sanskrit Dharmapada*, Tibetan Sanskrit Work Series, No.XIX, Patna, 1979.

（40） Gustav Roth, Particular Features of the Language of the Ārya-Mahāsāṃghika-Lokottaravādins and their Importance for Early Buddhist Tradition, *Die Sprache der ältesten buddhistischen Überlieferung*, pp.78-135, Göttingen, 1980.

（41） Margaret Cone, Patna Dharmapada I, *Journal of the Pali Text Society*, Vol.XIII, pp.101-218, Oxford, 1989. 校訂本の中で、気のついた誤植を掲げておく。145cd がなく、149 の b 句と 156 の note が重複している。

写本は、現在、写真版としてパトナの K.P.Jayaswal Research Institute に、マイクロフィルムでゲッティンゲン大学に保管されている。

（42） テキストが刊行されて以来、日本では数多くの学者によって語句索引や研究が発表されているので、それらをほぼ年代順に列挙する。ただし、上記の註（39）～（41）は除く。

田端哲哉

1981 *Index to the Buddhist Hybrid Sanskrit Dharmapada*（N.S.Shukla edition）, Kyoto.

1981 （書評）N.S.Shukla（ed.）: The Buddhist Hybrid Sanskrit Dharmapada,『仏教学セミナー』33、六八―七三頁。

1982 *Index to the Patna Dharmapada*（Gustav Roth edition）, Kyoto.

吉元信行

1981 （書評）水野弘元著『法句経の研究』、Gustav Roth ed., Text of the Patna Dharmapada,『仏教学セミナー』34、七五―八七頁。

並川孝儀

1981 「新資料 DHARMAPADA の基礎研究Ⅰ」『人文学論集』（佛教大学学会）15、五八―九二頁。

1982 「新資料ダルマパダについて」『仏教史学研究』24―2、一―二五頁。

1987 「新資料ダルマパダの伝承―パーラ王朝期の碑文との関連よりみて―」『印仏研』35―2、pp.(67)-(71).

1993 'The Transmission of the New Material *Dharmapada* and the Sect to which it Belonged',『佛教研究』32、一五一―一六六頁。

水野弘元

1982a 「梵語法句経（SDhp）の研究」『佛教研究』11、一―四八頁。
1982b 「諸法句経の偈の新古について」『佛教研究』12、一―二九頁。
1990 「梵語法句経（SDhp）の研究・その2」『佛教研究』19、一―六六頁。
1991 「梵語法句経（SDhp）の研究（その2）訂正追加表―『佛教研究』第19号、1990年―」『佛教研究』20、一二五―一二六頁。
石上善應
1985 「梵文法句経について」『壬生台舜博士頌寿記念・仏教の歴史と思想』（大蔵出版）、pp.(85)-(94).
1988 「梵文法句経覚書」（『仏教思想史論集Ⅱ』成田山仏教研究所紀要11）、五九―六六頁。
岩松浅夫
1985 「仏教梵語法句経考―説出世部との関係を中心に―」『平川彰博士古稀記念論集・仏教思想の諸問題』（春秋社）、四五五―四八五頁。
中谷英明
1988 『スバシ写本の研究』（人文書院）、一一九―一二七頁。
山口　務
1994 「パトナ・ダルマパダにおける帰敬文」『東方』10、二〇三―二一〇頁。
K.R.Norman
1989 Note on the Patna Dharmapada, *Amalā Prajñā Aspects of Buddhist Studies*, Dehli.
P.Skilling
1997 On the School-affiliation of the "Patna *Dharmapada*", *Journal of the Pali Text Society*, Vol.XXIII, pp.83-122.
西村実則
1998 「Einige Aspekte zur Schulzugehörigkeit des Patna Dharmapada」『佐藤隆賢博士古稀記念論集　仏教教理・思想の研究』（山喜房仏書林）、一二五―一二九頁。
G.Roth
2000 Discussions About The Patna Dharmapada, Patna Museum, Patna.

(43) 本節は、前註（42）に挙げた並川孝儀[1993]を日本語訳し、それに一部加筆したものである。

(44) D.C.Sircar, Bhaikshuki Inscription in Indian Museum, *Epigraphia India*, Vol.XXXV, 1975, pp.79-84, 静谷正雄『インド仏教碑銘目録』（平楽寺書店、一九七九年）No.124、二一六—二一七頁、塚本啓祥『インド仏教碑銘の研究 I—TEXT, NOTE, 和訳—』（平楽寺書店、一九九六年）、一六五—一六六頁。 (45) D.C.Sircar, ibid. p.84.

(46) D.C.Sircar, Four Bhaikshuki Inscriptions, A. Three Buddhist Inscriptions from Uren, *Epigraphia Indica*, Vol.XXVIII, 1949-1950, pp.220-224. 静谷前掲目録 No.117、二一五頁、塚本啓祥前掲書二一六—二一七頁。

(47) D.C.Sircar, Four Bhaikshuki Inscriptions, B. A Buddhist Inscription from Maldah Museum, ibid. pp.224-226. 静谷前掲目録 No.78、二〇七頁。 (48) D.C.Sircar〔前註（44）〕, note(6), p.79. (49) ibid. pp.80-81.

(50) D.C.Sircar〔前註（46）〕, note(8), p.223. ‘As suggested by the palaeography of other records of the locality, the inscriptions belong to the age of the Palas of Bengal and Bihar. They may be roughly assigned to a date between the ninth and the twelfth century, preferably to the latter half of this period.’

(51) Gouriswar Bhattacharya, ‘Two Interesting Items of the Pala Period’, *Berliner Indologische Studien*, herausgegeben vom Institut für Indische Philologie und Kunstgeschichte der Freien Universität, Berlin, Band 1, 1985, Reinbek, p.140.

(52) Vinaya piṭaka, Vol.I, p.41, 42 etc.

(53) L.Sander, E.Waldschmidt, *Sanskrithandschriften aus den Turfanfunden*, Teil 5, 1985, Stuttgart, p.185.

(54) D.C.Sircar〔前註（44）〕, note(6), p.80. (55) D.C.Sircar〔前註（46）〕, note(8), p.223.

(56) D.C.Sircar〔前註（46）〕, note(9), p.225.

(57) Banerji Sastri, Ninety-three Inscriptions on the Kurkihar Bronzes, Patna Museum, *Journal of the Bihar and Orissa Research Society*, Vol. XXVI, 1940, pp.236-240, 静谷前掲目録 No.22,23、二〇四頁。

(58) D.R.Sahni, *Cataloque of the Museum of Archaeology at Sārnāth*, 1914, p.128, pp.220-221, p.272, pp.273-274, p.275, p.307. 静谷前掲目録 No.113、二一四—二一五頁。

(59) PDhp には、他に S ed., C ed. dhammāṇām（358c）, R ed. dhammānām（359c）と解読されている例が見られる。

(60) N,S,Shukla, op.cit. pp.(v)-(vi).

（61）義浄『南海寄帰内法伝』（大正蔵五四、二〇五中—下）。そこには、七世紀後半の部派の状況が報告されている。また、一二、一三世紀頃、東インドにいたとされるDaśabalaśrīmitraによって伝えられる部派がVaibhāṣika, Sthaviravādin, Sāmmatīyaであることも、後代の部派の状況を知る手掛かりとなるであろう。P.Skilling, The Saṃskṛtāsaṃskṛta-viniścaya of Daśabalaśrīmitra, *Buddhist Studies Review* 4-1, 1987, pp.3-23.　（62）前註（42）に挙げた岩松浅夫[1985]、四七九—四八〇頁。

（63）D.C.Sircar〔前註（44）〕, note(6), p.80, 83. そこでは、SiṃhanāgaとBhadanta Jayasenaに関し考察されている。

（64）D.C.Sircar〔前註（46）〕, note(9), p.226. そこでは、BhakokkāとBuddhapālitaに関し考察されている。特に、Bhakokkāについて'The name Bhakokkā, which reminds us of that the Pakokku monastery about 30 miles from Mandalay in Upper Burma, may be of foreign origin.'と推定している。ちなみに、これに関連するが、ビルマで発見された法身偈の言語について「この断片による巴利語は梵語に近いものや古い巴利語に属するものとがある」と報告されていることから、Sircarの指摘は興味深い。田口勝正「ビルマにおける驃族の仏教について」『印仏研』24—2、一五八—一五九頁。　（65）P.Skilling, op.cit. p.17.

（66）前註（42）に挙げた水野弘元[1982a]、四四—四八頁。

（67）和訳および註釈研究は、水谷真成訳『大唐西域記』（中国古典文学大系22、平凡社、一九七一年）、三〇八—三〇九頁を参照。なお、英訳にはSamuel Beal, *Si-yu-ki Buddhist Records of the Western World*, Vol.II, 1983, London, pp.186-187がある。他に、Thomas Watters, *On Yuan Chwang's Travels in India*, 1905, London, p.178もある。

ところで、『大慈恩寺三蔵法師伝』（大正蔵五〇、二四〇上）では「小乗正量部法」のところが「小乗説一切有部義」となっている。比較する資料が他になく決定しがたいが、ここは『大唐西域記』に従って解釈する。

（68）水谷真成前掲書三一九頁参照。Samuel Beal, ibid. p.201, Thomas Watters, ibid. p.191.

（69）D.C.Sircar, Inscribed Clay Seal from Raktamrittika, *Epigraphia Indica*, Vol.XXXVII, pt.1, 1967, pp.25-28.

（70）筆者の論文が発表された後、およそ一〇年ほどして、P.Skillingも、筆者とほぼ同様の説を発表している。On the School-affiliation of the "Patna *Dharmapada*", *Journal of the Pali Text Society*, Vol.XXIII, 1997, pp.83-122. しかし、そこでは筆者の論文には全く触れていない。その真意のほどは定かではないが、『佛教研究』所収の日本語による水野博士の論文を引用しながら、筆者の同一雑誌（一九九三年）の論文、それも英文の論文を引用しなかったことは極めて遺憾である。

第二部　チベット語訳『有為無為決択』所引の正量部説　和訳と引用文

第一章　『有為無為決択』所引の正量部説のシノプシスと和訳

正量部説として紹介される『有為無為決択』（SAV）第一六章「非随眠決択」、第一七章「随眠決択」、第一八章「非福決択」、第一九章「福決択」、第二〇章「不動業決択」、第二一章「聖諦決択」の全文と、第八章「劫決択」に引用される「世界の生成と破滅」に関する正量部伝承について、それぞれシノプシスを示し、和訳を試みる。また、第三二章「方便善巧決択」に引かれる「ゴータマ・ブッダの過去の悪業とその果報」に関しては、その和訳のみを試みる。その他、断片的ではあるが、「釈迦牟尼が供養した先仏」と「五百の賢劫仏」に関しても和訳しておく。

テキストはチベット語訳しか存在せず、他に比較し得る文献がないため、誤訳や解読の不十分さなどが多く見られるのではないかと恐れるが、その点は甘んじてご批判を仰ぎたい。使用した版本は、デルゲ版（D）、北京版（P）、ナルタン版（N）、チョネ版（C）の四種である。シノプシスではデルゲ版と北京版の該当箇所のみを示すが、訳中にはナルタン版とチョネ版の該当箇所も挙げるので、後者の両版に関してはそこを見ていただきたい。

第一節 『有為無為決択』のシノプシスと和訳Ⅰ

㈠第一六章「非随眠決択」シノプシスと和訳

〔シノプシス〕D.Ha,205a5-212a6, P.Nyo,127a3-137a3, N.Nyo,118b6-126b4, C.Ha,202a6-209a6

［1］正量部の聖教の説示（D.205a5, P.127a3）

［2］非随眠の四種の規定―法・相・界・所断（D.205a5, P.127a3）

［2-1］法の規定（D.205a6, P.127a4）

［2-2］相の規定（D.205a7, P.127a7）

［2-2-1］不信（D.205b1, P.127a7）　［2-2-2］無慚（D.205b2, P.127b1）　［2-2-3］誑（D.205b2, P.127b2）

［2-2-4］諂（D.205b3, P.127b3）　［2-2-5］不察（D.205b3, P.127b4）　［2-2-6］掉挙（D.205b4, P.127b4）

［2-2-7］放逸（D.205b4, P.127b5）　［2-2-7-1］誑から放逸の五法の相応性と不相応性（D.205b5, P.127b6）

［2-2-8］惛沈（D.206a1, P.128a3）　［2-2-9］下劣（D.206a2, P.128a5）　［2-2-10］無愧（D.206a3, P.128a6）

［2-2-11］大執（D.206a3, P.128a6）　［2-2-12］瞢憒（D.206a4, P.128a7）　［2-2-13］睡眠（D.206a5, P.128a8）

［2-2-14］嫉（D.206b1, P.128b5）　［2-2-15］悔（D.206b1, P.128b5）　［2-2-16］覆（D.206b3, P.129a1）

［2-2-17］憍（D.206b3, P.129a1）　［2-2-18］慳（D.206b5, P.129a5）　［2-2-19］不忍（D.206b5, P.129a5）

［2-2-20］恨（D.206b6, P.129a7）　［2-2-21］食不調性（D.206b7, P.129a7）

［2-3］界と所断の規定―一九六非随眠（D.206b8, P.129b1）

〔3〕非随眠と諸門分別（D.207a6, P.130a2）
〔3-1〕大遍行・小遍行・小地の分別（D.207a6, P.130a2）
〔3-2〕大遍行・大遍行相似・小遍行・小遍行相似・小地の所断による分別（D.207b2, P.130a6）
〔3-3〕大遍行・小遍行と諦障の十門（D.207b6, P.130b5）
〔4〕浄、不浄の生起と識の輪の相生（D.208a2, P.131a2）
〔4-1〕不浄の生起と識の輪（D.208a5, P.131a7）
〔4-2〕浄の生起と識の輪（D.208b6, P.132a5）
〔4-3〕不善・善・無記の輪とその破壊（D.209b1, P.133a2）
〔4-4〕輪廻からの離脱と眼識の輪（D.210a4, P.134a3）
〔4-5〕耳識・身識・意識・鼻識・舌識の輪とその破壊（D.211a3, P.135a8）
〔4-6〕色、声など六境と三性（D.211b1, P.135b8）
〔4-7〕六識と所断（D.211b3, P.136a5）
〔5〕結語（D.212a5, P.137a2）

〔和訳〕

〔1〕**はじめに**　聖一切所貴部（'phags pa mang pos bkur ba'i sde）の聖典には、次の如く説かれる。

〔2〕**非随眠の四種の規定—法・相・界・所断**　即ち、非随眠（bag la nyal ma yin pa）は四つの因（rgyu）よりなる。
即ち、次の如くである。法の規定と、相（mtshan nyid）の規定と、界の区別〔による規定〕と、所断の区別によ

る〔規定〕である。

［2―1］**法の規定**　そのうち、法の規定は次の如くである。不信（ma dad pa）、［N.119a］無慚（ngo tsha ba med pa）、誑[1]（sgyu）、諂（g·yo）、不察（ma brtags pa）、掉挙（rgod pa）、放逸（bag med pa）、惛沈（rmugs pa）、下劣（zhum pa）、無愧（khrel med pa）、大執（ches 'dzin pa）、瞢憒（snyoms las）、睡眠（gnyid）、嫉（phrag dog）、悪作（'gyod pa）、覆（'chab pa）［C.202b］、憍（dregs pa）、慳（ser sna）、不忍（mi bzod pa）、恨（khon du 'dzin pa）そして食不調性（zas kyi rgyags pa）で、即ち二一〔種の法〕である。

［2―2］**相の規定**　相の規定は［D.205b］、次の如くである。真実を十分に勝解しないことが不信である。また、真実でないものに対して勝解が著しく生じることも、それが劣っている故に不信と知るべきである。君主でない者の［P.127b］如くである。〔即ち、〕善き行いが生じる時には無力であったり、或いは染汚の行いが生じる時には自在である〔が如くである〕。自己に対し恥じないことが無慚である。無慚を知らなければ、煩悩は生じないのである。誑とは欺くことであり、自他に著しく転じるものである。これは、また自他の心を欺くのである。欺かなければ、煩悩による余地を得ることはないのである。諂とは心が曲がっていることで、これは自己を歪めつつ、他をも歪めようとすることである。正真（drang po）による有情の相続には煩悩は生じないのである。不察とは正しく観察しないことである。遍く観察することによって生じる相続には煩悩は生じないのである。静寂でない心が掉挙である。静寂の心に煩悩が生じることはないのである。放逸とは染汚の法に随うものである。不放逸の心には煩悩の生起はないのである。

　これらのうち、諂など五〔法〕は、〔染汚と〕相応するものと、全く相応しないものがある。そのうち、相応するものが纏（kun nas dkris pa）であり、全く相応しないものが表〔業〕（rnam par rig byed）の自性と無表〔業〕

(mam par rig byed ma yin pa) の自性である。五〔法〕は何であるのか [N.119b] と言えば、即ち次の如くである。誑と諂と不察 (gzu lums)(2) と掉挙と放逸である。すべての纒の心には、それら〔五法〕すべてが存在するのである。そして、〔たとえば〕他の者を欺く時には、誑から非随眠である〔染汚と〕相応するものすべても [P.128a] 誑と類 (rjes) とに次々に繋がっていくことから、これら両者は纒になるのである。また、その時〔染汚と〕全く相応しない身と口の表〔業〕も、また誑と [C.203a] 言われるのである。それら〔身と口〕の表〔業〕は、表〔業〕の自性のことである。〔身と口の〕表〔業〕は、それらの類と共に他を欺く [D.206a] ことにより、それらの類は無表〔業〕の自性のことである。同様に、諂などの四〔法〕に対して〔も、そのように〕説かれる。

身と心の劣なるもの(3)が惛沈である。〔それは〕麁重 (gnas ngan len) という意味である。そこで、心の劣なるものは二種で、〔即ち〕染汚と不染汚である。その〔二種の〕中で、染汚のほうが纒である。不染汚のほうが身の無表〔業〕の自性そのものである。下劣は劣ったものの相、即ち心が収縮する自相である。この劣ったものは、事物に執着することが衰弱することから大抵生じるのである。無愧は世人の社会道徳 (chos lugs) などを顧慮せず、恥じないことで、即ち悪い行い (sdig pa spyod pa) などを知った上でのことである。大執は〔悪〕見 (lta ba) を捨てないこと、即ち諸々の〔悪〕見などが正しいものでないとの見解 ('dzin pa) を捨てないことである。瞢憒は鈍重な行為 (las lci ba)、即ち生起することが鈍重なことという意味である。それはまた二種ある。即ち、次の如くである。心の行為が鈍重であるもので、それはまさしく纒である。劣った身の表〔業〕の方は表〔業〕の自性である。睡眠とは、心を味略させること (sdud pa) である。それには二〔種〕があり、[P.128b] 次の如くである。心に相応するものと、心に相応しないものとである。この心に相応する [N.120a] 睡眠には二種がある。即ち、次の如くである。染汚と不染汚である。そのうち、睡眠の安楽を求めることによって眠りに入る心、それが染汚であり、それが纏である。個々〔の対象〕を観察する念を止めて、身と心を不動にしようとすること、それは煩悩[4]ではないのである。心に相応しない睡眠、それはすべての行相（rnam pa）に心と心所を味略させるのである。それはまた二種で、即ち次の如くである。煩悩から生じたものと、煩悩〔C.203b〕から生じたものではないものである。そのうち、煩悩から生じたものは、染汚の心が滅せられるや否や直ちに生じてきたものである。〔それ以外の〕残りが煩悩から生じて〔D.206b〕いないものである。

嫉は他人の繁栄を耐え忍ばないことである。悪作（悔）には二種があり、〔それは〕次の如くである。善いことをしたとか、私は善くないことをしたと後悔することと、悪い行いをなさなかったとか、私は善くないことをしたということをこれらのことはなさなかったと後悔することである。この後者には二種があり、即ち次の如くである。染汚と不染汚である。このうち、為さざるべきことを為したことと、為すべき[5]ことを為したことを後悔しつつ心を散乱したこと（bcags pa）が染汚であり、纏である。為さざるべきことを為したことと、為すべきことを為さなかったことを後悔し、心を〔P.129a〕散乱したことが不染汚であり、非纏である。悪いことをすべて隠すことが覆である。無病などという理由で、おごり高ぶることが憍であり、即ち纏である。また、酒などによって心が狂喜する相が憍であって、それは二種である。即ち、次の如くである。染汚と〔N.120b〕不染汚である。このうち、染汚は纏と相応するものである。不染汚は三種あり、〔即ち〕次の如くである。善と不善と無記である。従って、憍は〔染汚と〕相応するもの〔が纏〕である。〔染汚と〕全く相応しない憍とは[6]おごれるものの表〔業〕の自性と無表〔業〕の自性である。慳は財物をすべてに施そうとしないことである。不忍は苦しみなどを耐え忍ばないことである。それはまた二種ある。即ち、次の如くである。冷たいことなどの苦痛に耐え忍ばないことと、他者が〔自分に〕害を与えることに耐え忍ばないことである。この両者のうち、他者が害を与えることに耐え忍ばないことが纏である。他は〔纏では〕ないのである。恨は、他者が〔自分に〕害を与えたことを心に思い続ける［C.204a］ことである。食物を過度に摂取することによって迷悶することが食不調性である。それは二種である。即ち、次の如くである。身の表〔業〕の自性と、心から生じる時の纏とである。

〔以上の〕これらは諸々の非随眠の［P.129b］相〔の規定〕である。

［2―3］**界と所断の規定―一九六非随眠**　界と所断［D.207a］の規定は、[7]次の如くである。即ち、〔先ず〕不信と無慚と誑と諂と不察と掉挙と放逸と憍とのそれら八〔法〕に関してである〔が〕、その場合それらには五部ある。即ち、次の如くである。欲界における苦障（gegs）と集障と滅障と道障と修所断である。これは八〔法〕が〔各々〕五〔部ずつ〕あって、四〇丁度となる。同様に、色界において〔も〕八〔法〕が〔各々〕五〔部ずつ〕あって、四〇丁度である。同様に、無色界において〔も〕四〇〔丁度〕である。四〇が〔各々〕三〔界分〕あって、〔合計で〕一二〇となるのである。

無愧と大執と覆（mi ston pa）[8]では、即ち欲界においてそれらは各々〔苦障など〕五部ずつあって、五〔部〕が三〔法分〕で〔合計〕一五となるのである。同様に、色界において〔も〕一五となるのである。無色界には［N.121a］〔苦障などは〕存在しないのである。

惛沈と下劣と瞢憒と睡眠と嫉と悪作と慳と不忍と恨に関して〔言えば〕、これら九〔法〕は欲界のみである。同様に、〔苦障などの〕五〔部〕に区別して、五〔部〕が九〔法分〕で〔合計〕四五となるのである。食不調性は欲界の修所断のみである。

〔以上〕非随眠は、界と所断の区別から〔合計〕一九六となるのである。

また説かれる。

不信と無慚と誑と諂と掉挙と不察と放逸と憍などは、五〔部〕[P.130a]が〔各々〕三界において生じるのである。覆(8)と無愧と大執などは、欲〔界〕と色界において五部が〔生じ〕、慳と不忍と悪作と惛沈と瞢憒と恨と嫉と睡眠と下劣などは、五部が欲界〔のみ〕において生じ、食不調性は〔欲界の〕修所断〔のみ〕が生じるのである。

〔と説かれている。〕

［3］**非随眠と諸門分別**　また、非随眠は三種〔の区別が〕ある。即ち、次の如くである。大遍行（thams cad du 'gro ba chen po）と小遍行（thams cad du 'gro ba chung ngu）と小地（sa chung ngu pa）である。そのうち、大遍行は七〔法〕であり、即ち次の如くである。[C.204b] 不信と無慚と誑と諂と不察と掉挙と放逸である。小遍行[D.207b]は六〔法〕であり、即ち次の如くである。睡眠と下劣と瞢憒と大執と惛沈と無愧である。小地は八〔法〕であり、即ち次の如くである。不忍と恨と嫉と悪作と憍と慳と覆(8)と食不調性である。

また、所断から〔区別すると〕五種となる。即ち、大遍行と大遍行相似（thams cad du 'gro ba chen po lta bu）と小遍行と小遍行相似（thams cad du 'gro ba chung ngu dang mtshungs pa）と小地[N.121b]である。そのうち、大遍行は七〔法〕に〔所断が各々〕六ある。即ち、次の如くである。不信〔から〕放逸に至るまでの諸法は、欲界における見苦所断が七〔法〕と、色界における見苦所断が七〔法〕と、見集[P.130b]所断が七〔法〕と、無色界における見苦所断が七〔法〕と、見集所断が七〔法〕で、即ち〔これが〕大遍行である。それらは〔また〕三界の滅障と道障が七〔法〕に〔各々〕六あり、即ち〔それが〕大遍行相似である。睡眠などの六〔法〕に、苦障と集障が〔あり、これが〕小遍行である。その〔六法において〕滅障と道障であるものが小遍行相似である。修所断は不忍など八〔法〕と、修所断は不信など七〔法〕と睡眠など六〔法〕で、〔それが〕

小地である。

これらの非随眠のうち、大遍行である諸法はそれ自体で、〔そして〕小遍行である諸法は欲貪[9]などの他のものによって、障（gegs）の十門[10]から〔四〕諦の障をなすのである。〔四〕諦の障の十門は、次の如くである。苦諦の障の門は四〔種〕で、〔即ち〕無常を謗る門と、無我を謗る門と、所知性を謗る［D.208a, C.205a］門と、無記性を謗る門である。集〔諦〕の障の門は四〔種〕で、〔即ち〕因（rgyu）を謗る［P.131a］門と、自業を謗る門と、雑染（kun nas nyon mongs pa）を謗る門［N.122a］と、清浄を謗る門である。滅〔諦〕の障の門は一〔種〕で、〔即ち〕常性を謗る門である。道〔諦〕の障の門は一〔種〕で、〔即ち〕出離を謗る門である。

［4］浄、不浄の生起と識の輪の相生　眼識など五識〔各々単独〕には煩悩は相応しないのであり、生起するものでもないのである。しかし、共に受などと相応することによって〔煩悩は〕生起するものとなるし、相応するものとなるのである。根と共に識が生じる時に諦が見られることによって、所断の煩悩は断滅されるその無間縁（ma thag pa'i rkyen）となったものであり、その各々の識は、諦を見て、その各々の修所断となるのである。個々の考察（dpyod pa）も所断によって行相（rnam pa）が断滅されたその如くに、その行相はなるのである。

眼識などの浄（dag pa）或いは不浄は、〔識〕の輪の集まり[11]（'khor lo'i tshogs pa）によって大なる第六〔識〕（drug pa chen po）から生じるのであって、〔それは〕何の故にかと言えば、この大なる第六〔識〕が地（sa gzhi）となっているが故である。この故に、眼識などの諸々の有色（gzugs can）も大なる第六〔識〕の視点から見て、蔵されるもの（sbas pa）、或いは蔵されないものとなるのである。〔識〕の輪の集まりも、また〔蔵されるもの、或いは蔵されないものと〕なるその如くに説かれるのである。

［4―1］不浄の生起と識の輪　そのように、欲貪によって執着して欲ある人が眼で色を見る時に、先ず現前に

あるすべての事物から生じる眼識は、〔先ず〕自性が無記と〔P.131b〕なるのである。このような人の眼識は、すぐに「随い作用する」（rjes su spyod pa）という識が生じるのである。〔この識は、〕これは何であるのか、或いは如何なるものであるのか、というように所縁によって把握する（'dzin par byed pa）〔作用〕であって、自性は無記性である。〔その〕すぐ〔後〕に、「個々に作用する」（so sor spyod pa）という識が生じるのであって、〔この識は、〕これは、と言われることや、このようなものである、というように決定する〔作用〕（nges pa）であって、自性は無記性である。この「個々に作用する」〔識〕〔N.122b〕によって〔C.205b〕その色を決定する〔D.208b〕故に、すぐに大なる第六〔識〕、別名を意識と言われる愛すべきものの相（mtshan ma）を執する識が生じるのである。この人はその大なる第六〔識〕によってこの色に執着したのであって、煩悩の欲貪と言われるそのものと共に眼根は、〔大なる第六識に〕蔵されることなく、相応しないで生じるものとなるのである。大なる第六〔識〕は、〔それ自体〕蔵されないもので、相応するものと全く相応しないものがある。この人の大なる第六〔識〕が、すぐにそれからこの色そのものを見たり、それと同類のもの（'dra ba）を見ることから大なる第六〔識〕の地、〔即ち〕支配者（bdag po）が汚れを生じる故に眼識が染汚となるのである。〔それは〕不律儀（sdom pa ma yin pa）と相応するのである。それからすぐに、「随い作用する」〔識〕は生じないのである。即ち、色を決定する故である。「個々に作用する」〔識〕が生じる時、この色は、これである、という念（dran pa）のみが覚醒する（sad par byed）のである。〔これは〕不染汚で、不律儀と相応するのである。この人のそれからすぐに〔生じる〕染汚で、不律儀の諸々の大なる第六〔識〕〔P.132a〕は、前述のようにそれらはすべて長い間何度も何度も識の輪を生み、輪が壊れるまでそのままなのである。同様に、瞋（zhe sdang）も〔欲貪のように〕汚す（sun 'byin par byed）のである。慢も〔汚すのである〕。痴も〔汚すのである〕。疑も汚すのである。(12) 諸々の見も事情に応じて多少汚すのである。眼識が汚れを生じる如くに、一〇随眠によって耳識はほとんど同じように声を汚すのである。鼻と舌と身の識は、修所断の随眠である欲貪、瞋、慢、痴の四〔法〕によって香と味と触を事情に応じて汚すのである。〔これら以外の〕他によっては〔汚され〕ないのである。

〔4―2〕**浄の生起と識の輪**　輪の集まりの煩悩によって眼識〔N.123a〕などは、〔第六識の地の支配者が〕汚れを生じたことと不律儀が生じたそのように、清浄（rnam par dag pa）もまた善なる輪の集まりの根本によって、事情に応じて律儀が生じるのであると知られるべきである。ここで、〔D.209a, C.206a〕事情に応じて、という意味は何かと言えば、〔それについて〕説明しよう。輪廻の執着から退転しようと欲する或る人が眼で[13]色を見る時、先ず現前にあるすべての事物から生じる眼識は、自性が無記となるのである。この人の眼識からすぐに「随い作用する」〔識〕が生じる〔P.132b〕のであって、これは何であるのか、或いは如何なるものであるのか、というように周囲（spyin）から把握するのであって、自性は無記性である。「随い作用する」〔識〕のすぐに「個々に作用する」〔識〕が生じるのであって、〔この識は、〕これは、と言われることや、このようなものである、というように決定するものであって、自性は無記性である。この人がこの色と決定する故に、それからすぐに良からぬ相（mtshan ma）を把握する大なる第六〔識〕が生じるのである。良からぬ相を把握する大なる第六〔識〕が、そこでその色を執着することから離れた時、この人は貪[14]（chags）を離れると共に、眼根は〔第六識に〕蔵され〔ず?〕、相応しないで生じるものとなるのである。大なる第六[15]〔識〕も、〔それ自体〕蔵されるもので、相応するものと全く相応しないものがある。この人の大なる第六〔識〕からすぐにこの色そのもの〔を見たり〕、或いはそれと同類の色を見ることから、地の支配者の大なる第六〔識〕は、浄であるという理由で、眼識は不染汚で浄となるのである。〔それは〕律儀と相応するのである。それからすぐに「随い作用する」〔識〕は生じないのである。即

ち、色を決定する故である。「個々に作用する」〔識〕が生じる時、この色は、これである、という念のみが覚醒するのである。〔それは〕不染汚で、律儀と相応するのである。この人のそれから「個々に作用する」〔識〕からまた〔生じる〕大なる第六〔識〕は、不染汚で、律儀と〔N.123b〕なっているのである。そのように、前述のように、何度も何度も長い間にまた識の輪は転じて、輪は壊れるまでそのままなのである。同様に、〔このことは〕不瞋（mi sdang ba）と不痴（ma rmongs pa）と〔P.133a〕離貪（'dod chags dang bral ba）にも適用されるべきである。同様に、無記に〔も〕適用されるべきである。

また説かれる。

五つの〔識の〕輪の結合（bcing ba）によって、地が浄と不浄の故に、〔大なる〕第六〔識〕から生じるものは浄と不浄である。諸々の有色は〔第六識に〕蔵されるものと〔D.209b〕蔵されないもの〔である〕。

〔C.206b〕

と〔説かれている〕。

〔4―3〕**不善・善・無記の輪とその破壊の因**　不善と善と無記の輪の転入（'jug pa）、〔これら〕三種の〔輪の〕破壊の因は五である。即ち、次の如くである。行相を断ずることと、所縁を捨てることと、執することが減少することと、執することが増大することと、第六〔識〕から第六〔識〕に移行すること（bgrod pa）である。そのうち、愛すべきものと思って〔も〕無常と思うことから行相を断つのである。女子の身と思って〔も〕男子の身と思うことから所縁を捨てるのである。多数と思って〔も〕少数と思うことから執することが減少するのである。小さいことと思って〔も〕大きいことと思うことから執することが増大するのである。輪に入る（'jug pa）時、大なる第六〔識〕によって良からぬものと思ってからすぐに大なる第六〔識〕が生じることが、第六〔識〕から

第六〔識〕に移行することである。そのように〔識の〕輪が壊れる（zhig pa）時も、色が見られることから自性が無記である眼識が生じるのである。そのうち、行相を断つことと、第六〔識〕に移行することは第六〔識〕のみに存在するのである。眼識など五識には存在しないのである。[16] 所縁を捨てることと、執することが減少することと、執することが増大することは、第六〔識〕或いは眼［P.133b］識など五識に〔も〕存在するのである。

すべての〔識の〕輪を速やかに破壊する（'jig pa）のは、第七番目の心[17]においてである。次の如くである。即ち、先ず〔現前にある集まりと〕相応して生じる眼識と、それから〔生じる〕「随い作用する」〔識〕、そしてそれから〔生じる〕「個々に作用する」〔識〕、そしてそれから〔生じる〕大なる第六〔識〕と、そしてそれからまた眼［N.124a］識と、それから〔生じる〕「個々に作用する」〔識〕と、それから〔生じる〕大なる第六〔識〕である。この大なる第六〔識〕の時に、輪が破壊するのである。

有覆無記の輪も、また色界における善なる対象（yul）、不善なる対象、無記の対象、無覆の対象、有覆の対象、各々における苦〔諦〕と集〔諦〕と滅〔諦〕と道〔諦の見所断〕と修所断は、欲貪などの汚れ（sun 'byin pa）が適用されるべきである。同様に、欲界における有覆〔無記〕の輪は、身見と辺執見［D.210a］とによる汚れが［C.207a］〔適用されるべき〕である。纏によって汚れを生じるのは、有覆無記の眼識である。〔そして〕「個々に作用する」〔識〕でもある。無覆無記の輪は、善なる行いを望む者が、〔その〕行いによって、成就（sgrub pa）が弱くなりつつある時、第六〔識〕と共に眼根の蔵されたものと、有覆無記が生じるのである。また、第六〔識〕の無覆無記と善が生じるのである。第六〔識〕からすぐに、この色そのものを〔見たり〕、或いはそれと同類のものを見ることから、［P.134a］無覆無記の眼識が生じるのである。それから間断なく〔生じる〕「個々に作用する」〔識〕も無覆なるものである。それから第六〔識〕も無覆なるものである。これが消滅し始める時には、第六

〔識〕は成就が弱くなり、そして益々〔そのように〕なるのである。善は成就が弱くなりつつある時には、無覆無記となるのである。

また説かれる。

この如く、この第三〔の性〕において速やかに消滅するものと、蔵されるものと、そして白（dkar po）が滅じた諸行は、大概は無覆と判断されるのである。

と説かれている。

［4―4］**輪廻からの離脱と眼識の輪**　そのように、また或る人が輪廻から退転しようと欲することによって眼で色を見る時、先ず現前にあるすべての事物から生じる眼識［N.124b］は、自性が無記である。それから〔生じる〕「随い作用する」〔識〕は、自性が無記性である。それから〔生じる〕「個々に作用する」〔識〕は、自性が無記性である。それから四番目の大なる第六〔識〕は善である。それから〔生じる〕眼識〔も〕善である。それから〔七つの心の〕七番目の大なる第六〔識〕において善の所作（'du byed）が弱くなった時には、善の大地（sa chen po pa）は転滅し（log）つつ、律儀のみが転入する（'jug pa nyid）のである。これは成就が弱いのである。律儀が転入する故に、無覆無記である。また、律儀によってまた断ぜられる時、自性は無記となるのである。〔これは〕同様に成就が弱いのである。自性が無記である一つの心からすぐに〔他の心が〕現れる時には、それ故に、またこの〔心〕も無覆無記となるのである。［P.134b］或いは、また一つの心が間をおいて現れる［C.207b］時には［D.210b］、それ故に〔それは〕善の心となるのである。無覆無記とはならないのである。また、現れるということは、大なる第六〔識〕が増盛するその時に称嘆の状態（rab tu bsngags pa nyid kyi gnas skabs）を得ていることなのである。退失することから善となる〔という〕ことは、大なる第六〔識〕が下地（'og ma）でないものとい

うことである。

また、成就が弱くなることから、所縁の成就が弱くなる〔という〕ことは何であるのか、と言えば〔それについて〕説明しよう。修習の自性の心作用が、暫くの間その所作が弱くなったことが、成就が弱い〔という〕ことである。また、大なる第六〔識〕は意識である。名を所縁とすることと、相を所縁とすることと、清浄を所縁とすることは、成就が弱いのであって、義（don）を所縁とすることは、〔成就が弱いのでは〕ないのである。また、成就が弱い〔という〕ことは何であるのかと言えば、その成就が静慮（bsam gtan）でない〔という〕ことであり、静慮〔への〕道ではない〔という〕ことである。その弱い成就である相〔を所縁とすること〕と、清浄〔を所縁とすること〕の両者は、成就が弱くなっている限り、修習の自性となるのである。弱い成就である名を所縁とすることは、〔修習の〕自性の〔心〕作用を有するものとはならないのである。また、弱い成就が静慮でなく、静慮〔への〕[N.125a] 道ではない〔という〕ことは、何の理由であるのか、と言えば〔それについて〕説明しよう。等至（snyoms par 'jug pa）と〔それへの〕すべての道は、円満（yongs su rdsogs pa）なる安楽と相応する故である。安楽という意味は、また善という意味である。安楽という意味は二種ある。即ち次の如くである。円満と円満でないものである。そのうち [P.135a]、円満である時、〔それは〕善である。円満でない時、〔それは〕無覆無記となるのである。染められたものが完成する時に、それを赤と言うのである。完成していないものが蓮の赤と言うのである。〔この〕二種の赤と同様に、善と無覆無記の両者は理解されるべきである。また、安楽でないものは何であるのか、と言えば〔それは〕安楽でないものが円満であることが、不善である。〔そして〕円満でないことが、有覆無記である。それは、例えば蜜蜂と胡麻の花とはその黒性が異なっているが如くである。また、[D.211a, C.208a] 安楽が存在しないこと〔と〕、安楽でないものが存在しないこと、それについてどのようであるのか、と言えば〔それについて〕説明しよう。〔安楽と安楽でないものの〕両者が存在しないことは、自性が無記性と知られるべきで、〔それが〕虚空の自性である。ここで、安楽の意味は、別名で言えば善の意味である。〔それら〕すべては纒でなく、律儀である。安楽でないものは、別名で言えば不善である。〔それら〕すべては纒であり、不律儀である。

この〔識の〕輪を〔善、不善、有覆、無覆の〕四種に説くと同様に、自性が無記である〔識の〕輪も説かれるべきである。ここで、自性が無記である〔識の〕輪は、また前述のように、「随い作用する」〔識〕は生じないのである。

[4—5] **耳識・身識・意識・鼻識・舌識の輪とその破壊**　眼識のように耳識 [P.135b] においても五種の〔識の〕輪と〔その〕輪の破壊が説かれるべきである。〔五種の輪とは、〕次の如くである。善の輪と無覆の輪と不善の輪と有覆の輪と [N.125b] 自性が無記の輪である。

身識は、前述のように五種である。ここで、欲界における有覆が除かれ、色界における不善が除かれ、〔この〕両者を一つにすることによって五種となるのである。そのように、欲界の〔善〕と色界の(18)〔善〕の両者を一つにして、即ち善は一番目〔の輪〕である。欲界の〔無覆〕と色界の〔無覆〕の両者を一つにして、即ち無覆は二番目〔の輪〕である。欲界の不善は三番目〔の輪〕である。色界の有覆は四番目〔の輪〕である。欲界の〔自性が無記であるの〕と色界の〔自性が無記である〕両者を一つにして、即ち自性が(19)無記であることは五番目の輪である。界と相応する触における身識、それは輪が五種となるのである。

意識もまた五種である。また、〔この意識の輪には〕「随い作用する」〔識〕と「個々に作用する」〔識〕の規定は存在しないのである。即ち、〔それは〕意識の独立性の理由と、大なる第六〔識〕なるものの理由とである。

鼻識は、有覆が除かれることによって四種である。舌［D.211b, C.208b］識は同様に五種[20]である。それら〔鼻識と舌識〕は、輪が四種とされる、と言われている。

［4―6］**色、声など六境と三性**　また、色などにおいて善［P.136a］などがどのようになるのか、と言えば〔それについて〕説明しよう。色・〔声〕などに対する善・〔不善〕などは、心によって為されるものであって、そのようにして〔その〕表〔業〕が善によって為される〔時、〕それらが善なのである。同様に、自性の心によって生じたものが〔その〕自性である、と言われる云々である。そのうち、表〔業〕の色と声は、善など五種である。〔それ以外の〕残余の色と声の両者と、香と味と触のすべては、自性[19]が無記である。法は、善など五種である。

また説かれる。

色と声と法とにおいて善などが五種で、香と味と触の諸界は自性が［N.126a］無記である。

と説かれている。

［4―7］**六識と所断**　このように、またこれら五識の集まりの身と口の表〔業〕の善などは、第六〔識〕によって為されたのである。

同様に、見苦所断なども第六〔識〕によって為されたのである。何の故にかと言えば、〔五〕識の集まりの〔身と口の〕表〔業〕の色と声などとの両者と見苦所断の心から生じたものが、見苦所断であることによってである。そして、同様に修所断の心から生じたものが修所断であり、無漏の心から生じたものが非所断（spang bar bya ba ma yin pa）云々である。無表〔業〕は、修所断のみである。眼識［P.136b］は、所断から言えば六種で、即ち次の如くである。見苦所断と、見集所断と、見滅所断と、見道所断と、修所断と、非所断とである。同様に、耳識と意識と法には各々六〔種〕がある。[21]

また説かれる。

眼〔識〕と鼻〔識〕と意〔識〕の心と法においては非所断[22]〔など〕を摂すること（bzung ba）から六である。

[D.212a, C.209a]

と説かれている。

また、眼識〔と耳識〕などの染汚と自性は、煩悩から生じる、と説かれるのである。それには五種がある。即ち、次の如くである。苦〔諦〕の障（＝見苦所断）から修所断までが、事情に応じて存在するのである。また、煩悩でないものは、修所断と非所断である。鼻と舌と身の諸識は二種である。即ち、次の如くである。修 [N.126b] 所断と非所断である。

また説かれる。

鼻〔識〕などの心には〔修所断と非所断の〕二種がある。

と説かれている。

表〔業〕の色と声の一部は、修所断である。

また説かれる。

為すべきでない（bya min）色は、修所断である。

と説かれている。

身の表〔業〕と口の表〔業〕の両者は、所断から言えば五種である。

また説かれる。

表〔業〕は五種である。

と説かれている。

不律儀も所断から言えば五種である。そのうち、有色の五根に相応しないものは、不律儀である。〔P.137a〕五識の集まりに〔相応するもの〕と「個々に作用する」〔識〕に相応するものは、不律儀である。大なる第六〔識〕も、また相応するものと全く相応しないものとがある。

〔また説かれる。〕

香と味と触の三、これらは修所断である。

と〔説かれている〕。

〔5〕**結語**　〔以上は〕ダシャバラシュリーミトラ（Daśabalaśrīmitra）大師によって著された『有為と無為の決択』のうち、聖一切所貴部の聖典の教法中[23]の「非随眠決択」と名付ける第一六章である。

訳註

（1）D.C. sgyu, P.N. rgyu.　D.N. に従う。

（2）D.P.N.C. 共に gzu lums である。文脈上から「不察」となるが、前出箇所では「不察」は ma brtags pa であり、訳語から考えると不可解である。しかし、ここは一応文脈に従って gzu lums を「不察」としておく。

（3）D.C. zhen pa, P.N. zhan pa.　D.C. に従う。

（4）D.P.N.C 共に nyon mongs pa とあるが、ここは nyon mongs pa can「不染汚」と読むべきではないか。

（5）D.C. bya ba ma yin pa, P.N. bya ba yin pa.　P.N. に従う（?）。

（6）D.P.N.C. 共に dang とあるが、意味上より主語として読むべきであろう。

（7）D.C. ste, P.N. ni.　P.N. に従う。

（8） D.P.N.C. 共に mi ston pa である。文脈上からは「覆」となるが、「覆」の原語は他の箇所では ’chab pa となっている。しかし、ここは一応各版に従って mi ston pa を「覆」とする。

（9） D.C. dngos chags, P.N. ’dod chags.　P.N. に従う。ここで本訳における ’dod chags に関する訳語について少し断っておきたい。SAV 第一六章～第二一章には chags と ’dod chags の二通りの訳が見られ、本質的な相違でない場合もあるが、一応 chags を「貪」、’dod chags を「欲貪」と訳し分けておく。　（10） D.C. sgo, P.N. sgo bcu.　P.N. に従う。

（11） ’khor lo’i tshogs pas（D.P.N.C. 共）の ’khor lo は、後述の文脈から「識の輪」と解してそのように訳す。

（12） P.N. sun ’byin par byed, D.C. なし。　（13） D.C. gis, P.N. gi.　D.C. に従う。

（14） D.C. skyes bu des chags, P.N. skyes bu de’i chags.　D.C. に従う。

（15） D.C. drug pa chen pos, P.N. drug pa chen po.　P.N. に従う（?）。　（16） D.C. na, P.N. no.　P.N. に従う。

（17） D.C. sems ’dun pa, P.N. sems bdun pa.　P.N. に従う。

（18） D.C. gzugs kyi dang gzugs kyi khams kyi, P.N. gzugs kyi khams kyi.　P.N. に従う。　（19） D.C. gyi, P.N. gyis.　P.N. に従う。

（20） D.P.N.C. 共に rnam pa lnga である。ここは rnam pa bzhi「四種」と読むべきであろうが、原文に従っておく。

（21） D.P.N.C. 共に rna ba「耳」となっているが、この直後にある引用文の箇所では sna「鼻」となっており、両者は統一されていない。　（22） D.C. yang min, P.N. spang min.　P.N. に従う。　（23） D.C. las, P.N. la.　P.N. に従う。

㈡第一七章「随眠決択」シノプシスと和訳

〔シノプシス〕D.Ha,212a6-215a1, P.Nyo,137a4-140b8, N.Nyo,126b4-129b7, C.Ha,209a6-212a1

〔1〕随眠の四種の規定—法・相・界・所断（D.212a6, P.137a4）

〔1-1〕法の規定（D.212a7, P.137a5）

〔1-2〕相の規定（D.212b1, P.137a6）

〔1-2-1〕貪（D.212b1, P.137a7）　〔1-2-2〕瞋（D.212b1, P.137a7）　〔1-2-3〕慢（D.212b1, P.137a7）

〔1-2-4〕無明（D.212b1, P.137a7）　〔1-2-5〕邪見（D.212b1, P.137a7）　〔1-2-6〕有身見（D.212b2, P.137b1）

〔1-2-7〕辺執見（D.212b2, P.137b1）　〔1-2-8〕見取（D.212b3, P.137b2）　〔1-2-9〕戒禁取（D.212b3, P.137b2）

〔1-2-10〕疑（D.212b3, P.137b3）

〔1-3〕界の規定（D.212b6, P.137b7）

〔1-4〕所断の規定—九十八随眠（D.212b7, P.138a1）

〔2〕随眠と諸門分別（D.213a7, P.138b4）

〔2-1〕三種の分別（D.213a7, P.138b4）

〔2-1-1〕大遍行（D.213a7, P.138b5）　〔2-1-2〕小遍行（D.213b1, P.138b5）　〔2-1-3〕小地（D.213b2, P.138b7）

〔2-2〕五種の分別〔I〕（D.213b2, P.138b8）

〔2-2-1〕大遍行（D.213b3, P.139a1）　〔2-2-2〕大遍行相似（D.213b4, P.139a2）

〔2-2-3〕小遍行（D.213b4, P.139a3）　〔2-2-4〕小遍行相似（D.213b5, P.139a4）

[2-2-5] 小地（D.213b6, P.139a6）

[2-3] 五種の分別〔Ⅱ〕—大境・大境相似・小境・小境相似・小（D.214a1, P.139b2）

[2-4] 遍行などの相（D.214a2, P.139b3）

[2-4-1] 大遍行の相（D.214a2, P.139b3）

[2-4-2] 小遍行の相（D.214a6, P.140a1）

[2-4-3] 大遍行相似、小遍行相似の相（D.214a7, P.140a3）

[2-4-4] 小地の相（D.214b3, P.140a7）

[3] 結語（D.214b7, P.140b6）

〔和訳〕

[1] **随眠の四種の規定—法・相・界・所断** 〔聖一切所貴部の聖典には、次の如く説かれる。〕随眠（bag la nyal）も、また四つの規定（rnam par bzhag pa）がある。即ち、次の如くである。法の規定と、相（mtshan nyid）の規定と、界の区別〔による規定〕と、所断の区別〔による規定〕である。

[1—1] **法の規定** そこで、法の規定は一〇随眠である。即ち、次の如くである。欲貪（'dod chags）と、瞋（khong khro）と、慢（nga rgyal）と、無明[1]（ma rig pa）と、邪見（log par lta ba）と、有身見（rang lus la lta ba）と、辺執見（mthar 'dzin par lta ba）と、見取（lta ba mchog tu 'dzin pa）と、戒禁取（tshul khrims dang brtul zhugs mchog tu 'dzin pa）[C. 209b] と、[D.212b] 疑（the tshom）である。

[1—2] **相の規定** 相の規定は、次の如くである。即ち、欲貪は染著する相である。瞋は瞋恚の相である。慢は高〔慢〕の相である。無明[1]は愚惑（kun tu rmongs pa）の相である。邪見は二種である。即ち、次の如くである。「布施はない」ということなどの相〔のように〕存在を [N.127a] ないものとする邪見と、「色は無常である」と

いうことなど［P.137b］を顚倒して思惟する邪見である。法と人（sems dpa'）を我と理解することが有身見である。有漏の法を最勝とただ理解することが見取である。有漏の法を清浄と理解することが戒禁取である。疑は二種で、諦を謗ることと、清浄を謗ることとである。このうち、諦を誹謗することは四種である。即ち、次の如くである。苦〔諦〕を謗ることと、集〔諦〕を謗ることと、滅〔諦〕を謗ることと、道〔諦〕を謗ることである。清浄を謗ることは三種である。即ち、次の如くである。仏を謗ることと、法を謗ることと、僧伽を謗ることである。このうち、仏と僧伽に疑いが生ずることは苦〔諦の〕障（gegs nyid）である。法に疑いが生ずることは滅〔諦の〕障である。諦を謗ることは、また各々に四種である。即ち、次の如くである。苦〔諦の〕障と、集〔諦の〕障と、滅〔諦の〕障と、道〔諦の〕障である。

［1—3］**界の規定**　界の区別には三種がある。即ち、次の如くである。欲〔界〕に属するものと、色〔界〕に属するものと、無色〔界〕に属するものである。このうち、欲〔界〕に属するものは一〇〔種〕で、〔貪等の一〇種〕の如くである。(2) 色〔界〕に属するものは九〔種〕で、［P.138a］これは瞋が除かれる。無色〔界〕に属するもの〔も〕九〔種〕で、これ〔も〕瞋が除かれる。

［1—4］**所断の規定—九十八随眠**　所断の区別によれば、随眠は五部となる。〔即ち、〕見苦所断と、見集所断と、［N.127b］見滅［D.213a, C.210a］所断と、見道所断と、修所断である。このうち、欲界における欲貪は五部である。即ち、次の如くである。苦、集、滅、道〔の見所断〕と、修所断である。同様に、色界に〔も〕五部ある。同様に、無色界に〔も〕五部ある。五〔部〕が三〔界あること〕で、一五の欲貪となる。同様に、一五の慢と一五の痴（mongs pa）とで一五が(3)三〔法〕で、〔合計〕四五となる。邪見は欲界に四部ある。即ち、次の如くである。苦、

集、滅、道の見所断である。同様に、色界に〔も〕四部あり、無色界にも四部ある。これは、四部の邪見の三〔界分〕であり、〔即ち、合計〕一二である。同様に、見取も一二である。一二種の疑と〔合わせて、〕一二が三〔法〕で、〔合計〕三六である。戒禁取は欲界に二部ある。即ち、次の如くである。苦と道の見所断であり、同様に色界にも二部、そして無色界にも［P.138b］二部ある。これが、二〔部〕の戒禁取の三〔界分〕であり、即ち〔合計〕六である。このうち、無色界には戒はないのであるから、禁のみである、と知られるべきである。有身見は三界における〔我が〕身[4]を最もすぐれたものと見る〔ことで、〕三〔であるが、それ〕は見苦所断のみである。同様に、辺執見も三である。この両者は、また[5]三界において〔計〕六となる。瞋は欲界に五部ある。即ち、次の如くである。苦、集、滅、道〔の見所断〕と、修所断である。このように、これら随眠は界と所断の区別により開くと九八となるであろう。

［2］**随眠と諸門分別**　〔さて、〕また随眠は三種である。［N.128a］即ち、次の如くである。大遍行（thams cad du 'gro ba chen po）と小遍行（thams cad du 'gro ba chung ngu）と小地（sa chung ngu pa）である。大遍行（kun tu 'gro ba chen po）［D.213b］とは痴（gti mug）のことである。即ち、各界における所断は各々に五部ある。［C.210b］小遍行（kun tu 'gro ba chung ngu）は六〔法〕である。即ち、次の如くである。邪見と有身見と辺執見と見取と戒禁取と疑である。小地は三〔法〕である。即ち、次の如くである。欲貪と瞋と慢である。

また、説かれる。

大遍行は痴（rmongs pa）である。疑と五見が小遍行である。〔そして〕残りが小煩悩地（nyon mongs chung ngu'i sa pa）である。

と説かれている。

また、〔所断の区別によれば〕五種がある。即ち、次の如くである。大遍行と大〔P.139a〕遍行相似（thams cad du 'gro ba chen po dang mtshungs pa）と小遍行と小遍行相似（thams cad du 'gro chung ngu lta bu）と小地である。〔大〕遍行そのものについて説こう。三界の苦障と集障〔の〕随眠であるものが大遍行そのものである。その随眠が〔三界の〕滅障と道障〔であるもの〕が大遍行相似である。小遍行そのものについて説こう。五見と疑が苦障と集障〔であるもの〕が小遍行であり、〔そして〕その〔五見と疑〕が滅障と道障である可能性（srid pa）のあるものが小遍行相似である。ここで、可能性の意味は何か、と言えば〔それについて〕説こう。即ち、有身見と辺執見と戒禁取という三見は遍在（thams cad du yod pa）しているのではないから、〔可能性のあるものであり、結果、それが小〕遍行相似と言われる理由なのである。三界の修所断である無明と、欲界における〔N.128b〕欲貪と瞋と慢は〔各々〕苦と集と滅と道(6)〔の見所断〕と修所断で五部である。色界における欲貪と慢の両者はそれと同様に五部である。〔色界と〕同様に無色界において〔も〕五部である。これらが小地である。

また、説かれる。

小遍行〔という分類〕を伴った遍行と説かれる両者は、苦と因（集）の見〔P.139b〕所断〔D.214a〕である、(7)
と説かれたことを知るべきである。それが、〔C.211a〕滅〔諦〕の障と道〔諦〕の障としての可能性をもつ
ものなどが遍行の相似である。〔そして、その〕残りが小地である。

と説かれている。

また、これら〔随眠〕が何故〔以下の如く〕五種に分類されるのか、と言えば〔それについて〕説こう。即ち、何からそれらの作用（byed pa）があるかで、五種〔に分類されるの〕である。即ち、大境（yul chen po）と大境相似（yul chen po dang 'dra ba）と小境（yul chung ngu）と小境相似（yul chung ngu dang 'dra ba）と小（chung ngu pa）である。

また、[8]これら遍行等の相を説明しよう。大遍行は大性（chen po nyid）が四種である。即ち、次の如くである。大所縁性（dmigs pa chen po nyid）と大因性（rgyu chen po nyid）と大随眠性（bag la nyal chen po nyid）と大具足性（kun tu ldan pa chen po nyid）である。このうち、大遍行はすべての所知（shes bya）を所縁となすから、これが[9]大所縁性なのである。大遍行は、同界と同劫[10]（skal pa mthun pa）の因となっていること〔から〕、これが大因性である。〔大〕遍行[11]は、すべてに随眠（rjes su nyal ba）することから、これが大随眠性である。〔大〕遍行は、すべての同劫と遍く合することから、これが大具足性である。四種の大〔性の〕作用（byed pa）［N.129a］を具有するから、〔法と所断から見れば、〕六〔種〕の痴が大遍行である。即ち、次の如くである。欲〔界〕における苦〔諦〕の障と集〔諦〕の障と、色〔界〕における苦〔諦〕の障と集〔諦〕の障と、無色〔界〕における苦〔諦〕の障と集〔諦〕の［P.140a］障である。小遍行の随眠は大性が三種[12]である。即ち、次の如くである。大所縁性と大因性と大随眠性である。大具足性がないから、小遍行と説かれるのである。無明のみと相応する[13]のであり、相互ではないのである。[14]大遍行相似と小遍行相似の大性は二種である。即ち、次の如くである。同界と同劫の[15]〔因となる〕大因性と、大随眠性である。［C.211b］無明［D.214b］は大性が二〔種〕である。即ち、次の如くである。大所縁性[16]と大具足性である。〔五〕見と疑は大性が一〔種〕である。即ち、次の如くである。大所縁性である。従って、これが滅〔諦の障〕と道〔諦〕の障〔となるの〕が相似なのである。このうち、無明が三界の滅〔諦の障〕と道〔諦〕の障であり、[17]〔それが〕大遍行相似である。有身見と辺見と戒禁取という三見と疑は、滅〔諦の障〕と道〔諦〕の障とに相似し、〔それが〕小遍行［N.129b］相似である。小地の随眠は大性が一種[18]で、同界〔と〕同劫における〔大因性〕である。その小地は、また三界の修所断である無明と［P.140b］、欲貪と慢は欲界において前述の如く〔見苦所断から修所断までの〕五部である。色界と無色界において〔も同様に〕前述の如く五部と知られるべきである。

諸々の非随眠（bag la nyal ma yin pa）は、大性が三〔種〕である。即ち、次の如くである。大所縁性と大因性と大具足性である。何の故に、ここでそれが随眠しないのか〔と言えば、それは〕纏（kun nas dkris pa）のみであるが故に〔大随眠性が存在しないの〕である。

また、説かれる。

すべてを所縁とすること、自己の界の因性、自己における随眠性、そしてすべての同劫なるものと結合することが大遍行の相である。[19] 小遍行はそれに続いて三種で、〔同劫なるものと〕結合しない〔もの〕と知るべきである。〔大遍行相似と小遍行〕相似と小〔地〕のすべては、同劫〔における大因〕性で、無明のみと相応するもので、因〔の〕義〔と〕随眠〔の〕義、そして自己の劫については前述の如く二〔種〕で、欲貪など〔の〕所説の相（mtshan nyid）そのものである。

と説かれている。

煩悩の悪魔の軍衆〔である随眠〕こそは、すべての境界（'gro ba）の雑染（kun nas nyon mongs pa）の原因である。

［3］**結語**　〔以上は〕ダシャバラシュリーミトラ（Daśabalaśrīmitra）大師によって著された『有為と無為の決択』のうち、[20]［D.215a］聖一切所貴部の聖典［C.212a］の教法中の「随眠決択」と名付ける第一七章である。

訳註
（1）この ma rig pa を「無明」とするが、以下で同じ用法で使用されている語に gti mug, rmongs pa が見られ、相違がある。本訳では原語に応じて訳し分け、gti mug, rmongs pa の場合は「痴」と訳しておく。

（2） D.P.N.C. 共に 'di ltar で、「次の如くである」と訳すべきであるが、次に具体的な説明がなく不可解である。それ故に、これは誤訳で、おそらく原文は「〔貪欲など一〇種〕の如くである」という意味ではなかったかと推定できる。
（3） D. bco lnga la, P.N.C. bco lnga pa.　P.N.C. に従う。　（4） P.N. dang, D.C. なし。D.C. に従う。
（5） D.C. las, P.N. yang.　P.N. に従う。　（6） P.N. lam dang, D.C. なし。P.N. に従う。
（7） この前半の文は「〔大遍行と小遍行〕の両者は、苦〔諦〕の障と集〔諦〕の障〔である〕と」と訳さなければ意味が通じないが、ここは一応原文に従って直訳した。　（8） D.C. yul, P.N. yang.　P.N. に従う。
（9） D.C. 'di'i, P.N. 'di yi.　D.P.N.C. 共に誤りであろう。ここは 'di ni と読むべきである。
（10） D. khams mthun pa dang mi mthun pa, C. khams mthun pa dang skal pa mthun pa dang mi mthun pa, P.N. khams mthun pa dang skal pa mthun pa.　P.N. に従う。
（11） D.C. de, P.N. thams can du 'gro ba ni.　P.N. に従う。D.C. は「これは」ということで、どちらも正しい。
（12） D.P.N.C. 共に rnam pa bzhi とあるが、これは rnam pa gsum と読むべきである。　（13） D.C. gi, P.N. gis.　P.N. に従う。
（14） D.P.N.C. 共 phan tshun ni ma yin no で、直訳したが意味不明。　（15） D.C. khams gsum, P.N. khams mthun.　P.N. に従う。
（16） D.C. dmigs pa med pa chen po, P.N. dmigs pa chen po.　P.N. に従う。　（17） D.C.N. dag, P. dang.　D.C.N. に従う。
（18） D.P.N.C. 共 rnam pa bzhi とあるが、ここは文脈上から rnam pa gcig と読むべきであろう。ただし、続いて説かれる引用部分の記述と矛盾しており、不可解である。　（19） D.C. ni, P.N. do.　P.N. に従う。　（20） D.C. las, P.N. la.　P.N. に従う。

(三)第一八章「非福決択」シノプシスと和訳

〔シノプシス〕D.Ha,215a1-220a5, P.Nyo,140b8-148a6, N.Nyo,129b7-136b2, C.Ha,212a1-217a5

〔1〕煩悩の輪と業の輪（D.215a1, P.140b8）

〔2〕業の三種―福・非福・不動業（D.215a6, P.141a7）

〔2-1〕非福の定義（D.215a6, P.141a8）

〔2-2〕福の定義（D.215a7, P.141b1）

〔2-3〕不動業の定義（D.215b2, P.141b4）

〔3〕身・口・意の非福（D.215b5, P.142a1）

〔4〕身の非福

〔4-1〕殺生の身表業と相応する五種の相（D.216a1, P.142a7）

〔4-2〕偸盗の身表業と相応する五種の相（D.216a3, P.142b1）

〔4-3〕邪婬の身表業と相応する三種の相（D.216a4, P.142b3）

〔4-4〕非摂の意味（D.216a7, P.142b7）

〔5〕口の非福

〔5-1〕妄語の意味（D.216b4, P.143a6）　〔5-2〕両舌の意味（D.217a2, P.143b6）

〔5-3〕悪口の意味（D.217a2, P.143b6）　〔5-4〕綺語の意味（D.217a2, P.143b7）

〔6〕殺生の諸相

［6-1］三種の殺生（D.217a3, P.143b8）　［6-2］四種の殺生（D.217b3, P.144b5）
［7］身、口の表業と過去、現在（D.218b3, P.146a2）
［8］表業の一と多（D.218b7, P.146a8）
［9］殺生が不成立（D.219a4, P.146b6）
［10］業と三世（D.219a6, P.147a1）
［11］意の非福（D.219b1, P.147a5）
［12］非福と地獄・餓鬼・畜生・阿修羅（D.219b5, P.147b2）
［12-1］三種の地獄（D.219b7, P.147b6）
［12-2］大地獄―一〇種の寒地獄と九種の熱地獄（D.219b7, P.147b7）
［12-3］一六増地獄（D.220a3, P.148a2）
［13］結語（D.220a4, P.148a5）

〔和訳〕

［1］**煩悩の輪と業の輪**　このように、解脱（grol ba）を願って、諸々の煩悩の相（mtshan nyid）と行相（rnam pa）と因（rgyu）を知ることで、安楽に専心［N.130a］しない業が障（sgrib pa）[1]［P.141a］を断つのである。即ち、〔心〕不相応の随眠と〔係わら〕ない因に専心することが始まるのである。何故かと言えば、一切の障を除去しても〔心〕不相応の随眠と相応するならば、三界の諸々の業が広大となる故に、後有（yang srid）が生じる時に力をもつものとなる〔から〕である。そのように、これらの有情（srog chags）は因の二つの輪と相応する故に、苦〔の〕

自性は輪廻の車に止まることなく結び付くのである。即ち、次の如くである。煩悩の輪と煩悩から生じた業の輪〔とが相応する〕故である。

また、説かれる。

それら〔不相応の随眠〕が存在する故に増長する業、その業が怖畏を生じる。二〔種〕の輪によって常に苦〔の〕自性は〔輪廻の〕車に生じるのである。

と説かれている。

煩悩の輪は、人が為すことによって十分に作ることができないものであって、〔一方、煩悩から生じた〕業の輪はそうでないのである。[2] 業の輪は、また新しく生起する造作[3]（mngon par 'du byed pa）それ自体が異熟する故に〔その作用は〕不完全となるのである。〔造作それ自体が〕有漏の因を離れることによって新しく生起しなくなるのである。それが苦の終わりである。

〔2〕**業の三種―福・非福・不動業**　そこで、煩悩の因である業には三種がある。即ち、次の如くである。福と非福と不動〔業〕である。このうち、非福には欲〔界〕に属する染汚が三種ある。即ち、次の如くである。身〔業〕と口〔業〕と心［P.141b］〔業〕である。これが［N.130b］非福の業の在り方を略説したものである。そこで、非福とは不浄（mi gtsang ba）と不清浄（ma dag pa）と不善である。福は四種[4]である。即ち、次の如くである。欲界と色界である。欲〔界〕に［C.212b］属する業の二種［D.215b］は次の如くである。善業と無覆（sgrib pa ma yin pa）の業である。色〔界〕に属する〔業〕も二種である。即ち、次の如くである。善〔業〕と無覆〔業〕である。この二種は、また修習の自性であり、気息の出入があるところに存在するのである。これが福〔業〕の在り方を略説したものである。福は、浄と清浄と善である。修習の自性の業であり、気息の出入なきものとなるの

が不動業である。これが不動業の在り方を略説したものである。作用（spyod pa）がないことによって不動業なのである。

また、説かれる。

非福、福、不動〔と〕業は、三種であると認められる。気息を伴うことと、定（mnyam gzhag）と、清浄なるもの、これが福である。〔気息の〕出入から脱する修習の自性が不動である。

と説かれている。

また、その〔非福〕は五種である。即ち、次の如くである。苦〔諦〕に関する〔障〕と、集〔諦の〕障（gegs）と、滅〔諦〕の障と、道〔諦〕の障と、修所断である。

非福と福の両者の因は、六識すべてである。即ち、次の如くである。[P.142a] 眼識から意識までである。不動〔業〕の因は意識のみである。

[3] **身・口・意の非福**　そのうち [N.131a]、身の非福は四種である。即ち、次の如くである。殺生と偸盗と邪婬と非摂（ma bsdus pa）である。口の〔非福の〕四種とは、次の如くである。妄語（brdzun du smra ba）と両舌（dbyen）と悪口（tshig rtsub）と綺語（ngag kyal pa）である。意業における三種とは、次の如くである。〔一つは〕貪心（brnab sems）であり、欲の相を欲することによって引き起こされたものと相応する時に生じる心である。〔一つは〕瞋恚の心（gnod sems）であり、瞋（zhe sdang）の相と相応することによってその時に生じる心である。〔他は〕邪見であり、痴（rmongs pa）の相と相応する時に生じる心であって、即ちこれらが意業である。

伝えられるところに依れば、また

殺生と偸盗と邪婬と害（mam 'tshe ba）[C.213a]、〔そして〕妄語と [D.216a]、両舌と、悪口と、綺語（dgos pa med pa'i brjod pa）、そして貪心と、瞋と、邪見、それらが非福である。

と説かれている。

また〔説かれる〕。

欲界に属する染汚である身、口、意〔業〕が非福である。

と説かれている。

［4］**身の非福―殺生・偸盗・邪婬・非摂**　そこで、身の表〔業〕が殺生する〔場合〕は、五つの相と相応するのである。即ち、次の如くである。自己から他者であること、有情であり非有情でないこと、有情に想いをなすこと、殺すために〔生命を〕断つこと、死んだことである。殺生とは、殺す［P.142b］者の身の表〔業〕である。

また、説かれる。

他者に至ること、有情〔であること〕、〔有情に〕想い〔をなすこと〕、〔生命を〕断つこと、そしてその時〔それが〕過去〔となった〕ことである。

と説かれている。

身の表〔業〕が偸盗する〔場合〕は、五つの相［N.131b］と〔相応するのである〕。即ち、次の如くである。他者の財物であること、他者の財物に想いをなすこと、盗む心が生じること、〔もと〕あるところより動かすこと、我がものとなすことである。(5)

また、説かれる。

他者の財物、それを思考すること（blo）、盗む心〔が生じること〕と、移すこと（'phos）と、我がものとすることである。

と説かれている。

邪婬における三種とは、次の如くである。妻でない者と性交する邪婬と、妻でない者を妻であるのか妻でないのかと疑いながら、どちらであってもよいと〔思い、〕妻でない者と性交する邪婬である。他の女人と男子と不男（ma ning）、そして自分の妻であっても身体から〔子を〕生じるところ（陰門）以外の、〔本来の〕部分でないところに邪に行う、[6]〔即ち〕肛門などに交わる邪婬である。

また、説かれる。


妻でない者と、二心〔をもって〕と、〔本来の〕場所から転ずること（gnas spangs pa）である。


と説かれている。

非摂（ma bsdus pa）とは、忿怒によってか、傲慢によって殺す想いがなく諸有情を害することである。それは多種である。即ち、次の如くである。他の有情を打つこと、投げ倒すこと、追いやること、足と［C.213b］手を切断すること、荷車用の木や鉄［D.216b］鎖などで縛ること［P.143a］、牢に閉じ込めること、酒を飲むこと、酒を造ること、酒を布施すること、〔酒用の〕酵母を造ること、動物を売ること、虫の殻を売ること（srin bu'i sbubs 'tshong ba）、臙脂（rgya skyegs）を売ること、区別なく胡麻と白芥子を売ること、[7]妻に良からぬことを行うこと、［N.132a］踊ったり歌ったり楽器を奏で興奮して大きな声を出すこと、跳び上がること[8]（mchong ba）、〔ガンジス〕河中で戯れること（rkyal ba）、悪意で足枷や鎖を施すこと、淫らな想いで妻を〔他人に〕与えること、淫らな想いで自分の娘を〔他人に〕与えること、邪見を有し、また他に邪見を示す論を施したり、それを書写し、或いは講説などを〔行い、更に〕その論を重ねることである。このわずかな身の〔表業の〕転化したこと（yongs su 'gyur ba）すべてが、非摂の業である。

〔5〕**口の非福**　妄語（brdzun smra ba）の根本の四種は、次の如くである。目で見ること、耳で聞くこと、鼻舌身で嗅ぎ味わい触れること、意で識ることである。〔目で見ることによって生じる〕妄語の一二種とは次の如くである。見た時に見たと想いながら見ていないと語ること、見た時に見たと想いながら疑念（yid gnyis）を〔もって〕語ること、見ながら語って見ていないと想いつつ見たと語ること、〔そのようにして〕疑念を〔もって〕語ること、見ずに疑いをもちながら見たと語ること、〔そのようにして〕見ていないと語ること〔P.143b〕、見たにもかかわらず聞いたと語ること、見たに〔もかかわらず嗅ぎ、味わい、触れた〕と語ること、見たに〔もかかわらず〕識ったと語ること、〔見たにもかかわらず〕聞いたと疑念を〔もって〕語ること、〔見たにもかかわらず〕嗅ぎ、味わい、触れた〕と疑念を〔もって〕語ること、〔見たにもかかわらず〕識ったと疑念を〔もって〕語ることである。それとは反対の一二種の妄語は次の如くである。見ていない時に見ていないと想いながら見たと語ること、〔そのようにして〕疑いを〔もって〕語ること、見ないで語って見たと想いつつ見ないと語ること、〔そのようにして〕疑いを〔もって〕語ることである。見ずに疑念をもちながら見ていないと語ること、〔そのようにして〕見たと語ること、見ていないに〔もかかわらず〕聞いたと語ること、〔見ていないにもかかわらず嗅ぎ、味わい、触れた〕と語ること、〔見ていないにもかかわらず〕識ったと語る〔C.214a〕こと、見ていない〔にもかかわらず聞いたと〕疑念を〔もって〕〔D.217a〕語ること、〔見ていないにもかかわらず、嗅ぎ、味わい、触れた〕と〔N.132b〕疑念を〔もって〕語ること、〔見ていないにもかかわらず〕識ったと疑念を〔もって〕語ることである。これらで、見ることによる妄語は〔計〕二四〔種〕となるのである。

これと同様に、聞くことによる二四〔種〕と、〔嗅ぎ、味わい、触れる〕ことによる二四〔種〕と、識ることによる二四〔種〕である。二四〔種〕が四〔通り〕で、妄語は〔合計〕九六〔種〕となるのである。

両舌（離間語）（dbyen）は、友人同志が実際に仲たがいをおこす（'byed pa nye bar bsgrub pa）語である。弱点（gnad）を破する語が、悪口である。これら三つの語とは異なる染汚の語が、綺語（非応語）（ngag kyal pa）である。

また、説かれる。

想いを奪い取ること（'phrog）と、仲たがい（'byed pa）と、〔弱点を〕破することと、染汚の心〔をもって語ることで〕、口〔業〕は四種である。

と説かれている。

［6］**殺生の諸相**　また、他の行相によれば殺生などには〔各々〕三種〔の分類〕があるが、そのうち、殺生は〔次の〕三種である。即ち、［P.144a］次の如くである。殺生の想い（bsam pa）と、殺生するために他に命じることと、殺生を引き受けることである。

そのうち、殺生の想いには三種がある。即ち、次の如くである。殺生を望むことと、殺生を行おうとすることを望むことと、他が殺生したことを喜ぶことである。その場合、〔殺生を望むということは〕生き物が殺されるということをただ望む心が生じることなのである。ここで、この〔殺生を望む〕心を伴って殺生する時、不退〔の心〕が生じるのであり、それから退く（kun tu mi dga' ba）まで昼夜に生じる不善根（ngo bo mi dge ba）と相随する（rjes su 'brel pa）流れの状態に入り込むのである。〔殺生を〕行おうとすることを望むことも、次の如くである。即ち、他が殺生をなすであろう、という(9)〔望む〕心が生じることである。このことは、また前述の如く不退〔の心〕が昼夜に〔生じる云々ということ〕である。［N.133a］他が〔殺生を〕した時に喜ぶことは、次の如くである。即ち、誰かが殺生することを見たり、或いは聞いた時、この殺戮は善いことをしたものであるということを、その時〔思う〕ことからその人の喜びが生じるのである。このことは、また(10)前述の如く連続(11)（spong ba ma yin pa〕して昼夜に〔生じる云々ということ〕である。

〔殺生するために他に〕命じる〔C.214b〕ことも三種である。即ち、次の如くである。〔D.217b〕欺いて引き入れることと、[12]実行することと（nges par sbyor ba）と、同意すること（rjes su gnang ba）である。そのうち、欺いて引き入れることとは、次の如くである。即ち、他者が誰かに対して、自らが殺生させるのか、或いは他者が殺生するのかということに引き入れることである。ここでも、前述の如く不退〔の心〕が昼夜に〔生じる云々ということ〕である。実行することは、次の如くである。男僕の誰か〔P.144b〕か、或いは尊者か、或いは他者にこの粗暴な生き物を差し向けたということが実行することである。ここでも、不退〔の心〕の根が生じるものとなることとは、前述の如くである。殺生に同意することは、次の如くである。即ち、誰か殺生を望む者が生命を断つであろうと公然と問うたり、[13]語る時、そのようになせよということに同意することであり、或いは〔たとえ、それを〕口にしなかったとしても同意することなのである。この連続（mi spong ba）は、また〔それに対して〕正しく対応するまで昼夜に〔生じる云々ということ〕である。

引き受ける〔場合の〕殺生とは三種である。即ち次の如くである。身によって[14]殺生を引き受けることと、口によって殺生を引き受けることと、意によって殺生を随念すること（rjes su sgrub pa）である。このように、〔殺生と同様にして〕偸盗から綺語まで各々三種に説かれるのである。

次にまた、〔殺生などには〕各々四種がある。〔殺生の四種は、〕即ち次の如くである。殺生を引き受けることと、他者に殺生を引き受けさせることと、他者が殺生した時に随喜することと、自らが殺生する時に駄目を押す（lhag par spyod pa）ことである。同様にして、〔偸盗から〕〔N.133b〕綺語まで〔各々四種〕である。

不善心によって〔殺生を〕引き受けることから駄目を押すことまでをなす時、不善にして邪悪な不律儀が昼夜に生じることになるのである。また、身見と辺執見が生起する故に、それによって〔殺生を〕引き受けることから駄目を押すことまでをなす時、有覆無記（sgrib pa'i lun du ma bstan pa）〔の〕［P.145a］不律儀が昼夜に〔生じる云々ということ〕であり、理に応じて説かれるのである。

また、説かれる。

　引き受けることなどの因によって〔殺生など〕各々に四種があるのである。

と説かれている。

また、すべての犯戒（tshul khrims 'chal pa）が［C.215a］なされるということは、どのようであるのかと言えば、［D.218a］〔それについて〕説こう。即ち、〔それは〕すべての悪い行いをなすであろうということを引き受ける心と共に、欲〔界〕に属する〔殺生など〕邪悪な不律儀が八〔種〕と、色〔界〕に属する身による非摂（yang dag par ma bsdus pa）と口による綺語と〔の〕二〔種〕が二界にすべて一時に生じるものとなることである。欲〔界〕に属し、そして色〔界〕に属する、この不律儀がよるところに生ずることが〔犯戒の〕存在する（srid pa）理由なのである。

また、説かれる。

　すべての犯戒を執受する人には、欲〔界〕に生じる八〔種〕と、色〔界〕に属する〔身、口の非福の各々〕最後の二〔種〕が〔ある〕。犯戒〔には、それら〕不律儀が一時に〔生じるの〕である。

と説かれている。

欲〔界〕にのみ属する〔八種の〕不律儀が間断なく昼夜に生じることが、各々に不律儀が生じるものとなるのである。色〔界〕に属する〔非摂と綺語の〕両者には間断なく〔不律儀が昼夜に生じ〕ないのである。〔その理由は、〕色〔界〕に属する不律儀である両者には、その妨げが存在すること〔N.134a〕によってである。その妨げが存在するところには増盛は存在しないのである。

また、〔説かれる〕。

次に、欲〔界〕に属する〔殺生など〕八〔種〕から、各々にその如くに〔不律儀が昼夜に〕生じるのである。

と説かれている。

殺生などの(15)〔P.145b〕支分(yan lag)である〔殺生を〕引き受けること、それら自体が不律儀を昼夜に生じるのであることは、前述の如くである。

また、〔説かれる〕。

〔殺生を〕引き受けることの支分は、表〔業と、その〕類(rjes)のみである。

と説かれている。

同様に、〔他者に殺生を〕引き受けさせることと、同意することにおいても、〔適用〕されるべきである。〔自らが殺生する時〕駄目を押すことは、〔自らが殺生することを〕行い通したこと(lhag par spyad pa)であると知られるべきである。身の表〔業〕を伴う〔殺生〕と、口の表〔業〕を伴う〔殺生〕を引き受けること、或いは引き受けさせること、或いは同意するようになったことは、その身の表〔業〕、或いは口の表〔業〕が〔行い〕通したことである。身と口の表〔業〕それら両者の無表〔業〕(rnam bar rig byed ma yin pa)は、影の如くに〔C.215b〕住するものであると言われている。

また、〔殺生など〕身〔業〕の〔D.218b〕四種が口によって(16)駄目を押し、引き受け、引き受けるようにし、命令を保持し、そして〔他方、妄語など〕口〔業〕の四種が身によって駄目を押したりすることなどは、相(mtshan nyid）を満たさないのである。しかし、想いの力によっては相を満たさない[17]といっても、相を満たすことと[18]等しい結果である、余勢が生じることになるのは、理に応じて説かれるのである。

また、〔説かれる〕。

〔殺生を〕引き受けることなどを生じる身の行い（bya ba）［N.134b］が口による〔行いであること〕と、また〔他方〕身による〔行いが妄語などを生じる〕口の〔行いであること〕とは、相を満たさないのである。

と説かれている。

どのように相を［P.146a］満たし、〔それが〕どのようなもの（ci 'dra ba）であるのか、と言えば〔それについて〕説こう。

身の〔行いは〕身によって、そして口の〔行いは〕口性によってなされて、行いをなした、そのすべてが相を満たすのである。

と説かれている。

［7］**身・口の表業と過去・現在**　もし、殺生などの〔場合、〕音声によって語られる表〔業〕とは何であるのか、と言えば〔それについて〕説こう。〔即ち、〕殺生〔の場合、〕過去の加行（sbyor）からその身の表〔業〕によって殺され死ぬその時に殺生の音声が得られるのである。そ〔の時〕が一刹那であることによってその〔殺生の〕時は過去のものなのである。或る人は、現在であ〔ると言うのである〕。即ち、〔それは、音声の〕表〔業〕が起こりつつある者によって他がその生命を害するからである〔、と言うのである〕。偸盗も過去の身の表〔業〕である。〔また〕或る人は、〔偸盗〕も現在である〔と言うのである〕。邪婬は過去と現在〔の表業〕であって、現在〔の方〕が一層多いのである。同様に、非摂は駄目を押すことにおいて、〔表業は過去と現在に〕配されるの

である。四種の口業〔の場合、〕口の表〔業〕は現在である。即ち、〔それは〕妄語などの〔ように〕音声によって語られるものである故に、偽りの言葉を語る時、他者（pha rol）が聞かなくても偽りなのである。同様に、両舌（phra ma）と悪口と綺語〔も同じ〕である。

また、〔説かれる〕。

殺生は身と口の行為が過去と現在で、盗みなど〔も身の行為が過去と現在であり、〕口による妄語などは現在のみである。[19]

と説かれている。

〔8〕**表業の一と多**　もし、多くの表〔業〕によって〔C.216a〕敵の生命（pha rol gyi tshe）を害する時、〔P.146b〕どのように〔なるの〕か、と言えば〔それについて〕説〔D.219a〕こう。〔即ち、〕幾ばくかの表〔業〕によって敵の生命を害することにより〔N.135a〕死んだ時、その幾ばくかの表〔業〕すべてが殺生なのである。一つの表〔業〕によって多数を殺すことは、一つの殺生なのである。罪（kha na ma tho ba）は〔殺生した〕有情の量（tshad）のみ〔で決められるの〕である。また、幾ばくかの表〔業〕によって他人の財産を取る時、その表〔業〕すべてもまた物を取ったことから〔そのすべての表業が〕偸盗なのである。一つの表〔業〕によって〔多数の財産を〕取ることは、一つの偸盗なのである。罪は〔偸盗した〕物の量〔で決められるの〕である。それと同様に、邪婬と非摂についても、このような理に応じて知られるのである。口の、即ち言説の幾ばくかの表〔業〕が妄語と両舌と悪口と綺語（ma 'brel ba'i brjod pa）である、という〔場合も、同様に〕理に応じて知られるのである。[20]

また、〔説かれる〕。

幾ばくか〔の表業〕によって軍隊などにおいて殺害しようとする時、死ぬことによってすべて[21]〔の表業〕は殺生そのものである。

と説かれている。

〔9〕**殺生の不成立**　また、殺そうとすると同時に死んだり、或いは〔死が〕先行する時には、殺生は成立しないのである。殺そうとする生命が最後の一瞬に、〔何か他の〕武器で殺された時、殺生は成立しないのである。

また、〔説かれる〕。

殺そうとすると同時に、そして〔それより〕先行する〔時〕、殺生は成立しないのである。生命が次の一瞬に武器で殺された時、殺生は成立しないのである。

と説かれている。

また、両者が同時に見合って［P.147a］〔互いに〕他を打つことで他を殺す時、殺生は成立しないのである、ということなどが説かれるのである。

〔10〕**業と三世**　過去と現在の表〔業〕が殺生など［N.135b］である時、過去あるいは現在から逃れることはできないのである。即ち、業[22]をなしたことを執受する故である。それ故に、それからどのようにして逃れるのか、と言えば〔それについて〕説こう。過去或いは現在の悪戒（tshul khrims ngan pa）から逃れることは、少しも〔ありえ〕ないのである。しかし、この時から未来に作用をおこさない想い（bsam pa）によって逃れる〔ことができる〕のである。それ故に、未来の〔欲界に生じる殺生など〕八〔種〕から逃れることが生じる［C.216b］のである。［D.219b］〔このように、〕それらを三世の点から規定するのである。

また、〔説かれる〕。

過去、或いは現在[23]の両方から逃[24]れられないのである。未来からのその相から逃れる〔のである。〕それらを三世から〔規定するのである〕。

と説かれている。

〔11〕**意の非福**　貪心は、他人の財産を貪り欲することである。有情を殺す想いがなく、ただ瞋によって苦悩と有情とを何時でも結び付けるものとなることが、瞋恚の心（gnod sems）である。存在の相を無であると思惟することが、邪見である。貪心などのこれら三〔種そのもの〕は、悪趣の業と道ではないのである。これら三〔種〕と相応する思（sems pa）が、悪趣の因と道であると知られるべきである。しからば、これら三種のみの思が意業であるのかと言えば、そうではないのであって、〔P.147b〕他の煩悩と相応する思もまた〔意業の〕非福なのである。また、他の煩悩の心において煩悩と相応するものが非〔福〕である[25]。即ち、次の如くである。五識身と「個々に作用する〔識〕」（so sor spyod pa）である。これらと相応する〔煩悩の〕心が非福であると知られるべきである。

〔12〕**非福と地獄・餓鬼・畜生・阿修羅**　身と口と意の業は、煩悩から〔N.136a〕生じるのである。それ故に、煩悩と業から四〔種〕の悪趣が生じるのである。即ち、次の如くである。地獄趣と餓鬼趣と畜生趣と阿修羅趣である。そのうち、瞋を積み重ねる[26]非福によって地獄の住処とそこに住する有情が生じるのである。貪（chags pa）を積み重ねる〔非福〕によって餓鬼の住処と餓鬼が〔生じるので〕ある。痴（gti mug）をなす〔非福〕によって畜生の住処と畜生が〔生じるので〕ある。慢をなす〔非福〕によって阿修羅の住処と阿修羅が〔生じるので〕ある。

そのうち、地獄には三種がある。即ち、次の如くである。大地獄と閻魔の世界（gshin rje 'i 'jig rten）と孤地獄

(nyi tshe ba'i dmyal ba）である。そのうち、大地獄は二種である。即ち、次の如くである。寒［D.220a］地獄と［C.217a］熱地獄である。そのうち、寒地獄は一〇〔種〕である。即ち、次の如くである。アルブダ（chu bur can）、ニラルブダ（chu bur rdol ba）、アタタ（so thams thams ba）、ハハバ（ha ha ba）、フフバ（hu hu ba）、ウトゥパラ（u tpa la lta bu）、クムダ（ku mu ta lta bu）、サウガンディ（sau gan dhi ka lta bu）、プンダリーカ（pu nda rī ka lta bu）、［P.148a］パドゥマ（pa dma lta bu）である。これらなどにはよく聖者を謗る者が生じることになるのである。熱地獄には九〔種〕ある。即ち、次の如くである。等活（yang sos）〔地獄〕、黒縄（thig nag）〔地獄〕、衆合（bsdus 'joms）〔地獄〕、号叫（ngu 'bod）〔地獄〕、大叫（ngu 'bod chen po）〔地獄〕、炎熱（tsha ba）〔地獄〕、極熱（rab tu tsha ba）〔地獄〕、無間（mnar med pa）〔地獄〕、大無間（mnar med chen po）(27)〔地獄〕である。

これらは各々に周辺の一六の〔増〕地獄があることは前述の如くである。閻魔の世界も、また諸々の大地獄と名が等しい九〔種〕である。同様に、周辺〔の増地獄〕も［N.136b］一六〔種〕である。等活〔地獄〕の上から〔さらに、その〕上よりも上に住するのである。

孤地獄は、また南贍部洲の山と河と溝（ngam grog）と稠林（dgon pa）など〔の〕限られた場所に住する故に、孤（nyi tshe ba）と言われるのである。

［13］**結語**　〔以上は、〕ダシャバラシュリーミトラ（Daśabalaśrīmitra）大師によって著された『有為と無為の決択』のうち、一切所貴部の聖典の教法中の「非福決択」と名付ける第一八章である。

訳註

（1）　D.C. なし、P.N. las sgrib pa「業が障を」。P.N. に従う。

（2） D.C. ’khor lo rnams yin no, P.N. ’khor lo ni ma yin no.　P.N. に従う。

（3） D.C. skye ba sngon ma yin mngon par ’du byed pa, P.N. skye ba sngon ma yi sngon par ’du byed pa.　ここは D.C. に従うが、yin は yi と読む。　（4） D.C. bzhi, P.N. gnyis.　欲界、色界各々に善と無覆があることから「四」と解して、ここは D.C. に従う。

（5） D.C. gyo las gyos pa, P.N. gnas las gyos pa.　P.N. に従う。　（6） D.C. spyod pa, P.N. gcod pa.　D.C. に従う。

（7） D.C. ’tshong ba, P.N. ’tshag pa.　D.C. に従う。　（8） D. ’tshong ba, P.N. mchong ba, C. ’tshod ba.　P.N. に従う。

（9） D.C. zhes, P.N. なし。D.C. に従う。　（10） D.C. yid, P.N. yang.　P.N. に従う。

（11） D.P.N.C. 共に mi spong ba ma yin pa とあるが、文脈上 spong ba ma yin pa と読むべきであろう。

（12） D.N.C. ’jug pa, P. ’jog pa.　D.N.C. に従う。　（13） D. ’m, P.N. la, C. ’im.　D. に従う。

（14） D. kyis, P.N.C. kyi.　D. に従う。　（15） D.C. kyi, P.N. kyis.　D.C. に従う。　（16） D. gis, P.N.C. gi.　D. に従う。

（17） P.N. ma, D.C. なし。P.N. に従う。　（18） P.N. mtshan nyid yongs su rdzogs pa dang, D.C. なし。P.N. に従う。

（19） D.C. gis, P.N. gi.　D.C. に従う。　（20） D.C. gyi, P.N. gyis.　D.C. に従う。　（21） D.C. yis, P.N. yi.　D.C. に従う。

（22） D.C. lus, P.N. las.　P.N. に従う。

（23） D.P.N.C. 共に ma ’ongs pa となっているが、文脈上「現在」を意味する da ltar pa が適切と考え、それに従って読む。

（24） D.C. las, P.N. la.　D.C. に従う。　（25） D.N.C. te, P.to.　D.N.C. に従う。　（26） D.C. pa’i, P.N. pas.　D.C. に従う。

（27） D.P.N.C. 共に mnar med chen po で「大無間」と訳せる。なお、岡野潔氏はこれを誤訳誤伝として「大巷地獄」（mahāvīthi）と読む。本書の第一部第三章の註記（67）を参照されたい。

㈣第一九章「福決択」シノプシスと和訳

〔シノプシス〕D.Ha,220a5-224a2, P.Nyo,148a6-153a3, N.Nyo,136b3-141a5, C.Ha,217a5-221a2

［1］福の意義（D.220a5, P.148a6）

［1-1］殺生など非福を捨する八種の戒（D.220a6, P.148a8）

［1-2］殺生など非福を捨する一〇種の戒（D.220b1, P.148b3）

［2］殺生など非福を捨する方法―三種（D.220b4, P.148b7）

［2-1］殺生などを捨する四種の方法（別相）（D.220b7, P.149a4）

［3］布施の律儀（D.221a5, P.149b2）

［3-1］三種の布施―財物・無畏・法（D.221a6, P.149b5）

［3-2］布施によって福の増長しない一二の因（D.221b3, P.150a2）

［4］三種の無漏業（D.221b5, P.150a5）

［4-1］道の戒（D.221b5, P.150a6）

［4-2］対治の戒（D.222a5, P.150b7）

［4-3］律儀の戒（D.222a6, P.151a1）

［4-4］道の戒と対治の戒の区別（D.222b3, P.151a7）

［5］不染汚の戒が生じる一二の因（D.223a4, P.152a3）

［6］染汚と不染汚の戒の関係（D.223a6, P.152a6）

［7］思業と思已業―静慮・等至（D.223b5, P.152b5）

［8］結語（D.224a2, P.153a3）

〔和訳〕

〔1〕**福の意義**　このように、〔前章において〕その非福は不退（mi ldog pa）の自性が八種である、と説かれたのである。この故に、非福から還滅する（mam par ldog pa）のは、八種の不作律儀（mi byed pa'i sdom pa）である。それが煩悩でないもの、〔即ち〕福と知られるべきである。

また、〔説かれる。〕

身の三種と、非摂（ma bsdus pa）と、同様に口の四種などの非福から還滅するのが福である。

と説かれている。

〔1―1〕**殺生など非福を捨する八種の戒**　それと同様に、〔非福から〕還滅する戒が八種と、それから生じたもの〔と、〕生じるものとが昼夜に転じるのである。〔P.148b〕受用も〔転じるの〕である。〔非福から〕還滅する自性が八種であることと同様に、〔非福を〕断つ戒も八種である。即ち、次の如くである。殺生から〔C.217b〕還滅すること、偸盗から還滅すること、〔D.220b〕邪婬から還滅すること、非摂から還滅すること、妄語（誑語）（brdzun du smra ba）から還滅すること、両舌（離間語）（phra ma）から還滅すること、悪口（麁悪語）（tshig rtsub po）から還滅すること、綺語（ma 'brel ba'i brjod pa）から還滅することである。

〔1―2〕**殺生など非福を捨する一〇種の戒**　欲〔界〕に属する心で、すべての悪（ngan pa）戒から各々に還滅されるべきであるということを受持する時[1]、その欲〔界〕に属する〔殺生など〕八〔種〕と、色〔界〕に〔N.137a〕属する身による非摂と、口による綺語[2]（nag gis ma 'brel ba）〔の〕業を還滅する。即ち、〔非福を〕断つことは、一〇〔種〕である。また、受持する心のすぐ後に、各々昼夜に生起することは、一刹那一刹那において生じることになるのである。〔それは、非福を〕受けることを断つ限りにおいて、或いは害したり、欲貪を離れることを得

る限りにおいて〔生じるの〕である。〔受持すること〕と同様に、〔還滅されるべきことに〕正しく向けること（yang dag par 'jog pa）と、〔それに〕全く同意する（yang dag par rjes su gnang ba）〔時も、同じ〕である。〔それに〕駄目を押す（lhag par spyod pa）〔時〕も、駄目を押す限りにおいて〔生じるの〕である。

また、〔説かれる。〕

悪にして劣なる戒から還滅する、その律儀は八〔種〕と二〔種〕で、八〔種〕なるものは再三昼夜において〔転じるの〕である。

と説かれている。

［2］**殺生など非福を捨する方法―三種**　このうち、殺生から還滅することは三種である。即ち、殺生から還滅しようと想うことと、殺生から還滅しようと教えを身に付けることと、殺生から還滅しようと随住することである。〔殺生から還滅しようと〕想うことには三種がある。即ち、次の如くである。求めることと、［P.149a］行為させようと（byed du 'jug pa）求めることと、他者が為したことを喜ぶことである。〔殺生から還滅しようと〕教えを身に付けることにも三種がある。即ち、次の如くである。引きつけられて入ること（drangs te 'dzug pa）と、実行すること（nges par sbyor ba）と、同意すること（rjes su gnang ba）である。〔殺生から還滅しようと〕随住することに〔も〕三種がある。即ち次の如くである。身による随行と、口による随行[(2)]と、意による随行である。このように理に応じて説かれるのである。

また、〔説かれる。〕

〔殺生から〕還滅しようと想うことと、教えを身に付けることと、その両者に随行すること〔の〕各々にも三種がある。

と説かれている。それと同様に、妄語などに関しても〔その如くに〕説かれるのである。

〔2―1〕**殺生を捨する四種の方法**（**別相**） また、別相によれば、殺生から還滅することには四種がある。即ち、次の如くである。殺生から還滅すべきであるということを〔C.218a〕受持すること〔D.221a, N.137b〕と、殺生から還滅することに他者を正しく向けることと、他者が殺生から還滅することに正しく同意するようになることと、自ら河に身を投げることなど生命を断つことを回避しつつ、有情（srog chags）の生命を奪うものから保護すること（skyob pa）である、という如きである。それと同様にして、他の〔偸盗など〕から還滅することも、受持することと、他者を正しく向けることと、正しく同意するようになることと、駄目を押すことである、と説かれるのである。

このように、〔殺生など〕八種が〔各々、還滅するのに〕四種があることによって、戒〔である〕律儀（tshul khrims sdom pa）は〔合計〕三二〔種〕となるのである。そのものの自性が失われたことから生じたものの対治（gnyen po）が三二〔種〕と、生存（'tsho ba）の〔原因の〕対治が三二〔種〕となり、即ち三二〔種〕が二〔種〕あることから律儀は〔合計〕六四〔種〕となるのである。すべての律儀からすぐに生起するものは、昼夜〔P.149b〕に増長するであろう。〔受持することなどを〕断たない限りにおいて〔昼夜において増長するの〕である、と言われることは前述の如くである。

〔3〕**布施の律儀** それらの律儀は、善心によって受持すれば、善となるのであり、〔それは〕昼夜において〔増長するの〕である。無覆心（sgrib min gyi sems）によって受することで、無覆となるのであり、〔それは〕昼夜において〔増長するの〕である。

さて、布施の律儀は、どのようなものであるのか、と言うならば〔それについて〕説こう。即ち、善心によって布施を施したことから、身の律儀が生じるのである。布施を行う時[1]〔に生じる〕随行は、福でありつつ善である。[3]〔それは〕善の律儀から一刹那〔一刹那〕毎に増長するのである。それらは、また身の戒が非摂（ma bsdus pa）から還滅することによって得られたものである。

また、〔説かれる。〕

根本の煩悩[4]（dngos gzhi nyon mongs）がない時、布施が生じるのである。それから受用が生じるのである。布施することから〔生じる〕受用は善となるのである。

と説かれている。

〔3―1〕**三種の布施―財物・無畏・法**　ここで、布施には三種がある。即ち、次の如くである。財物の布施と、無畏（mi 'jigs pa）の布施と、〔N.138a〕法の布施である。このうち、財物の布施は、食物と飲物などの布施である。無畏の布施は、畏れによって苦悩することから救護すること（yongs su skyob pa）と、畏れの〔C.218b〕原因を取り除くことである。法の布施は、〔D.221b〕他者の利益を求めようと善心によって、昇天（mngon par mtho ba）と最上の道（nges par legs pa）の法を人に示現することである。このうち、無畏の布施と法の布施は、善になるか、或いは無覆無記になるのである。それが善であることによって、律儀と〔それから〕昼夜に生じるものが善なのである。〔それが〕無覆無記であることによって、律儀と〔それから〕昼夜に〔P.150a〕生じるものが無覆無記なのである。財物の布施も律儀を伴うことでもっぱら善である。それから〔生じる〕受用も福と善性を増長するのである、と言われる。

〔3―2〕**布施によって福の増長しない一二の因**　〔しかし、次の〕一二の原因によって受用の福は増長しないものとなるのである。〔一二の原因とは、〕即ち次の如くである。受用する者に布施することと、結（bcings pa）な

どから解脱するために布施することと、時によって律儀が生じないことと、[5]自らに受用することと、邪に受用することと、許可なく受用することと、受用しないことと、他人のものを受用することと、奪取することと、善根が断たれたことと、離欲に至ったことと、死んだこと〔の計一二〕である。以上、有漏の諸々の業が説かれた。

〔4〕**三種の無漏業**　無漏の業は三種である。即ち、次の如くである。道の戒（lam gyi tshul khrims）と、対治の戒（gnyen po'i tshul khrims）と、律儀の戒（sdom pa'i tshul khrims）である。

〔4―1〕**道の戒**　このうち、道［N.138b］の戒は、現前にある行われるべきことを行うことが生じるようになることであり、欲界、或いは色界に生起するすべての覚支の心（byang chub yan lag gi sems）である。即ち、苦〔諦〕における法智は、一〇随眠と、〔食不調性を除く〕二〇の非随眠、即ち〔計〕三〇の煩悩を断つのである。それらの煩悩の個々において纏（kun nas dkris pa）〔である〕欲〔界〕に属する衆生〔の〕悪戒（tshul khrims ngan pa）は一六種とされるのである。即ち、〔それらは〕殺生などが種々に説かれた如くに、〔そのものの〕自性が失われたことから生じた八〔種〕と、生存の原因が八種［P.150b］であり、即ち〔計〕一六〔種〕となるのである。それらを断ち、またそれらを為さないということは、それ［D.222a］らを断つ［C.219a］故に、一六〔種〕の戒〔である〕律儀が生じるのである。即ち、このように自性が失われたことから[6]生じたものの対治が八〔種〕と、生存の〔原因の〕対治が八〔種〕である。それと同様にして各々の煩悩に関しては知られるのである。

　このように、一六種の悪戒を断つということは、一六〔種〕が一つとなるのである。各々〔三〇〕の煩悩によって生じる過失を犯すことの対治から、煩悩を断つ力（dbang）から〔言えば、〕一六〔種〕が三〇なのである。〔一〇随眠と二一非随眠とで、〕一六〔種〕の道の戒は、三一〔の律儀を〕生じるのであり、そのようにすると、道の戒は四九六となるのである。それと同様に、苦〔諦〕における観察智（so sor rtog pa'i shes pa）において〔もそうなの〕である。苦〔諦〕における類智は、色界に属する〔瞋を除く〕九の随眠と〔不信、無慚、誑、諂、不察、掉挙、放逸、憍、無愧、大執、覆の〕一一の〔非〕随眠、即ち〔計〕二〇の煩悩を断つのである。このうち、個々の煩悩において〔生じる〕過失を犯すことは、二〔種〕となるのである。即ち、次の如くである。〔色界に属す非福である〕非摂と綺語（ma 'brel ba）の発言とである。前述したところの次第によって、二種の過失を犯すことを断つことが一つである。二〇種の過失を犯すことが〔各々〕二種であることによって、[N.139a]〔その〕二〇種の対治も、〔各々〕二〔種〕となり、〔その結果〕二種〔の道の戒は〕、二一の律儀を生じるのである。それと同様にして、〔集諦など〕残りの智と修習の地（sgom pa'i sa）に関しても、理に応じて説明されるのである。

[4―2] **対治の戒**　対治の戒は、同一の界〔と〕同一の劫（skal pa）のすべての煩悩を断つそのところで結生（nying mtshams）し、行われるべきことを行うことが生じるようになるのである。また、煩悩を滅する（'jig byed）智は、苦〔諦における〕法智などと修習の地という、道の[P.151a]戒のように、理に応じて知られるのである。

[4―3] **律儀の戒**　律儀の戒は、すべて無漏であって、阿羅漢の〔戒〕である。即ち、次の如くである。阿羅漢は、すべての悪行から還滅するべきである、というように心が生じる時、その心と共に八〔種〕の無漏の戒〔である〕律儀が生じるのである。そこには、昼夜に生じ〔、増長する〕ものは〔何も〕ないのである。それと同様に、ここで身〔と〕口の表〔業〕（rnam par rig byed）によって〔それに〕正しく向けることと、正しく[C.219b]同意することと、駄目を押すこと〔の〕すべて[D.222b]は、無漏なのである。欲〔界〕において欲貪を離れて不還者（phyir mi 'ong ba）〔となること〕によって、すべての過失を犯すことから還滅する故に、欲〔界〕に属する〔八種の〕過失を犯すことの対治と、〔そして〕色〔界〕に属する身による(7)非摂と、口による(2)綺語の対

治は、無漏なのである。〔欲界、色界〕二つの界において貪（chags）〔を〕離れた不還者は、阿羅漢そのもののようである。類（rjes）の身〔と〕口の表〔業〕すべても無漏性である。

また〔説かれる。〕

欲〔界〕において〔欲〕貪を離れた聖者の、すべて〔の悪行〕から還滅する八〔種〕と〔N.139b〕色〔界〕に生じた〔非摂と綺語の〕二つは、浄（dri med pa）である。色〔界〕における〔対治の〕すべても無漏である。

と説かれている。

［4―4］**道の戒と対治の戒の区別**　道の戒と対治の戒の二つは、〔その〕区別が何であるのか、と言えば〔それについて〕説こう。〔先ず、道の戒について説明しよう。〕苦〔諦〕における法智は、〔三〇の煩悩を〕断つ故に、そして〔諦に〕随順する力がある故に、戒が生じるのである。それは、また一刹那性であることによって滅することになるのである。〔苦諦における〕観察智も、ともあれその如くに生じるのである。即ち、先ず断つ力の故に、そして〔諦に〕随順する〔P.151b〕力の故に、〔戒が生じるの〕である。苦〔諦〕における類智は、〔二〇の煩悩を〕断つ原因の故に、そして〔諦に〕随順する力の故に、〔戒が〕生じるのである。法智は、断つ力の故に、そして〔諦に〕随順する力〔の〕それら両者から〔戒は〕生じるのであると、また或る人は〔言うので〕ある。それと同様に、〔集諦などの〕残りの〔智〕と修習の地に関しても、理に応じて説かれるのである。

対治の戒は、煩悩を滅しながら、直接、断つ原因から、そして以前に断たれた力の〔それら〕両者から生じることの他に〔原因〕はないのである。〔煩悩を〕個々に断つ〔時に生じる〕結生（mtshams）に関しては、以前に断たれた力だけから、〔戒が生じるの〕である。[6]

ともあれ、〔以上〕は性罪（rang bzhin gyi kha na ma tho ba）から還滅する八〔種〕の戒が明示されたのである。

遮罪（bcas pa'i kha na ma tho ba）から還滅する戒は、比丘と比丘尼と勤策（沙弥）〔と〕勤策女（沙弥尼）と駆烏人（bya rog skrod byed）と近事（優婆塞）と近事女（優婆夷）などが、(7)仏と共なる学処(8)を受持し、そして能持することから生じるのである。そのうち、比丘［C.220a］のすべての学処［D.223a］は、律に説かれる四二〇(9)である。それら学処の大半は、遮罪から還滅する戒である。すべての律儀から受持する心のすぐ後に［N.140a］〔昼夜に律儀が〕生じることは、〔受持することなどを〕断たない限りにおいて〔増長するの〕である、と広説されるのである。それと同様にして、比丘尼〔の学処の場合〕も理に応じて〔説かれるの〕である。勤策の男女の学処は、九〔戒〕と、駆烏人の八〔戒〕と、それと同様に近住（bsnyen gnas）の〔八戒〕である。近事と近事女の両者の学処は、畢竟五〔戒〕である。また、これらを受持する心によって、そのすぐ後に〔昼夜に〕生じることは、［P.152a］心の一刹那という時間によって増長することであって、〔それは、受持することを〕断たない限りにおいて〔増長するの〕である、と言われるのである。

また、〔説かれる。〕

比丘が遮罪（bcas pa'i nyes pa）から還滅する〔ための〕その律儀の数は、四二〇だけである。比丘尼の〔場合は〕それ〔と同様である。そして、〕それ以外にもある。即ち、勤策と、斎戒（gso sbyong）、そして日常の近事〔の〕律儀は、各々九つ、八つ、五つの如き次第である。根本〔煩悩〕から過失（nyes）が生じることは、〔それを〕受持することなどの原因によるのである。(10)

と説かれている。

［5］不染汚の戒が生じる一二の因　これより、不染汚（nyon mongs pa can ma yin pa）の戒、それらすべてが生起

する時は、一二の原因によって生じるのである、〔ということを説明しよう。その一二の原因とは、〕次の如くである。〔悪行から還滅することを〕受持することと、〔それに〕正しく向けることと、〔それに〕正しく同意することと、〔それに〕駄目を押すことと、律儀の根本を断たないことと、善根を生じることと、過失を犯す原因を断つことと、諦に随順する力と、修習の力と、以前に断った力と、事物（dngos po）を遍知すること（yongs su shes pa）と、〔教えを〕信受すること〔の、以上一二の原因〕から〔不染汚の戒が生じるの〕である[11]。〔それは〕理に応じて説かれるのである。

［6］**染汚と不染汚の戒の関係**　このように説かれる染汚と不染汚の戒、それらが〔不染汚から染汚へと〕移行すること（kun nas g·yo ba）は、四種〔によって〕である。即ち、次の如くである。［N.140b］戒分（tshul khrims kyi yan lag）が〔過失を犯すことを〕断つことが〔染汚から不染汚へと〕移行することであるというのと反対の方向に〔動くことに〕よってと、すべての過失を犯〔される〕べきであるということを［C.220b］受持するということにすべてが移行すること〔によって〕と、［D.223b］すべての戒を断つべきであると学処を断つことによってと、善根を断つことによって、である。

〔その反対に〕過失を犯すことを断って、〔不染汚へと〕移行することは、四種〔によって〕である。即ち、次の如くである。殺生から還滅することを［P.152b］受持することによって悪戒が移行することと、殺生から還滅することに向けることと、殺生から還滅することに正しく同意することと、殺生を駄目押ししないこと〔によって〕である。〔殺生〕と同様に、偸盗なども理に応じて説かれるのである。

すべての過失を犯すことから還滅すべきであるということ、或いはすべての戒を受けること、或いは仏と共なる学処に住すべきであるということが、すべて〔の過失を犯すことを〕断つことなのである。或いはまた、すべての有為は無常である、すべての有為は苦の原因である、ということも悪戒を断つのである。他の表現をもって言えば、〔それは〕基礎（brten pa）に、〔しっかりと〕接合（'brel ba）されて建立された家屋など〔の如く〕である。

　また、〔説かれる。〕

　すべての有為は無常〔であること〕、そして〔それは苦の〕原因と思うことによって、すべての過失を断つのである。その如くに、基礎が考えられた[12]のである。

と説かれている。

［7］思業と思已業—静慮・等至　世尊は、思業（sems pa'i las）と思已業（sems pas bslang ba'i las）がある、と説いている。そのうち、思已業は身〔業〕と口〔業〕である、と説いている。相応心［N.141a］から生じるものの中で、唯一の思〔業〕は意の福業である。その思〔業〕は二種である。即ち、次の如くである。善と無覆無記である。欲〔界〕に属する善と無覆無記である。色〔界〕に属する思〔業〕は、〔初禅から第三禅までの〕三つの静慮（bsam gtan）である。また、三静慮と力が等しい等至と相応する思〔業〕は、福と認められるのである[13]。静慮と力が［D.224a］等しい等至は［C.221a］何であるのか、と言えば〔それについて〕説こう。即ち、慈（byams pa）と悲（snying rje）と喜（dga' ba）と捨（btang snyoms）〔の四無量心〕と数息観（dbugs phyi nang du rgyu ba rjes su dran pa）と八つの不浄観（mi sdug pa）などである。

　また、〔説かれる。〕

　そのように、意の福〔業〕は欲〔界〕においては白（dkar）と昧劣（zhan pa）の思〔業と〕である。色〔界〕においては三静慮で、そこに住する者は証得者（yang dag bsdu）である。

と説かれている。

［8］**結語**　〔以上は、〕ダシャバラシュリーミトラ（Daśabalaśrīmitra）大師によって著された『有為と無為の決択』のうち、〔聖一切所貴部の聖典の教法中の〕「福決択」と名付ける第一九章である。

訳註

（1）D.C. nas, P.N. na.　（2）D.C. gis, P.N. gi.　D.C. に従う。　（3）D.N.C. do, P.de.　D.N.C. に従う。

（4）D. dngos gzhi, P.N.C. dngos bzhi.　D. に従う。

（5）D.C. skyed pa, P.N. ma skyed pa.　両者の相違は ma の有無であるが、P.N. に従う。

（6）D.C. las, P.N. la.　D.C. に従う。　（7）D.N.C. kyis, P. kyi.　D.N.C. に従う。

（8）D.C. kyis bcas pa, P.N. kyi bcas pa.　D.C. に従う。

（9）D.C. nyi shus lhag pa'i bzhi brgya'o, P.N. nyi shu lhag pa'i bzhi brgya'o.

（10）D.C. yang dag len sogs rgyu las so, P.N. yang dag len sogs las so.　音節上、rgyu が必要であるので、D.C. に従う。

（11）D.C. te, P.N. so.　P.N. に従う。

（12）ma rtogs pa となっているが、意味上、ma は不要と考えられるので、それに従って訳す。

（13）D.C. 'dod, P.N. 'dod do.　P.N. に従う。

㈤第二〇章「不動業決択」シノプシスと和訳

〔シノプシス〕D.Ha,224a3-225b2, P.Nyo,153a3-154b8, N.Nyo,141a5-143a3, C.Ha,221a2-222b2

［1］不動業の定義（D.224a3, P.153a3）

［2］福業と欲界（D.224a6, P.153a8）

［2-1］福業と欲界の四洲（D.224a6, P.153a8）　［2-2］福業と六欲天（D.224b2, P.153b4）

［3］福業と色界天（D.224b3, P.153b5）

［4］不動業と色界第四禅天（D.224b5, P.153b8）

［5］不動業と無色界天（D.224b7, P.154a4）

［6］後有と業（D.225a2, P.154a6）

［7］結語（D.225b2, P.154b7）

〔和訳〕

［1］**不動業の定義**　不動業は心性である。それは、また〔色界〕第四禅と相応するものであり、有漏の無色〔界〕の四つの等至（snyoms par 'jug pa）（四無色定）と相応するものであり、第四禅と無色〔界〕の等至と力（stobs）が相似する等至と相応するものである。即ち、それが不動業であると知られるべきである。そこでは、尋（rnam par rtog pa）などが生じることがないことによって、また不動〔業〕なのである。

また、動（g·yo ba）ということをなす［N.141b］のは、定（ting nge 'dzin）の災患（skyon）であり、それは七種である。即ち、次の如くである。尋と伺と喜と楽と入〔息〕と出〔息〕である。〔色界〕第四禅と無色〔界〕は、それら〔七種の災患〕が生じることがないことによって、不動〔業〕なのである。

〔また説かれる。〕

不動〔業〕は心性と認める。第四禅と無色〔界の等至〕と相応し、〔また〕それと相似する力〔のある〕等至と[1]〔相応する〕。

と説かれている。

〔2〕**福業と欲界**　ここで、不染汚の業などが説かれるのである。

〔2—1〕**福業と欲界の四洲**　福の業の故に、四洲に住する人々〔P.153b〕が生じるのである。次の如くである。即ち、無貪を修習する福〔の業〕の故に、北倶盧洲（byang gi sgra mi snyan）の人〔々が生じるの〕である。それによって、それ〔らの人々〕は貪著がなく、そしてすべての受用に満足するのである。無瞋を修習する〔福の業の〕故に、東勝身洲（shar gyi lus 'phags pa）〔の人々が生じるの〕である。それによって、それら〔の人々〕は諸々の生き物を殺さない〔C.221b〕のである、と言われるのである。無慢を〔D.224b〕修習する福〔の業〕の故に、西牛貨洲（nub kyi ba lang spyod pa）〔の人々が生じるの〕である。それによって、そこには同一性（rigs gcig nyid）がある。それら〔の人々〕は等しい量と形を具足するのである。無痴（ma rmongs pa）を修習する福〔の業〕の故に、南贍部洲（'dzam bu gling）〔の人々が生じるの〕である。それによって、それら〔の人々〕は念（dran pa）と慧（blo）を得て、[2]心を具足するのである。

〔2—2〕**福業と六欲天**　欲界天は六〔種〕である。即ち、次の如くである。〔四〕天王衆から他化自在天まで〔であり〕、それら〔の人々〕も、無痴を多く修習する〔福の業の〕故に、〔それらの〕天〔が生じるの〕である。

福の業の故に、形（dbyibs）と座と大宮殿などが出現するのである。

［3］**福業と色界天**　〔色界〕初禅の劣と中と勝の福を修習する故に、初禅の劣と［N.142a］中と勝の三地がある。即ち、順次に梵輔天（tshangs pa’i mdun na ’don gyi lha）と梵衆天（tshangs ris kyi lha）と〔大〕梵天（tshangs ’khor gyi lha）が生じるのである。それと同様にして、第二禅の三〔地〕について〔言えば〕、少光天（’od chung gi lha）と無量光天（tshad med ’od kyi lha）と極光浄天（’od gsal gyi lha）が生じるのである。同様に、第三禅の三〔地〕について〔言えば〕、少浄〔天〕（dge chung）と無量浄〔天〕（tshad med dge）と遍浄天（dge rgyas kyi lha）が生じるのである。

［4］**不動業と色界第四禅**　不動業は、また〔色界〕第四禅と各々に相応する劣と中と［P.154a］勝〔の福を修習する故に、三地〕から〔言えば、無雲天と福生天と〕広果天（’bras bu che ba’i lha）〔が生じるの〕である。〔更に、〕不動業は、第四禅と相応するものと、覚支を修習することと、〔それに〕伴うことを信じる根（信根）の故に、善現天（gya nom snang gi lha）〔が生じるの〕である。その〔第四禅と相応し、覚支を修習すること〕と〔それに〕伴うことに精進する根（精進根）の故に、善見天（shin tu mthong ba’i lha）〔が生じるの〕である。その〔第四禅と相応し、覚支を修習すること〕と[3]〔それに〕付随することを念ずる根（念根）の故に、無煩天（mi che ba’i lha）〔が生じるの〕である。[4]その〔第四禅と相応し、覚支を修習すること〕と禅定する根（定根）に伴う故に、無熱天（mi gdung ba’i lha）〔が生じるの〕である。その〔第四禅と相応し、覚支を修習すること〕と〔それに〕伴うことを智る根（慧根）の故に、色究竟天（’og min gyi lha）〔が生じるの〕である。各々の衆人は、第四禅と相応する不動業の故に、無想有情（’du shes med pa’i sems can）が生じるのである。

［5］**不動業と無色界天**　空〔無辺処と〕、識〔無辺処〕と、無所有処と、非想非非想処と各々に相応する不動［D.225a］業の故に、［C.222a］順次に四無色〔界が生じるの〕である。そのように、欲〔界〕と色〔界〕と無色

〔界〕の三界とも、それらは業から生じた有身が生じる拠り所である。[5][6]

また、〔説かれる。〕

その故に、福〔業〕から、すべての人は〔四洲と〕欲界の六天と、同様に〔色界の〕最初の三禅〔において梵輔天などが生じ、そして〕不動業の故に、それ以外の天〔が生じるの〕である。

と説かれている。

［6］**後有と業**　それでは、［N.142b］〔上で〕説かれたように、それらの業はすべての生存（skye ba）を生起させるものであるのかと言えば、そうではないのである。即ち、欲貪を伴う業である福、非福、不動〔業〕は、後有（yang srid）を生じる因となるのである。欲貪を離れた〔業〕は、同一界において〔生存を生起させるの〕である。即ち、次の如くである。[7] 欲〔界〕に属する業は、欲〔界〕に関する生存〔を生起させるもの〕である。色〔界〕に属する〔業〕は、色〔界〕に関する生存〔を生起させるもの〕である。同様に、無色〔界〕に関する生存〔を生起させるもの〕である。〔未来に〕到ること（bgrod pa）を増長する業［P.154b］は、後有を生起させるのである。その障（gegs）となる業は、〔後有を生起させ〕ないのである。

また、〔説かれる。〕

〔未来に〕到ることを増長する〔業〕と貪を伴う業とに相応する〔三〕界においては、後有が樹木で種子が因〔の如く〕である。

と説かれている。

業に二種があることは、次の如くである。即ち、後有が生じる時、力性によって〔未来に〕到ることを増長する業と、大抵の場合に異熟が生じてから後有を造作する時、力がない故にその障となる業とである。

そのうち、〔未来に〕到ることを増長する業は八〔種〕である。即ち、次の如くである。欲〔界〕に属する善と無覆と不善と有覆と、色〔界〕に属する善と無覆と、無色〔界〕に属する善と無覆である。

また、〔説かれる。〕

欲〔界〕に生じた四と、色〔界〕に生じた二で、〔更に〕二は無色〔界〕に生じたもので〔、業は八種で〕ある。

と説かれている。

その障となる〔業〕は八〔種〕である。即ち、次の如くである。夢の中の業と、中有（srid pa bar ma）の業と、嬰児（byis pa）の間になした〔業〕と、遍知が生じた〔業〕と、無漏〔業〕［N.143a］と、自性が無記〔である業〕［C.222b］と、［D.225b］貪を離れることによって積集した〔業〕と、色〔界〕と無色〔界〕の修習の自性のない業である。

また、〔説かれる。〕

夢の中、〔中〕有、意識のない者（mam mi shes）、遍知が生じたことと、無漏と、自性が無記と、無貪（ma chags）に含まれたことと、色〔界〕と無色〔界〕の道のない〔八種の業の〕ことである。

と説かれている。

［7］**結語**　〔以上は〕比丘である尊師(8)ダシャバラシュリーミトラ（Daśabalaśrīmitra）大師によって著された『有為と無為の決択』のうち、〔聖一切所貴部の聖典の教法中の〕「不動業決択(9)」と名付ける第二〇章である。

訳註

（1） D.P.N.C. 共に nyams となっているが、ここでは snyoms と読む。　（2） D.C. tshogs shing, P.N. tshogs pa'o.　D.C. に従う。
（3） P.N. dang, D.C. なし。P.N. に従う。　（4） D.N.C. so, P. sa.　D.N.C. に従う。　（5） P.N. de, D.C. なし。P.N. に従う。
（6） D.C. las las, P.N. las la.　D.C. に従う。　（7） P.N. 'di lta ste, D.C. なし。P.N. に従う。
（8） P.N. dge slong gnas brtan, D.C. なし。一応 P.N. に従う。他の章では、いずれもこの語句は見られない。
（9） D.C. ba'i las, P.N. ba.　D.C. に従う。

㈥第二二章「聖諦決択」シノプシスと和訳

〔シノプシス〕D.Ha,225b2-241a5, P.Nyo,154b8-174b8, N.Nyo,143a3-162b4, C.Ha,222b2-238a5

［1］煩悩、福などの三業と苦楽の生起（D.225b2, P.154b8）

［1-1］六種の生存（六道）の別とその苦（D.225b6, P.155a6）

［1-2］輪廻の原因である煩悩（D.226a1, P.155b1）

［1-3］煩悩の種子である随眠（D.226a2, P.155b2）

［1-4］随眠を滅尽する原因（D.226a3, P.155b3）

［1-5］随眠の滅尽と忍（D.226a5, P.155b6）

［2］四諦と忍（D.226a6, P.155b7）

［2-1］四諦の二種の規定―法の規定と相の規定（D.226a7, P.155b8）

［2-1-1］法の規定（D.226b1, P.156a1）

［2-1-2］相の規定〔Ⅰ〕（D.226b2, P.156a5）

［2-1-2-1］無常性（D.226b3, P.156a5）

［2-1-2-2］因性（D.226b4, P.156a7）

［2-1-2-3］常性（D.226b5, P.156b1）

［2-1-2-4］出離（D.226b6, P.156b2）

［2-1-3］相の規定〔Ⅱ〕（D.227a1, P.156b5）

［2-1-3-1］総相（D.227a1, P.156b5）

［2-1-3-2］別相（D.227a2, P.156b6）

［2-1-3-2-1］真実でない相（D.227a3, P.156b7）

［2-1-3-2-2］真実の相（D.227a4, P.157a1）

［2-1-4］相の規定と諦現観（D.227a7, P.157a6）

〔2-1-5〕法の規定と二種の調伏―鈍根・利根（D.227b1, P.157a7）

〔2-1-5-1〕鈍根（D.227b1, P.157a7）

〔3〕諦現観に入る四種の門―蘊門・処門・界門・名色門（D.227b4, P.157b4）

〔3-1〕門の意味（D.227b5, P.157b5）

〔3-2〕蘊の意味（D.227b6, P.157b6）

〔3-3〕処の意味（D.227b6, P.157b7）

〔3-4〕界の意味（D.227b6, P.157b7）

〔3-5〕名色の意味（D.227b7, P.157b8）

〔3-6〕蘊門から入る意味（D.228a4, P.158a7）

〔3-7〕処門から入る意味と忍の修習（D.228a5, P.158a7）

〔3-8〕界門から入る意味と忍の修習（D.228a6, P.158a8）

〔3-9〕名色門から入る意味と忍の修習（D.228a6, P.158b2）

〔3-6-1〕蘊門からの忍の修習と四諦（D.228b1, P.158b4）

〔3-6-1-1〕苦諦における五蘊の無常性の忍可（個別）―三一通りの忍可（D.228b2, P.158b6）

〔3-6-1-2〕苦諦における五蘊の無常性の忍可（総合）（D.229a5, P.159b6）

〔3-6-1-3〕集諦における五蘊の因性の忍可（個別）―三一通りの忍可（D.229a6, P.159b7）

〔3-6-1-4〕集諦における五蘊の因性の忍可（総合）（D.229b7, P.160b3）

〔3-6-1-5〕滅諦における五蘊の常性の忍可（個別）―三一通りの忍可（D.230a1, P.160b4）

〔3-6-1-6〕滅諦における五蘊の常性の忍可（総合）（D.230a6, P.161a4）

〔3-6-1-7〕道諦における四蘊の道性の忍可（個別）―一五通りの忍可（D.230a7, P.161a5）

〔3-6-1-8〕道諦における四蘊の道性の忍可（総合）（D.230b3, P.161b2）

〔3-6-1-9〕道諦における五蘊の道性の忍可（個別）―三一通りの忍可（D.230b4, P.161b3）

［4］忍・名の想・相の想・世第一法

［4-1］忍の相——法智・類智（D.231a5, P.162a7）

［4-1-1］法智（D.231a6, P.162a7）　［4-1-2］類智（D.231a6, P.162a8）

［4-2］忍を修習する四種の意義（D.231b1, P.162b2）

［4-3］忍の善行の修習と諦現観の証得（D.231b2, P.162b4）

［4-3-1］厭離と精勤との相応（D.231b4, P.162b7）

［4-3-2］四つの輪との相応（D.231b5, P.162b8）

［4-3-3］三時に善巧であること（D.231b6, P.163a1）

［4-3-4］四障——業障・煩悩障・異熟障・趣障——からの解脱（D.231b7, P.163a3）

［4-3-5］二種の資糧の和合（D.231b7, P.163a4）

［4-3-5-1］福の資糧と智の資糧（D.232a1, P.163a4）

［4-3-5-2］清浄戒の資糧と清浄見の資糧（D.232a2, P.163a6）

［4-3-5-3］資糧と四種の処——諦処・捨処・寂静処・慧処（D.232a4, P.163a8）

［4-3-6］諦現観を証得する意義（D.232a7, P.163b5）

［4-4］忍の決択と三種の想——事想・生想・滅想（D.232b1, P.163b6）

［4-5］忍の修習と三時——寂静時・歓喜時・捨時（D.232b3, P.164a1）

［4-6］名の想（D.232b7, P.164a7）

［4-7］相の想（D.233a1, P.164a8）

〔4-7-1〕劣、中、勝による九種の区別（D.233a2, P.164b1）

〔4-8〕世第一法（D.233a5, P.164b5）

〔4-9〕忍・名の想・相の想・世第一法と三界（D.233a6, P.164b7）

〔5〕見道

〔5-1〕苦法智の意味（D.233b2, P.165a4）

〔5-1-1〕苦法智と預流向（D.233b4, P.165a7）

〔5-1-2〕苦法智所断の煩悩―（欲界）一〇種の随眠と二〇種の非随眠（D.233b5, P.165a8）

〔5-2〕観察智の生起（D.234a1, P.165b4）

〔5-3〕苦類智（D.234a2, P.165b6）

〔5-3-1〕苦類智所断の煩悩―（色界）九種の随眠と一一種の非随眠（D.234a3, P.165b6）
（無色界）九種の随眠と八種の非随眠（D.234a4, P.165b8）

〔5-4〕集法智所断の煩悩―（欲界）七種の随眠と二〇種の非随眠（D.234a5, P.166a2）

〔5-5〕集類智所断の煩悩―（色界）六種の随眠と一一種の非随眠（D.234a6, P.166a3）
（無色界）六種の随眠と八種の非随眠（D.234b1, P.166a5）

〔5-6〕滅智所断の五八種の煩悩（D.234b2, P.166a7）

〔5-7〕道法智所断の煩悩―八種の随眠と二〇種の非随眠（D.234b2, P.166a7）

〔5-8〕道類智所断の煩悩―（色界）七種の随眠と一一種の非随眠（D.234b3, P.166a8）
（無色界）七種の随眠と八種の非随眠（D.234b4, P.166b1）

［5-9］四諦における一二種の智（一二心）（D.234b4, P.166b2）
［5-10］第一三心と預流果、一来果、不還果の関係（D.234b6, P.166b5）

［6］現観の意味（D.235a4, P.167a4）

［6-1］五種の現観（D.235a5, P.167a5）

［6-1-1］見（四種）（D.235a7, P.167a7）
［6-1-2］捨（四種）（D.235a7, P.167a8）
［6-1-3］証（二種）（D.235b1, P.167b1）
［6-1-4］遍知（九種）（D.235b1, P.167b1）
［6-1-5］修習（四種）（D.235b4, P.167b5）

［6-2］第一三心の果（預流果）と極七返有（D.235b4, P.167b5）
［6-3］第一三心の果とその失（D.235b5, P.167b7）

［7］二種の道（D.235b7, P.168a2）

［7-1］有漏道―忍・名の想・相の想・世第一法（D.236a1, P.168a3）
［7-2］無漏道―見道・修道（D.236a1, P.168a4）

［8］修道

［8-1］修道の意味（D.236a2, P.168a4）
［8-2］二種の修道―覚支から生じるもの、生じないもの（D.236a4, P.168a8）
［8-3］修道と三界（D.236a6, P.168b2）
［8-4］修道所断の煩悩（D.236b1, P.168b5）

［8-4-1］欲界における四種の随眠と二〇種の非随眠（D.236b1, P.168b5）

［8-4-2］色界における三種の随眠と九種の非随眠（D.236b4, P.169a1）

［8-4-3］無色界における三種の随眠と七種の非随眠（D.236b7, P.169a5）

［8-4-4］修道の意味と所断の煩悩のまとめ（D.237a3, P.169b2）

［8-5］無間道の意味（D.237a5, P.169b6）

［9］阿羅漢果（D.237a6, P.169b7）

［9-1］六種の阿羅漢（D.237a7, P.169b8）

［9-1-1］退法（D.237b1, P.170a1）　［9-1-2］思法（D.237b1, P.170a2）

［9-1-3］護法（D.237b1, P.170a2）　［9-1-4］安住法（D.237b2, P.170a2）

［9-1-5］堪達法（D.237b2, P.170a3）　［9-1-6］不動法（D.237b2, P.170a3）

［9-1-6-1］不動の意味と声聞覚、独覚、無上正等覚（D.237b2, P.170a4）

［10］四果の区別（D.237b5, P.170a8）

［10-1］色界における五種の不還―上流・有行般涅槃・無行般涅槃・生般涅槃・中般涅槃（D.237b7, P.170b3）

［10-2］無色界における四種の不還―上流・有行般涅槃・無行般涅槃・生般涅槃（D.238a1, P.170b4）

［10-3］外道の一来、不還と第一三心（D.238a3, P.170b6）

［10-4］第一三心と欲界における離貪（D.238b2, P.171a8）

［10-5］第一四心と色界における離貪（D.238b5, P.171b3）

［10-6］第一五心と無色界における離貪（D.238b5, P.171b4）

［10-7］第一六心と無学道（D.238b6, P.171b5）

〔和訳〕

〔1〕福などの三業と苦楽の生起　〔また、説かれる。〕

欲貪などの過失（skyon）によって［P.155a］業があり、このことから後有（yang srid）があるのである。〔そして〕後有〔の〕業が生じるのである。それから老・死が生じ、それから苦悩などが〔生じ〕、また過失（nyes）が生じるであろう。それ故に、そのようにして輪廻の前際が存在しないのである。

と説かれている。

この意味は、この場合、衆生の煩悩から生じる業が福と非福と不動〔業〕であり、それによって〔後有が〕生じるということなのである。その業の異熟から自他が苦悩する業が生じ、そして冷たさや風などの界から生じる楽と苦と不楽・不苦〔の〕受を享受することで、無明（ma rig pa）に従って、楽による諸々の愚惑（kun tu rmongs pa）〔と〕、楽を得ようとする貪愛（sred pa）と、楽と離れようとしない貪愛とが生じるのである。同様に、苦による諸々の愚惑〔と〕、苦を離れようとする貪愛と、苦を得ようとしない貪愛とが生じるのである。同様に、不苦・不楽の受による［N.143b］諸々の愚惑〔と〕有（srid pa）の貪愛が生じるのである。それから、諸々の見（lta ba）と諸々の疑が生じるのである。それから、また業が〔生じるのである〕。それから、生存（skye ba）と〔それに伴う〕苦が生じることとなるのである。

そのように、無明の障の原因と貪愛との結合から諸々の衆生は、六つに区分された水車（zo ba drug gi ’khrul ’khor）の中に入るのであり、〔その〕輪廻とは前際がないものである。即ち、〔六種の生存とその苦は〕地獄で焼かれ、切断されることなどを受ける苦と、餓鬼における［D.226a］飢えと渇き［C.223a］の苦と、畜生における厭離（skyo ba）の苦と、阿修羅［P.155b］における慢の苦と、人々における尋求（tshol ba）の苦と、諸天〔における〕老と死の苦を享受することである。
どのようにして煩悩から〔地獄などの生存が〕生じるのであろうか。業から生存が〔生じるので〕ある。それから、また煩悩から生存が生じるのである。それ故に、このように輪廻の原因の根本（gtso bo）は煩悩である。煩悩の種子（sa bon）となったものが随眠（bag la nyal）である。随眠がなくなれば、業と〔それによって得た〕生存を断ちつつ、苦から解脱するものとなるのである。(1)(2)

［2］**四諦と忍**　随眠が滅尽される理由を〔言えば、即ち〕随眠を滅尽する〔その〕原因は根（dbang po）などによるのである。〔では、〕根などを得ることに関して〔言えば、その〕手段と方法は次の如くである。即ち、先ず見が清浄にされることである。世尊は「信解者といえども、梵行に住するために根本が清浄にされるべきである。梵行に住するための根本は何か［N.144a］と言うならば、それは即ち清浄な戒と正真な見である」との如くにお説きになった。同様に、〔御者が〕馬に走るべき道を指示するように、清浄な見と戒を具足することによって四諦の領受と忍（bzod pa）の四種が修習されるべきである。

また〔説かれる。〕
それ故に、随眠がなくなり、業と生存が滅尽するよう求めることによって清浄な見と戒は〔修習されるべきであるが、その〕所依は先ず忍である。(3)

と説かれている。
これより、忍をどのように思択する（dpyad pa）のかと言えば、〔先ず〕諦に入る門が説かれるべきである。即ち、ここで諦は四〔種〕である。即ち、次の如くである。苦諦と集諦と滅諦と道諦である。そこで、［P.156a］諦〔の〕規定は二〔種〕である。即ち、次の如くである。法〔の〕規定と相〔の〕規定である。そのうち、法によって種々に決定することが法〔の〕規定である。相によって規定を決定することが［C.223b］相〔の〕規定［D.226b］である。

そのうち、法の規定は次の如くである。即ち、貪愛を離れるための〔苦諦、即ち〕三界の有漏に執着する五蘊〔五取蘊〕が苦(4)〔諦〕である。三界の貪愛が苦〔の〕集〔諦〕である。貪愛なきことが苦〔の〕滅〔諦〕である。八支の聖なる道が道〔諦〕である。

また〔説かれる。〕

貪愛を離れる〔ために、〕有漏が苦である。その原因は貪愛のみであり、貪愛〔なき、〕漏(5)の滅と、八支がその〔滅〕を得る道である。このことが法〔の〕規定である。

〔と説かれている。〕

相〔の〕規定は、次の如くである。即ち、有漏と無漏の一切の行（'du byed）が無常性の［N.144b］故に苦〔諦〕であるということが〔相の〕規定である。苦の意味は無常の意味である。それ故に、世尊が「比丘達よ、色は無常であり、無常なるものが苦である。そのようにして、受など〔も無常である〕」とお説きになったのである。その如く、また実に行も無常であり、生と滅の法は生じつつ滅するものとなるということである。同様に、有漏の行を生起させる故に集〔諦〕であり、集の意味は生起させる意味である。それ故に、世尊が「ここで、縁起とは何であるのかと言えば、即ち因性であるということである」〔とお説きになったのである〕。［P.156b］一切の行が生じないままに生じていないことが滅〔諦〕である。それ故に、世尊が「ここで、名と色は残らず滅したものである」とお説きになったのである。一切が出離する法は、涅槃に至る故に道〔諦〕である。それ故に、世尊が「どれも善法は菩提分である」とお説きになったのである。ここで、出離する法は次の如くである。即ち、三七

〔種〕の菩提分法である。〔それは〕即ち、次の如くである。四念処と四正勤と四神足と五根と五力と七覚支と八支聖道である。〔それらは〕涅槃〔D.227a〕に至る〔C.224a〕自性であるが故に、苦を滅しようと歩む道である。

他にまた、諸諦の相〔の〕規定は二〔種〕である。即ち、次の如くである。総相（spyi'i mtshan nyid）と個別相（so so'i mtshan nyid）である。

このうち、総相とは一切が無我性である〔という〕ことと、無常性などである〔という〕こと〔N.145a〕である。

後者〔の個別相〕は、苦〔諦〕が無常性と、集〔諦〕が因性と、滅〔諦〕が常性と、道〔諦〕が出離させることである、と言われることとである。また、個別相は二種である。即ち、次の如くである。真実（drang po）でない相と真実の相である。そのうち、真実でない相とは、苦〔諦〕が病と腫れ物と痛苦などである、集〔諦〕が縁（rkyen）と生（rab tu skye ba）と源である、滅〔諦〕が拠り所（gnas nyid）と導師などである、道〔諦〕が門と乗り物と〔P.157a〕橋と薬など、と知られるべきである。真実の相とは、苦〔諦〕が無常である、集〔諦〕が因である、滅〔諦〕が常である、道〔諦〕が出離させる〔、ということである〕。そのように、〔真実でない相の場合、〕諦の自性が事物を述べたものであるならば、真実の相による諦は現観智[6]（mngon par rtogs pa'i shes pa）によって自性を述べたものであろう。或る人は「滅は無生とも見るのである」と考えるのである。

解脱を求めること（thar pa 'dod pa）は二種である。即ち、次の如くである。苦による怖畏と、雑染による怖畏〔から〕である。そのうち、前者は、苦諦の対治が寂静なる滅〔諦〕であると想うことである。そうである時、それによって滅〔諦〕を常性と見るのである。後者は、集諦の対治が寂静なる滅〔諦〕であると思いつつ、その滅〔諦〕を不生と見るのである。相が真実の故に、それによって諦は現観である。それ故に、解脱を求めることによって真の忍が〔N.145b〕修習されるべきである。

法の規定によって作意を行うことで諦を現観するのか、或いは相〔C.224b〕の規定によって〔作意を行うことで諦を現観するのかと言う〕ならば、〔それについて〕説こう〔D.227b〕。即ち、〔それは〕相の規定〔によって〕である。また、法の規定〔による〕場合には何がなされるかと言うならば、〔それについて〕説こう。所化有情(gdul bya)は二種ある。即ち、鈍根者(dbang po zhan pa)と利根者(dbang po rnon po)である。そのうち、諸々の鈍根者が相〔の〕規定を誤りなく知り、そして惑うことなく〔現観〕されるために、法が規定されると説かれるのである。法〔の〕規定を把握することによって、容易に相〔の〕規定を〔P.157b〕能取することになると知られるべきである。〔それは〕一切の行は〔無常の故に〕苦〔諦〕である、と説かれることを恐れるのを捨てるためでもある。明晰な理解(blo gsal ba)も相〔の〕規定を恐れるものとなるのである。即ち、これら行のみによって[7]どうしてあまねく知り尽くすことができるのか、その如くに一切の行が集であると説かれるが、私はこの行のみをどのように捨てるものとなるかと言う〔から〕である。これによって、諸々の鈍根者が惑うことなく〔現観〕されるためと、恐れなくなされるために、法〔の規定〕が善説されるのである。

また、〔説かれる。〕

　法を規定するのは劣った者(dman pa)〔に対して〕であり、恐れを捨てるために教示する。

と説かれている。

〔3〕諦現観に入る四種の門―蘊門・処門・界門・名色門　さて、修行者が諦を〔知る〕ために門(sgo)は何から入るべきものか、と言えば〔それについて〕説こう。即ち、〔修行者が聖〕諦現観に入る門は四〔種〕である。即ち、次の如くである。蘊門と処門と界門と名色門である。門とは最勝という意味である。或る人などは、「縁

である」〔と言うのである〕。集まりの意味から蘊であり、米の集まりの如くである。出処の意味から処であり、金の出処の如くである。処は門の意味であり、工房の如くである。界の意味は自性の意味である。地などの要素の如くである。自性と言われるものは〔それ〕自体の性（rang gi ngo bo）であり、それ〔自身〕によって〔のみ〕分割しうることによるものが界である。領受される事物に向かうこと、或いは衆生に向かうことによって［P.158a］名である。色は牴触されるものであることにより、［D.228a, C.225a］それが色なのである。何によって牴触されるのかと言えば、こん棒が触れることによる打撃などすべてが完全に作用することによって〔牴触されるもの〕との意味である。名ということと色ということが名色である。

もし〔蘊における〕色などは、法においては〔何をいうのであるかと言う〕ならば、〔それについて〕説こう。即ち、五根と五境が色蘊である。楽と苦と不苦不楽の受が受蘊である。差別（khyad par）の行相（rnam pa）を個々に能取する自性をもつ法が想蘊である。思い（sems pa）などの法が行蘊である。眼識などが識蘊である。これが五蘊である。六根と六境が十二処である。六根と六境と六識が十八界である。名色と言われる名は、法に摂められる中から一七八法について説かれる。即ち、次の如くである。〔それは〕識と受など〔の名〕であって、〔ここでは〕多くの字句となるおそれの故に、〔この〕主たるものによって代表とするのである。［N.146b］〔名〕色は、およそいかなるものも有見（bstan du yod pa）と無見（bstan du med pa）である。

こ〔れら〕の中で、欲貪の行為者は、大抵の場合、苦の怖畏によって蘊門から入るのである。瞋の行為者は、大抵の場合、雑染による怖畏によって処門から入るのである。これによって先ず、雑染〔による怖畏をもった〕者は処門から忍が修習されるのである。〔欲貪と瞋の〕等分（cha mnyam pa）の行為者は、大抵の場合［P.158b］、苦と雑染についての怖畏によって界門[10]から入るのである。この故に、それによって先ず、苦と雑染〔の怖畏をもった〕者は界門から忍が修習されるのである。痴（gti mug）の行為者は、名色門から〔入り、〕先ず忍を修習するのである。痴の行為者は、愚かしく、少しの増上心〔をもち、〕鈍根なるものである。そ〔の名色門から入り、忍を修習すること〕は、およそ名色と言われるもの〔すべて〕を捨離することと、驚怖がなくなり、愚かでなく［C.225b］なることである。広大な心［D.228b］と根が最後身の菩薩は、極めて甚深なるを保持しつつ、遠離門から入り、忍〔の〕行[11]を修習〔するの〕である。

このうち、蘊門から忍を修習する修行者は、苦・集・滅諦において各々に三一に配されるのである。どのように配されるのか、と言えば〔それについて〕説こう。三種によって忍が修習されるのである。即ち、次の如くである。広（rgyas pa）と略（bsdus pa）である。そのうち、各々は、先ずともあれ修行者は、生滅の法を具えているが故に、そして因の力によって安住する故に、そして未生が生じることによってと、已生が失われることによってと、［N.147a］微塵（rdul phran）が積集することによってと、多くの支分を含むことによってと[12]、生処（skye ba gnas pa）は無常に随行するが故に、色は無常であると決定して想うべきである。受もまた未生が生じることによってと、〔苦・楽・不苦不楽の〕三種を受けることによってと、一つを所受することによってと[13]、色など各種[14]と境界である［P.159a］所縁（dmigs pa）を分別することによって、生滅の法を具えているが故に、〔修行者は受も〕無常であるということを行ずるべきである。想は観察が困難なものなので（nye bar mtshon pa dka' bas）あり、受の因[15]の所縁の行相によって[16]差別を能取するのは、〔受が〕観察するが故であり、そして受と成り立ちが（grub pa）同一であることによってである。〔想が〕受と生滅に随って相関する（'brel pa）故に、〔修行者は想も〕無常であると修習すべきである。それから、行（'du byed）は心行（sems kyi 'du byed）と互いに相関することによって、心行と生滅に随って相関することから[17]、そして心行が受と想以外と相応する諸行は〔受と想の〕両者と互いに相関する故に、〔修行者は行を〕受と想と同じく無常であるということを容易に行ずるべきである。それから、識は受と想と行に先行して意（yid）が働く故に、意が転じることから、それら〔受、想、行〕が〔働くの〕である。識は、常に無常である受などを損なわないもの[18]である。それ故に、この識もまた受などと同じく無常であるということが自然に生じるのである。〔そして〕次に、〔修行者は〕識が無常であるということを想う［D.229a］べきである。

このように［C.226a］、これらに一つ一つ無常性である［N.147b］という喜びが生じる時、また〔修行者は〕二つずつも無常であるということも修習するのである。即ち、次の如くである。色・受と色・想と色・行と色・識と受・想と受・行と受・識と想・行と想・識と［P.159b］行・識とを無常性であると想うのである。

また、三つずつも無常と想うのである。即ち、次の如くである。色・受・想と色・受・行と色・受・識と色・想・行と色・想・識と色・行・識と受・想・行と受・想・識と受・行・識と想・行・識〔とを無常性であると想うの〕である。

また、四つずつも無常性と想うのである。即ち次の如くである。色・受・想・行と色・受・想・識と色・受・行・識と色・想・行・識と受・想・行・識〔とを無常性であると想うの〕である。

また、五つも無常性と想うのである。〔即ち〕色・受・想・行・識を無常性と想うのである。〔以上、蘊門から忍を修習する修行者は、苦諦において無常性を想うことが三一に配されるのである。〕

このように、その修行者は無常の意味に喜びが生じる時に、個別的〔にも〕総合的にも忍ということを説くのである。五蘊の部分に含まれるものが無常であるということに喜びが生じる時、総合から（spyi nas）〔もそれを〕

苦諦における所縁の忍であると知るべきである。個別の忍から総合的な忍に移る時、偽りの［N.148a］貝と、盗人の一片の食物と、虫の穴と、黒い舌の譬喩が説かれるべきである。

このように、苦〔諦〕は無常であると決定する時、続いてこの苦は何から生じるのかということが熟慮されるべきである。それによって、五蘊から苦が生じるのであるという決定を得てから、集〔諦〕における個別と総合から忍が修習されるべきである。［P.160a］これについても、三一に配される［C.226b］のである。［D.229b］先ずともあれ、色は苦の因であると想われるべきである。その場合、大種の微細は互相因（phan tshun rgyu nyid）である。そのように、内の生などの七つの因がある。即ち、次の如くである。色は、生（skye ba）と住（gnas pa）と無常と集合（yang dag par 'tshogs pa）と老（rga ba）と邪な解脱（log pa'i rnam grol）と不出離（nges par 'byin pa ma yin pa）の因である。邪な解脱と不出離を除き、他は五つとも〔それらの〕異熟と相応する戒の〔因〕である。受などども、また〔苦〕の因である〔という〕法の理に応じて通達されるべきである。即ち、次の如くである。受は苦の因である。想は苦の因である。行は苦の因である。識は苦の因である。

〔無常性の場合と〕同様に、〔色・受・想・行・識の〕五つとも一々因性であると喜ぶ時、また二つずつも因性と思択されるべきである。即ち、次の如くである。色・受は無常の因である。同様に、色・想と色・行と色・識と受・想と受・行と受・識と想・行と想・識と行・識〔は無常の〕因であると想われるべきである。

他に、［N.148b］また三つずつも[19]〔因性と思択されるべきである〕。即ち、次の如くである。色・受・想[20]と色・受・行[21]と色・受・識と色・想・行と色・想・識と色・行・識と受・想・行と受・［P.160b］想・識と受・行・識と想・行・識と〔は無常の因性と思択されるべきである〕。

また、四つずつも〔因性と思択されるべきである〕。即ち、次の如くである。色・受・想・行と色・受・想・

識と色・受・行・識と色・想・行・識と受・想・行・識とを〔無常の〕因性と想うのである。

〔苦諦の場合と〕同様に、〔修行者は〕そ〔の集諦〕での因の意味に強い想い（sred pa）が生じる時、個別に忍ということを説くのである。五蘊の部分に含まれるものが苦の因であるということを強く想う時、集諦における所縁の総合［D.230a］から〔それを〕忍であると知るべきである。［C.227a］

その後に、色蘊の不行（mi 'jug pa）と色蘊の不生（mi skye ba）と色蘊の滅（'gog pa）を涅槃の常性と想うのである。

〔無常性と因性の場合と〕同様に、受の滅と想の滅と行の滅と識の滅と〔を涅槃の常性と想うの〕である。

また、二つずつも次の如くである。即ち、色・受の滅と色・想の滅と色・行の滅と色・識の滅と受・想の滅と受・行蘊の滅と受・識の滅と想・行蘊の滅と想・識の滅と行・識の滅を常〔性〕であると想うのである。

［N.149a］また、三つずつも〔同様〕である。即ち、次の如くである。色・受・想の滅と色・受・行の滅と色・受・識の滅と色・想・行［P.161a］の滅と色・想・識の滅と色・行・識の滅と受・想・行の滅と受・想・識の滅と受・行・識の滅と想・行・識の滅と〔を常性であると想うの〕である。

また、四つずつも次の如くである。即ち、色・受・想・行の滅と色・受・想・識の滅と色・受・行・識の滅と色・想・行・識の滅と受・想・行・識の滅と〔を〕、涅槃の常[22]〔である〕ということを想うのである。

これらの滅が常であるということに強い想いが生じる時、個別すべてにも忍ということを説くのである。色などの五蘊の部分の滅が常[22]であるということを強く想う時、律儀の滅諦における所縁の忍ということを説くのである。

道〔諦〕には一五が配されるのである。道は四蘊を性（ngo bo）とするものである。即ち、色は［D.230b, C.227b］

不出離でありつつ無漏でもない理由により、道〔諦〕は受などの四蘊によって一五となるのである。即ち、次の如くである。

受は苦の滅に導く道であると想うのである。〔受と〕同様に、想と行と識もその如く一つ一つ道性を強く想う時、また二つずつも〔道性であると想うの〕である。即ち、次の如く［N.149b］である。受・想は苦の滅に導く道であると想うのである。同様に、受・行と受・識と想・行と想・識と［P.161b］行・識と〔は苦の滅に導く道であると想うの〕である。

また、三つずつも次の如くである。即ち、受・想・行と受・想・識と受・行・識と想・行・識とは苦の滅に導く道であると想うのである。〔また、四つずつも次の如くである。即ち、受・想・行・識は苦の滅に導く道であると想うのである。〕

同様に、それに強い想いが生じる時、道諦すべてにおける所縁は個別の忍〔である〕ということを説くのである。

受などの四蘊の部分が苦の滅に導く道であるという強い想いが〔生じる〕時、道諦〔の〕所縁は律儀の忍ということを説くのである。

色の滅に導くことが出離の道であると欲すれば、受の滅に導くことである、想の滅に導くことである、行の滅に導くことである、識の滅に導く道であると想うのである。

同様に、一つ一つ苦の滅に導く道性を強く想うことによって、また二つずつも〔道性を想うの〕である。即ち、次の如くである。色・受〔の滅〕が苦の滅に導く道と想うのである。色・想〔の滅が苦の〕滅に導くことである。色・行〔の滅が苦の〕滅に導くことである。色・識〔の滅が苦の〕滅に導くことである。受・識〔の滅が苦の〕

滅に導くことである。受・行〔の滅が苦の〕滅に導くことである。受・識〔の滅が苦の〕滅に導くことである。想・行〔の滅が苦の〕滅に導くことである。想・識〔の滅が苦の〕滅に導くことである。行・識〔の滅が苦の〕滅に導く道であると想うのである。

また、三つ〔ずつ〕も［D.231a］次の如くである。即ち、［C.228a］色［N.150a］・受・想〔の滅が苦の〕滅に導く道であると想うのである。色・受・行〔の滅が苦の〕滅に導くことである。色・受・［P.162a］識〔の滅が苦の〕滅に導くことである。色・想・行〔の滅が苦の〕滅に導くことである。色・想・識〔の滅が苦の〕滅に導くことである。色・行・識〔の滅が苦の〕滅に導くことである。受・想・行〔の滅が苦の〕滅に導くことである。受・想・識〔の滅が苦の〕滅に導くことである。受・行・識〔の滅が苦の〕滅に導くことである。想・行・識〔の滅が苦の〕滅に導く道であると想うのである。

また、四つずつも次の如くである。即ち、色・受・想・行〔の滅が苦の〕滅に導く道であると想うのである。色・受・想・識〔の滅が苦の〕滅に導く道と色・受・行・識〔の滅が苦の〕滅に導く道である。色・想・行・識〔の滅が苦の〕滅に導くことである。受・想・行・識〔の滅が苦の〕滅に導く出離の道であると想うのである。

同様に、修行者が出離のために強い想いが生じる時、道諦〔の〕所縁は個別の忍であるということを説くのである。

まとめてみると、蘊における〔苦の〕滅に導く道が出離することであるという強い想いが生じる時、道諦〔の〕所縁に含まれる忍となる、というのは三二に配されるのである。

［4］**忍・名の想・相の想・世第一法**　ここで、解脱を欲する者（'dod pa）は、〔無常性、因性、常性と道性の〕四種の忍を行相の二種の区別によって修習するべきである。〔二種の行相とは、〕即ち次の如くである。法智

（chos shes pa）の行相と類智（rjes su shes pa）の行相である。そこで、欲〔界〕に属する色が無常であるということが法智の行相［N.150b］である。色〔界〕繋の色が無常であるということが類智の行相である。同様に、残った蘊に関して個別と総合から、上述の如く［P.162b］配されるべきである。同様に、集〔諦〕などに関して〔も〕理に応じて上述の如く配されるべきである。

何のために忍が二種〔の行相〕によって修習されるのか、と言えば〔それについて〕説こう。即ち、まとめると二種の智によって［C.228b］諦を現観する［D.231b］ことから、諸諦に随って順ずる意味で二種の忍が修習されるのである。

ではまとめると、忍を修習する特徴（rtags）は何であるのか、と言えば〔それについて〕説こう。即ち、四種の忍を修習する特徴は、次の如くである。蘊は無常であるという強い想いと、蘊は苦の因であるという強い想いと、苦の滅は常であるという強い想いと、苦の滅に導く道は不出離であるという強い想い[23]である。

また〔説かれる。〕

そのように修習する修行者は、忍の善行を修することによって、厭離と精勤と四つの輪と相応することと、三時に善巧であることと、すべての障を脱しつつ、自己の資糧を集めることと、常に正しく行うことと、最勝に出離を求めるとの明了なる忍を生じることになる。〔そして、〕一切の有為は無常であるということ〔と〕、苦を完全に消滅するであろうことの諦の現観を証得するのである。

と説かれている。

これらの〔頌の〕意味は、次の如くである。即ち、「忍の善行を修すること（goms pa）によって」ということは、そうすることによって忍のために著しく修するようになったということであり、そこで「厭離」（kun tu skyo ba）ということは、そこに完全な厭離があるということで、即ち頭蓋に光が放たれる［N.151a］如くである。「精勤」（brtson pa）は、労作を惜しまないことである。

「四つの輪」（'khor lo）ということは、大輪が四〔種〕である。即ち、次の如くである。〔法に〕随順する国土に住することと、善人に依ることと、自己の［P.163a］願いが正真であることと、以前に福をなしたことである。これと相応すること〔が四つの輪と相応すること〕である。

「三時（dus gsum）に善巧である」という〔場合、その〕三時は、次の如くである。即ち、寂静時（zhi gnas kyi dus）と、歓喜時[24]（rab tu bslang ba'i dus）と、捨時（btang snyoms kyi dus）である。また、等至〔に入る〕時と、等至に住する時と、等至から出る時である。それら三時において善巧なのである。

「すべての障を脱しつつ」という場合の諦を観察する障〔となるの〕は、四〔種〕である。即ち、次の如くである。業の障と、煩悩の障と、異熟の障と、趣の障である。〔この句の意味は〕それらから解脱することなのである。

「自己［D.232a, C.229a］の資糧（tshogs）を集めること（'tshogs pa）」という〔場合、その〕資糧は、二〔種〕である。即ち、次の如くである。福（bsod nams）の資糧と、智（ye shes）の資糧である。そのうち、福の資糧は施、戒、修習の自性の功徳である。智の資糧は聞、思、修習の自性の功徳と、以前の業の異熟から生じる智である。即ち、その自性の功徳である。また〔他に〕、資糧における二種は次の如くである。即ち、清浄な戒の資糧と、清浄な見の資糧である。そこには、他を損なわない相（mtshan nyid）と、他を利益する相の戒がある。〔この〕［N.151b］両者が諦と清浄な捨によって清浄であることが清浄な戒である。寂静と智慧（shes rab）によって〔清浄であることが〕清浄な見である。〔それが、〕智慧がないところに静慮（bsam gtan）はなく、静慮がないところに智慧はないと説かれる故である。その故に、その「資糧[25]」は処（byin rlabs）を四種に［P.163b］規定するのである。即ち、次の如くである。戒の自性の功徳は、諦の処である。施の自性の功徳は、捨（spong pa）の処である。すべての定の自性の功徳は、寂静の処である。すべての智（shes pa）の自性の功徳は、智慧の処である。それらの資糧が劣っていることによって声聞の悟りである。中程度によって独覚の悟りである。最勝によって無上士の等正覚者が成就するのである。

「常に正しく行うこと」と、「最勝に出離を求めること」ということは、全く断絶なく出離を求めることと、恭敬（gus pa）によって出離を求めることで、そして「最勝に」（mchog tu）ということは、最上における聖なる出離を求める、という順に意味づけられるべきである。「明了」ということは、諦の自性を了解することに鋭いことである。

「諦の現観を証得する」ということは、諦の現観を個別に決定することである。どのように決定するのか、と言えば〔それについて〕説こう。即ち、〔それは、〕すべての有為は無常であるということと、［C.229b］苦を完全に［D.232b］消滅するであろうということを説くのである。即ち、苦を正しく駆逐すること[26]（'don pa）で、〔それが〕苦を完全に〔消滅する〕という意味である。

ここで、忍〔の〕思択を決択するようになる時、想は三〔種〕である。即ち、次の如くである。事物（dngos po）の想と、生（skye ba）の想と、滅（'gog pa）の想である。苦を完全に消滅する忍の場合は、滅の［N.152a］想であることは明了である。〔その場合〕その他〔の〕二つの想は劣っている。名の想の場合は、生の想がないのであり、滅の想のみである。〔それは〕滅は事物に依存するが故に、事物〔の〕想は〔滅の想に〕随入するものである。同様に、相（mtshan ma）の［P.164a］想など〔も滅の想のみ〕である。

そのように、その苦を完全に消滅する忍を修習する場合、寂静と歓喜（gzengs bstod pa）と捨の〔三〕時に善巧が多くなるのである。即ち、心が高ぶる時、高ぶらなくするために〔修習すること〕、それが寂静（zhi ba）に住する時であると知られるべきであり、高ぶりが寂静するために軽安（shin tu sbyangs pa）と定（ting nge 'dzin）が修習されるべきである。心が沈んだり（bying ba）、或いは疑う時、〔沈んだり、疑いをなくすために修習すること、〕それが歓喜の時であると知られるべきであり、心が歓喜するために法の分別と精進と喜びが修習されるべきである。心が平等性を得る時、〔寂静と歓喜の〕二つ〔の時〕に入る行を常に修習することによって双方が衰える時、それが捨の時であると知られるべきであり、捨が修習されるべきである。それ故に、双方が自然に速やかに所縁を現観し、清浄になるのである。念（dran pa）は〔三時〕すべての時に修習されるべきである。そのようにして、この忍〔の〕行が成就することによって善根を所持すれば[27]、利益（phan pa）の心相続において苦〔諦〕の法智が生じるために、浄根（dbang po gsal ba）によってか[28]、或いは境（spyod yul）の力から苦〔諦〕における意（心）（yid）が正しく結び付けられて、三時の欲界は無常であるということが示現されるのである。

そのように修習されるのは、たとえば、一つの字によって［N.152b］欲界は無常性であると能取し、偈頌をよく［D.233a］修習する理によって[29]である。その［C.230a］境に想いをなすことが名の想である、と説かれるのである。

名の想とは反対に、名字を離れ、欲界は無常性であると説く相に普く生じる［P.164b］想いが相の想である、と説かれるのである。これは、また劣などの区別によって三〔種〕となるのである。即ち、次の如くである。劣の相の想と、中と勝の相の想である。また、〔それらは〕各々に劣の劣などの区別によって開かれることにより、相の想は九〔種〕の区別がある。〔即ち〕劣の劣の相の想と、劣の中と、劣の勝と、中の劣と、中の中と、中の勝と、勝の劣と、勝の中と、勝の勝〔の相の想〕である。ここで、ここに住する修行者は、最初の三からと、中の三から〔は〕時として退失することもあるのである。その上の三種の想は実に不動なるもの（mi g.yo ba）である。それ故に、退失することにはならないのである。勝の勝の相の想は最上の有漏法である。

その世第一法に随行するのは、修習の自性と相応することと相応しないこととである。それと相応することは、善根などである。それでは、何の故にここで世第一法であるのかということを説くならば、〔それについて〕説こう。即ち、すべての有漏の中においてこれが核となるのであり、〔あたかも〕醍醐の如くである。それによって、その故に世第一法と説くのである。

ここで、また現観の受用（nye bar spyod pa）には一二が三であって、〔計〕三［N.153a］六[30]と説かれるのである。即ち、次の如くである。欲貪を離れない者の欲〔界〕に属する忍と、欲〔界〕に属する名の想と、欲〔界〕に属する相の想と、世第一法である。欲貪を離れない者の［P.165a］色〔界〕に属する忍と、名の想と、相の想と、世第一法である。欲貪を離れ［D.233b］ない者の［C.230b］無色〔界〕に属する忍と、名の想と、相の想と、世第一法ということで、即ち一二となるのである。同様に、欲貪を離れる者の一二がある。これは一二が三あることで、〔計〕三六[30]となるということが理に応じて説かれるべきである。さて、そのように現観の受用が浄なる修行者は、すべての異生（so so'i skye bo）の頂きに住する者である。

［5］**見道**　その〔世第一法〕から上方において何が生起するのか、と言えば〔それについて〕説こう。即ち、その世第一法から連続して修行者が諸諦に随入することから、欲界に属する苦〔諦〕において無漏の法智（chos shes pa）が生じるのである。そこで、法とはただ法性のことで、それから生じつつ、心から〔生じ〕ないことによって、それ故に法智が生じるのである。法が苦諦で、その〔の法〕が先ず〔生じる〕智が法智、或いは法であっ

て、〔それが生じる〕聖諦は四である。それらは先ず欲界は無常であるということ〔を現観するの〕が無漏の智であり、その〔智〕が法智である。苦〔諦〕における法智は［N.153b］正智（yang dag par rdzogs）で、〔そこに〕住する修行者は異生性（so so skye bo nyid）を滅しつつ、それを滅してから聖者の因である八〔輩〕の最初〔の者〕となることによって、〔聖者の因を数えて〕八〔輩である〕ということが説かれるのである。即ち、〔修行者は〕預流果〔を得る〕ために〔その流れに〕入るのである。

苦〔諦〕における法智が完全に成就する時、輪廻の因である欲界繫の苦〔諦〕に属する［P.165b］一〇随眠の煩悩を断つのである。即ち、次の如くである。欲貪、瞋、慢、無明、邪見、有身見、辺執見、見取、戒禁取、疑である。非随眠は、二〇すべて〔を断つの〕である。即ち、次の如くである。不信、無慚、誑、諂、不察、掉挙、放逸、憍、無愧、大執、覆、惛沈、下劣、懈怠（le lo）[31]、［D.234a］睡眠、嫉、悪作［C.231a］、慳、不忍、恨であり、その〔法智〕はこれらの煩悩を断つのである。

苦〔諦〕において〔先ず生じる〕法智に続いて、類智（rjes su shes pa）が生じるために苦〔諦〕などに観察智（rtogs pa'i shes pa）が生じるのである。どのようにしてかと言えば、それら〔法智と類智〕と同様に、それによってそのように補足されたものなのであるということがないままに智[32]は生じることはないのである。それ故に、類智が成就するために観察智（so sor rtog pa'i shes pa）が生じるのである。それは、また〔煩悩の〕滅尽において観察することによって煩悩を滅すること（'jig byed）はないのである。

観察智に連続して苦〔諦〕に類智が生じるのである。それが生じる時、随眠性の瞋を除く色〔界〕に属する［N.154a］九つと、非随眠の一一を断つのである。即ち、次の如くである。不信、無慚、誑、諂、不察、掉挙、放逸、憍、無愧、大執、覆である。その〔随眠〕とこの〔非随眠と〕で〔断たれる〕煩悩は二〇となるのである。

無色〔界〕に属するものは、随眠が九で、非随眠が八である。〔非随眠は、〕即ち次の如くである。不信〔P.166a〕などそのものである。その〔随眠〕と〔非随眠と〕で一七の煩悩を断つのである。

そのように、苦〔諦〕においてこの〔法智、観察智、類智の〕三つの智がすべて生じるのである。それによって、三界〔各々三〇、二〇、一七の計〕六七の煩悩を断つのである。他の三諦において〔も同様に〕各々に智は三つずつ生じるのである。

それに続いて、集〔諦〕における法智が成就する時、有身〔見〕、辺執〔見〕、戒禁取を除く欲〔界〕に属する七つの随眠と、非随眠が不信など二〇で、これら二七の煩悩を断つのである。それに続いて、集〔諦〕における類智が生じる時、有身〔見〕、辺執〔見〕、戒禁取、瞋を除く六つの随眠と、一一の非随眠すべて〔を断つの〕である。〔非随眠は、〕即ち次の如くである。不信、無慚、誑、諂、不察、掉挙、放逸、憍〔D.234b〕、無愧〔C.231b〕、大執、覆である。無色〔界〕に属するものは、〔色界と同じく〕随眠が六つと、非随眠が八つである。〔非随眠は、〕即ち次の如くである。不信、無慚、誑、諂、不察、掉挙、放逸、憍であり、〔N.154b〕これ[33]ら一四の煩悩を断つのである。集〔諦〕のすべての智において〔三界で各々二七、一七、一四の計〕五八の煩悩〔を断つ〕のである。

それに続いて、滅〔諦〕の智において〔も同じく〕五八〔の煩悩を断つ〕のである。

それに続いて、道〔諦〕における法智が成就する時、そこにおいて有身、辺執見を除く欲〔界〕に属する八つの随眠と、非随眠が二〇であり、〔計〕二八の煩悩を断つのである。それに続いて、道〔諦〕における類智が生じる時、〔P.166b〕そこに有身〔見〕、辺執見、瞋を除く色〔界〕に属する七つの随眠と、一一の非随眠を〔断つの〕である。その〔随眠〕とこの〔非随眠と〕で無色〔界〕に属するものは、七つの随眠と、非随眠が不信などから放逸（憍？）までの八つ[34]である。即ち、次の如くである。道〔諦〕の智において六一の煩悩を断つのである。

以上から、〔智は〕苦〔諦〕における法智に始まり、枚挙すると道〔諦〕における類智〔までの〕一二である。〔即ち、〕苦〔諦〕における法智と、苦〔諦〕における観察智と、苦〔諦〕における類智、そして集〔諦〕における法智と、集〔諦〕における観察智と、集〔諦〕における類智、そして滅〔諦〕における法智と、滅〔諦〕における観察智と、滅〔諦〕における類智、そして道〔諦〕における法智と、道〔諦〕における観察智と、道〔諦〕における類智である。

それに続いて、第一三は果の心であり、煩悩を滅することはないのである。それによって、欲〔界〕において欲貪を離れない修行者を、決定して預流果（rgyun du zhugs pa 'bras bu）の心と［N.155a］規定するのである。その果の心性が世間道（'jig rten pa'i lam）[35]の欲［D.235a］界［C.232a］において貪を離れること半ば〔の修行者〕を、決定して一来果（lan cig phyir 'ong ba'i 'bras bu）〔の〕心と規定するのである。その第一三の心性は、世間道の欲〔界〕において欲貪を離れる修行者を、決定して不還果（phyir mi 'ong ba'i 'bras bu）の心と規定するのである。同様に、欲〔界〕と色〔界〕において貪を離れることが決定した修行者の［P.167a］第一三の果の心は、不還果の心と規定されるのである。

また〔説かれる。〕

その〔世第一法〕に連続して、苦〔諦〕における無漏の法智は、そこに住する異生の地の境界（sa mtshams）を渡すのであり、〔そして〕第八となるのである。聖者の果〔を得る〕ために預流である。法智、観察智という〔智〕から〔類〕智が随生（rjes su skyes）する。同様に、因（rgyu）と寂静（zhi ba）〔と〕方便（thabs）〔の〕三〔諦〕において三慧（blo）が次第によって〔生じるの〕である。それに続いて、第一三〔心の〕智などは過失（skyon）を断たないのである。その心は果が三つとなる。即ち、貪を伴うもの、〔貪の〕半ばを伴うもの、〔そして〕貪を離れたものである。

と説かれている。

［6］**現観**　現観（mngon par rtogs pa）の意味は何であるのか、と言えば〔それについて〕説こう。世第一法[36]（'jig rten pa'i chos mchog）と、第一三の果の心と、一二の智と、聖諦の所知を修行者が現前に観察することである。

また〔説かれる。〕

ここで、その如く現観は、智[37]〔と〕所知を等しく観察すること〔である〕。

と説かれている。

その現観は、また五種である。即ち、見（mthong ba）の現観と、断（spangs pa）の現観と、証（mngon du byed pa）の現観と、遍知（yongs su shes pa）の現観と、修習（sgom pa）の現観である。

また〔説かれる。〕

その〔現観〕は［N.155b］五種と信解する。〔即ち〕見と、断（spong ba）と、証と、遍知と、修習である。

と説かれている。

そこで、「見」とは四種である。即ち、次の如くである。所縁（dmigs）を能取する見と、現前を能取する見と、事の観察の見と、相の見である。

「断」は四種である。即ち、次の如くである。散漫（rnam par rengs pa）の断と、欲[38]［D.235b］貪［C.232b］の断と、滅（'grib pa）［P.167b］の断と、滅（'gog pa）の断である。

「証」は二種である。即ち、次の如くである。身証（lus kyi mngon du byed pa）を獲得することと、智慧による箇択である。

「遍」とは、あまねく〔という意味〕である。真実を知りつつ、有漏を離れることが「知」〔という意味〕であり、〔それは〕九種である。即ち、次の如くである。集〔諦〕における法智の遍知と、集〔諦〕における類智の遍知と、滅〔諦〕における法智の遍知と、滅〔諦〕における類智の遍知と、道〔諦〕における法智の遍知と、道〔諦〕における類智の遍知と、修道において欲〔界〕の貪を離れることの遍知と、修道において色〔界〕の貪を離れることの遍知と、修道において無色〔界〕の貪を離れることの遍知である。

「修習」は四〔種〕の修習である。即ち、次の如くである。生（skye ba）の修習と、修（kun tu brten pa）の修習と、防護（sbas pa）の修習と、遠離（rnam par ldog pa）の修習である。

ここで、第一三による果〔の〕心に住する修行者は、後生の預流が七度である。〔それは〕始終のない輪廻の大海から〔見て〕、有（srid pa）の獲得は七が四である、という意味である。ここで、七が四とは、即ち次の如くである。人の七有と、人中の七有と、天の［N.156a］七有と、天中の七有である。

ここで、預流果の心において〔その〕果に含まれる静慮の道（bsam gtan gyi lam）が無漏を獲得しつつ〔も〕、その第一三の果の心から後に、欲〔界〕に属する纒が［P.168a］生じる時には、それ故に無漏の静慮の道を獲得することは滅するのである。残余の分はないのである。

また〔説かれる。〕

静慮の道の果を獲得することを失することは、ここにまた幾分かあるのである。そこに依止する果を得る煩悩が生じるのである。

と説かれている。

［7］**二種の道**　こういうことで、道が二種説かれることになるのである。即ち、次の如くである。［D.236a］有漏と無漏である。そのうち、［C.233a］有漏は四〔種〕である。即ち、次の如くである。忍を思択することと[39]、名の想と、相の想と、世第一法である。無漏の道は二〔種〕で、〔即ち〕見道（mthong ba'i lam）と修道（bsgom pa'i lam）である。そのうち、見道は苦諦などの一一の智は〔既に〕説かれたのである。

［8］**修道**　〔これより〕修道が説かれるべきである。もし、〔見道に〕従って修行者が〔四〕諦〔現〕観を獲得することによって、そのようにして見所断（spang bar bya ba）の随眠など輪廻の因を伴う欲貪を断滅することと、遍知〔の〕断滅との根本がないならば、〔そこで続いて〕何をなすのか、と言えば〔それについて〕説こう。有（srid）において輪廻を廻ることは、有において苦を廻ることなのである、と知られるべきなのである。即ち、〔修道とは、〕修所断〔の煩悩〕も輪廻の因であることによって随眠など〔輪廻〕の因を伴うものを断つ故に、〔そして〕見（mthong ba）の真実を幾度となく勤（rtsol ba）の相によって修道を行うために着手するのである。

その修道は二種である。即ち、次の如くである。覚［N.156b］支から生じるものと、覚支から生じるものではないものである。そのうち、修道が［P.168b］四聖諦の他の中のいずれか一つ〔の〕所縁を能取することと、現前において決定することとの着手によって生じることが、〔覚〕支をもつものである。修道が麁（rags pa）と寂静（zhi ba）の行相などによって所縁〔を能取すること〕、〔即ち〕修道がそれら〔両者〕の相〔を能取すること〕、或いは清浄によって現前において決定すること〔と〕が、覚支をもつものではない〔修道〕である。

そこで、すべてが味劣な[40]道による時、三心が和合すること[41]により結を断つのである。即ち、次の如くである。味劣な[40]修道は生じる分（cha）と、〔その〕住の分と、〔その〕滅の分が結び付いて結を断つのである。明利な修道は生じる分によって[42]欲〔界〕に属する修道の断たれるべき結をすべて断つのである。同様に、色〔界〕に属する結をすべて断つ[43]のである。〔D.236b〕同様に、無色〔界〕〔C.233b〕に属する結をすべて断つのである。〔ただし、〕一時に、二界或いは三界の結を断つことはないのである。

そこで、欲〔界〕に属する欲貪と瞋と慢と無明の相と二〇の非随眠の相の煩悩のまとまった集まりを、道の力で一〇品（cha）に区別する品〔のうち〕、最初に三を断つと、後生が七度となるのである。第四品を獲得する者は家々（rigs nas rigs）である。第四と第五を断ちつつ、断った者が家々である。第六品を獲得する者は、一来（lan cig phyir ’ong ba）である。その時、預流果は滅するのである。第七品もまたこのものである。〔N.157a〕後の品の三を断つ者は、一種子（sa bon gcig pa）である。欲〔界〕に属する結を余すことなく断つ〔P.169a〕者が上流（gong du ’pho ba）であり、欲界において欲貪を離れる不還である。

色〔界〕に属する欲貪と慢と無明の随眠相と、不信、無慚、誑、諂、不察、掉挙、放逸、憍、食不調性の非随眠相を一まとめにして、色〔界〕に属する結は、先述の如く一〇種〔に区別する〕のである。そこでの品は、最初に三を断つ者が上流〔般涅槃〕なのである。他の二品を断つ者は、有行般〔涅槃〕（’du byed dang bcas nas yongs su mya ngan las ’da’ ba）となるのである。[44]他の二品を断つ者は、無行般〔涅槃〕（’du byed med par yongs su mya ngan las ’da’ ba）である。他のまた二品を断つ者は、生般涅槃（skyes nas yongs su mya ngan las ’da’ ba）となるのである。第一〇品を獲得する者は、中般涅槃（bar ma dor yongs su mya ngan las ’da’ ba）である。第一〇品を完全に断つ者は、二界において貪を離れる不還である。

無色〔界において〕もまた欲貪と慢と無明の随眠相と、不信など七と憍を伴う〔非随眠〕相の[45]結は、上述の如く一〇種〔に区別する〕のである。〔不還における〕プトガラはまた四〔種〕である。〔D.237a〕即ち、〔上述の五種から〕中般涅槃を除いた者〔C.234a〕である。〔何故なら、〕無色〔界〕において貪を離れれば、中般涅槃がなく、或いはない者となって、そのように無色界において色を〔N.157b〕離れる故に、〔そして〕至るべき境がない故に、中有がない者となる。したがって、中般涅槃がない者〔となる〕のである。

また〔説かれる。〕〔P.169b〕

色〔界〕の貪を完全に離れる故に、無色〔界〕において中有(46)がない〔者となる〕。〔欲界や色界〕に存在しないことによって〔中般〕涅槃がない〔者の〕有がここにある。

と説かれている。

〔各品を〕断つプトガラの規定は、色界の如くである。後の三品が生般涅槃であるということが、〔色界との〕区別である。

ここで、修道は何であるのか、と言えば〔それについて〕説こう。そこで、欲〔界〕に属する諸法を遍知すること、その品が無漏なること、〔そして〕無常などの行相によって作意する時に、欲〔界〕に属する修所断の煩悩を断つことである。色(47)〔界〕に属する諸法を遍知すること、その品が無漏で、〔そして〕無常などの行相によって作意することにより、欲〔界〕と色〔界〕に属する修所断の煩悩を断つことである。無色〔界〕に属する諸法を遍知しつつ、同様にして思うことにより、修所断の三界の煩悩を断つことである。

〔9〕**阿羅漢果**　三界の煩悩を断つことによって無間道（bar chad med pa'i lam）が生じるのである。ここで、無間道に住する修行者は、三界において欲貪を離れた者である。阿羅漢（dgra bcom pa）は〔無間道に住する者では〕ないのである。無間道が滅する時、最後の果である阿羅漢性を獲得するのである。三界から(48)欲貪を離れた者が(49)阿羅漢である。その阿羅漢は、六種である。即ち、次の如くである。〔N.158a〕退転の有法者（yongs su nyams pa'i chos can）と、死を思念する有法者（'chi bar sems pa'i chos can）と、護持の有法者（rjes su srung ba'i chos can）と、住

処に安住する者（gnas pa mi skyod pa）と、［P.170a］現起［D.237b］の可能性を有する者（mngon du byed ba'i skal ba can）と、［C.234b］不動の有法者（mi g.yo ba'i chos can）である。ここで、退転の有法者は、〔阿羅漢〕果を退転する可能性を有する者（skal ba can）である。死を思念する有法者は、〔退転をおそれ〕自害を欲する可能性を有する者である。護持の有法者は、〔阿羅漢〕果を護持する能力を有する者である。住処に安住する者とは、〔そこに〕住する能力を有する者で、退転することもなく、〔また不動が〕現起することもない者である。現起の可能性を有する者は、不動が現起する可能性を有する者である。不動〔の有法〕者は、それによって無生智（mi skye ba'i ye shes）が生じる者である。その不動の有法者は三種である。即ち、次の如くである。声聞覚と、独覚と、無上正覚仏である。もし、〔それぞれの有法者において〕不動はどのようであるのか、と言うならば〔それについて〕説こう。煩悩を無生（mi skye ba）と知ることが不動であるのが、声聞の〔不動〕である。雑染と疑いを無生と知ることが不動であるのが、独覚の〔不動〕である。雑染〔と〕疑いを無生と知ることが不動であり、そのことが世尊仏〔の不動〕[50]である。それら〔六種の阿羅漢〕のうち、退転する有法者は果から[51]退転する者であるけれども、他の〔五種の〕阿羅漢は〔退転し〕ないのである。それは、通達（rtogs pa）の区別によるのであって、〔もし〕等至の区別によるということを説くならば、その〔果〕から〔その他の阿羅漢も〕退転するのである。〔しかし〕正覚仏は、それからも退転しないのである。即ち、〔それは〕全く失念のない有法者であるが故である。

［10］**四果の区別**　もし、［N.158b］聖教（lun）から四果を説くのであれば、〔それは〕即ち次の如くである。預流果と、［P.170b］一来果と、不還果と、阿羅漢果である。ここで、果に関して数多く解釈（bshad pa）に相違があるというならば、〔それについて〕説こう。即ち、相違はないのである。別の者たちは、四果の区別を認めることによって、果が〔これ以上〕多くならない〔ために、この〕区別が生じたものと言うのである。その場合、そ

のような〔四〕果の区別は何であるのか、と言えば〔それについて説こう。〕預流の区別は家々である。一種子は一来の〔区別〕である。色界［C.235a］における［D.238a］不還の五〔種〕の区別は、次の如くである。即ち、上流と、有行般涅槃と、無行般涅槃と、生般涅槃と、中般涅槃である。無色界においては中般涅槃を除いて、四つということで、〔不還の〕区別は九〔種〕である。阿羅漢〔の区別〕が六種であることは、上述の如くである。それによって、見所断の煩悩を断ち終えた仏と独覚には区別はないのである。そ〔の区別〕は、この有（srid）における聖道の現観の次第なのである。

外道（phyi rol gyi lam）の修行者が、欲〔界〕において修所断の煩悩を一分断ち、見所断の煩悩を断つことから、〔その〕第一三(52)は果の心において一来である。ここには、預流果のために入ることと、家々（rigs nas rigs su skye ba）の流れに入ることはないのである。同様に、欲界［N.159a］の修［P.171a］所断の〔煩悩〕を残らず断って、そのように見所断の煩悩を断つことから、第一三の〔果の〕心は不還となるのである。ここには、一来と一種子(53)〔の流れに入ること〕はないのである。同様に、欲界と色界の修所断の煩悩を断つことから、二界において貪を離れ、そのように見所断の煩悩を断っていることから、第一三の〔果の〕心において不還となるのである。ここには、色界の不還は五つすべてではないのである。欲界においては中般涅槃を除いて、すべては四つの不還である。それ故に、外道〔の修行者〕が(54)二界の修所断の煩悩を断つことなのである。無色〔界〕繋の修所断の煩悩を断つことができることはないのである。法［D.238b］は、このようなものによってである。［C.235b］聖道（'phags pa'i lam）〔の修行者〕が、三界すべて〔の煩悩〕を断つという規定は正理（lugs bzang po）である。これは、正に声聞の修道が(54)煩悩を断つ道理（tshul）である。独覚乗（rang sangs rgyas kyi theg pa）は、外道〔の修行者〕が(54)欲〔界〕と色〔界〕において修所断の煩悩〔を断つこと〕から、それにしたがって見(55)所断の煩悩を断って、〔そして〕聖道

〔の修行者〕が無色〔界〕繫を断ち、独覚の菩提を現起するのである。〔N.159b〕大諸菩薩は、三万劫〔P.171b〕において六波羅蜜を行ずることによって福と智の資糧を積んでから兜率〔天〕などに住し、妙なる菩提に入り、天魔を克服してから、順、逆の縁起を完全に観察して忍の行などを成就し、三界の見所断の煩悩を断ってから、第一三心において欲〔界〕繫の修所断の煩悩を断つことにより、欲〔界〕の欲貪を離れるのである。

第一四〔心〕において色〔界〕繫の修所断の煩悩を断つことにより、色〔界〕の貪を離れるのである。

第一五心において無色〔界〕繫の修所断の煩悩を断つことにより、無色界における貪を離れてから、第一六心は求め努力することによって〔得た〕道である。〔それは〕無学（mi slob pa）果の分位（gnas skabs）であり、通達のすべての区別を得て、阿羅漢性を獲得する心である。そのことを完全に成就することによって無上正覚になるということである。

現観智（mngon par rtogs pa'i shes pa）が第一二〔心までの一二〕と第一三などの四つの心とで〔計〕一六〔心〕によって仏に安住するということである。

また〔説かれる。〕

如来の三昧は、金剛喩〔定〕の心の部分（cha）によってすべての漏を断つ力〔をもつもの〕であるが、できないなら、それはそれによってではないのである。〔D.239a〕

と説かれている。

この〔偈の〕意味は、〔C.236a〕金剛喩定（rdo rje lta bu'i ting nge 'dzin）と相応するものが如来〔P.172a〕〔の三昧〕ということは、金剛喩定と相応する心が生起する部分によって〔ということ〕である。「心の部分によって」ということは、金剛喩定と相応する心が生起する部分によって〔ということ〕である。「すべての漏」ということは、〔N.160a〕〔すべての〕煩悩〔ということ〕である。「力」といううことは、利行（don byed pa）〔ということ〕である。「それはそれによってではない」ということは、その如くであるといえども断たないという意味である。何の故にかと言えば、ありえない故にであるということである。それでは、ありえない意味は何であるのか、と言えば〔それについて〕説こう。即ち、

他の人が独自の修習〔を行う〕故に、一人によって[56]断つことがなくて、二界の不同類（skal mi mnyam）でない、その故に、仏は一六刹那性である。

ということである。この意味は、他によって断つことではない〔ということ〕である。その故に、世尊による力〔で〕も他の相続（rgyud）による煩悩を滅除することはないのである。それでは、心の一部分によって自己の相続を滅除するのか、と言えば〔それについて〕説こう。即ち、修習であるが故に、一つ〔の心〕によって二界の断はないのである。それ故に、修習であっても一心によって二界の修所断を断つことはありえない〔ということ〕である。そのように、修道は[54]不同類であり、見所断の煩悩を断つこともありえない〔ということ〕である。「その故に」ということは、ありえない故にということである。仏は、一六刹那〔によって得られるもの〕であり、第一三〔心で得られるもので〕はないという意味である。

［11］**外道と聖道**　それでは、見所断も外道〔の修行者〕が断つのか、と言えば〔それについて〕説こう。即ち、聖者（'phags pa）は、二道共、欲〔界〕に属し色〔界〕に属する修所断を断つのである。聖者でない者であるが、外道〔の修行者〕は[54]欲〔界〕に属する修所断と、色〔界〕に属する修所断を［P.172b］断つのである。無色〔界〕に属するもの〔を断つこと〕はないのであり、それは聖道性によって断たれるものであるが故である。

それでは、外〔道〕と聖道〔の〕相の区別は何であるのか、と言えば〔それについて〕説こう。即ち、寂静（zhi ba）と麁（rags pa）の行相が外道である。その［N.160b］如く、欲界は麁である、［D.239b］ということが麁の

行相である。〔C.236b〕色界は寂静である、ということが寂静の行相である、ということなどであり、外道には〔この他にも〕多くの行相がある。聖道は四つの行相である。即ち、次の如くである。無常の行相と、因性の行相と、常[57]の行相と、出離（nges par 'byin pa）の行相である。このことは、ほんの少し前に詳細に説かれたのである。また〔説かれる。〕

浄信（dad）、精勤（brtson）、念（dran pa）、智慧（shes rab）と定（ting 'dzin）などは先に〔説き〕導いたのである。道は、漏を断つそのことによって空（stong pa）の反対なるもの〔である。〕

と説かれている、この道が聖道である。「そのことによって」ということは、聖道によって〔ということ〕である。「空」ということは、充足していないことである。「反対なるもの」という〔場合の対象〕は、外道の解脱によって現出するマーナヴァ（nga rgya ba, mānava）〔と〕イーシュヴァラ（dbang phyug, īśvala）など、そしてヴァーサ（byā sa, vyāsa）とヴァシシュタ（ba shi sta, vaśiṣṭha）仙人などのことである。

〔12〕**無学道と涅槃**　このように、また二種類の道によっても欲界における貪りを離れることは、色界にすべて生じることであるが、〔しかし〕大梵天（tshangs pa chen po）と無想有情（'du shes med pa'i sems can）は除く[58]のである。聖者は不還性を〔有し、〕色界における貪りを離れることを獲得する時、無色界に生じるのである。それでは、無色界における貪を離れるこの聖者は、どのようにして〔無色界を出離する〕のか、と言えば〔それについて〕説こう。即ち、もしよく燃える鉄の〔P.173a〕丸が非常に太くて大きな薪に入れられる時、それらの薪は残らず燃えて灰となるのであるが、薪の熱性は次第に冷たくなるのである。そのような〔譬喩の場合〕、聖なる声聞が鉄丸のことであるが、苦〔諦〕における法智などの道の火がよく燃える中、煩悩の薪〔の〕太くて大きな束〔N. 161a〕である見〔所断と〕修所断〔の煩悩〕を〔火の中に〕入れる時、それらは残らず最後まで燃えた後、

煩悩の薪は〔消えて〕寂静〔となるの〕である。〔そこに〕残り火のある涅槃の界に住するのは、無学道の火の有余であることによってである。次第に、業の異熟を残らず受用してから、自己の身体を捨て、[D.240a] 残り火のなくなった [C.237a] 涅槃 (phung po lhag ma med pa'i mya ngan las 'da' ba) に赴くことによって〔鉄丸は〕冷たくなるのである。

〔また、説かれる。〕

よく燃える鉄丸の如く、煩悩〔である〕薪がよく燃えることによって、阿羅漢は有余〔涅槃〕に住するのであり、〔そして〕次第に冷たくなるのである。その時、集まりのないことの、またその前さえも滅するものとなり、〔そのように〕他の苦は生じないのである。〔即ち〕諸因が滅尽している故である。

と説かれている。

もし、そのように無余の涅槃の界を獲得する時、天、或いは人、或いはその他〔の趣〕ということ〔について〕は、どのように言説されるのか、と言えば〔それについて〕説こう。即ち、無余の涅槃は苦の諸因が寂静することによって、取 (nye bar len pa) がない故に、六趣に住することはないのである。趣がないことによってすべての言説は滅するのである。天と人ということなど [P.173b] の言説によるところが趣である。その故に、すべての趣がないことによって、これか、或いは他のものということの言説は、この解脱の故に滅するのである。例えば、火を燃やすものなどの、すべての言説の依りどころが薪である。そのように、取と共なるプトガラには言説がすべてである。〔そこでは〕取がないことはないのである。

また〔説かれる。〕

言説は残らず、その依るところが趣なるものである。趣がない故に、[N.161b]〔すべての言説は〕滅するのである。薪を滅尽した火の如くである。

と説かれている。

このように、〔無余の涅槃界では〕またそのこととこれが同一か、或いは異性〔かという〕ことによっても説かれるべきものではないのである。非有情（sems can ma yin）、非有情に非ざるもの〔の〕すべての点からいって、数を超越しているのである。涅槃においてすべて言説がないのは何であるのか、と言えば〔それについて〕説こう。即ち、〔そこでは〕言説があっても、しかし取する言説によって言説されるべきことはないのである。取がない言説によって言説されるべきである。[59]取がない言説は三〔種〕である。

即ち、それは、また〔次のように説かれる。〕

解脱〔と〕、寂静〔と〕、不死（bdud rtsi）に関すること、〔そして〕過失のない般涅槃（yongs su mya ngan 'das）、〔そして〕仏、善逝、救済者（skyob pa）など、〔これらは〕その時に説く以外のものではないのである。

と〔説かれている〕。

［13］**煩悩―随眠・非随眠**　ここで総説すると、煩悩は二種である。即ち、随眠と非随眠（bag la nyal ma yin pa）である。［C.237b］この［D.240b］うち、随眠は何であるのか、非随眠は何であるのか、と言えば〔それについて〕説こう。湿った布の汗の如くに、これら随眠は三界において大変堅固に随沈し、相関することによって随眠と説くのである。

また〔説かれる。〕

三界において随眠し、相関する故に随眠と説くのである。

と説かれている。

非随眠〔P.174a〕は煩悩性があり、纏（kun nas dkris pa）のみであることによって、その如くに随眠ではないのである。その故に、非随眠と言われるのである。随眠は何の故に〔随眠であるのか、と言えば〕その如くに随い眠りつつ、有漏法が生起し、住し、増長する因である故である。

そこで、その〔随眠〕は二種である。即ち、次の如くである。心相応と心不相応である。

また〔説かれる。〕

その〔随眠〕は〔N.162a〕心相応と〔心〕不相応であると知られるべきである。

と説かれている。

それでは、心相応〔と心不相応〕の意味は何であるのか、と言えば〔それについて〕説こう。即ち、例えば蟻塚の住処の地面は、堅固であり、取り除きにくく、蟻自らの住処の高い塚の基礎である。そのように、有情の不相応の随眠は、堅固であり、取り除きにくく、過失（nyes pa）を生じる種子となったものである。そのことによって、染汚を断たない心も、悶絶（brgyal ba）と深く眠り込むことも、無心なる睡眠によって沈むことも、無想等至（'du shes med pa'i snyoms pa）に入ることも、無想天（'du shes med pa'i sems can）〔に入ること〕も、滅受想定（'du shes dang tshor ba 'gog pa'i snyoms pa）に入ることも、これらは〔心〕不相応の随眠と伴なるものである、と説かれるのである。

〔また一方で、〕例えば蟻塚の高い部分は、堅固ではなく、取り除き易く、自らの住処〔の地面〕から作り上げたものである。その如くに〔心〕相応する随眠、或いは他の煩悩、或いは随煩悩（nye ba'i nyon mongs pa）などは、堅固でないもの(60)の上に〔順次に〕積み重ね上げられているだけで、取り除き易く、自らの拠りどころと理解される種子となったものと知られるべきである。

また〔説かれる。〕
〔心〕不相応であることが〔上部を〕取り除いた地面を［P.174b］意味することは、〔あたかも〕蟻塚の基部の如くである、と認める。
と説かれている。
〔また〕［D.241a］同様に〔説かれる。〕
〔心〕相応するものは、［C.238a］現行するもののみで、〔それは、あたかも〕住処となす蟻塚全体の如くである。
と〔説かれている。〕
もし、そのように〔心〕不相応の随眠が常に存在するものならば、どうして纏は常に生じないのか、と言えば〔それについて〕説こう。即ち、煩悩の因は三〔種〕である。即ち、次の如くである。境（yul）と有境が合すること、〔心〕不相応［N.162b］の随眠を断っていないこと、非理なるもの（tshul bzhin ma yin pa）が意において作用すること（非理作意）である。この理由で、この三〔種〕が煩悩の因のすべてである。〔これら〕諸因の群が暫時であることによって、纏は常に生じることはないのである。
また〔説かれる。〕
境は有境によって得られることと、不相応の随眠を保持することと、非理なるものが意において作用することと、〔この〕三〔種〕が煩悩の因である。
と説かれている。
もし、聖道（'phags pa'i lam）、或いは外道（phyi rol gyi lam）が、どのようにして〔心〕相応〔の随眠〕を断ち、

〔心〕不相応〔の随眠〕を断つのか、と言えば〔それについて〕説こう。即ち、不相応を断つことは、〔心不相応の随眠が心〕相応の〔随眠の〕種子の住処であることと、成就し難いことの故に、そして大変堅固なる故にである。それらを断つことから〔心〕相応性を断つのである。〔それは、あたかも〕種子が滅することから芽〔が出る〕如くである。

［14］**結語**　〔以上は〕ダシャバラシュリーミトラ（Daśabalaśrīmitra）大師によって著された『有為と無為の決択』のうち、聖一切所貴部の聖典の教法中の「聖諦決択」と名付ける第二一章である。

訳註

（1）D.C. las, P.N. las las.　D.C. に従う。　（2）D.C. las, P.N. なし。D.C. に従う。
（3）D.C. bag nyal, P.N. bag la nyal.　七音節の偈文であるので、ここは D.C. に従う。
（4）D.N.C. ni, P. na.　D.N.C. に従う。　（5）D.C. zag pa, P.N. zad pa.　D.C. に従う。
（6）D.C. mtshan nyid drang por, P.N. mtshan nyid drang pos.　P.N. に従う。　（7）D.C. zhig gis, P.N. zhig.　D.C. に従う。
（8）D.C. do, P.N. te.　P.N. に従う。　（9）D.C. bzo'i, P.N. gzo'i.　D.C. に従う。　（10）D.C. kyi, P.N. kyis.　D.C. に従う。
（11）D.C. gcad pa, P.N. spyad pa.　P.N. に従う。
（12）D.C. yang lag du ma ma bsdus pas, P.N. yang lag du ma bsdus pa.　ここは、yang lag du ma bsdus pas と読むべきである。
（13）D.C. myong ba, P.N. myong bas.　P.N. に従う。　（14）D.C. tha dad pa, P.N. tha dad pas tha dad pa.　一応 D.C. に従う。
（15）D.C. rgyu, P.N. rgyu ba.　D.C. に従う。　（16）D.C. rnam par, P.N. rnam pas.　P.N. に従う。
（17）D.C. 'brel pa, P.N. 'brel pas.　P.N. に従う。　（18）D.C. mi 'tshogs pa nyid, P.N. mi 'tshog pa nyid.　D.C. に従う。
（19）D.C. gsum, P.N. gsum gsum.　P.N. に従う。
（20）D.P.N.C. 共に tshor ba 'du shes とあるが、ここは gzugs tshor ba 'du shes と読むべきである。
（21）D.C. 'du shes, P.N. 'du byed.　P.N. に従う。　（22）D.P.N.C. 共に mi rtag pa とあるが、文脈上から rtag pa「常」が正しい。

（23） D.C. dregs pa, P.N. sred pa.　P.N. に従う。

（24） D. rab tu bslab pa, P. rab tu bslad ba, N. rab tu bslang ba, C. rab tu bslob pa.　D. によれば「学時」となるが、これに対応する語が後文では gzengs bstob pa（D.232b3, P.164a1）とあり、「歓喜」の意味となり、統一されていない。しかし、後文では三時の意味が説明され「歓喜」とされており、ここではそれに沿って一応 N. に従い「歓喜」と訳しておく。

（25） D.C. phyogs, P.N. tshogs.　P.N. に従う。　（26） D.C. las, P.N. la.　P.N. に従う。

（27） D.C. nye bar bstan pa, P.N. nye bar brtan pa.　P.N. に従う。　（28） D.C. dbang po gsal, P.N. dbang po gsal bas.　P.N. に従う。

（29） D.C. rigs pa, P.N. rigs pas.　P.N. に従う。

（30） D.P.N.C. 共に「一二が三であって、〔計〕三六」と記されているが、文脈上から「一二が二であって〔計〕二四」としか理解できない。

（31） D.P.N.C.（C. は la lo となっているが、le lo の誤りであろう）共に le lo であるが、この語は第一六章では snyoms las と訳されている。両者とも意味は類似しているが、le lo は kauśīdya（懈怠）、snyoms las は tandrī（瞢憒）であり、本来は異なった語である。ここでは、訳語の混乱として原文通りに訳しておくが、筆者はこれを第一六章の用語に従って理解しておく。

（32） P.N. shes pa, D.C. なし。P.N. に従う。　（33） P.N. de, D.C. なし。P.N. に従う。

（34） D.P.N.C. 共に「非随眠が不信などから放逸まで八つ」とあるが、不信から放逸までは七つであり、八つであるならば不信から惰までとなる。　（35） D.C. gyis, P.N. gyi.　P.N. に従う。　（36） P.N. chos, D.C. なし。P.N. に従う。

（37） D.C. shes bya mnyam rtogs nyid, P.N. shes pa shes bya mnyam rtogs nyid.　D.C. には shes pa がなく五音節となっている。ここは七音節の偈文の P.N. に従う。　（38） D.P.N.C. 共に bdun pa とあるが、ここは 'dun pa と読むべきである。

（39） D.C. spyad pa, P. dpyad pa, N. pyad pa.　P. に従う。　（40） D.C. zhen pa, P.N. zhan pa.　P.N. に従う。

（41） D.C. bsams pa, P.N. bsags pa.　P.N. に従う。　（42） D.C. cha gnyis kyi, P.N. cha nyid kyis.　P.N. に従う。

（43） D.C. thams cad, P.N. なし。D.C. に従う。　（44） P.N. ro, D.C. なし。P.N. に従う。

（45） D.C. kyis, P.N. kyi.　P.N. に従う。　（46） D.C. bar sred, P.N. bar srid.　P.N. に従う。

（47） D.P. N.C. 共に gzugs med pa とあるが、ここは gzugs pa「色〔界〕」と読むべきである。

（48） D.C. khams gsum las, P.N. khams gsum pa.　D.C. に従うが、las より la の方がふさわしいのではないか。

(49) D.C. bral ba, P.N. bral ba'i.　D.C. に従う。

(50) D.P.N.C. 共に独覚の不動と世尊仏の不動の定義が同文であるが、後文に「見所断の煩悩を断ち終えた仏と独覚には区別はないのである」とあるので、同文でよいとも考えられる。　(51) D.C. las, P.N. la.　D.C. に従う。

(52) D.C. bcu gsum la, P.N. bcu gsum pa.　P.N. に従う。　(53) D.C. dang po, P.N. dang.　P.N. に従う。

(54) D.C. gyi, P.N. gyis.　P.N. に従う。　(55) D.C. mthong bas, P.N. mthong ba'i lam gyis mthong bas.　一応 D.C. に従う。

(56) D.C. gi, P.N. gis.　P.N. に従う。　(57) D.P.N.C. 共に mi rtag pa とあるが、ここは rtag pa「常」と読むべきである。

(58) D.N.C. ma gtogs, P. ma rtogs.　D.N.C. に従う。　(59) D.C. kyis, P.N. kyi.　D.C. に従う。

(60) D.C. rnam par mi rtag pa, P.N. rnam par mi rtan pa とあるが、ここは rnam par mi brten pa と読むべきではないか。

第二節　『有為無為決択』のシノプシスと和訳Ⅱ

㈠第八章「劫決択」中の「世界の生成と破滅」シノプシスと和訳

〔シノプシス〕D.Ha,126a7-134b5, P.Nyo,26a3-36a8, N.Nyo,28a6-38b1, C.Ha,126a1-134a3

[1] 正量部の聖教の説示（D.126a7, P.26a3）

[2] 世界の生成期（成劫）（D.126a7, P.26a4）

[2-1] 色界天と欲界天の生成（D.126a7, P.26a4）

[2-2] 須弥山世界の生成（D.126b5, P.26b3）

[2-3] 人間の出現（D.127b1, P.27b2）

[3] 存続期（住劫）（D.127b5, P.27b6）

[3-1] 男女の出現（D.128a1, P.28a4）

[3-2] 貪欲、怒りなどの出現（D.128a6, P.28b3）

[3-3] 国王の出現（D.129a3, P.29b4）

[3-4] 怒り・慢心・愚痴などの出現（D.129a6, P.29b7）

[3-5] 四姓の出現（D.129b1, P.30a3）

[3-6] 麦・胡麻・豆・砂糖黍・乳などの食物、象・馬などの乗り物、七宝、それらの出現と衰退（D.129b4, P.30a7）

［3-7］五濁の出現（D.130b6, P.31b4）
［3-8］正量部における五度の結集（D.131a3, P.32a1）
［3-9］飢饉・病・戦争（三災）の出現（D.131b4, P.32b5）
［3-10］愛情の芽生え（D.132b1, P.33b4）
［3-11］寿命の増加と減少（D.132b3, P.33b6）
［4］破滅期（壊劫）（D.133a4, P.34b1）
［4-1］七つの太陽の出現（D.133b1, P.34b7）
［4-2］火災・水災・風災（D.133b7, P.35a8）
［5］虚空期（空劫）（D.134a5, P.35b7）

〔和訳〕

［1］**正量部の聖教の説示**　聖一切所貴部の聖教（アーガマ）からも次のように規定される。即ち、次の如くである。

［2］**世界の生成期**（**成劫**）

［2―1］**色界天と欲界天の生成**　世界がまさに生成する時、先ず最初に〔大〕梵〔天〕の宮殿が極光浄〔天〕から生じるのである。それに続いて、[D.126b] 極光浄 [N.28b] 天の衆から他の天子たち（神々）が死んで後、〔大梵天は〕自らの業によって〔大梵天の世界に〕生まれ、〔そこには〕白い姿をした〔大〕梵〔天〕という〔神々と大〕梵〔天〕の天宮が自然に現れた。その時、〔大梵天は〕一〇劫の間、禅定に入った。その〔禅定に

入って〕から、一〇劫[1]が経った時、〔そこには〕その〔大〕梵〔天〕しか生まれていなかったので、「ああ、ここに他の衆生も生まれるにちがいない」と思った。〔そして〕そう思うと、すぐに自らの業によって、この世界に〔大〕梵〔天〕の眷属の天人が数多く生まれた。そこで、〔大〕梵〔天〕は自ら〔「ああ、ここに他の衆生も生まれるにちがいない」と〕思うや否や、〔大梵天の世界に天衆が〕生まれたのを見たので、「私こそは、かれらを産[2]み出した者である」という邪慢が生じた。最初に生まれ、大神通を具足する〔大〕梵〔天〕を〔大〕梵〔天〕の眷属の天衆が見ていたので、「私〔たち〕が生まれたのであるから〔大梵天こそが〕私〔たち〕を産み出した者である」と[P.26b]認めてしまった。〔大〕梵〔天〕の眷属の天人も〔この世界に〕一劫の間、住したのである。その直後の一劫の間、梵衆天の天衆が生じた。それから、一劫の後に梵輔天〔が生じた〕。それから、〔また〕一劫の後に欲〔界〕に住するものの頂上に他化自在天〔が生じた〕。それから、一劫の後に楽変化天〔が生じた〕。〔そして〕一劫の後に覩史多天〔兜率天〕〔が生じた〕。それから、一劫の後に夜摩天〔が生じた〕。これらすべて〔の天〕は、それぞれの〔天衆の〕業によって〔生じた〕天宮を伴うことによって成り立った。

［2―2］**須弥山世界の生成**　それから、夜摩天の天衆がはるか以前の世において［N.29a］起こった終末を正しく覚えていたので、はるか以前に破壊を受けた須弥山などを見たいと望んで、自らの天宮から下に降りてみると、虚空の方向に須弥山が存在したところには、須弥山の頂上に帝釈天の帝釈の天宮が現れていた。ここには、持双山［C.126b］などの七つの山脈が存在していた。ここには、海が存在していた。ここには、ジャンブ洲〔南贍部洲〕があったという思いを巡らしていると、〔夜摩天は〕あちこちに変現して、身体から風が生じ、［D.127a］〔その風は〕上下に、そして輪をめぐるように拡がって著しく増大していった。その時、上方にいる有情たちの共通する業から生じた、尽きることのない雲〔から〕の音が轟き、電光の線条を伴なって著しい〔量の〕水が流れ落

ちた。その時、風〔輪〕は測りがたいほど深く、その〔風輪〕は、水のまとまった〔水輪〕の下と上とまわりをめぐって〔その〕基礎を保持した。それから、次第に大種の核となった〔風輪の上〕にある水〔輪〕の上に［P.27a］泥の膜が生じるようになった。〔それは、あたかも〕乳を煮ることによって〔得られる〕乳脂のようである。その後に、風によって液体状の性質をもつ泥で覆われたものの粉末から、須弥山と七つの山脈と鉄囲山と七つの谷、湖と大地と海などの特性をもつ器世間がつくられるようになった。(3) それから、四つの陸地（洲）に分けられた。そこには、南側に贍部洲、そして西側に牛貨洲、北側に北倶盧〔洲〕、［N.29b］東側に東勝身〔洲〕があった。それから、次第に業から生じた風によって硬いものがつくられ、須弥山など九つの山々は、種々の宝の特性を生じた。四つの陸地（洲）は、粉末の特性をもつだけである。それに続いて、高低が〔生じる〕ようになる〔が、それは〕すべての器〔世間〕の隅々に至るまで、空〔が生じること〕になるからである。また、共通する業から生じた雲からつくられた河の流れによって〔地上が〕覆われた。

それから、須弥山の〔頂〕上の四方にそびえ立つ四つの〔峰〕が現れた。それに続いて、大王（帝釈天）の天衆は須弥山の上に、小さな幸せを得られない〔天〕（thob par mi 'gyur ba bsod nams chung ba rnams）を生じるようになる、そういう〔天〕たちが〔別々に〕住むために、須弥山のまわりにめぐらせた形層のところに、四つの建物が〔現れた〕。(4)〔まわりにめぐらせた形層を〕別名、階層（bang rim）という。それに続いて、共通する業から、須弥山の上に、帝釈（インドラ）を伴った天衆が現れた。それに続いて、須弥山の上に、帝釈天の主の住処である善見城というものが現れた。善法堂［C. 127a］など、さまざまなものが際限なく現れた。［P.27b］持双山などの山脈［D.127b］にも〔四〕天王の天衆が住み、持国〔天〕など四天王によって内部が装飾された四つの建物が(4)現れた。これらすべて〔の現象〕は、一劫によって〔始まり〕一八劫〔の間〕によって生じたものである。(5)

［2—3］**人間の出現**　それに続いて、各自の業から生じた(6)、虚空を行き交い、女・男〔という〕性の区別のない、自ら光を放つ人々が生まれた。それから、長い時を経て、自ら光を放つ或る人が、地の脂（sa gzhi zhag）(7)の性質を、優れ好ましい［N.30a］薫りをもつものであると見て、〔それに〕強く執着して、その地の脂を食べた。その人と同類で、自ら光を放つ他の人も食べた。それから、食べ始めるにつれて、身体の光は消えてゆき、身体は重くなった。〔そのため〕地上で行為するものとなった。その時、〔世界が〕真っ暗になると、衆生たちの共通する業によって、同時に東の勝身〔洲〕においては〔二八宿の一つ〕アシュレーシャー星宿とともに太陽が、そして〔西〕牛貨〔洲〕にはシュラバナー星宿とともに月が現れた。これだけの二劫が終わって、二〇劫によって、成劫の時期（'chags pa'i gnas skabs）が終わる。

［3］**存続期（住劫）**　これより、〔この世界が〕存続して、貪欲の時期（chags pa'i gnas skabs）（住劫）が語られるべきである。即ち、そのように大地を行動する〔ことになった〕ものに太陽と月が光を当てる。大地の液汁と脂を蜜のように享受したことで、〔その人の〕肌色は悪くなる。ほんの少し享受すれば、肌色は善くなる。そこで、善い肌色をした人は、悪い肌色をした人を軽蔑した。その時、脂は消え、大地の脂は餅（khur ba）のようになって現れる。［P.28a］大地の餅の〔ような〕脂の食べものを、また多く食べるものは〔その肌色が〕劣ったものとなったのに対して、小量〔だけ〕を食べるものは〔その肌色は〕優れたものとなった。そのようにして、〔食べることが〕喜びとなることによって、慢心が増長する〔が、〕一方で豊かになる。慢心が強くなったことで、大地の餅〔のような〕脂も消えた。それに続いて、大地から蜜のような草（tshal）(8)が現れる。それも多くの人が食べることによって〔人々の〕慢心が増長することになる。それから、大地は草さえもなくした。それに続いて、粇殻（sbun ma）［C.127b］のない、胚芽（chags pa）(9)のない、［N.30b］妙なる香りのする、とても柔らかく、［D.128a］

美味なること蜂蜜のような、白い原生の野生米（sā lu）[10]が大地から生じた。

〔3―1〕**男女の出現**　その野生米[11]を食べることで、男と女を区別する性別の根本が生じるようになる。その時、女の生殖器が生じたのを見て、他の多くの人々は〔彼女を〕非難する。[12]その時、羞恥心のある男と女たちが生殖器を隠せるように、如意〔樹〕の衣が生じた。それから、男と女たちは互いに見合うことで、二人に交わりの欲望が生じる。彼らの或る人々の中には、激しい欲望によって、交わりに耽るものがいた。交わりに耽る人たちに対して、他の人々は激しく誹謗する。それから、交わりの行為が著しく増加したので、交わりの行為を隠すために家をつくった。

人々は、毎朝、食事をするために野生米を刈り取った。夜、食事をするために夜に刈り取った。この福徳〔によって〕夜に取ったものは、朝には生じた。朝に取ったものは夜には生じる。このようにして、人は家に住んだ〔が、〕その人々〔の中で〕或る人が他の人たちに言った。「食事をする時に［P.28b］集まろう」と言った。〔また〕時に、怠け癖のある或る人が、野生米を多く刈り取って、それを〔保存しようと〕家に満たした。それを見て、他の人々も同じようにした。他の人たちも言った。「誰が最初に野生米を刈り取ったのか」と。他の人も言った。「この人だ」と。そのようにして、すべての人が〔互いに〕同じようにしたので、〔ついには〕野生米も消えてしまうことになる。

それから数に順じて、人々が各二劫ずつ経過したのは、脂〔と〕餅〔と〕［N.31a］草と野生米の食物〔を享受した時〕であり、それによって八劫が過ぎた。

〔3―2〕**貪欲の出現**　それから、第九劫に入った時、著しい貪欲によって〔それまでの〕野生米はなくなり、籾殻のついた、胚芽のある、身体に決して有益でない〔野生米〕が生じることになった。その時、多くの人々は[5]、

野生米が白くないことなどに〔自分たちの〕過失（skyon）を見て、〔自らを〕責めて、「この劣悪さは、私たちの節度がないことによって〔生じたので〕ある」と〔思った〕。「先ず最初に、蜜よりもずっと美味なる大地の液汁と脂がなくなって［C.128a］しまい、それから、［D.128b］蜜よりも美味なる大地の液汁である餅がなくなってしまい、それから、小さな蜂の蜜のような草も消え、著しい貪欲によって、とても白いというような性質をもつ野生米も消えた。ああ、私〔たち〕は、貪欲によって滅びる。私〔たち〕は、上手に分けて、分配すれば、〔互いに〕満足するにちがいない」と。それから、土地を所有する者（支配者）の中央に家をつくって、土地が分けられた。その土地の分配を行った時、男〔たち〕はそれぞれ六ヨージャナの広さのある土地を自分〔たち〕のものにした。また、［P.29a］〔女たちには〕大地を四ヨージャナずつそれぞれに与えた。それから、非法なことに心を傾けることによって、如意〔樹〕の衣は消えてしまった。そうすると、彼らの共通する業から綿の木が生じた。

そうこうして、欲深い生まれの或る人が、他人の野生米を盗んだ。野生米を盗んだその人に或る人が言った。「ああ、お前は悪行と下劣な振る舞いを行った。すべての人々は、規則に従って住んでおり、お前にも〔自分の〕耕地［N.31b］に野生米がある。だから、〔正しい〕行いでない、この〔盗み〕をやめなさい」と。野生米を盗んだその人は、野生米を盗むべきではないと誓っても、再三にわたり他人の野生米を盗むのである。そのように行い〔続けた〕ので、その男に対し他の男たちは激しく痛めつけた。その時、すべての人々は足(13)〔と〕手などを刀で打ちのめされる盗人の身体を見て、〔その行為を〕他の人々は非難した。他人が(14)〔自分の〕財産を奪うことは、苦しみである。その原因で、互いに争うのである。その原因から大きな言い争いが起こるのである。その時、すべての人々は、〔争いという〕苦痛を伴う理由で集まり、互いに話し合いの場をつくった。

［3—3］**国王の出現**　その〔話し合い〕は、次のようにすれば理に適う。即ち、善い行い〔と〕規則に従い、

そこから逸脱しない男は、大変優れており、人々の主人（王）にすべきである。理に適う処罰を行う〔その〕人は、決して退転することはない。すべての人々の合意に沿って処罰と［D.129a］支援［C.128b］を行う、その人[15]の行いは規則〔に従わ〕ないことで、汚れることがなく、すべての性質から〔見て〕［P.29b］〔その人は〕人間たちの最上となる人である。〔話し合いは〕これらすべての〔人々に〕喜びをもたらし、希望を〔抱かせる〕ことになった。それから、その男は最上のその人の[16]前で話しかけた。「人々が現在、合意していないことを行う過失〔の理由〕と、毎日のように財産が失われていく〔理由〕を、あなたは知っています。このように、人々の[2]合意がなく、相反する〔行い〕に対して、あなた以外の誰にも〔それを正す〕能力がないのです。これらの人々の野生米の六分の一をあなたに差し上げましょう。あなたは、これらの人々の意に沿うように適切に〔私たちを〕守ってください。この大地も守ってください」〔と〕。その時、大変優れたその人は、それらの言葉を受け入れて、それらの人々の意向を実現した［N.32a］。その直後、それらの人々は、その最勝の人を国王にして灌頂することによって敬った。彼は人々の大群集によって望まれ、そして〔一方で、人々を〕喜ばせたので、国王なのであった。〔彼は〕怒りに感情を動かされず、「多くの人々に敬われ、偉大な人（chen po）」という意味をもつ国王となった。彼の名は、土地の[2]支配者であることから、クシャトリヤといわれるようになった。〔彼は、〕国王の栄誉〔と〕財をことごとく得た。乱暴な人々を処罰し、温和で善良な人々には支援を行い、土地の支配者として名声〔を博し〕、〔人々のために〕不利益を取り除き、利益を達成した。〔人々は〕振る舞ってはいけないことを捨て、〔それを〕保ち続けた。それから、他の人々が振る舞ってはいけないことをしても、その他の人たちは〔正しい〕振る舞いのように行った。

［3―4］怒り・慢心・愚痴などの出現　それに続いて、人々には過失の起こるよりどころとなる貪欲が生じた。

それに続いて、瞋が生じた。それに続いて、慢心が現れた。それに続いて、善が従って起こりくる真実を覆い［P.30a］隠す愚痴が現れた。それに続いて、与えられていないものを取ること（偸盗）が現れた。それから、他人の妻[17]のところに行くこと（邪婬）〔が現れた〕。それから、偽りを語ること（妄語）〔が現れた〕。それに続いて、言い争うこと（破語）〔が現れた〕。それから、粗暴な言葉（悪口）〔が現れた〕。それから、無意味な言葉（綺語）〔が現れた〕。それから、他人を苦しめる特徴をもつ害する心〔が現れた〕。それから、他人[17]の財産を欺いて〔奪う〕［D.129b］特徴をもつ貪欲な心〔が現れた〕。それから、邪悪な見解が現れた。そのようにして、殺生などの過失は［C.129a］、所有する対象〔への執着〕から生じるのである。

［3—5］**四姓の出現**　そういう訳で、或る人々は〔さまざまに〕主張が増えるのを見て、心が憂い、所有するものを捨て、林に住むようになった。彼〔ら〕は罪悪をまったく起こさなかったので、〔彼らを〕ブラーフマナと世間の人々は言った。彼らの中から、或る人は禅定を捨てて、自らマントラの句を詳細に説明して、それを読誦することから、読誦［N.32b］する者という名を得ることになった。或る人々は、林に住むことを喜ばず、住むところとして大層喜んだのは、土地〔を耕す〕仕事に精を出すところで〔あったので〕、その人〔たち〕にシュードラと〔いう〕世間での名がついた。他の人々は家に〔住むことを〕喜び、さまざまな工芸〔に関する〕ことに努めたので、彼〔ら〕にヴァイシャ[18]と〔いう〕世間での名がついた。そのようにして、四姓の或る人々は、盗みに大層喜びを〔感じる人々を〕凶悪な者と呼んだが、〔その〕人々は〔また〕殺生するという理由で、〔彼らに〕チャンダーラという世間での名がついた。

［3—6］**食物・乗り物・七宝などの出現と衰退**　それに続いて、野生米〔の〕味が劣ったことから、〔それは〕軽視されるべきものとなった。それに続いて、野生米が刈り取られた土地には、次々とさまざまな種類の食物が

現れることになる。次のようなものである。即ち、大麦と小麦と胡麻とクラッタ豌豆とムドゥガ隠元豆とマーシャ豆などである。これらの中で、胡麻は液汁で満ち満ちていたので、〔手の〕一握りで三つの油の流れが滴り落ちる。大麦なども、有情たちの福徳［P.30b］に応じて、それに適う液汁が出るようになった。それに続いて、皮と葉などがなく、まろやかで、甘美な味にふさわしい液汁をもつ最上の砂糖黍が地面を[19]飾ることになった。それに続いて、化生の牝牛が自ら乳の流れを下方に注ぐものとして出現した。その時、乳の流れを下方に注ぐ揺れによって[20]、乳から[6]新鮮なバターが生じることになった。新鮮なバターからギーが生じた。ギーから〔ギーの〕醍醐が生じた。それに続いて、自らよく訓練を受けた象と馬などの乗り物の区別が生じるようになった。その時、栄誉［D.130a］ある、「多くの人々に敬われた王」（mang pos bkur ba'i mi bdag）に七つの宝が出現するようになった。次のようなものである。即ち、女［C.129b］宝、男宝（skyes bu rin po che）、馬宝、象宝、輪宝、居士宝、主兵臣［N.33a］宝である。その時、「多くの人々に敬われた大王」は〔人々に〕利益をもたらすすべてを具えていたので、人々の誰一人として望まない物事はなくなってしまった。彼によって民衆たちはすべての資具を備えるようになったので、とても長い間にわたって幸せになった。彼ら有情たちの[2]身体は、容姿において美しく、善を現す光の[2]習性で飾られるようになった。彼ら有情たちには、すぐには死もおとずれなかった[21]。それから、時が久しく経った時、「多くの人々に敬われた大王」が亡くなった。彼の子と孫など、多くの王子〔たち〕も生まれては死んでいった。それから、彼〔ら〕のすべての眷属も死んだ。王に対して王たちが灌頂したので、王の相続は今日に至るまで継続している。そのように、大地も次第に乾いていき、〔豊かさで〕満ちていた〔状態〕を失って［P.31a］いき、〔それは〕新しいものが減少していくことと連動した。また、説かれる。即ち、次のようである。

〔大地は〕夫を失った妻のように、すぐれた輝きを失い、枯れ果てた。

と。

その時、残った人々は[5]、法を失うに至ったことと、〔生活の〕資具が尽きたのを見て、犂鉄の付いた犂を牡牛のように自ら曳いた。その時、牡牛の[22]群れの[23]長は[24]、それらの人々に次のように語った。「これらの犂と犂鉄を取り去れ。自分〔たち〕が〔犂を〕曳くべきである。実りの時には、〔我々に〕収穫物の一部を与えよ」と。そのように約束して、その後、それら〔の牡牛〕は農民のように田を耕した。人々は牡牛に取り分の一部を与えた。そのように、[N.33b] 馬と象 [D.130b] なども、〔牡牛と人々とのやり取りを〕見た通りに語って、人々の乗り物となった。その時、〔牝牛は〕牛の乳を自ら与えないでいたが、あれやこれやの試行 (sbyor ba) の結果、乳は流れ [C.130a] 出し、人々は集まって〔乳〕しぼりを行うようになった。砂糖黍も、葉で自らの体を覆い隠した外形となった。胡麻などの実も次第に液汁がなくなってきた。このように、食物も衰えていったので、人々の寿命なども減少していった。それに続いて、〔人々は、人口が〕大変増えたために、牡牛に土地の収穫の[25]取り分のほとんどを与えなくなった。それにより、収穫の[25]取り分の一部を得られなくなったので、牡牛は犂を曳く時には、〔人々を〕欺くようになった。人々は[5]、牡牛たちの欺きを見て、それらの鼻に穴をあけた。すると、[P.31b] 牡牛たちの言葉も消えてしまった。その牡牛たちは憐れみのない人々の力に屈して、曳きづらい犂とその他のものを曳き続けた。そのように、馬と象なども、自ら〔人々に〕従うことはなくなった。おとなしい〔時〕とおとなしくない〔時があるが、おとなしくない時には〕杖で打たれ、〔それに抵抗するように〕顔を横に振ったので、しっかりと固定する縄で縛られた。それから、予め先に〔食物を〕与えることで、牛飼いの人は牛の乳をしぼるようになった。砂糖黍も、皮に覆われ、大変な労苦によって液汁が出るようになった。胡麻なども、大層液汁が少なくなった。そのように、世界〔中〕の人々にとっても、同様にして食物などの味がとても悪くなり、人々も

〔それに応じて〕衰退することとなった。

〔3―7〕**五濁の出現**　それに続いて、次第に五濁による破滅の世界が[26]〔N.34a〕起こってきて、聖なる人々に〔も〕欲を求める人々が〔出てきて〕、その〔聖なる人々は〕邪悪な見解によって傲慢となり、非法の道を人々に示す。その人々も非法〔の道〕に従って、起こる不幸に苦しみ、〔そして〕生活の資具に利益をことさら求め、農耕と牧畜と使用人と〔D.131a〕商人など〔の仕事〕に従事することになる。それに続いて、〔生活の〕資具は極めて著しく劣化した。〔人々は〕労働がきつくても、〔得られる〕安楽は〔C.130b〕ごく僅かにすぎず、どんな〔仕事にも〕従事しなくなった。〔人々は〕きつい労働をともなって栽培する胡麻と砂糖黍などを〔得て〕、そして牛と水牛はきつい労働をともなって、〔漸く、それらの〕液汁〔、乳〕を出すようになった。きつい労働をともなって栽培する米なども、硬さなどの障害をもって生じるようになった。それから、人々は、劣化した食物によって〔その〕歩みに応じて寿命も極めて著しく〔P.32a〕低下する。それに続いて、〔人々は〕国々の遙か遠いところに村と町と都城など、人々の住処の(2)〔さまざまな〕形態をつくった。

〔3―8〕**正量部における五度の結集**　そのように、時代、時代が移り変わっていった時、クラクッチャンダといわれる仏・世尊が現れた。それから、その〔仏・世尊〕が般涅槃〔入滅〕した後、時代を相当へた時、カナカムニ如来が出現した。それから、彼が般涅槃した後、時代を相当へた時、カーシャパといわれる偉大な牟尼が現れた。彼が般涅槃した後、時代を相当へた時、カリ・ユガ期といわれる末世に、我らの師〔である〕シャーキャムニといわれる如来が世界に出現した。師〔である〕このシャーキャムニ世尊は、有情の罪悪〔を消滅する〕成就〔の方法〕を完全に明らかにした。その世尊は、〔N.34b〕また有情の六道輪廻の苦しみを取り除く解脱への道を開示した。その道は、限りなく優れた人々の苦しみを残らず寂滅した自性〔である〕解脱の方域を示した。そ

のように示された道は、最上のものとなり、天と人々に説き示された。如来は、その灯明によって、勝れた法の灯明の相続を確立してから自ら般涅槃した。如来が般涅槃してから、二ヶ月目のアーサーダ月の白分の一三日の後に、［D.131b］貪欲を離れた五〇〇人の比丘によって、仏の教えが七葉窟で結集された。また、如来が般涅槃して［P.32b］から、一〇〇年が経った時、貪欲［C.131a］を離れた七〇〇人の比丘によって、法が結集された。また、如来が般涅槃してから、四〇〇年が〔経った〕時、修行者の僧伽で別々の比丘集団となったものが各々の部派として住していたけれども、可住子であるパーラ・ヴァートシープトラが一つの部派[25][27]の法を結集した。それから、〔その法を〕保持して、その部派の[11]法を論説する人〔々〕をヴァートシープトラ〔の人々〕（ヴァートシープトリーヤ、犢子部）という。また、如来が般涅槃してから、七〇〇年が〔経った〕時、長老の牟尼である「多くの人々に敬われる人」（マハーサンマタ、一切所貴）が、その部派の聖教を結集した。それから、〔その聖教を〕保持して、その部派〔の法から論説する人々〕を「多くの人々に敬われる人の部派」（マハーサンマティーヤ、一切所貴部）という。また、如来が般涅槃してから、八〇〇年が〔経った〕時、長老のブティカとブッダミトラが、その部派の聖教を結集した。このことから、「多くの人々に敬われる人の部派」（一切所貴部）の法を結集すること、五度であるといわれる。

［3―9］**飢饉・病・戦争（三災）の出現**　ブティカとブッダミトラ〔の〕二人は［N.35a］「〔米に〕穀が出現して以来、その〔穀を〕取って〔食してきたが〕、これが貪欲の第九劫である」という。尊者の〔言葉の〕意味は、〔次のように〕言われるべきである。即ち、現在は、胡麻、砂糖黍、酪乳などから[6]〔とれる、〕順に〔各々〕言えば、油、液汁、酥などのエキスが著しく減少している。胡麻などは、衆生の福分（skal pa）のお陰で、現在のところ〔かろうじて〕現れているのであると知られるべきである。未来の劫の終末には、飢饉、病、戦争といわれ

る三つの破滅の[17]火が発生することになるが、その煙が立ちこめているような〔時代であると、〕現在は示される。現在は、また人々が自ら苦しむ故に、嫉妬、非難（nyes sbyod）、怒りなどの燃料によって、破滅のそれらの火が燃え上がる。どういう訳か、現在は、豪雨と旱魃が〔P.33a〕一方に偏向し、時ならぬ雨など〔が降り〕、それらが飢饉を増大する。それによって、飢饉による[28]破滅が確実に起こる〔D.132a〕ようになる。病と戦争による[14]破滅は、これらに相応して起こるものである。そこで、飢饉にあう人々の[17]〔住む〕世界は、食物などがとても得難くなってしまう。すると、〔人々は〕他人の財産を奪い、生き物を殺すことから、「少しばかりの生命〔を維持する〕劫」（shas 'tsho ba'i bskal pa）が現れることになる。国、地方、町、都城など〔C.131b〕[29]に住む〔人々〕の世界も、〔生活〕資具が作りにくくなり、次第に〔その資具も〕なくなってしまう。それ故に、不適切な行為に手を染めた人々は、六つの季節の間〔この行為に〕浸り、行為によって資具を壊すようになる。それから、殺生に相応する悪（sdig pa）が〔その〕熟した〔結果〕を得ることから、肉食の人々はその〔ような殺生をした〕ことによって、さまざまな病を生じることになる。そうして、さまざまな病とさまざまな肉食によって害された人々は、その時、病などをなくすために、〔N.35b〕殺生による布施を行ったので、〔さらに〕殺生が増加することになる。そうして、国、村、町などでは、病によって人々が尽きてしまう。それ故に、享楽を求める人々は、[30]〔敵意をもって〕互いに殺そうとして、大きな戦争[31]が起こることになる。即ち、次のようである。東と北にいる、そして西と南にいる人〔々〕の王たちは、互いに打ち破ろうとして攻撃するようになる。王たちは、互いに争って、勝者と敗者を何度も〔繰り返し〕損失を被ることになる。貪りの燃料によって[32]燃え上がる怒りの火をもって王たちは、互いに焼き払い、自分〔たち〕の善は〔P.33b〕尽きて衰退する。残された国と村と財産なども互いに衰退する。〔人々も〕劣悪な行為をしたので、草などに触れる〔という些細な〕ことで、争いとなり、二、三、或いは、

五、六〔の国々の人々〕も互いに殺しあうようになる。[33]年と月と日が、順に七〔年〕、七〔月〕、七〔日というようにして〕飢饉と病と戦争の三つの破滅が〔続く〕。それから、三つの破滅の直後に、すべての[34]〔人々〕は、[D.132b]身体〔の〕長さと幅と力などが衰退したので、〔人々の〕寿命は一〇歳〔となり、〕七〇〔年も、そのような状態〕で住むことになった。こうして、悪に向かって堕落する人〔々〕の世界では、非常に多くの人々が極めて劣った悪趣に赴くことになる。

[3—10]**愛情の芽生え**　この破滅が三つとも過ぎてから、人々の中の或る[2]人々は、人のために他〔の人〕が離れるのを見て、人々に愛情の心が生じる[C.132a]ことになる。悪に満ちた時代には、善の道を捨てない人が残り少ないのを見て、多くの人々は〔善の道を捨てない人を〕根絶しない[35]ように、〔人々を〕一人[N.36a]と思って、その〔人々〕を〔大切に〕守るようになる。その時、その人々は愛情の性質によって心を起こしたので、〔その〕劫の終末も拡大しなくなる。

[3—11]**寿命の増加と減少**　それに続いて、第一〇劫〔の〕始まりに突入することになる。その時、人々は友人のように互いに見合うことで、喜びを伴うようになる。その人々は、存続して、第一〇劫に現れることになる。その時、盗人も善の道に赴くことになる。〔六つの〕季節（dus tshigs）も災害のないものとなる。そのように、〔第一〇劫〕に存在する事物は、〔事物の〕性質が等しく〔調和〕した時には、法の力が生じることになる。[P.34a]安楽も実現するようになる。それから、人から人が生まれるようになる。それから、他の人が〔生まれ〕、それからまた他の人が〔生まれるようになる〕。それから、またその他の人は、続けて〔他の人が生まれるようになるが〕、人々は寿命が二万〔歳〕となって生まれることになる。これは〔まだ寿命の〕増加が小さいのである。それから、次第に〔寿命が〕四万〔歳〕の人が生まれることになる。これは、増加が中程度である。また、

次第に寿命が八万〔歳〕の人々が生まれることになる。これは、増加が〔最も〕大きいのである。そこで、〔寿命の〕増加が頂点に達した人々の家には、ラクシュミーのように〔幸運と美しさをもった女性が〕成長する。〔その〕女性は、五〇〇歳で男性に嫁ぐことになる。その人々は、寿命に相応しい身体などが生じることになる。その時、ニワトリの鳴く地方では、人々の住む、すべての大地［D.133a］は、村と町などで満たされるようになる。大地から清浄な人が直ちに現れ[37]、清浄な言葉を語るものが生じることになる。人々は、安楽を伴うものの実現によって、［N.36b］大いに満足し、苦しみを感じることはなくなる。〔人々にとっては〕寒さと暖かさなどと、飢え〔と〕老いによって、〔飲食などの〕享受するものを欲するにすぎないのであって、〔また〕苦しみである〔ということ〕も、その時はただ苦しみの振る舞いにすぎないのである。これは、人々が〔寿命の〕大きな増加を得て、千歳と無量［C.132b］〔の年月〕に拡大する〔から〕なのである。また、それから大きな増加の後、人々の寿命は減少することになる。それから、人々は非法によって、著しく衰退したので、また以前のように寿命は一〇歳を得ることになる。その時、再び第一〇劫において過ぎ去ったことが生じることになった。第一〇劫は始まりと終わりが安楽と不幸を伴うものであったように、また〔これから〕生じるものも、〔これ以後の〕一〇劫［P.34b］では、各々に始まりと終わりが安楽と不幸を伴うものを生じることになる。それから、太陽が現れてから存続して、二〇劫は貪欲の世界〔住劫〕に住すると説かれる。

［4］**破滅期**〔壊劫〕〔この世界が〕破滅する二〇劫の最後の〔火・水・風による〕三つの破滅の直後に、残った人々は互いに喜びの心を起こすことになる。その時、愛情によって積み重ねた業に従って、外部の事物も大変喜ばしい状態を生じることになる。愛情によって生じる満足は、火の時代より以前に享受するものと〔同じと〕なる。悪趣の衆生たちも互いに愛情を大きくして、或る者は諸天に、或る人は人間[38]に生まれることになる。その

時、分裂させようとする人に対しては、〔それが〕異教徒の群れによっても、或いは極光浄天が語ることになっても、法王〔と〕人民のようである。〔人々は〕彼から法を聞いて、欲望を嫌い、喜びと安楽[39]を伴う第二の静慮に〔N.37a〕生じる。第二の静慮の地から〔上へ〕、他の定を捨て、〔当該の〕天衆の種類のものとしては極光浄天に赴くことになる。これは、一〇劫を経過して、小千世界の衆生たちが〔その〕住人〔D.133b〕となる〔という〕ことである。

それに続いて、一劫半で器世間は虚空となる。天は雨を降らさなくなる。その時、樹木、樹木の一種？（nyal stong）などは完全に干涸びることになる。

〔4―1〕**七つの太陽の出現**　それに続いて、三十三天の衆に第二の太陽が以前の倍となる量をあまねく照らして、続けて何もかも焼き尽くすのは、一劫半〔の間〕である。その時、河[40]など〔P.35a〕四〔種〕の水すべてが干上がることになる。それに続いて、夜摩天の頂き〔C.133a〕に第三の[41]太陽が第二の太陽の倍となる量を〔あまねく照らして〕、続けて焼き尽くすのは、一劫半に〔わたるの〕である。その時、熱のない大きな湖などは完全に干上がることになる。それに続いて、第四の太陽が第三の太陽の倍となる量を覩史多（兜率）天の頂きにあまねく照らして、一劫半の間、続けて焼き尽くす[42]。その時、七つの大河は干上がることになる。それに続いて、第五の太陽が第四の太陽の倍となる量を楽変化（化楽）天の頂きにあまねく照らして、一劫半の後に、焼き尽くす。その時、残ったすべての大海は干上がって、次第に拡[43]がった陸肌を露にすることになる。それに続いて、第六の太陽が第五の太陽の倍となる量を他化自在天の頂きにあまねく照らして、一劫半にわたり、続けて焼き尽くす。その時、須弥山などの山々と大地から[6]煙が立ち上がることになる。それに続いて、第七の太陽が〔N.37b〕第六の太陽の倍となる量を初静慮の頂きに照らして、一劫にわたり、続けて残ったすべてのものを焼き尽くす。その時、

初静慮の間には、灰の残りも滅尽に帰すことになる。このように、すべてを焼き尽くして、〔火〕そのものも消(44)えてしまい、〔まるで〕燃料がなくなってしまった火のようである。〔それと〕同時に小千世界は滅することになる。

〔4―2〕**火災・水災・風災**　火〔と〕水〔と〕風の三つの破壊（三災）は、間断なく〔D.134a〕順次に〔起こってくるが〕、三つ〔の破壊〕が〔同時に〕起こることは間違いなくないのである。即ち、火の破壊（火災）が起こる時には、水〔と〕風の(25)破壊は起こることは〔P.35b〕なく、水による破壊（水災）の時は、風の破壊（風災）は起こらないからである。そのように、風〔の破壊が起こる時〕も〔同様〕である。各々の破壊には、二〇の中劫がある。故に、二〇の中劫が(45)破壊の大劫である。次のように説かれる。即ち、

〔大〕梵天だけが一〇劫のあいだ住し、その眷属は一劫のあいだ住して立ち去り、梵衆天から夜摩天まで至る〔あいだに〕各々〔の天〕において劫は一〔劫〕ずつ生じることになり、大地〔C.133b〕と山などは一劫を経過して起こり、自ら光〔を放つ人々〕は二劫のあいだに現れ、太陽が昇る時〔その光〕に触れ〔るなど〕、このような〔ことなどが〕出現したことで二〇〔劫が経過するの〕である。大地の脂と餅〔と〕草と、野生米、これらを安楽に〔享受して〕住んだのは、八劫〔のあいだ〕で、次〔の劫からは、劫の〕始まり〔と〕終わりは安楽と不幸となり、〔籾〕殻が生じないことなどが一二〔劫のあいだ〕で、これらを貪ることから、二〇〔劫〕の破滅〔劫〕である。それから一〇劫の間に衆生たちは、安楽を伴う〔静慮〕に消えていくことになり、それから〔一〕劫半で雨が〔降ら〕なくなる。それから他の〔第二から第六までの〕五つの太陽には、各々一劫半〔のあいだ〕、〔諸天の〕頂きを照らして続けて焼き尽くし、一劫のあいだ第七の(46)〔太陽〕が、すべてを焼き尽くすが、それが〔第〕二〇劫である。すべてを破滅〔N.38a〕することになり、こ

れらは、それ故に破滅の二〇劫である。

［5］**虚空期**（空劫）　それに続いて、そのように住処はただ虚空で、二〇劫のあいだ、住することになる（空劫）。その後、また以前のように〔太陽が〕出現するなど、すべて〔が繰り返されるの〕である。

それに続いて、或る人の生命は、第二[47]静慮に住する衆生たち〔の〕喜びに伴う欲望に嫌悪して、［P.36a］第三静慮を正しく起こして、そこから去って、第三静慮に生じる。それに続いて、そこに七つの月が出現することになる。月が出現する縁（rkyen）によって、水はめぐって著しく増大して、第二静慮はその限界で〔水が〕落ちることになる。それに続いて、〔或る人は〕安楽に伴う［D.134b］欲望が多くの過失を現すと知って、第三静慮に住する衆生たちは、第四静慮に生じて、その縁で、第三静慮から去って、〔安楽をも〕滅した頂き〔の〕、大きな果といわれる第四静慮の天の境地にことごとく生じる。その時、器世間が残らず無に帰した時、清浄な風があまねくめぐって、激しく流れた。その風で、すべてを滅してから、三つの破壊は終結することになる。〔三つの破壊は〕次のようである。即ち、火による破壊、水による破壊、風による破壊である。この三つの破壊によって、〔次の〕二つの破滅は［C.134a］終結することになる。次のようである。即ち、有情〔世間〕を破滅することと、器〔世間〕を破滅することである。そのように、それ以外の破滅においては娑婆といわれる世界は残らず完全に破滅する。他の世界も、時宜を得て、そのように破滅と生成の法を有するものである。また、説かれる。

三つの世界の娑婆[17]といわれるすべての住処と［N.38b］有情は、ことごとくなくなり、この三つの破滅がころがり落ちて、そのようにまた、界と、尽きることのない衆生〔と、〕住処は滅することになる。それ故に、有為〔法〕は堅固に存在しないという牟尼の教えは真実であると。

訳註

＊この「世界の生成と破滅」に関して、岡野潔氏はMSKと対比し、それを参照しながら翻訳研究（以下に掲げておく）を行っているが、ここでの翻訳はSAVからだけの翻訳であることを断っておきたい。岡野訳に委ねればよいが、和訳に異なったところも見られ、またSAVにおける正量部説の考察の一環でもあるので、ここに訳出しておく。

「いかに世界ははじまったか―インド小乗仏教・正量部の伝える世界起源神話―」『文化』（東北大学文学会）62―1・2、一五八―一七六頁。

「『大いなる帰滅の物語』（Mahāsaṃvartanikathā）第2章4節～第4章1節と並行資料の翻訳研究」『哲学年報』63、一―一一〇頁。

「『大いなる帰滅の物語』（Mahāsaṃvartanikathā）第5章2節～4節と並行資料の翻訳研究」『哲学年報』64、一―一三二頁。

「正量部の仏伝の伝承研究―『大いなる帰滅の物語』第1章1節～3節の翻訳と研究」『哲学年報』65、一―三八頁。

「『大いなる帰滅の物語』（Mahāsaṃvartanikathā）第2章1節～3節に見る世界形成の正量部伝承」『哲学年報』66、一―三七頁。

「やがて世界が終わる、世界が生まれ変わる―『大いなる帰滅の物語』第4章2節～4節読解―」『哲学年報』67、一―五四頁。

（1）D.P.N.C. 共に bskal pa nyi shu となっているが、ここは「一〇劫」が正しいであろう。

（2）D.C. kyi, P.N. kyis.　D.C. に従う。　（3）D.C. bdun, P.N. なし。D.C. に従う。

（4）D.P.N.C. 共に 'khor mo で「眷属」となるが、ここは意味上「建物、都城」が適切ではないか。

（5）D.C. kyis, P.N. kyi.　D.C. に従う。　（6）D.C. las, P.N. la.　D.C. に従う。

（7）ちなみに、これは義浄が「地肥」とするのに対応するか。『南海寄帰内法伝』（大正蔵五四、二〇四下）。

（8）ちなみに、これは義浄が「林藤」とするのに対応するか。『南海寄帰内法伝』（大正蔵五四、二〇四下）。

（9）D.C. chags pa, P.N. chag pa.　D.C. に従う。「生成するもの」の意味から幼植物である胚芽と推測したが、はっきりしたことは不明。

（10）D.C. sā lu, P.N. sa lu.　ちなみに、これは義浄が「香稲」とするのに対応するか。『南海寄帰内法伝』（大正蔵五四、二〇四下）

（11）D.C. las, P.N. la.　P.N. に従う。　（12）D.C. smod pa, P.N. rmod pa.　D.C. に従う。

(13) D. なし、P.N. rkang, C. rka.　P.N. に従う。　(14) D.C. gyi, P.N. gyis.　P.N. に従う。
(15) D.C. de'i, P.N. de ni.　D.C. に従う。　(16) D.N.C. gi, P. gis.　D.N.C. に従う。　(17) D.C. gyi, P.N. gyis.　D.C. に従う。
(18) D.P.N.C. 共に gdol rigs（チャンダーラ）とあるが、rje'u rigs（ヴァイシャ）と読むべきである。
(19) D.C. sa steng, P.N. steng.　D.C. に従う。　(20) D.C. gyo bas, P.N. gyo ba las.　D.C. に従う。
(21) D.C. byung, P.N. mi 'byung.　P.N. に従う。　(22) D.C. stobs kyi glang po'i, P.N. stobs kyis glang pos.　D.C. に従う。
(23) D.C. kyis, P.N. kyi.　P.N. に従う。　(24) D.C. bdag po'i, P.N. bdag pos.　P.N. に従う。
(25) D.C. gi, P.N. gis.　D.C. に従う。　(26) D.C. ni, P.N. mi.　D.C. に従う。　(27) D.C. tshe, P.N. chos.　P.N. に従う。
(28) D.C. mu ge'i, P.N. mu ges.　P.N. に従う。　(29) D.C. ni, P.N. na.　P.N. に従う。　(30) P.N. kyi, D.C. なし。D.C. に従う。
(31) D.P.N.C. 共に mtsho（海）とあるが、ここは mtshon（武器、争い）と読むべきである。
(32) D.C. gis, P.N. gi.　D.C. に従う。　(33) D.C. sbun pa, P.N. snun pa.　P.N. に従う。
(34) D.C. lhag ma, P.N. lhag ma ma.　P.N. に従う。　(35) P.N. ma, D.C. なし。P.N. に従う。
(36) D.C. la sogs pa, P.N. la sogs pas.　P.N. に従う。　(37) D.C. byung ste, P.N. byas te.　D.C. に従う。
(38) D.C. lha rnams su, P.N. lha rnams su kha cig mi rnams su.　P.N. に従う。　(39) P.N. bde ba, D.C. なし。P.N. に従う。
(40) D.C. 'bab chu, P.N. 'bab chu chung.　D.C. に従う。　(41) D.C. gsum pa, P.N. gnyis pa.　D.C. に従う。
(42) D.N.C. sreg pa, P. sred pa.　D.N.C. に従う。　(43) D.C. rim gyis, P.N. rim gyi.　D.C. に従う。
(44) D.C. rang nyid kyis, P.N. rang nyid kyang.　P.N. に従う。
(45) D.C. bar gyi bskal pa nyi shu, P.N. bar gyi bskal pa nyi shus.　P.N. に従う。
(46) D.C. yi, P.N. yis.　P.N. に従う。　(47) D.C. gnyis, P.N. gnyis pa.　P.N. に従う。

（二）第三二章「方便善巧決択」中の「ゴータマ・ブッダの過去の悪業とその果報」和訳

〔和訳〕（D.Ha,310a6-311a1, P.Nyo,261a7-262a4, N.Nyo,247a7-248a4, C.Ha,307a5-308a1）

聖一切所貴部の教義によれば、(1)〔過去の業により〕世尊に〔果報が〕転じたのは一六〔種〕である。即ち、次の如くである。

髪を剃ったカーシャパ仏に対し、［N.247b］菩提はどこにあるのか、その菩提は得難いものである、と暴言を吐いたことによって〔その〕業の果報〔によって〕菩薩は〔行が〕なし難かったのである。

師の教えを逸脱して［P.261b］目的を達成したことにより、〔その〕業をなしたことによって五比丘(2)たちに仏（天師）は見捨てられたのである。

独覚に悪口を言ったことにより、〔その〕業をなしたことによって［D.310b］バーラドゥヴァージャ（Bhāradvāja）バラモンが世尊に悪口を言ったのである。

仙人が女の［C.307b］孫弟子の集まりを分かったことにより、〔その〕業をなしたことによってコーシャーパ（Kośāpa）城にあるサンガに分裂が生じたのである。

世尊が大医王になった時、敵（'gron zla）の王〔国〕を分割させたことにより、〔その〕業をなしたことによってデーヴァダッタがサンガを分裂したのである。

独覚に恐怖をおこそうと欲して、狂った象を放ったことにより、〔その〕業をなしたことによってダナパーラ象が世尊の正面に走り来たのである。

財産の(3)目的で仲間(4)（grogs）と一緒に腹違いの弟を殺したことにより、〔その〕業をなしたことによって王舎城でデーヴァダッタが世尊〔の足の〕甲に石を投げたのである。

射た矢で人を殺したことにより、〔その〕業をなしたことによって世尊の足から[5]血が出たのである。

怒って如来を従わせて、これは馬麦を食すのにふさわしい者である、と言ったことにより、なしたその業によってヴァイランジャ（Vairañja）村で雨期の三ヶ月の間、世尊は馬麦の食物を乞うたのである。

ナンダという独覚を謗ったことにより、〔その〕業をなしたことによって女のバラモン、チンチャー（Ciñcā）は嘘をついて世尊を謗ったのである。

娼婦を殺してから、その装飾品を勝者の住まいにある溝に隠したことにより、〔その〕業をなしたことによって世尊をスンダリーが謗ったのである。

乞食して遊行する独覚の鉢を隠したことにより、〔その〕業をなしたことによってサーラー（Sālā）村で世尊は乞食を得られないで鉢が空となったのである。

［N.248a］世尊が［P.262a］力のある力士になって力を発揮した時[6]、力のある他の力士〔の背の〕関節を折ったことにより、〔その〕業をなしたことによって世尊は背〔中〕に苦痛が生じたのである。

世尊が医者になった時[7]、怒って病人に薬を誤って与えたことで〔病人の体調が〕乱れたことにより、〔その〕業をなしたことによって世尊にふさぎ込み（欝）（bying ba can）の病が生じたのである。

〔世尊が医者になった時、怒って病人に薬を誤って与えたことで病人の体調が乱れた〕そのことにより、世尊に著しく下痢（'byang ba）が生じたのである。

世尊が人の王となった時、魚の群れを殺戮する許可を人々に出したことにより、〔その〕業をなしたことによってサーキャ族が討伐されたその日、世尊は頭に激しい痛みが生じたのである。

この業果〔C.308a〕が苦であるのは〔D.311a〕、悪趣に大半を〔報いとして〕受けることなのであり、〔そして〕業と後に相随する果は、〔その〕報いの残余である、と知られるべきである。

と〔説かれている〕。

訳註

（1）D.C. kyi, P.N. kyis.　P.N. に従う。

（2）D.N.C. dge slong lnga, P. dge slong lngas.　P. に従う（?）。

（3）D.C. gyi, P.N. gyis.　D.C. に従う。

（4）D.C. grogs, P.N. skrogs.　D.C. に従う。他の過去業の伝承では、「石」となっているが、ここは両版共に、「石」とは読めない。

（5）D.C. las, P.N. la.　D.C. に従う。

（6）D.C. pa, P.N. la.　P.N. に従う。

（7）D.C. gyur pa na, P.N. gyur pas.　一応 D.C. に従う。

㈢その他の和訳

(1)「釈迦牟尼が供養した先仏」

〔和訳〕(D.Ha,135b3-4, P.Nyo,37b1-3, N.Nyo,39b1-3, C.Ha,134b7-135a1)

聖一切所貴〔部〕は、この釈迦牟尼が第一阿僧祇において先仏〔の〕釈迦牟尼から始めて七万七千の仏と、第二阿僧祇において七万六千の仏と、第三阿僧祇において七万五千番目の仏〔である〕帝幢仏に至るまでの[1]諸〔仏〕を歓喜させて、正等正覚を現前に正覚するのである、と説くのである。

訳註

(1) D.C. gyi, P.N. gyis. D.C. に従う。

『倶舎論』第四章「業品」に説一切有部説が説かれている(AKBh. p.266, *ll*.14-16)。そこには、第一で七万五千、第二で七万六千、第三で七万七千の仏を供養すると説かれ、SAV とは数が逆である。舟橋一哉訳『倶舎論の原典解明　業品』(法蔵館、一九八七年)、四八〇頁参照。

（2）「五百の賢劫仏」

〔和訳〕（D.Ha,139b6-7, P.Nyo,42b5-6, N.Nyo,44b3, C.Ha,138b7-139a1）

それから、如何なる劫においてどれだけの仏が現れるのかと言えば、賢劫において五仏が現れると或る人は〔言うの〕である。五百〔仏が現れる〕と他の人々は〔言うの〕である。千仏〔が現れる〕とまた他の人々は〔言うの〕である。

訳註

※この記述に関して北京版のみに書き込みがあり、その文は以下の如くである。

「五仏が現れると或る人は〔言う〕」という或る人は上座部（gnas brtan sde pa, Sthavira）で、「五百〔仏が現れる〕と他の人々は〔言う〕」という他の人々は正量部（mang bkur ba, Sāmmitīya）で、「千仏〔が現れる〕とまた他の人々は〔言う〕」という他の人々は大乗（theg chen po, Mahāyāna）仏教徒である。

と。

第二章　『有為無為決択』所引の原典文（偈文）

『有為無為決択』（SAV）の記述形式は、正量部説を提示する部分に限って見ても、正量部の原典から直接引用した文と、それに基づいて作者ダシャバラシュリーミトラ（Daśabalaśrīmitra）によってまとめられた説明とで構成される。直接引用される部分では、それがいかなる原典なのか、文献名は具体的に明示されていない。しかし、どれもが七音節より成る偈文（第一八章に一句だけ一一音節の偈文が見られる）であり、カーリカー（kārikā）からの訳出と考えられ、おそらく、いずれの偈文も同一文献から引用されたものと推測できる。引用される時は、yang gsungs pa「・・・」zhes so あるいは yang「・・・」zhes gsungs so という定型表現によって表示される。ただ、ダシャバラシュリーミトラは第二一章の（※）印の付いた四種の偈文に対してだけは他と異なり、逐語的な形式で註釈を行っている。

以下に、SAV 第一六章より第二二章中に見られる、ある正量部所伝の原典からの引用文をまとめて列挙する。ここに掲げるチベット語訳の原文は、デルゲ版、北京版、ナルタン版、チョネ版に基づいて、筆者が校訂したものである。ここではテキストの相違については註記しないが、必要ならば前章で行った和訳の当該箇所を参照されたい。版本の当該箇所の表示は、デルゲ版と北京版にとどめる。

㈠第一六章所引の原典文

ma dad ngo tsha med dang sgyu //
g·yo dang rgod dang ma brtags dang //
bag med pa dang dregs pa rnams //
rnam pa lnga ste khams gsum skyes //
mi ston(1) khrel med ches 'dzin rnams //
'dod dang gzugs su rnam pa lnga //
ser sna mi bzod 'gyod pa dang //
rmugs dang snyoms las khon du 'dzin //
phrag dog gnyid dang zhum pa rnams //
rnam lnga 'dod pa'i khams su skye //
zas kyi(2) rgyags pa sgom spang ngo // (D.207a5-6, P.129b8-130a2)

'khor lo bcing bas(3) lnga rnams kyis //
sa rnams dag dang ma dag phyir //
drug pa las skyes dag ma dag //
gzugs can rnams kyis sbas ma sbas // (D.209a7-b1, P.133a1-2)

(4) de ltar 'di yi gsum pa la //
myur du zad dang sbas pa dang //
dkar po nyams pa'i 'du byed ni //
mang du mi sgrib par 'dod do // (D.210a4, P.134a3)

gzugs dang sgra dang chos rnams la //
dge la sogs pa rnam pa lnga //
dri ro reg bya'i khams rnams ni //
rang bzhin lung du ma bstan pa'o // (D.211b3, P.136a4)

mig sna yid kyi sems chos la //
spang (5) min bzung bas drug yin no // (D.211b7, P.136b3)
sna sogs (6) sems la rnam pa gnyis // (D.212a2-3, P.136b6)

bya min gzugs ni bsgom spang ngo // (D.212a3, P.136b7)

rnam par rig byed (7) gang rnam lnga // (D.212a4, P.136b8)

dri dang ro dang reg bya gsum //
'di rnams bsgom pas spang bya nyid // (D.212a5, P.137a2)

校訂註

（1） D.P. 共に mi ston である。文脈上、「覆」となり、訳語は 'chab pa とあるべきであるが、ここは一応両版に従って mi ston を「覆」とする。　（2） D. kyis.　（3） D. ba.　（4） D. da.　（5） D. yang.　（6） P. tshogs.　（7） P. byad.

(二)第一七章所引の原典文

kun 'gro chen po rmongs pa'o //
yid gnyis dang ni lta ba lnga //
kun 'gro chung ngu'o lhag ma ni //
nyon mongs chung ngu'i sa pa'o //　(D.213b2, P.138b7-8)

kun tu 'gro bar gsungs de gang //
kun 'gro chung ngu dang bcas pa //
de dag sdug bsngal rgyu mthong bas //
spang byar ci ltar gsungs shes bya //
de 'dir 'gog pa'i gegs dang ni //
lam gegs ci ltar srid pa rnams //
kun 'gro la sogs lta bu'o //
lhag ma gang de sa chung ba //　(D.213b7-214a1, P.139a8-b1)

thams cad la ni dmigs pa dang //
rang gi khams kyi rgyu nyid dang //

rang la rjes su nyal nyid dang //
skal mthun kun gyi sbyor ba ni //
kun ’gro chen po’i mtshan nyid do(1) //
kun tu ’gro ba chung ngu ni //
de ma thag tu rnam pa gsum //
kun tu sbyor ba med shes bya //
’dra ba rnams dang chung rnams kyi //
thams cad skal pa mnyam nyid te //
ma rig tsam dang ltan pa nyid //
rgyu don bag la nyal don(2) dang //
rang gi skal la sngon bzhin gnyis //
’dod chags la sogs gsungs rnams kyi //
mtshan nyid de rnams nyid yin no // (D.214b5-7, P.140b3-6)

校訂註

（1） D. ni. （2） D. ’don.

㈢第一八章所引の原典文

de rnams yod las 'phel 'gyur pa'i //
las gang las ni 'jiks pa 'byung //
'khor lo gnyis kyis rtag du ni[1] //
sdug bsngal rang bzhin shing rta 'byung // (D.215a4, P.141a4-5)

bsod min bsod nams mi g•yo ba //
las de rnam pa gsum du 'dod //
dbugs dang bcas dang mnyam gzhag[2] dang //
dag pa gang 'di bsod nams so //
'byung dang 'juk las rnam par grol //
bsgom pa'i rang bzhin mi g•yo ba'o // (D.215b3, P.141b6-7)

srog[3] gcod pa dang rku ba dang //
'dod log gyem dang rnam 'tshe ba //
rdzun dang dbyen dang tshig rtsub dang //
dgos pa med ba'i brjod ba dang //

brnab sems dang ni gnod sems dang //
log lta de rnams bsod nams min //　(D.215b7-216a1, P.142a5-6)

'dod khams kyis bsdus nyon mongs can //
lus ngag yid ni bsod min no //　(D.216a1, P.142a6-7)

gzhan gyur sems can der 'du shes //
spangs dang gang tshe 'dir 'das pa'o //　(D.216a3, P.142b1)

gzhan nor di blo rku sems dang //
'phos[4] dang bdag gir byas pa'o //　(D.216a4, P.142b3)

bgrod bya min dang sems gnyis dang ni gnas spangs pa'o //　(D.216a6, P.142b6-7)

'du shes 'phrog[5] dang 'byed pa dang //
'joms dang nyon mongs can kyi sems //
ngag ni rnam pa bzhi yin no //　(D.217a3, P.143b7-8)

yang dag len[6] la sogs pa'i rgyus //
so sor rnam pa bzhi yin no //　(D.217b7, P.145a1)

khrims 'chal thams cad blangs mi la //
'dod du skyes pa brgyad dang ni //
gzugs kyis bsdus pa mtha' ma gnyis //
khrims 'chal sdom min cig car du'o //　(D.218a2-3, P.145a5-6)

de nas 'dod bsdus brgyad rnams las //
so sor ci bzhin nye bar skye //　(D.218a4-5, P.145a8)

yang dag blangs pa'i yan lag gang //
rnam par rig byed rjes kho na'o //　(D.218a5, P.145b1-2)

yang dag len la[7] sogs skyes pa'i //
lus kyi bya ba ngag gis dang //
gang yang lus kyis ngag gi ni //
gang de mtshan nyid ma rdzogs pa'o //　(D.218b2, P145b7-8)

gang las lus kyi lus kyis dang //
gang dag ngag gi ngag nyid kyis //
byas te bya ba bya pa gang //
thams cad mtshan nyid rdzogs pa'o // （D.218b3, P.146a1-2）

srog gcod pa ni lus ngag gis[8] //
bya ba 'das dang dbu ma nyid //
rku sogs ngag gis rdzun sogs kyang //
da lta ba ni kho na'o // （D.218b7, P.146a7-8）

gang ci snyed kyis dmag sogs la //
gsod pa rab tu 'jug pa na //
shi ba la sogs de yis[9] de //
thams cad srog gcod la sogs nyid // （D.219a4, P.146b5-6）

gsad bya lhan cig dang sngon nam //
shi la srog bcad de yod min //
'tsho ba phyi ma'i skad cig la //

mtshon bsnun pa la srog gsod med //　(D.219a5, P.146b7-8)

'das sam ma 'ongs pa[10] dag las[11] //
ldog min 'on kyang ma 'ongs las //
mtshan nyid de las ldog pa yi //
de rnams dus gsum pa gang las //　(D.219b1, P.147a4-5)

校訂註

（1） P. mi.　（2） P. mnyam bzhag.　（3） P. sog.　（4） P. 'phes.　（5） D. phrog.
（6） D. lan.　（7） P. pa.　（8） P. dag gi.　（9） P. yi.
（10） D.P. 共に ma 'ongs pa となっているが、文脈上 da ltar ba が適切である。　（11） P. la.

(四)第一九章所引の原典文

lus kyi rnam gsum de dang yang //
ma bsdus pa dang de bzhin du //
ngag gi rnam pa bzhi rnams kyi //
bsod min las ldog bsod nams so // (D.220a6, P.148a7-8)

sdig pa khrims ngan las ldog pa //
de yi sdom pa brgyad dang gnyis //
brgyad nyid yang yang nyin mtshan du'o // (D.220b4, P.148b7-8)

ldog pa bsam dang bka' 'god[1] dang //
de dag rjes su sgrub pa nyid //
re re la yang rnam gsum mo // (D.220b6-7, P.149a3)

dngos gzhi[2] nyon mongs med sbyin skye[3] //
de las yongs su longs sbyod skye[3] //
sbyin bya longs sbyod pa nyid na //

［dge ’gyur］ （D.221a6, P.149b4-5）

’dod pa[4] chags bral ’phags pa yi //
thams cad las ldog pa’i brgyad dang //
gzugs skyes gnyis ni dri med pa’o //
gzugs la thams cad kyang zag med // （D.222b2-3, P.151a6）

gang du dge slong gis bcas pa’i //
nyes pa las ldog sdom pa de’i //
grangs ni brgya phrag bzhi dang ni //
nyi shus[5] lhag pa kho na’o //
dge slong ma yi[6] de dang gzhan //
dge tshul dang ni gso sbyong dang //
rtag pa’i dge bsnyen sdom pa ni //
dgu dang brgyang dang lnga rim bzhin //
dngos gzhi de las nyes[7] skye ni //
yang dag len sogs rgyu[8] las so // （D.223a3-4, P.152a1-3）

ma lus pa yi ’dus byas rnams //
mi rtag pa dang rgyur bsam pas //
nyes pa thams cad spong bar byed //
de bzhin brtan pa ma rtogs pa’o //　（D.223b4-5, P.152b4-5）

de bzhin yid kyi bsod nams ni //
’dod du dkar(9) dang zhan pa yi //
sems(10) pa’o gzugs su bsam gtan gsum //
de ru gnas pa yang dag bsdu //　（D.224a1-2, P.153a2）

校訂註

（1）P. bsgo.　（2）P. bzhi.　（3）P. skyes.　（4）P. la.　（5）P. shu.
（6）P. ma’i.　（7）P. nyer.　（8）P. rgyu なし。音節上より考えると rgyu が必要となる。
（9）D. kar.　（10）P. sams.

(五)第二〇章所引の原典文

mi g•yo sems pa nyid du 'dod //
bsam gtan bzhi pa dang gzugs med //
mtshungs ldan de 'dra'i stobs snyoms kyis[一] // (D.224a5-6, P.153a7-8)

de phyir bsod nams las mi kun //
'dod na spyod pa'i lha drug dang //
de bzhin dang po'i bsam gtan gsum //
mi g•yo ba las lhag ma'i lha // (D.225a1-2, P.154a5-6)

bgrod pa 'phel dang chags bcas pa'i //
las de mtshungs pa'i khams rnams su //
yang srid ljon shing sa bon rgyu // (D.225a4, P.154b1)

'dod skyes bzhi dang gzugs skyes gnyis //
gnyis ni gzugs med skyes pa'o // (D.225a6-7, P.154b4-5)

rmi lam bar srid rnam mi shes //
yongs shes skyes dang zag med dang //
rang bzhin lung med ma chags bsdus //
gzugs dang gzugs med lam ma yin //　（D.225b1-2, P.154b6-7）

校訂註

（1）　D.P. 共に nyams となっているが、ここでは snyoms と読む。

㈥第二二章所引の原典文

’dod chags la sogs skyon rnams ’dis //
las so de las yang srid do //
yang srid las ni skye ba’o //
de nas rga shi kun tu ’byung //
de las mya[1] ngan sogs de las //
yang ni nyes rnam ’byung bar ’gyur //
de nas de bzhin ’khor ’gyur ba’i //
sngon gyi mtha’ ni yod pa min //　(D.225b2-3, P.154b8-155a2)

de phyir bag nyal[2] med pa las //
las skye zad pa don gnyer bas //
rnam dag lta ba tshul khrims ni //
brten bya dang bor bzod pa’o //　(D.226a5-6, P.155b7)

sred spangs zag bcas sdug bsngal lo //
’di’i rgyu sred pa gcig pu ste //

sred pa zag[3] pa 'gog pa dang //
yan lag brgad ni de thob lam //
'di ni chos su rnam bzhag[4] go // (D.226b2, P.156a4-5)

chos rnams bzhag pa dman pa rnams //
skrag pa spang ba'i don du bstan // (D.227b4, P.157b3-4)

(※) de ltar goms pa'i rnal 'byor pa //
bzod pa'i spyad pa legs goms pas //
kun nas skyo dang brtson pa dang //
'khor lo bzhi dang yang dag ldan //
dus gsum la ni mkhas pa dang //
sgrib pa thams cad ni grol zhing //
bdag gi tshogs rnams sogs pa dang //
rtag tu dam[5] par byed ldan dang //
mchog tu nges par 'byung 'dod pa'i //
gsal ba'i bzod pa skye bar 'gyur //
'dus byas thams cad[6] mi rtag zhes //

sdug bsngal rnam par gzhil ba yi //

bden pa mngon rtogs mngon du byed //　(D.231b2-4, P.162b4-6)

de las bar med sdug bsngal la //

chos shes zag pa med pa ni //

der gnas so sor skye bo yi //

sa mtshams[7] shin tu rgal bar ’gyur //

brgyad par ’gyur ro ’phags[8] pa yi //

’bras bu don du rgyun zhugs pa’o //

chos shes so sor rtog pa zhes //

de nas shes pa rjes su skyes //

de ltar rgyu dang zhi ba thabs //

gsum la blo gsum rim pas so //

de ma thag tu bcu gsum pa //

shes pa dag pa skyon spong min //

sems de ’bras bu gsum du ’gyur //

chags bcas phyed bcas chags bral lo //　(D.235a2-4, P.167a1-3)

’di ru de snyed mngon rtogs ni //
shes pa shes bya mnyam rtogs nyid[9] // (D.235a5, P.167a5)

de ni rnam pa lnga ru ’dod //
mthong ba dang ni spong ba dang //
mngon du byed pa nyid dang ni //
yongs su shes dang bsgom pa’o // (D.235a6-7, P.167a6-7)

bsam gtan lam gyi ’bras thob pa //
nyams ’gyur ’dir yang ’ga’ zhig go //
de la brten pa’i ’bras thob pa’i //
nyon mongs skyed par byed pa’o // (D.235b7, P.168a1-2)

gzugs kyi chags pa kun bral phyir //
gzugs med pa la bar srid[10] med //
gang dang de ru yod min pas //
mya ngan ’da’ med par srid ’dir // (D.237a2, P.169a8-b1)

(※) de bzhin gshegs pa'i ting nge 'dzin //
rdo rje lta bu'i sems kyi chas //
zag pa thams cad spong nus kyang //
mi srid phyir na de des min // (D.238b7, P.171b7-8)

(※) gzhan gyis gzhan min goms pa las //
gcig gis[11] spong min khams gnyis kyi //
skal mi mnyam min de yi phyir //
sangs rgyas skad cig bcu drug nyid // (D.239a2-3, P.172a2-3)

(※) dad brtson[12] dran pa shes rab dang //
ting 'dzin la sogs sngon[13] 'gro ba'o //
lam ni zag pa kun spong ba //
gang gis stong pa'i phyir rgol rnams // (D.239b2, P.172b4-5)

rab tu 'bar ba'i lcags gong bzhin //
nyon mongs bud shing kun bsregs pas //
dgra bcom lhag bcas la gnas pa //

rim gyis bsil bar ’gyur ba’o //
de tshe phung po med pa yi ’ng //
de yi sngon ma ’ng ’gag ’gyur te //
sdug bsngal gzhan ni mi skye ste //
rgyu rnams yang dag zad phyir ro //　(D.240a1-2, P.173a5-6)

tha snyad bya ba ma lus pa //
de yi rten ni ’gro dngos so //
’gro ba med phyir ldog pa ste //
bud shing zad pa’i me bzhin no //　(D.240a5, P.173b2-3)

khams gsum du bag la nyal(14) dang //
’brel phyir bag la nyal zhes brjod //　(D.240b1-2, P.173b8)

de ni sems dang ldan pa dang //
mi ldan dag du shes par bya //　(D.240b3, P.174a3)

mi ldan pa yi(15) lhag brten don //

grog mkhar rnams kyi steng bzhin 'dod //　(D.240b7, P.174a8-b1)

ldan pa kun tu spyod pa tsam //
go bya grog mkhar cog bzhin no //　(D.241a1, P.174b1)

yul ni yul can gyis thob dang //
mi ldan bag la(16) nyal rten(17) dang //
tshul bzhin ma yin yid byed dang //
gsum ni nyon mongs rgyu yin no //　(D.241a2-3, P174b4)

校訂註

（1）P. mye.　（2）P. bag la nyal. 七音節の偈文であるので、ここは D. に従う。　（3）P. zad.
（4）D. gzhag.　（5）D. pa.　（6）P. ma.　（7）P. 'tshams.　（8）D. 'gas pa.
（9）D. shes bya mnyam rtogs nyid. この句は七音節の偈文であるので P. に従う。　（10）D. sred.　（11）D. gi.
（12）P. rtson.　（13）P. mngon.　（14）P. nyal ba. この句は七音節の偈文であるので、ba のない D. に従う。
（15）P. pa'i.　（16）P. la なし。七音節であるので、D. に従う。　（17）P. rtan.

㈦第八章「劫決択」中の正量部伝承「世界の生成と破滅」所引の原典文

上記の SAV 第一六章から第二一章までの引用とは、文献に違いはあろうが、以下に、第八章においてある原典から引用された偈文を掲げておく。

de nas grangs bzhin mi rnams kyis //
bskal pa gnyis gnyis bgrod[1] pa ni //
zhag khur tshal[2] dang sā lu'i zas //
des na bskal pa brgyad song ngo[3] //　(D.128a6, P.28b3)

bdag po dang bral bud med lta bu pa rnams ni //
lhag pa'i dpal dang rnam par bral zhing rnyings par 'gyur //　(D.130a5, P.31a1-2)

tshangs pa gcig pu bskal pa bcu ru gnas //
de yi 'khor gnas bskal pa gcig gis bzhengs //
tshangs ris nas ni 'thab bral mthar thug pa //
so sor bskal pa re res byung bar 'gyur //
sa gzhi ri sogs bskal pa gcig gis bzhengs //

rang nyid 'od zer bskal pa gnyis kyis bzhengs //
nyid ma shal ba la ni rab tu reg //
'di ltar 'chags bzhin pa ste nyi shu'o //
sa yi zhag dang 'kur ba tshal(4) dang ni //
sā(5) lu 'bras te 'di rnams bde gnas ni //
brgyad ste gzhan yang thog mtha' bde sdug 'gyur //
sden ma byung(6) ba la sogs(7) bcu gnyis ni //
'di rnams chags nas 'jig pa nyi shu'o //
de nas bskal pa bcu yis sems can rnams //
bde ba ldan par kun tu 'jig par 'gyur //
de nas phyed bcas bskal par(8) char med do //
de nas gzhan du nyi ma lnga rnams la //
so so la ni bskal pa gcig dang phyed //
rtse la shar te 'og tu sreg par byed //
bskal pa gcig gis bskal pa bdun pa yis(9) //
thams cad sreg(10) par byed de nyi shu'o //
kun tu 'jig par 'gyur te 'di rnams ni //
des na 'jig pa'i bskal pa nyi shu nyid //　(D.134a2-5, P.35b2-7)

'jig rten gsum gyi(11) mi mjed ces pa'i gnas dang sems can ma lus pa //
kun kyang med par 'gyur zhing gang 'di 'jig pa rnam gsum gyang gi dbang //
de ltar gzhan yang khams dang sems can mtha' med gnas rnams zad par 'gyur //
des na 'dus byas brtan yod min zhes thub pa'i bstan pa bden pa nyid // (D.134b4-5, P.36a7-8)

校訂註

（1） P. bsgod.　（2） P. mtshal.　（3） P. so.　（4） P. mtshal.　（5） P. sa.　（6） P. ba なし。
（7） P. sogs pa.　（8） P. pas.　（9） D. yi.　（10） P. bsreg.　（11） P. gyis.

さて、ここでSAV第一六章から第二一章の正量部説の提示部分に引用される、これらの原典がいかなる文献であるかについて少し論じておきたい。当然のことながら、それらは正量部所伝の論書であることは言うまでもない。現存する正量部の論書と言えば、唯一『三弥底部論』三巻（失訳）の存在が認められるが、その説示にはSAVと対応する内容は全く見出せない。したがって、SAVが引用した原典は、今日まで知られていない文献ということになる。

ところで、詳細は全く不明ながらも、正量部所伝の論書の存在を公表する報告がある。その論書の存在は、昭和三〇年一〇月に日本を訪れたローマ大学のGiuseppe Tucci教授によってなされた、チベット、ネパールで発見された仏教写本に関する講演の中で紹介された。(1) Tucci教授は、ブラフマプトラ河の南、コンカルゾンで発見され、譲り受けた多数の写本の中で最も古いと思われる二種の写本の一つに、Abhidharmasamuccayakārikāなる梵文写本が存在することを指摘している。この梵文写本は全五五〇偈より成り、そのコロフォンには極めて注目すべき記述がなされているという。そのコロフォンを示すと、

以上は聖正量部の阿毘達磨によって説かれたる所なり。……大詩人軌範大徳サンガトラータ（Saṅghatrāta）作阿毘達磨集論偈（Abhidharmasamuccayakārikā）終われり。……ナレーンドラ（Nalendra）において書かれたり。

とあり、AbhidharmasamuccayakārikāというSaṅghatrāta作の正量部所伝の未知の論書が存在することを明示してくれる。Tucci教授によると、この文献では説一切有部と正量部において両者に相違がない時、その多くの場合Saṅghatrātaは『倶舎論』（Abhidharmakośabhāṣya）の偈をそのまま引いているという。

SAVが引用する原典が何であるのかを考察する場合、この報告は極めて強い興味を引き起こしてくれる。Tucci教授はこれら多数の写本を「イタリヤ中・極東研究所」（Instituto Italiano per il Medio ed Estremo Oriente）より

刊行すると予告していた。そこで、Abhidharmasamuccayakārikā に関してその刊行の予定を調べてみると、SERIE ORIENTALE ROMA（以下、SOR.）の一九五二年版（Ⅳ）において初めて works in course of preparation の中の一つとして挙げられていた。その題名は以下のとおりである。

Tucci G.—Gargano A., The Abhidharmasamuccaya-kārikā by Saṅghatrāta, text and commentary of a hitherto unknown work, the Sanskrit manuscript of which has been found in Tibet.

この予告は、以降も SOR. において続けられたが、一九六六年（SOR. XXXIII）を最後に全く消えてしまったので、今となっては、この梵文写本の全容が公表されるのかどうかということは勿論のこと、写本の行方を伝える情報すらも全く得ることができない。さらに、この梵文写本に関する報告には不可解な点が二、三見受けられる。日本での講演の時には、Abhidharmasamuccayakārikā は五五〇偈より成る写本とだけ紹介されたのに、SOR. の予告では text and commentary と、註釈の存在を窺わせるものであった。また、一九五八年の SOR. における Tucci 教授の序文[2]では、刊行を予定する文献の一つとして、The Mahāyānasamuccayakārikā of Saṅghatrāta と記述されていた。これは上述の正量部の梵文写本と同じものであろうから、この混乱した報告には困惑させられてしまう[3]。これ以後も残念ながら、この文献の存在を示す情報は見られない[4]。

このように、この梵文写本の情報は不可解な部分が数多く残るが、その文献が SAV に引用された原典ではないかという可能性を想起させる興味深い資料であることは勿論のこと、たとえそうでないにしても、正量部に唯一残存する梵文文献となり、正量部研究にとって極めて有益な資料となることだけは間違いのないところである。

註

（1） この講演内容は、その翌年、文章化され公表された。ジュセッペ・ツッチ「チベット及びネポールにおいて新たに発見せられた仏教典籍について」『大谷学報』第36巻第1号、一―一六頁。正量部の梵文写本に関しては一―二頁に述べられているが、以下ではこれを参照する。なお、この論文については松田和信氏に教示を受けた。ここに謝意を表したい。山田龍城『梵語仏典の諸文献』（平楽寺書店、一九五九年）、一九頁にも少し言及されている。

（2） MINOR BUDDHIST TEXTS, Part II, SOR. IX2, 1958. これは MINOR BUDDHIST TEXTS, Part I & II, 1978, Kyoto. として復刊されている。

（3） この事情を確認するためにローマ大学文学部（現イタリヤ東方学研究所所長）の Dr. Silvio Vita に協力頂いたが、氏の報告（平成三年秋）によれば Tucci G. と共編著者とされている Gargano A. に直接事情を聞いたところ Gargano A. はその写本を見たこともなく、その仕事に係わったこともない、ということであった。この写本の存否や、保管場所も不明である。

（4） Francesco Sferra, *Sanskrit Texts from Giuseppe Tucci's Collection Part I*, Manuscripta Buddhica 1, Asien-Afrika-Institut, 2008, pp.21-22, Dragomir DIMITROV, *The Bhaikṣukī Manuscript of the Candrālaṃkāra: Study, Script Tables, and Facsimile Edition*, Harvard Oriental Series, Vol.72, 2010, pp.19-22. など。

付記　正量部に関連する研究成果の一覧

ここで、正量部に関連する過去の研究成果をまとめておく。著者名は五十音順に、それ以外は発行年順とする。

〔1〕日本語文

赤沼智善、西尾京雄

『国訳一切経・毘曇部　六（三彌底部論）』（大東出版社、一九三四年）

池田練太郎

「Kathāvatthu における煩悩論」『曹洞宗研究員研究生研究紀要』15（一九八三年）、p.(20), pp.(22)-(25), p.(28), pp.(30)-(31)

「Kathāvatthu にみられる正量部の諸説」『駒沢大学仏教学部論集』17（一九八六年）、pp.(18)-(31)

岡野　潔

「新発見の仏教カーヴィア Mahāsaṃvartanikathā—特に、Amṛtānanda 本 Buddhacarita に見られる、その借用について—」『印仏研』43—1（一九九四年）、pp.(134)-(139)

「いかに世界ははじまったか—インド小乗仏教・正量部の伝える世界起源神話—」『文化』（東北大学文学会）62—1・2（一九九八年）、一—一九頁

「新発見のインド正量部の文献」『印仏研』47—1（一九九八年）、pp.(135)-(140)

「インド正量部のコスモロジー文献、立世阿毘曇論」『中央学術研究所紀要』27（一九九八年）、五五—九一頁

「正量部の歴史的宇宙論にける終末意識」『印仏研』49—1（二〇〇〇年）、pp.(101)-(105)

「犢子部の三法度論と正量部の現存資料の関係—立世論の部派所属の追加証明の試み—」『印仏研』50—1（二〇〇一年）、pp.(139)-(143)

「正量部の伝承研究（1）：胡麻・砂糖黍・乳製品の劣化に見る人間の歴史」『櫻部建先生喜寿記念論集　初期仏教からアビダル

マへ』（平楽寺書店、二〇〇二年）、二一七―二三二頁
「正量部における現在劫の終末意識をめぐる問題点」『印仏研』51―1（二〇〇二年）、pp.(132)-(137)
「インド仏教正量部の終末観」『哲学年報』62（二〇〇三年）、八一―一一一頁
「インド正量部の宇宙論的歴史における人間と動物と植物の関係」『日仏年報』68（二〇〇三年）、七一―八五頁
「正量部の伝承研究（2）：第九劫の問題と『七佛経』の部派所属」『インド学諸思想とその周延』（佛教文化学会十周年・北條賢三博士古稀記念論文集、山喜房仏書林、二〇〇四年）、pp.(166)-(189)
「『大いなる帰滅の物語』（Mahāsaṃvartanikathā）第2章4節～第4章1節と並行資料の翻訳研究」『哲学年報』63（二〇〇四年）、一―一一〇頁
「アッガンニャ経の神話的食物の名 lasā / rasā / rasa」『印仏研』52―2（二〇〇四年）、pp.(97)-(104)
「犢子部と正量部の成立年代」『西日本宗教学雑誌』26（二〇〇四年）、四一―六一頁
「『大いなる帰滅の物語』（Mahāsaṃvartanikathā）第5章2節～4節と並行資料の翻訳研究」『哲学年報』64（二〇〇五年）、一―三二頁
「正量部の仏伝の伝承研究―『大いなる帰滅の物語』第1章1節～3節の翻訳と研究」『哲学年報』65（二〇〇六年）、一―三八頁
「Anavataptagāthā の釈尊の業の残滓を説く因縁話の形成」『印度学宗教学会論集』33（二〇〇六年）、pp.(73)-(93)
「『大いなる帰滅の物語』（Mahāsaṃvartanikathā）第2章1節～3節に見る世界形成の正量部伝承」『哲学年報』66（二〇〇七年）、一―三七頁
「やがて世界が終わる、世界が生まれ変わる―『大いなる帰滅の物語』第4章2節～4節読解―」『哲学年報』67（二〇〇八年）、一―五四頁
「業縛の生死観との戦い―大乗方便経はいかに釈尊の悪業の伝承を変えたか―」『日仏年報』75（二〇一〇年）、六六頁

小川一乗

『空性思想の研究―入中論の解読―』（文栄堂、一九七六年）、二六二―二六四頁、二九〇―二九一頁、二九七―二九八頁
『空性思想の研究Ⅱ―ツォンカパ造『意趣善明』第六章のテキストと和訳』（文栄堂、一九八八年）、五一五―五一六頁、五三一

―五三二頁、五三六頁

奥住　毅

『中論註釈書の研究―チャンドラキールティ『プラサンナパダー』和訳』（大蔵出版、二〇〇五年）、二五六―二五七頁、三二六頁

加治洋一

「『三彌底部論』の研究―我に関する章―（上）」『仏教学セミナー』42（一九八五年）、四六―六一頁

「『三彌底部論』解読研究　中有の存在に関する議論（上）」『大谷学報』67―2（一九八七年）、二八―三九頁

「『三彌底部論』の研究―我に関する章―（中）」『仏教学セミナー』46（一九八七年）、三一―四七頁

「『三彌底部論』の研究―我に関する章―（下）・未完」『仏教学セミナー』51（一九九〇年）、三二―五三頁

梶山雄一

「バーヴァヴィヴェーカの業思想―『般若灯論』第一七章の和訳―」雲井昭善編『業思想研究』（平楽寺書店、一九七九年）、三一四―三一五頁、三二七―三三三頁

春日井眞也

「真諦三蔵のアビダルマ学」『印仏研』3―2（一九五五年）、二七〇―二七六頁（『インド仏教文化の研究』百華苑、一九八〇年、二五四―二六五頁に再録）

勝又俊教

『佛教における心識説の研究』（山喜房仏書林、一九六一年）、三〇頁、七三六―七三八頁

金倉圓照

『インド哲学の自我思想』（大蔵出版、一九七四年）、二一一―二一四頁

川村昭光

「『三弥底部論』の研究」『曹洞宗研究員研究生研究紀要』14（一九八二年）、一九七―一九八頁

辛島静志・工藤順之・吹田隆道

「Mahākarmavibhaṅga と Karmavibhaṅgasūtra（1）―ネパール国立古文書館所蔵のサンスクリット写本」『創価大学・国際仏教学

高等研究所・年報』2（一九九九年）、九三—一二八頁

岸根敏幸

『チャンドラキールティの中観思想』（大東出版社、二〇〇一年）、二八七—二八八頁

木村泰賢

『阿毘達磨論の研究』（木村泰賢全集第四巻、大法輪閣、一九六八年）、二八二頁、三〇六頁、三一七頁

工藤順之

「Karmavibhaṅga 所引経典類研究ノート（1）—Nandikasūtra—」『創価大学・国際仏教学高等研究所・年報』5（二〇〇二年）、一三—二六頁

「Karmavibhaṅga 第61節の付加部分の検討—正量部所属説有力資料とされる一節」『創価大学・国際仏教学高等研究所・年報』7（二〇〇四年）、二二五—二五四頁

『梵文『カルマ・ヴィバンガ』の研究』博士学位請求論文（佛教大学）、二〇〇四年九月

「(Mahā-)Karmavibhaṅga 所引経典類研究ノート（2）：—Pūrvaparāntakasūtra / Devatāsūtra—」『創価大学・国際仏教学高等研究所・年報』8（二〇〇五年）、二一—四五頁

「『カルマ・ヴィバンガ』における節付加の問題」『創価大学・国際仏教学高等研究所・年報』11（二〇〇八年）、三四三—三七一頁

「(Mahā-)Karmavibhaṅga 所引経典類研究ノート（3）：残余の文献」『創価大学・国際仏教学高等研究所・年報』12（二〇〇九年）、一二三—一五二頁

桑山正進・袴谷憲昭

『玄奘』（大蔵出版、一九八一年）、二四三—二四五頁

三枝充悳

『三論玄義』（仏典講座27、大蔵出版、一九七一年）、一七九頁、一八二頁、一八四頁、一八六頁

榊亮三郎

「異部宗輪論講義」『榊亮三郎論集』（国書刊行会、一九八〇年）、三一三—三一四頁

櫻部　建
「倶舎論における我論―破我品の所説」中村元編『自我と無我―インド思想と仏教の根本問題―』（平楽寺書店、一九六八年）、四六六頁
佐々木教悟
『インド・東南アジア仏教研究Ⅰ　戒律と僧伽』（平楽寺書店、一九八五年）、一九四―一九八頁
佐藤密雄
『原始仏教教団の研究』（山喜房仏書林、一九六三年）、七三―七八頁
静谷正雄
「金石文より見たアーンドラ時代の南インド仏教―特に部派について」『佛教学研究』8・9（一九五三年）、九二―九三頁
『初期大乗仏教の成立過程』（百華苑、一九七四年）、二三―二四頁、二七五頁
『小乗仏教史の研究―部派仏教の成立と変遷―』（百華苑、一九七八年）、四〇頁、二一四―二三三頁
『インド仏教碑銘目録』（平楽寺書店、一九七九年）
末永真海
「鹿苑育王石柱添加刻文に就て」『佛教研究』1―2（一九三七年）、一〇八―一一二頁
高井観海
『小乗仏教概論』（山喜房仏書林、一九七八年）、一一四―一二七頁
竹村牧男
「説一切有部と無形象知識論」『印仏研』39―2（一九九一年）、五四―六〇頁
龍山章真
『南方仏教の様態』（弘文堂書房、一九四二年）、一八一―一八二頁、二五二頁
塚本啓祥
『初期仏教教団史の研究―部派の形成に関する文化史的考察―』（山喜房仏書林、一九八〇年）、四一四―四四九頁、四八一―四八三頁、五〇一頁

『インド仏教碑銘の研究I—TEXT, NOTE, 和訳—』（平楽寺書店、一九九六年）、五五—五六頁、六六三頁、八九六頁

ジュゼッペ・ツッチ
「チベット及びネポールにおいて新たに発見せられた仏教典籍について」『大谷学報』36—1（一九五六年）、一—二頁

寺本婉雅
『ターラナータ印度佛教史』（国書刊行会、一九二八年）、三六四—三八二頁

寺本婉雅・平松友嗣
『蔵漢和三訳対校　異部宗輪論』（国書刊行会、一九三五年）、二二—二三頁、四五頁、六八—六九頁

仲澤浩祐
『グプタ期仏教の研究』（平楽寺書店、二〇〇八年）、二三九—二四〇頁、二八〇—二八一頁

中村　元
「『中論』諸註釈における解釈の相違」『佛教研究論集』（橋本博士退官記念佛教研究論集刊行会、清水堂、一九七五年）、七三—七五頁

那須円照
「滅に関する経量部・有部・正量部の対論」『インド哲学佛教思想論集』（神子上恵生教授頌寿記念論集、永田文昌堂、二〇〇四年）、七四七—七六四頁

並川孝儀
「新資料 DHARMAPADA の基礎研究I」『人文学論集』（佛教大学学会）15（一九八一年）、五八—九二頁
「新資料ダルマパダについて」『仏教史学研究』24—2（一九八二年）、一—二五頁
「Mahākarmavibhaṅga 所引の経・律について」『佛教大学研究紀要』68（一九八四年）、五三—七六頁
「Cakravartisūtra について」『印仏研』32—2（一九八四年）、pp. (55) - (58)
「鸚鵡経類の展開—特に Mahākarmavibhaṅga を中心として—」『佛教研究』14（一九八四年）、二七—四三頁
「Mahākarmavibhaṅga の所属部派について」『印仏研』33—2（一九八五年）、pp. (97) - (101)
「「アビダルマ経」考—abhidharme cakravartisūtre の用例を中心として—」『佛教大学大学院研究紀要』13（一九八五年）、一—一

六頁
「新資料ダルマパダの伝承—パーラ王朝期の碑文との関連よりみて—」『印仏研』35—2（一九八七年）、pp.(67)-(71)
「正量部の随眠説—Saṃskṛtāsaṃskṛta-viniścaya 第17章—」『佛教大学研究紀要』71（一九八七年）、一—一八頁
「正量部の非随眠説—Saṃskṛtāsaṃskṛta-viniścaya 第16章—」『佛教大学研究紀要』74（一九九〇年）、一—二六頁
「正量部の福徳説—Saṃskṛtāsaṃskṛta-viniścaya 第19章—」『佛教大学研究紀要』75（一九九一年）、二五—四五頁
「正量部の非福説」『印仏研』40—2（一九九二年）、一—一一頁
「正量部の不動業説」『文学部論集』（佛教大学学会）77（一九九二年）、二五—四〇頁
「正量部の聖諦説〔I〕—Saṃskṛtāsaṃskṛta-viniścaya 第21章—」『文学部論集』（佛教大学学会）78（一九九四年）、三九—五八頁
「正量部の煩悩説—『有為無為決択』第21章「聖諦決択」より見て—」『印仏研』42—2（一九九四年）、pp.(173)-(178)
「正量部の修行階梯—『有為無為決択』第21章「聖諦決択」より見て—」『印仏研』43—1（一九九四年）、pp.(121)-(126)
「正量部の四善根位説」『印仏研』44—1（一九九五年）、pp.(96)-(102)
「正量部の修行階梯—見道、修道、無学道—」『佛教大学・仏教学会紀要』4（一九九六年）、一—三三頁
「チベット訳『有為無為決択』の正量部説と『律二十二明了論』」『加藤純章博士還暦記念論集　アビダルマ仏教とインド思想』（春秋社、二〇〇〇年）、一八一—一九四頁
「ブッダの過去の悪業とその果報に関する伝承」『香川孝雄博士古稀記念論集　佛教学浄土学研究』（永田文昌堂、二〇〇一年）、一三三—一四四頁
「正量部の成立年代」『櫻部建先生喜寿記念論集　初期仏教からアビダルマへ』（平楽寺書店、二〇〇二年）、八五—一〇二頁

西村実則
「サンスクリットと部派仏教教団（中）」『三康文化研究所年報』26・27（一九九五年）、六一—七九頁

西本龍山
『国訳一切経・律部　十一（律二十二明了論）』（大東出版社、一九三四年）

畑　昌利
「傷ついた阿闍世」『印仏研』59—1（二〇一一年）、pp.(213)-(214)

馬場紀寿
『上座部仏教の思想形成—ブッダからブッダゴーサへ—』（春秋社、二〇〇八年）、一二六頁、一三三頁

平川　彰
『律蔵の研究』（山喜房仏書林、一九六〇年）、二六二頁、四五七—四五九頁、五八二—五八三頁（『律蔵の研究Ⅰ』、『律蔵の研究Ⅱ』〔平川彰著作集第九巻、第一〇巻〕春秋社、一九九九年、二〇〇〇年に再録）
『原始仏教の研究』（春秋社、一九六四年）、一八五—一九二頁、二一三頁、二五七頁（『原始仏教の教団組織Ⅰ』〔平川彰著作集第一一巻〕春秋社、二〇〇〇年に再録）
『初期大乗仏教の研究』（春秋社、一九六八年）、三八四—三八五頁、三九六—三九七頁（『初期大乗仏教の研究Ⅰ』、『初期大乗仏教の研究Ⅱ』〔平川彰著作集第三巻、第四巻〕春秋社、一九八九年、一九九〇年に再録）
『初期大乗仏教の研究』（春秋社、一九六八年）、七一〇—七一七頁、七一九—七二〇頁（『初期大乗仏教の研究Ⅱ』〔平川彰著作集第四巻〕春秋社、一九九〇年に再録）

舟橋一哉
『業の研究』（法蔵館、一九五四年）、四六—四九頁
『倶舎論の原典解明　業品』（法蔵館、一九八七年）、五—一九頁

福原亮厳
『業論』（永田文昌堂、一九八二年）、二八七—二九一頁、三〇四—三〇五頁

本多至成
『正量部の業思想』（永田文昌堂、二〇一〇年）

本多　恵
『チャンドラキールティ中論註和訳』（国書刊行会、一九八八年）、一四一—一四二頁、一八三頁、二九四—二九九頁

前田恵学
『原始佛教聖典の成立史研究』（山喜房仏書林、一九六四年）、一七八頁

前田至成

「三彌底部（Sammitiya）の業思想」『相愛女子大学・相愛女子短期大学研究論集』（音楽学部篇）28（一九八一年）、一―二一頁

水谷真成
『大唐西域記』（中国古典文学大系22、平凡社、一九七一年）、四一八―四二一頁

水野弘元
「『正法念処経』について」『印仏研』12―1（一九六四年）、四四―四五頁（『仏教文献研究』〔水野弘元著作集第一巻〕春秋社、一九九六年、二八五頁に再録）
「『舎利弗阿毘曇論』について」『金倉博士古希記念・印度学仏教学論集』（平楽寺書店、一九六六年）、一〇九―一三四頁（『仏教文献研究』〔水野弘元著作集第一巻〕春秋社、一九九六年、三一九―三四〇頁に再録）
「梵語法句経（SDhp）の研究」『佛教研究』11（一九八二年）、一―四八頁

三友健容
「「我」を主張した部派（一）～（三）」『国訳一切経三蔵集』第三輯（大東出版社、一九七五・一九七六年）、一二五―一五二頁

宮崎啓作
「Stobs-bcu dpal bśes-gñen の不動決択と名づくる第二十品」『印仏研』28―2（一九八〇年）、一四八―一四九頁
「Stobs-bcu dpal bśes-gñen の正量部の随眠」『印仏研』29―1（一九八〇年）、一二〇―一二一頁

宮林昭彦・加藤栄司
『現代語訳　南海寄帰内法伝―七世紀インド仏教僧伽の日常生活―』（法蔵館、二〇〇四年）、一〇―一五頁、一二〇―一二一頁、三〇三頁

安井広済
「中観学派における業の理解―『中論』第十七章「業と果の考察」の研究―」『仏教学セミナー』（特集・業思想の研究）20（一九七四年）、一五五―一五九頁

山口　益
『月称造　中論釈』二巻（清水弘文堂、一九六八年）、六九頁、七二―七三頁
『世親の成業論』（法蔵館、一九七五年）、七八―一一四頁

〔2〕欧文

André BAREAU

Les Sectes Bouddhiques du Petit Vehicule, Paris, 1955, pp.121-126

Lama CHIMPA, Alaka CHATTOPADHYAYA

Tāranātha's History of Buddhism in India, Indian Institute of Advanced Study, 1970, pp.339-342

Edward CONZE

Buddhist Thought in India ; Three Phases of Buddhist Philosophy, 1962, pp.122-281

Dragomir DIMITROV

The Bhaikṣukī Manuscript of the Candrālaṃkāra ; Study, Script Tables, and Facsimile Edition, Harvard Oriental Series Vol.72, 2010, p.8, pp.19-22, p.47

Nalinaksha DUTT

Buddhist Sects in India, Delhi, 1977, pp.194-223

Michael HAHN

Preliminary Remarks on Two Manuscripts Written in the So-called "Arrow-headed" Script,『長崎法潤博士古稀記念論集　仏教とジャイナ教』（平楽寺書店、二〇〇五年）、pp.[119]-[130]

Noriyuki, KUDO（工藤順之）

「The *Mahākarmavibhaṅga* and *Karmavibhaṅgasūtra*（2）: Transliterations of the Original Manuscripts Preserved in the National Archives of Nepal」『創価大学・国際仏教学高等研究所・年報』3（二〇〇〇年）、一四九―一六三頁

「The *Mahākarmavibhaṅga* and *Karmavibhaṅgasūtra*（3）」『創価大学・国際仏教学高等研究所・年報』4（二〇〇一年）、一一七―一四一頁

「The *Mahākarmavibhaṅga* and *Karmavibhaṅgasūtra*（5）」『創価大学・国際仏教学高等研究所・年報』6（二〇〇三年）、一九―八四頁

「One More Manuscript of the *karmavibhaṅga* in the National Archives of Nepal, Kathmandu : Transliteration of Manuscript E（1）」『創価大学・国際仏教学高等研究所・年報』9（二〇〇六年）、四三―六〇頁

「One More Manuscript of the *karmavibhaṅga* in the National Archives of Nepal, Kathmandu : Transliteration of Manuscript E（2）」『創価大学・国際仏教学高等研究所・年報』10（二〇〇七年）、九三―一一六頁

「The *karmavibhaṅgopadeśa* : A Transliteration of the Nepalese Manuscript A（3）」『創価大学・国際仏教学高等研究所・年報』13（二〇一〇年）、七五―八五頁

「The *karmavibhaṅgopadeśa* : A Transliteration of the Nepalese Manuscript A（2）」『創価大学・国際仏教学高等研究所・年報』14（二〇一一年）、二五―三三頁

Étienne LAMOTTE

Karmasiddhiprakaraṇa—The Treatise on Action by Vasubandhu,（English translation by L.M.Pruden）1988, pp.22-24, 55-56, 86-91

Takayoshi NAMIKAWA（並川孝儀）

‘The Transmission of the New Material *Dharmapada* and the Sect to which it Belonged’,『佛教研究』22（一九九三年）、一五一―一六六頁

‘The Sāṃmatīya Doctorines *Kleśa*, *Karma*, and *Āryasatya*’, “*BUDDHIST AND INDIAN STUDIES In Honour of Professor Sodo MORI*” Kokusai Bukkyoto Kyokai, 2002, pp.297-310

Kiyoshi OKANO（岡野潔）

Sarvarakṣitas Mahāsaṃvartanīkathā. Ein Sanskrit-Kāvya über die Kosmologie der Sāṃmitīya-schule des Hīnayāna-Buddhismus, Tohoku-Indo-Tibetto-Kenkyūsho-Kankokai Monograph Series I, Tohoku University, 1998

Leonard C.D.C. Priestley

Pudgalavāda Buddhism, The Reality of the Indeterminate Self, Toronto, 1999

Francesco SFERRA

Sanskrit Manuscripts and Photos of Sanskrit Manuscripts in Giuseppe Tucci’s Collection. A Preliminary Report, *On the Understanding of Other Cultures*, Oriental Institute Warsaw University, 2000, pp.404-405

Sanskrit Texts from Giuseppe Tucci's Collection, Part I, Manuscripta Buddhica 1, Asien-Afrika-Institut, 2008, pp.21-22

Peter SKILLING

History and Tenets of the Sāmmatīya School, *Linh-Son Publication d'études bouddhologiques*, No.19, 1982, pp.38-52

The Saṃskṛtāsaṃskṛta-viniścaya of Daśabalaśrīmitra, *Buddhist Studies Review*, 4-1, 1987, pp.3-23

On the School-affiliation of the "Patna *Dharmapada*", *Journal of the Pali Text Society*, Vol.XXIII, 1997, pp.83-122

Thích Thiện Châu

The Literature of the Personalists of Early Buddhism (translated by Sara Boin Webb), Delhi, 1999

K. VENKATARAMANAN

Sāmmitīyanikāya Śāstra, *Viśvabharati Annals* vol.V, 1953, pp.152-243

初出一覧

本書の、次に掲げた章・節・項は既発表の論考に基づいているので、それらの初出を示しておく。なお、修正すべき点や後に気づいた点も多く、本書ではそれらに関して書き改めていることを断っておきたい。また、下記以外は新稿である。

〔第一部〕

第二章第二節「正量部の成立と展開」
「正量部の成立年代」『櫻部建先生喜寿記念論集　初期仏教からアビダルマへ』（平楽寺書店、二〇〇二年）、八五―一〇二頁

第二章第四節「SAV の正量部説と『律二十二明了論』」
「チベット訳『有為無為決択』の正量部説と『律二十二明了論』」『加藤純章博士還暦記念論集　アビダルマ仏教とインド思想』（春秋社、二〇〇〇年）、一八一―一九四頁

第三章第一節第一項「煩悩説の構造」
「正量部の煩悩説―『有為無為決択』第21章「聖諦決択」より見て―」『印仏研』42―2（一九九四年）、pp.(173)-(178)

第三章第一節第二項「随眠」
「正量部の随眠説―Saṃskṛtāsaṃskṛta-viniścaya 第17章―」『佛教大学研究紀要』71（一九八七年）、七―九頁

第三章第一節第三項「非随眠」
「正量部の非随眠説―Saṃskṛtāsaṃskṛta-viniścaya 第16章―」『佛教大学研究紀要』74（一九九〇年）、二―八頁

第三章第一節第四項⑴「随眠の諸門分別」
「正量部の随眠説―Saṃskṛtāsaṃskṛta-viniścaya 第17章―」『佛教大学研究紀要』71（一九八七年）、九―一〇頁

第三章第二節第一項⑴「福の定義」
「正量部の福徳説―Saṃskṛtāsaṃskṛta-viniścaya 第19章―」『佛教大学研究紀要』75（一九九一年）、二六―二八頁

第三章第二節第二項「非福業」

「正量部の非福説」『印仏研』40—2（一九九二年）、一—一一頁

第三章第二節第三項「不動業」

「正量部の不動業説」『文学部論集』（佛教大学学会）77（一九九三年）、二五—四〇頁

第三章第三節第一項「修行階梯の構造」

「正量部の修行階梯—『有為無為決択』第21章「聖諦決択」より見て—」『印仏研』43—1（一九九四年）、pp.(121)-(126)

第三章第三節第二項「有漏道—四善根位（忍・名の想・相の想・世第一法）」

「正量部の四善根位説」『印仏研』44—1（一九九五年）、pp.(96)-(102)

第三章第三節第三項「無漏道（見道、修道）と無学道」、第四項「修行階梯と四果」

「正量部の修行階梯—見道、修道、無学道—」『佛教大学・仏教学会紀要』4（一九九六年）、一—一七頁

第三章第四節「ゴータマ・ブッダの過去の悪業とその果報」

「ブッダの過去の悪業とその果報に関する伝承」『香川孝雄博士古稀記念論集佛教学浄土学研究』（永田文昌堂、二〇〇一年）、一三三—一四四頁

第四章第一節「鸚鵡経類の展開と Mahākarmavibhaṅga の帰属部派」

「鸚鵡経類の展開—特に Mahākarmavibhaṅga を中心として—」『佛教研究』14（一九八四年）、二七—四三頁

「Mahākarmavibhaṅga の所属部派について」『印仏研』33—2（一九八五年）、pp.(97)-(101)

第四章第二節「パトナ Dharmapada の伝承と帰属部派」

「新資料ダルマパダの伝承—パーラ王朝期の碑文との関連よりみて—」『印仏研』35—2（一九八七年）、pp.(67)-(71)

'The Transmission of the New Material Dharmapada and the Sect to which it Belonged',『佛教研究』22（一九九三年）、一五一—一六六頁

〔第二部〕

第一章第一節㈠「第一六章「非随眠決択」シノプシスと和訳」

「正量部の非随眠説—Saṃskṛtāsaṃskṛta-viniścaya 第16章—」『佛教大学研究紀要』74（一九九〇年）、一〇—二五頁

第一章第一節㈡「第一七章「随眠決択」シノプシスと和訳」

「正量部の随眠説—Saṃskṛtāsaṃskṛta-viniścaya 第17章—」『佛教大学研究紀要』71（一九八七年）、四—五頁、一〇—一六頁

第一章第一節㈣「第一九章「福決択」シノプシスと和訳」

「正量部の福徳説—Saṃskṛtāsaṃskṛta-viniścaya 第19章—」『佛教大学研究紀要』75（一九九一年）、二八頁、三三—四四頁

第一章第一節㈤「第二〇章「不動業決択」シノプシスと和訳」

「正量部の不動業説」『文学部論集』（佛教大学学会）77（一九九二年）、二六頁、三三—三九頁

第一章第一節㈥「第二一章「聖諦決択」シノプシスと和訳」

「正量部の聖諦説〔Ⅰ〕—Saṃskṛtāsaṃskṛta-viniścaya 第21章—」『文学部論集』（佛教大学学会）78（一九九四年）、四〇—四四頁、四八—五七頁

「正量部の修行階梯—見道、修道、無学道—」『佛教大学・仏教学会紀要』4（一九九六年）、一八—三二頁

第一章第二節㈡「第三二章「方便善巧決択」中の「ゴータマ・ブッダの過去の悪業とその果報」の和訳」

「ブッダの過去の悪業とその果報に関する伝承」『香川孝雄博士古稀記念論集佛教学浄土学研究』（永田文昌堂、二〇〇一年）、一三四—一三六頁

第二章㈠「第一六章所引の原典文」

「正量部の非随眠説—Saṃskṛtāsaṃskṛta-viniścaya 第16章—」『佛教大学研究紀要』74（一九九〇年）、八—一〇頁

第二章㈢「第一八章所引の原典文」

「正量部の非福説」『印仏研』40—2（一九九二年）、八—九頁

第二章㈣「第一九章所引の原典文」

「正量部の福徳説—Saṃskṛtāsaṃskṛta-viniścaya 第19章—」『佛教大学研究紀要』75（一九九一年）、二九—三一頁

第二章㈤「第二〇章所引の原典文」

「正量部の不動業説」『文学部論集』（佛教大学学会）77（一九九二年）、三三頁

第二章㈥「第二一章所引の原典文」

「正量部の聖諦説〔I〕—Saṃskṛtāsaṃskṛta-viniścaya 第21章—」『文学部論集』（佛教大学学会）78（一九九四年）、四五—四八頁

あとがき

ようやく出版することになった。長年の研究が公になってみて、今さまざまな思いが過ぎる。これで出していいのかという反省、多くの課題が残っているという自覚、そして他方で未知の世界を多少なりとも明らかにできたのではないかという満足感など、さまざまである。

筆者の正量部研究のきっかけを振り返ってみれば、もう三〇年以上前にもなる。当時、後期博士課程に在学中、指導教授であった春日井眞也先生から業報に関する所属部派も不明な梵文『マハーカルマヴィバンガ』を読んでみないかと勧められ、日本ではそれまで誰も研究していないという理由だけで読み始めたが、これが正量部に帰属するのではないかという結論にいたったことから正量部研究が始まることになった。

その後、浄土宗の留学生派遣制度でインドのジャワハルラル・ネルー大学の客員研究員として留学生活を送ったが、ちょうど当時、新資料として公にされた、いわゆる『パトナ・ダルマパダ』を手に入れ、すぐさまこの解読に没頭することになった。帰国後もこの研究を継続した結果、これも正量部に帰属するのではないかという結論にいたった。

この二つの文献によって、筆者の意向とは全く関係なく、まさに偶然に正量部にかかわることになったが、何とも不思議なことであった。しかし、この頃からはっきりと正量部の研究を意識するようになった。

それから数年がたった頃、畏友である小野田俊蔵氏（現佛教大学教授）からチベット語訳文献に正量部説を紹介している文献があると教示を受け、早速『有為無為決択』を調べると、その中に正量部の業論や煩悩説、修行論などが相当量、説かれていることが確認された。今でも、その時の興奮と感激は忘れられない。それ以後、研究のほとんどの時間をこのテキストの解読に割いたが、筆者のチベット語力の不足が最大の理由ではあったものの、何よりもチベット語訳一本しか残っていないという事情が、解読を大変困難なものにしていた。こうした筆者の苦労は、これから何年も続くことになった。その間、研究成果を数多く公にはしていたが、不明点を残したままの発表もあり、十分に満足できるものではなかった。この研究を始めて以来一〇年ほどした頃、梶山雄一教授（当時）にそろそろまとめて学位論文を提出してはどうかと勧められ、不十分な点を数多く残しているという自覚はありつつも、四八歳の時に提出することになった。学位審査は、佛教大学から梶山雄一教授と香川孝雄教授、外部からはインド部派仏教研究の碩学である名古屋大学の加藤純章教授にお願いすることになり、先生方の御高配により博士号（文学）を取得できた。

その後、残された問題点や課題を解決するため更に研究を続けなければと思い、また正量部所伝ではないかという梵語原典『アビダルマ・サムッチャヤカーリカー』が存在するとの情報があり、チベット語訳だけの研究にとってはこの文献は是非とも参照するべきという思いもあって、学位論文をすぐには公にするつもりはなかった。そうした中、学生部長を二年間、更に文学部長を四年間と、大学行政に専念しなければならない状況に置かれ、大学の改革期でもあったため激務で研究時間すら作る余裕がなかった。丁度この役職を終えようとしていた時、運悪く病に倒れ体調を戻すのに時間を要することになってしまった。この六、七年間は筆者にとっては研究の空白の時期であった。時間だけは経過したものの、研究は中断し残念ながら深まることはなかった。時間が割けるようになってからも、原始仏教に関する論考をまとめて出版したりと、正量部の研究は進まなかった。しかし、研究成果はそれなりにまとめておく必要があろうと考え、また筆者の年齢や体力を考慮すればそろそろ出版しておかなければならないとの決意をもって、ようやくここ数年で残された問題点などを中心に研究を進めた。正量部所伝と推定される梵語原典も存在しないこと、或いは当面公にされないことを確認したことも、ここでまとめようと決心した理由の一つである。

しかし、出版を決意したものの、ためらいのあることも告白しておかなければならない。というのも、未知の正量部説をそれも唯一の文献であるチベット語訳『有為無為決択』だけに基づいて研究しなければならないという困難さを伴うということ、チベット語資料には難解な部分が多く、それによって読解に満足できない箇所を残さざるを得なかったということ、そしてその不明な箇所の存在によって文章の意味が十分に理解できず教理をはっきりさせることができなかったということ、などで解決できない箇所を残しているからである。その理由は何よりも筆者のチベット語力の不足であることはいうまでもないが、それを差し引いても留保せざるを得ない解決困難な箇所が存在しているのも事実である。それらに対しては、今後諸兄の知恵を得て解決できることを期待したい。

こうして研究成果を上梓することになったが、それには、本当に多くの方々の学恩がなければ実現しなかったものと、今更ながらその有難さを実感する。

インド部派仏教との出会いは、指導教授の春日井眞也先生から、当時、研究分野で悩んでいた筆者に有無をいわせず説一切有部の六足論の研究をするように勧められたのが最初であった。結局、六足論の研究は卒業論文・修士論文までで、それ以後は続けなかったが、この時に学んだ資料の扱い方や見方など研究に必要な基本は今日の研究の礎になっており、三〇数年たった今、改めてその学恩の大きさを感じている。

大学院を満期退学の後、研究を深めるようにとインドで研究する機会を与えてくださったのが当時の仏教学科主任の香川孝雄教授（現佛教大学名誉教授）と学長の水谷幸正教授（現佛教教育師団理事長・佛教大学名誉教授）、藤堂恭俊教授（故人）であった。この三先生に筆者の帰国後の佛教大学への就職にもご尽力いただいたのであるが、当時、佛教大学の仏教学科の専任教員はすべて僧侶資格をお持ちになった先生方ばかりで、筆者はいわば在家者教員の第一号であった。これからはアパートに住んで仏教を研究する者が居てもいいとおっしゃった言葉を思い出すが、そのような状況での先生方のご尽力とご配慮には感謝に堪えない。今日まで恵まれた環境で教育と研究生活を継続できたのも先生方のお陰である。

チベット語訳『有為無為決択』の翻訳作業を通じて、チベット語の読解に関し不明な点や難解な箇所について、小野田俊蔵教授には多くの示唆や教示を受けた。何とか読んでもらえるような訳になったのも小野田教授の協力なしでは考えられない。深く謝意を表したい。

学位論文の審査では、香川孝雄、梶山雄一、加藤純章の三先生にお世話になったが、そこでいただいた数多くのご指摘やご教示はそれ以後の研究に極めて有意義なものであった。改めて感謝申し上げたい。しかし、その指導が十分に本書に活かせているかと問えば、残念ながら十分といえないところが少なからず残っており、先生方の期待に応えられなかった点はお詫びしたい。

筆者が予定していた正量部の研究がほぼ終了していた時、梵語文献『マハーサムヴァルタニーカター』の研究を通して正量部の宇宙の生成と破滅に関する成果を精力的に公にされていた九州大学の岡野潔教授の研究は、筆者が過去に出した関連する研究を改めて見直す機会や刺激を与えてくれ、本書の作成過程で多いに有益であったことを記しておきたい。

筆者の研究生活の節々で忘れられない先生方を挙げておきたい。大学院生の頃、梵語の基礎を厳しく指導していただいた当時京都大学助教授の小林信彦先生、初めて全国学会に参加するようになった頃、親切にさまざまなことを指導してくださった当時愛知学院大学教授の渡辺文麿先生（故人）、筆者が佛教大学に就職した同じ年に大谷大学から来られ、研究に関しては大所高所からの指導を受け、また先生の古稀記念論文集にも関わらせていただいた時にはその過程で学会活動などに関する指導を受けた雲井昭善先生（現大谷大学名誉教授）、そしてパーリ仏教学に関してさまざまにご指導いただいた森祖道先生（元愛知学院大学教授）の学恩に感謝したい。まだまだ忘れがたい多くの先生方の学恩も紹介すべきであるが、紙面の都合もあり、その点ご寛容いただきたい。

先生方以外にも多くの方々の学恩を実感している。とりわけ、筆者は大変優れた友人に恵まれ、その仲間から常日頃、有形無形の刺激を受けられる環境にいることに感謝している。最も古くからの友人である華頂短期大学教授の南清隆氏にはパーリ仏教に関する優れた見識から多くの示唆を受け、『パトナダルマパダ』を解読した際には協力を得るなど公私にわたってお世話になった。梵文写本と唯識学派の研究を専門とする松田和信教授と律蔵の専門家・山極伸之教授（現学長）とは、ほぼ毎日昼食を共にするなど大学での親密な仲間として、常日頃から専門分野の貴重な知識や情報などが聞けたことは幸運であった。また、佛教大学大学院出身の平岡聡・京都文教大学教授とも長いお付き合いで、平岡氏からは学問的な示唆を受けるのみならず、筆者の研究に対する温かい評価と激励にはいつも励まされ有難かった。優れた部派仏教の研究者である本庄良文・佛教大学特任教授の原典解読を中心とした真摯な研究態度に、そして律蔵と部派仏教を専門とする優れた研究者である佐々木閑・花園大学教授の常に新しい視座から切り込む挑戦的な姿勢に、身近に触れられたことも筆者にとってよい環境であった。榎本正明・華頂短期大学教授や吹田隆道・佛教大学講師など多くの友人にもいろいろとお世話になり、感謝したい。こうした仲間をもてたことは筆者にとって何よりの財産である。

先生や友人の他にもお世話になっている方々がおられる。筆者が院生の時、先輩である田中典彦・佛教大学教授の縁で先生の父上である田中義宣上人（故人）から得度を受ける機会を得た。田中上人には仏教を学んでいる者は得度を受けておくほうがよいと勧めていただいたのだが、この機会は筆者に仏教を学ぶ自覚を促し、後の研究へとつながった。田中上人はその際、学問の弟子として立派に研究してほしいといわれたが、今となってみてその期待に十分応えられたかどうか自信はない。今はただ一層の精進をと思うばかりである。

佛教大学後期博士課程の横田千尋君にはチベット語訳『有為無為決択』の版本であるナルタン版、同大学院博士課程を修了し、台湾に在住のワンジェ・ソウナム君にはチョネ版のコピーなど協力してもらった。

本書の出版に当たっては、大蔵出版の井上敏光氏に大変お世話になった。過去に発表した論文で主に構成されたものであるので、その時々の表記や形式で記述され、不統一な箇所や読みづらいところもあったが、全体にわたり有益なご指摘・意見をいただき、何とか統一がとれ見やすいものとなった。これもひとえに井上氏のお陰である。ここに感謝したい。

最後になったが、三〇歳半ばまでの長い学生生活に何の不満をいうこともなく支え続けてくれた、今は亡き母・静子と、九三歳の今も歳なりに楽しく人生を送っている父・七郎に心より有難うといいたい。

なお、本書の出版に当たり佛教大学出版助成費（平成二三年度）から援助を受けた。ここに感謝する。

平成二三年五月一六日

並川　孝儀

チベット語

パーリ語・サンスクリット語

索　引

事　項

著者略歴

並 川 孝 儀（なみかわ　たかよし）

1947 年、京都府生まれ。佛教大学大学院文学研究科博士課程満期退学。インドのジャワハルラル・ネルー大学客員研究員、同客員教授などを経て、現在、佛教大学仏教学部教授。1996 年、博士（文学）。
著　書『ゴータマ・ブッダ考』（大蔵出版、2005 年）
『スッタニパータ――仏教最古の世界』（書物誕生　あたらしい古典入門、岩波書店、2008 年）
『ゴータマ・ブッダ――縁起という「苦の生滅システム」の源泉』（構築された仏教思想、佼成出版社、2010 年）

インド仏教教団 正量部《しょうりょうぶ》の研究

2011 年 11 月 10 日　初版第 1 刷発行

著　者　並川孝儀
発行者　青山賢治
発行所　大蔵出版株式会社
〒113-0033　東京都文京区本郷 3-24-6-404
TEL. 03（5805）1203　FAX. 03（5805）1204
http://www.daizoshuppan.jp/
装　幀　CRAFT 大友
印刷所　中央印刷株式会社
製本所　株式会社ブロケード

ISBN 978-4-8043-0579-0　C3015